When All Else Fails:
Government as the Ultimate Risk Manager

别无他法

——作为终极风险管理者的政府

[美] 戴维·莫斯 著　何平 译

人民出版社

译者前言

当民间的努力穷尽时,作为终极风险管理者的政府应当发挥怎样的职能和作用,是哈佛大学商学院戴维·莫斯(David A. Moss)教授这本专著讨论的主题。最崇尚自由市场原则的美国,在企业有限责任、货币风险管理、破产债务免除、职工保险、社会保障、产品责任法以及环境保护等各个方面,政府究竟应当扮演怎样的角色,本书通过描述对企业的保护、对职工的保护进而对所有公民进行保护这样三个阶段的美国政府风险管理政策逐渐改进的立法进程,对该问题进行了透彻的探讨。

处于全面深化改革关键时期的中国,在资源配置上市场将发挥决定性的作用。与此同时,股份公司制度、社会保障以及环境保护政策等一系列制度的建立和完善,以及政府和市场的责任如何分担,必将是学术界和政策制定者需要审慎对待的课题。本书讨论的例子,从19世纪有限责任制度或者破产法的诞生,到20世纪社会保障制度或者联邦存款保险,都是从美国历史出发来进行探讨的。但是,就本书的核心意图而言,政府风险管理政策的理论依据及其限度,政策制定和立法所遵循的价值和逻辑,不仅对于美国,而且对于今天正在建立社会主义市场经济的中国,也具有重要的参考价值。

2008年9月18日,受哈佛大学研究生院院长玛格特·N.吉尔

(Margot N. Gill)博士的邀请,我负笈美国,在哈佛大学文理研究生院(GSAS)和哈佛商学院合作设立的商学经济学(Business and Economics)项目进行为期一个学年的博士后研究,以美国存款保险制度为研究主题。在这一学年里,我的家人随行,住在哈佛近旁的375 Harvard Street,夫人在哈佛自费研究,女儿何惠东在紧临哈佛大学的剑桥公立中学(Cambridge Rindge and Latin school)上九年级,她们的相伴和帮助,给我带来生活上的便利,让我能广泛地参加那里的各种学术和社会活动。2009年5月1—3日,哈佛大学费正清中国研究中心组织召开了中华人民共和国60周年学术研讨会。在当年5月2日的会议间歇,我与坐在我身旁的波士顿律师弗雷德里克·D.格兰特(Frederic D. Grant)先生结识,他称自己正在进行美国联邦存款保险制度与中国历史上广东十三行担保制度关系的研究,这正好与我在美的研究主题相关。交谈中他还提到了哈佛商学院莫斯教授关于美国存款保险制度起源的研究。

这年的7月23日,在即将回国之前我约见了莫斯教授,我们在他哈佛商学院的办公室见面。莫斯教授1993年起在哈佛商学院任教,他所在的企业、政府与国际经济教研部(Business, Government and International Economy Unit),负责企业经营环境的教学与研究,涉及经济政策、金融制度、年金等社会保障制度、世界贸易组织等国际机构的职责之类极其宽泛的领域。他为MBA二年级学生创立并正在开设的金融史课程《现代金融体系的形成》,追溯从18世纪早期直到今天金融市场、金融机构和金融工具的重大发展。据此他多次获得哈佛商学院学生会评定的优秀教学奖。除了本书这样的专题研究以外,他还撰写了一些重要的案例,在这本书中也有征引。他还作为专家,为政府和议会中的重要人士提供咨询,在公共政策的形成中发挥作用。我们愉快地谈到了各自的研究旨趣,他将本部专著的英文版赠送给我。我回国后仔细地阅读了它的主要内容,觉得这是一本不可多得的重要著作。2011年4月，我为学院的中国金融硕士国际项目的招生和宣传赴波士顿，4月15日在他的办公室见面，就各自关心的问题交流之后，我谈到了翻译本书的意向，他欣然应允。由于忙于教学和科研工作，又为学院大量的行政工作所累，直到2012年秋才落实版权等相关事宜。而在这一年的10月，最初让我得知莫斯教授研究主题的波士顿律师格兰特先生已在著名荷兰历史学家包乐史（Leonard Blusse）教授的指导下凭借他关于美国存款保险制度与广东十三行联保制度关系的论文在莱顿大学（Leiden University）获得博士学位。我自2012年12月开始着手翻译工作，2013年6月完成初稿。我在美国康奈尔大学求学的女儿何惠东提供了其中第2章的翻译初稿，深深地体验了学术研究的艰辛和不易。其后我又对全部译稿屡次修改，2014年2月终于定稿交付出版，十分令人欣慰。

本书的焦点是美国公共风险管理政策的立法进程，我一边翻译此书，一边阅读美国法学家理查德·A.波斯纳（Richard Allen Posner）《法律的经济分析》第七版（蒋兆康译，法律出版社2012年版）、《美国最高法院通识读本》（［美］琳达·格林豪斯著，何帆译，译林出版社2013年版）等著作，收获良多。莫斯教授在本书中，从风险管理的视角透彻地探讨了美国产业政策的历史变化。他的研究表明，股东的有限责任制度、货币制度的统一以及破产法之类19世纪的对策，主要是从保护创业者和扶植产业的角度付诸实施的。进入20世纪之后，政策重点转换到了工伤赔偿以及社会保障制度等劳动者保护方面，在20世纪60年代以后，进而发展到在产品责任和环境保护等立法和政策措施中可以看到的对消费者全体的保护。在美国，作为"终极风险管理者"的政府职能不断扩大了。

如同本书所表明的，在美国制定各项政策之际，在实施保护对策的同时，必须探讨防止道德风险之类的问题。即使在民间金融市场上，也积极地建立评价信用问题等各种风险的机制。这可以说是极其重要的。

反过来就我国的情况而言,政府作为风险管理者的职责过大。1949 年新中国成立以来,实行计划经济,一切由政府包办。民间市场的作用,几乎没有。这样一来,道德风险的表现就十分突出。风险的管理全然委托给政府,使得总体成本巨大。在我国,民间的风险评价和管理能力的培养是当务之急,实施抑制道德风险发生的对策,也应当更加大胆地推进。本书不仅展现了从风险管理功能分析政府职能的新颖方法,而且在建立政府和民间市场合理关系的我国改革目标方面,也值得认真借鉴。本书体现的美国公共风险管理及其立法进程所遵循的价值和思想,对建立和完善我们当今的一系列社会经济制度,具有重要的启示。下面仅就现代公司制度的完善、货币风险的管理和社会保障政策等与当前我国相关的几个特别重要的问题说明如下。

关于有限责任制度。1844 年英国颁布公司法,采用了法人准则成立主义,进入政企分开的现代公司时代。到 19 世纪中叶,中国所欠缺的,就是西方政府和法律制度所积累的有关合股公司运作的经验。中国公司的历史开始于洋务运动时期,从 19 世纪 60 年代末延续到 1895 年左右,也就是从太平天国结束到甲午战争中国战败。19 世纪 70 年代,外国资本在中国的活动扩大了公司制度在中国的影响。在西方商人按照西方法律以公司发行股票的方式在中国集资大获成功的背景下,中国公司制度进行着艰难的探索。1872 年轮船招商局的建立,是股份公司在近代中国最早的实践。但是,这些公司都采用"官督商办"的特有形式(以官厅的局来命名)。从近代中国股份公司的发展来看,中国近代企业(modern firm)在 19 世纪 70 至 90 年代尽管已经开始吸收公众股份,但是,"股份持有正被吸收进中国的生意传统之中。完全撇开裙带关系不谈,主要持股人直接管理公司分号的做法,就被嵌入了股份结构之中……公共持股并未像西方一样,带来所有权与经营权的分离,也没有减轻家庭在所有权中的影响。"1895年之后,尽管官方的管制有所放宽,但是,原有的官督商办的庇护结构转化为地方官员个人卷入民间企业事务。政企不分,官企不分,是其典型特征。(参见科大卫:《公司法与近代商号的出现》,《中国经济史研究》2002年第3期)

20世纪头十年私人铁路的创办,为了筹集资金,推动了股份公司的建立。这种动向与中国沿海西方人形成的压力一起推动了企业立法,1904年制定了第一部中国公司法,界定了有限责任。从此,中国经历了不连续的公司制度实验。但是,1995年哈佛大学柯伟林(William Kirby)教授提出的"柯比谜团(the Kirby's puzzle)",却通过长时段的分析指出了中国公司立法的固有缺陷。柯伟林在比较和分析了1904年到1993年的五次公司立法之后,认为有限责任公司制度这一现代资本主义市场经济的关键制度,似乎不易在中国的土壤上生根。其主要原因是历次政权的强取豪夺让工商人士恐惧,而且,中国文化过于强调人情关系。而西方股份制的企业组织形式,是以自由市场和非人际关系的法律主导的商业组织文化为依托,不断扩大规模创造巨大的商业财富。中西之间存在着极深的文化鸿沟(以上参见William Kirby, "China Unincorporated: Company Law and Business Enterprises in Twentieth Century China", *Journal of Asian Studies* 54, 1995: 43 - 56)。1993年的公司法,则主要应对国有企业和集体企业向股份制转换所碰到的各种问题。这种以解决国有企业问题为宗旨的立法和西方资本主义的公司法规存在巨大的差别。尽管其后中国公司法经历了修改完善,受中国整体法制环境和经济发展水平的制约,政企不分的制度化行为方式,仍然没有实质性的改观。其主要表现之一,就是股票市场没有成为经济的晴雨表。近期股票发行制度上产生了"中国式注册制"的提议,如果舍掉西方成熟注册制所要求的基本条件,必然走上中国股市的老路。既要追求成熟制度所达成的目标,又不满足这些制度所要求的基本前提条件,这种思维逻辑既违背常理,在实践上也具有极大的危害。美国有限责任制度建立的历史,在公司制度建立方面给我们提供了有益的启示。不仅在法律上有明确的规范和约束,而且更为重要的是在法律的执行和制度化的行为模式方面,必须符合市场经济的要求。没有与有限责任制度相适应的社会和文化环境,寻求现代公司制度的本来功能就只能是缘木求鱼。

关于货币和银行风险的公共管理问题,本书的第4章"美国银行业政策和货币风险管理的实践"给予我们极其有益的启示。近来,比特币、互联网金融在中国成为人们广泛议论的主题。新技术带来的创新,给人们认识货币、银行等传统金融问题带来极大的困惑。比特币(Bitcoin)这种虚拟的电子符号,自2009年由中本聪创制诞生以来,受到许多中国投资者的热捧。2013年2月底,一个比特币的价格为100多元人民币,4月10日,价格冲高到1,540元,两天之后,价格跌落一半。5月,比特币最低跌到300多元。其后经历暴涨,11月19日一度冲高到8,000元,较年初时上涨近80倍。2014年3月27日,比特币在中国的价格达到3,561元。比特币俨然成了一种暴涨暴跌的投机品种。中国是全球虚拟币最大的市场,一定程度上左右着它的价格,就比特币而言,目前中国占全球比特币交易量的60%(2013年4月,仅为10%)。2013年12月5日,一行三会和工信部联合下发了有关防范比特币风险的文件(289号文)。文件界定比特币不是真正意义上的货币,而是一种虚拟商品,要求金融机构和支付机构不得直接或间接为客户提供其他与比特币相关的服务等。2014年3月下旬,中国人民银行向央行各分支机构下发《关于进一步加强比特币风险防范工作的通知》,要求各银行和第三方支付机构关闭比特币中国(BTCChina)等15家境内比特币平台的所有交易账户,完全切断了比特币的资金链。而美国国税局在3月25日,将比特币视为资产,适用于股票和易货交易的相关规定,不将它认定为货币。但是,德国已经明确将比特币合法化,加拿大则诞生了第一台比特币ATM机。

那么，比特币的性质究竟是什么？耶鲁大学教授罗伯特·希勒（Robert Shiller）在 3 月 2 日《纽约时报》的文章《寻求稳定的电子货币》（"In Search of a Stable Electronic Currency", *New York Times*, March 2, 2014）中说，比特币一开始就找错了方向，选择了交易媒介和储藏手段两个传统的职能。比特币提供了一种电子货币挖矿的方法，希望以此可以代替现金和银行账户。然而根本不存在这种需求。数十年来，货币在这些方面表现很好。如果将重心放在另一个典型的职能，效果会更好：那就是作为"计账单位"的货币，亦即一种基本的经济计量基准。并且，文章还列举了 1967 年以来智利采用名为"发展单位"（the unidad de fomento，简称 UF）的通胀指数记账单位；还有他和约克大学的马克·卡姆斯特拉（Mark Kamstra）共同倡导的"万亿（trills）"单位，它等于一个国家或地区最新年度 GDP 预测值的万分之一。如果真是如同历史上"纹银"那样的虚银两的抽象的计价基准，比特币就不会出现目前严重的泡沫投机。现实情况是，泡沫投机盛行，风险迭现，地处日本的比特币交易所 Mt. Gox 已经在 2 月倒闭。比特币的初始意图与希勒教授的思想完全不同，它是要在完全的意义上取代我们现实生活中的既存货币，也就是行使货币的全部职能。那么，它真的能充当货币吗？

第一，人们认定比特币可能取代传统货币，是看重它的固定发行量所体现的稀缺性和有限性，它的最终发行量是在 2140 年达到 2,100 万的固定数额，既不增加也不减少。凭借这个特性，人们希望以它作为一种稳定的价值基准，这样就可以避免现行主权货币因为货币当局政策失当，货币供给过多导致的物价波动。但是，这个特性也是黄金所具有的。一些主张以黄金为货币本位的人们，正是出于这样的考虑。但是，"二战"以来的历史表明，黄金本身终究不适于充当货币。其原因就是 20 世纪二三十年代凯恩斯反复指出的，黄金供应跟不上世界各国商品交易和投资对货币的需求，如果固守以黄金作为货币是极其迂腐和落后于时代的。而以它为基准来实施货币供给,必然对经济产生极大的危害,1929—1933年经济大萧条期间美国不能进行有效的弹性货币供给政策的失败就是明证。金本位制尽管形成物价稳定、汇率稳定的基础,但是,不得不退出历史舞台。比特币数量的固定和有限性,不能满足经济社会对货币的现实的灵活需求。事实上,在金本位制度下,用作价值单位的并不是某种具有固定价值的东西,而是价值变动颇大但重量固定的黄金。在19世纪末到20世纪20年代近半个多世纪的时间里,就产生了美国以黄金为本位的价值基准美元的不断波动。也就是说,单位美元的含金量固定,随着黄金价格的变化,其实际价值在变,结果美元作为产品和劳务的价值尺度功能就受到伤害。而就价值尺度而言,按照同样的道理,今天的比特币本身的价格在变,如果以它为价值基准,以现存流通货币来行使价值尺度职能就出现了同样的矛盾。而就黄金的属性来说,它在历史上乃至今天超越时空的可接受性,绝不是虚拟的比特币能够比拟的。

第二,货币各种职能的发挥,是建立在国家的货币风险管理基础之上的。在交易活动中产生的货币,既是市场交易的媒介,又是法律制度的结果,它是以国家强制力为基础的。因此,货币具有强烈的公法色彩。法定唯一性、国家信用性和高度流通性,是货币的基本法律属性。这些属性都是主权国家通过中央银行的一系列政策措施体现出来的。历史经验表明,一个国家在建立过程中,政府官员的首要任务之一就是确定记账单位,即为了满足会计和交易目的而确立标准公制单位。比特币的供给和流通超越中央银行的管理与控制,它打破了法定货币权力与风险责任的对称原则。本身没有任何使用价值的人为虚拟符号,仅仅以它自命不凡的程序支持,不足以为经济的正常运行提供货币工具,必然破坏正常的经济秩序。比特币在特定人群范围内可以作为计价的筹码,但是绝对不能充当主权货币和世界货币。历史经验表明,非黄金的本身无价值的货币形式,必须以国家强制力为基础,才能承担货币的职能。比特币的非中央银行化、非国家化,必然导致其货币职能的自我否定。

第三,假定整个世界的货币全部替换为比特币,便涉及货币生产本身的成本负担问题。按照传统货币供给的思路,如果是现钞和铜钱之类的通货,人们只是按它的面值来接受。货币持有者从来不会承担货币的生产费用。现代社会的主权通货包括人民币,其印制费用都与持有者无关。历史上确有北宋的纸币"交子"在兑换铜钱时,持有者支付一贯30文工墨费的事例。但是,即使是中国铜钱流通的时代,铜钱本身的成本也不是持有者的责任。我们来看一个明朝的例子。1574年、1575年,中国苦于铜钱不足,而刚开始统治的万历皇帝中央政府因成本很高也难以增加发行。按照负责铜钱铸造的官厅工部尚书郭朝宾的说法,铸造铜钱5文要耗费银1分的成本,而银1分按当时比价相当于铜钱7文。也就是说,每铸造5文铜钱必须承担2文赤字费用。但是,政府在1576年还是大量铸造发行了万历通宝。(参见黑田明伸著,何平译:《货币制度的世界史》第90页,中国人民大学出版社,2007年11月)倘若比特币要成为替代现存社会所有货币的唯一货币形式,比特币本身的成本绝不能由持有者承担,自然也就不应当出现泡沫投资优先独占的情况。比特币的现实表现表明,它至多是一种资产,甚至是一种赌博,但绝不是一种货币。

中国近期所谓"互联网金融"及对它的追捧,与其说具有深思熟虑的理论根据,不如说是金融管理部门面对互联网技术提供的集资便利在监管上的放松。根据传统银行所固有的存贷业务和信用货币创造功能的基本特征,不存在所谓互联网金融和金融互联网的区分。互联网在金融服务的特定环节无论提供了怎样的技术支撑,也不能改变金融服务的本质。其性质的界定完全取决于其经营的内容,只要其经营的产品是货币资金,就必须列入传统的金融监管范围之内,并且受特定的监管规则约束。倘若其涉及存贷业务,就必须按银行的法规来执行准入和监管。

与20世纪90年代比较,"互联网金融"的发展,首先来源于产业界限的突破。互联网电商平台向金融业务扩展和渗透,打破了我国金融业和其他产业分轨的既有准则。阿里巴巴借着电商信息闭环的优势进入金融业,成立阿里金融,实现了产业与金融的结合,引来无数的跟随者。它初始以电商为主业,有本来的盈利渠道,通过创造"消费时点"的社会认可优势,进而打破既有法律的约束,向金融领域渗透。既不承担合规金融机构的各种成本,又不受相关法规的约束。在此基础上形成的成本节约和丰厚利润、客户群的扩大,完全源于监管的缺失,纯属制度性红利。面对管理的失序,银行等金融机构进退失据,甚至反过来发展电商! 其次,从其具体的产品内容来看,其快速发展也完全源于监管的缺乏和放松。"互联网金融"余额宝之类产品的主要盈利模式,完全基于它与货币市场基金的联姻,它无须接受监管却实现了货币市场基金的发行功能。而货币基金通过在银行的同业存款实现盈利,完全偏离了直接融资工具的性质。由于与实体经济没有直接的关联,资金的使用效率仍然取决于银行的经营管理能力,互联网金融有利于合理配置资源的说法毫无根据。倘若将部分资金直接贷款给客户,并在结算中创造信用货币,则完全属于商业银行的经营领域。简言之,只要从事存贷款并在为客户办理结算过程中创造信用货币的机构,都必须按照既有的银行业法规接受准入约束和监管。电商平台的理财工具可能有创造信用货币的功能,第三方支付是切取了传统银行的支付功能环节,众筹之类"P2P"网贷平台成为单个自然人之间的民间融资的集合形式,放大了风险。这些凭借新的技术条件对传统银行业务和功能进行切块和分割之后以新的面貌出现的机构,仍然必须以银行和相关的金融法规进行准入和管理,绝不能出现监管真空。目前盛行的法无禁止即可行的论调,忽视了我国现有法律体系并非建立在此原则之下的特定背景。如果要坚持这个原则，就必须首先彻底重新塑造既有的法律体系。

所谓互联网金融节约交易费用，完全是监管缺位和行业准入原则缺乏的表现。互联网以草根金融、民生金融作为自身集团利益的借口，来形成政治压力和社会压力。实际上，互联网金融的管理团队和客户，均不是草根，它唯一的草根性就是"低门槛"，也就是没有监管。面对所谓"互联网金融"，学术界和政策制定者如何抉择，撇开特定的集团利益，取决于对从事货币创造和支付的金融机构银行的特殊地位的正确认识。美国银行业政策演变体现出的货币风险公共管理的价值原则表明，关系到货币流通、支付手段稳定的银行金融机构，必须进行特殊的监管和行业准入，万变不离其宗。这便是本书第4章给我们带来的启示。

关于社会保障问题。社会保障制度的建立和完善，是一个社会走向成熟的重要标志。如同本书第7章所述，美国社会保障政策从失业保险（就业保证、强制失业保险），到老年保险（保险和生活援助）、退休风险的管理（长寿风险、工作持续期风险、投资风险）经历了不断的立法改进，涉及劳动者生活的方方面面，最后形成完备的划时代的1935年《社会保障法》，解决了劳动者的失业和老年收入不足的保障问题。但是，强制健康和残疾保险的缺乏却成为这个重要立法的缺憾。这不得不在后来的立法修正中进行弥补。其中，在强制健康保险方面，20世纪60年代建立了面向老年和残障人士的国家医疗护理计划（Medicare）和针对低收入公民的联邦政府暨州政府保险项目医疗援助（Mediaid）。但是，美国是唯一没有全民医保的发达国家，医保体系开支高、效率低。奥巴马2009年上任以来，医疗改革是最为重要的国内政治议题。2010年3月22日，在遭到共和党众议员一致反对的情况下，美国众议院通过了最终版本的医改法案。奥巴马总统在关于国会医保改革表决通过的讲话中称："今晚，经过将近

100年的讨论和挫折,经过数十年的尝试,经过一年的不懈努力和不断争论,美国国会终于宣布,美国劳动者、美国家庭和美国小企业可以确信,在这个国家,疾病和意外都不会危及他们毕生奋斗所追求的梦想。……这一天表明美国梦又砌下了一块坚固的基石。"(见美国白宫政府网站)但是,按既定议程应该于2014年正式实施的该法案,在实际操作中却遇到巨大的困难,其前景尚需拭目以待。美国社会保障立法的历程,充分反映了政策制定者和美国国民所遵循的价值和原则。

2012年我国提出了到2020年实现全面建成小康社会的宏伟目标,社会保障制度的建立和完善是其中的重要内容。就其中的养老保险制度而言,转制成本和历史欠账以及人口老龄化带来巨大的财务压力和资金缺口,给我们提出了严峻的挑战。如何构筑与我国的经济社会发展水平相一致,各阶层和各地区人民获得既具有历史连续性又合理的社会保障,是摆在学者和政策制定者面前的重要课题。近来,一些轻率的论调(如退休"园丁论"),既缺乏可操作性,也缺乏理论支持。我们必须吸收人类社会一切知识成果和经验,才能在建立完善的社会保障制度过程中少走弯路。美国社会保障政策的演进及其所遵循的价值原则,是重要的参考资源。

除了上述几个方面之外,本书的其他部分都与我们碰到的现实问题密切相关。特别是第9章有关环境保护的立法经验,对于我国目前遇到的空前的环境污染问题(2012年12月以来雾霾天气成了北京的常态),具有重要的参考价值。

在翻译本书的过程中,美国不同历史时期的学者对现实问题的关注和解决以及他们所遵循的准则,给我留下了深刻的印象。当今中国学者特别是经济学领域的学者,在理论和方法方面都以欧美为参照,但是,对美国等西方国家经济制度的源流和经济理论及政策形成的现实决定因素,却缺乏深入的了解,止步于皮相的层次。本书从长时段的视角论述了美国公共风险管理政策的演进及所遵循的价值原则,是理解当前美国经济问题和理论政策的一把钥匙。1988年,人们描述当时中国各学科所面临的困境称:"哲学贫困,史学危机,法学幼稚,经济学混乱。"近30年过去了,最近中国在互联网金融等一系列问题上的表现表明,今天我们的经济学不仅兼具当年法学和经济学的困境,而且更突出地表现为经济研究在思想和价值上的贫乏。

　　本书在出版过程中,得到了人民出版社哲学与社会编辑部主任方国根编审及责任编辑郭彦辰女士的全力支持,他们对学术出版的热忱和敬业精神,使本书得以顺利出版。最后,需要说明的是,本书的出版作为我主持的中国人民大学科学研究基金品牌项目(10XN1002)《中国古典财政金融文献研究》的部分成果,得到了中央高校基本科研业务费专项资金的资助。

何　平

2014年4月1日

于中国人民大学财政金融学院

目 录

CONTENTS

前　言

　　有人说,"正在进行的历史,是一个很不确定的东西"①。的确有这样的感觉。在 2001 年悲惨的"9·11"事件之前近五个月的时候,我完成了本书的写作。那个时候,本书已经编辑完毕准备出版,美国处于阿富汗战争之中,在国内,联邦政府正在为恢复安全与稳定进行艰难的斗争。

　　用四架民用航班同时攻击世界贸易中心和五角大楼,在美国历史上是史无前例的。但是,华盛顿的应对措施在许多方面对我们来说是十分熟悉的。像面临其他灾难包括金融恐慌和自然灾害的前任们一样,联邦政府的政策制定者们,迅速利用了作为危机管理者的政府所特有的优势。而这并不只是在国防和宏观经济政策领域,紧随攻击之后,联邦政府官员转入一系列广泛的风险管理。他们迅速导入了立法程序,诸如对受害者及其家属的补偿、救济航空公司、强化保险市场等。

　　9 月 11 日以后,就民间部门所具有的对恐怖相关风险的管理能力,人们的信赖度迅速下降。即便是许多商界领袖,也承认他们再也不能依靠他们自身的能力来处理这些风险了。反映这种主流观点的一例是,一位著名的保险经理在事件发生两周后宣布,保险业"不可

---

　　① Anna C.Brackett, *The Technique of Rest*(New York: Harper and Brothers, 1982), p.112.

1

能给无限度的而且不可能定价的那种风险提供保险"。① 他指出,政府的参与确实是最基本的。政治领导人之间,在政府是否应该成为最后保险人方面没有任何激烈的辩论。共和党和民主党争论的,是在如何起草相关法案方面,而不是在应不应该制定法案方面。

同时,海外的观察家惊奇地见证了美国经济中如此广泛的政府介入。如同一位法国经济学家所说,长期"教导自由市场"的美国人,在"9·11"事件后似乎突然忘掉了"普遍的市场原理"②。难道美国正要抛弃自身奉为教条的自由放任主义吗?

本书回答了这个问题,指出政府对民间部门风险管理的深度参与,在美国实际上毫不新鲜,尽管它以承诺自由放任主义闻名。通观美国历史,立法者实施了一系列广泛的风险管理政策,特别是处于危机时期时,那时,他们最怀疑民间市场完成这项任务的能力。对"9·11"事件的回应,也毫不例外。

本书讨论的既不是那些攻击本身,也不是紧随其后的忙乱的政策制定。它是一个历史政治经济学的研究,而不涉及当前事件。然而,通过追溯美国风险管理政策的历史,这本书将会帮助阐明联邦官员为什么是按照他们所采取的方式去作出反应的。归根结底,它将揭示政府作为风险管理者的关键角色——而由于最悲惨的原因——最近它在美国人的生活中赢得了新的声望。

戴维·莫斯

马萨诸塞州,波士顿

2001 年 11 月 25 日

---

① "美国证券与保险业:恪守诺言(U.S. Securities and Insurance Industries:Keeping the Promise)",美国众议院金融服务委员会听证会(Hearing of the House Financial Services Committee),第 107 届第 1 次会议,2001 年 9 月 26 日。

② Alan Cowell with Edmund L. Andrews, "European Converts to Laissez-Faire See the Rush to Intervene as Heresy", *New York Times*, October 25, 2001, pp.C1, C8.

—— 第 *1* 章 ——

导 论

　　本书论述的是政府作为风险管理者的角色。如同我将表明的,在美国,风险管理构成了一个强有力的无处不在的公共政策形式。没有它的话,我们经济的面貌就难以辨认出来了。经济甚至有可能会完全无法运转了。没有有限责任法、破产法、政府印制货币和失业保险——仅仅提及几种风险管理政策——现代工业经济能够在美国扎下根来也是值得怀疑的事情。[1]

　　奇怪的是,风险管理一般没有被作为政府的一个功能来看待。[1]也许这是因为风险管理不如政府大多数其他功能那样清晰可见。当政府建设道路、学校、军事基地,追踪罪犯,或者向外国商品征收关税,其结果是很明显的。风险管理政策发挥的效果通常不易察觉,然而,这些政策触及到每一个美国人每一天的生活。无论什么时候,你存钱到一家有美国联邦存款保险公司保险的银行,或者遵守在公路上的车速限制,或者在有限责任公司购买股票,你都是(无论你是否知道)一个风险管理政策的受益者。

　　那么,什么是风险管理政策? 它包含了任何设计以降低风险或者风险再分配的政府活动。产品责任法为后者提供了一个很好的例子。每一个消费者都面临着不安全产品带来伤害的风险。产品责任法的存在,通过允许受到伤害的消费者就损失提出诉讼将部分风险转移给制造商。与此相似，工伤赔偿（workers' compensation）法将车间事故的风险从雇工转移给了雇主，并且在大多数情况下，转移给了他们投保的保险公司。同时，联邦存款保险通过将银行破产的风险分散到所有存款者身上，为单个存款者提供了保障。而联邦灾难救济通过将部分财务负担分散给所有的纳税人为自然灾害的受害者提供了保护。

除了将风险从最弱势各方身上再分配出去之外，州政府和联邦政府也试图通过不同的措施来减少风险。这样的例子包括消费者产品安全法、最低银行业标准、工作场所安全条例，甚至是防洪堤的建设。如果没有这些保障措施，生活将是相当危险的，而这些例子只是展示了冰山一角！

风险管理政策现在已经扩展到这样的程度，难以想象还有任何一个比它更大的政府责任。当克林顿总统和共和党控制的国会之间的争论在1996年早些时候以政府关闭而告终时，劳工部长罗伯特·里奇，首先也是最为重要的，从增加个人将会面对的风险方面解释它的影响。他说："你知道，美国联邦政府做的许多事情，……是为人民提供一个几乎庞大的保险政策。而只有你陷入麻烦时，……你才认识到保险政策实际上被取消了。而这就是现在发生的情况。"〔2〕

1996年，联邦政府关闭只持续了很短的时间。但部长的话在于提醒我们风险管理确实是政府的一个首要功能，而且是一个影响深远的功能。即使是在一个因对政府充满敌意而出名的国家，政策制定者也是以激进的风险管理者现身。本书的目的就是解释事情如何发展至此以及为什么发展至此的。

1. 公共风险管理的历史透视

近年来，几乎所有风险管理政策引起的关注都是负面的。不计其数的批评家已经谴责政府为保护公民免受不利风险影响所做的努力正在将美国变为一个缺乏勇气和个人责任的傻瓜的国度。一个作家在1989年的《新共和》(New Republic)杂志上抱怨道,"在美国的今天,对无风险社会的渴望是最削弱国家力量的影响之一"[3]。几年以后,在著名的麦当劳烫咖啡事件之后,另一位权威痛感美国已经"从一个充满先驱的国家发展成为一个充满原告的国家"[4]。

同时,预算鹰派继续提醒我们这些政策究竟有多么昂贵。主要的社会保险项目——社会保障、医疗保险、失业保险以及工伤赔偿——每年单独的成本就超过 5000 亿美元。[5]而与存款保险、养老金保险以及其他联邦财务担保有关的最大潜在负债很容易超过 6 万亿美元。[6]早在 1991 年,老布什(乔治·赫伯特·沃克·布什)总统的预算主任,理查德·达曼就提出警告,"每一个这种联邦负债都像一个隐身的电子街机游戏幽灵,正等待着跳上前来消耗预算迷宫里另一个资源点"[7]。由于自身的原因,20 世纪 80年代晚期和 90 年代早期的储蓄与贷款协会危机估计消耗掉联邦政府 1500亿美元以上的成本。

这种批评具有相当的价值,然而他们制造了一种印象——公共风险管理是我们难以支付的一个奢侈品,是过于纵容和意志薄弱的政策制定者的产物。《纽约时报》的一篇专栏文章攻击美国主导的缓解 1997 年和 1998 年亚洲经济的援助,宣称国家的领导者们在"感情上是难以接受资本主义所固有的风险的"[8]。而事实是,市场本身并不总是证明能够以一个可接受的方式管理资本主义固有的风险。

一些年前诺贝尔经济学奖得主肯尼斯·阿罗(Kenneth Arrow)解释道,风险市场的缺乏和不完整代表了资本主义最大的失败之一。他在 1970 年与罗伯特·林德合作的一篇文章中写道:"也许对自由竞争市场制度最严厉的批评之一是建立特定的保险市场固有的困难,带来了一个次优的资源分配。"[9]在另外的场合,阿罗建议政府应当出手,"在那些不管由于什么原因没有出现[民间保险市场]的情况下提供保险。"[10]

对美国历史的深入观察表明,州和联邦政策制定者在阿罗提出"建议"很久以前,已经听从他那样的"建议",至少是从共和国诞生之初开始。但是,大多数流行出版物促成了相反的印象——政府对民间部门风险的"干预"是最近才有的典型特征。关于这个主题的文章常常追溯到更早的时期,那时候美国人充满活力和个人主义精神,每一个公民怀着坚韧的独立和自豪心情,去面对他自身的风险。但是,这种时期从来就不存在。在许多年里政府在风险管理上的参与当然已经变化和扩展,而在历史上不可能确定一个时刻政策制定者不是在全力应对各种头疼的风险。不首先熟谙其历史,人们就不可能懂得美国的公共风险管理。

阶段 I:对企业(企业家)进行保障(1789—1900 年)

广而言之,美国的风险管理政策经历了三个阶段,而其中的第一阶段在1789 年宪法正式批准生效时就已经开始。在 18 世纪晚期和 19 世纪早期,当美国自身还是一个发展中国家时,政策制定者特别关注的是被认为会破坏贸易和投资基础的风险。与今天流行的观念相反,历史记录强烈地显示,设计良好的风险管理政策可以促进经济发展和增长。尽管风险承担处在资本主义的中心,但是,这一早期的经历表明,某些类型的风险在发展中国家的背景下可能会功能失调。

一个好的例子,是有关消极投资者(不参加经营)的无限责任问题。在19 世纪早期美国开始发展重要的制造业基础之前,绝大多数投资者都是积极投资者,这意味着他们拥有并管理着他们自己的公司和工厂。但是,大规模企业(包括一些纺织厂和其他制造厂)的出现,要求新型投资者——消极投资者的参与,这些投资者购买股份但是并不直接参与企业管理。随着国家工业化的发展,消极投资者成为一种越来越至关重要的资本源泉。

19 世纪早期的问题是,只要面临无限责任,许多消极投资者就不情愿放弃他们的储蓄。如果一个企业倒闭,它的银行家和其他债权人有权获取任何投资者的个人资产,无论是积极投资者还是消极投资者。这意味着如果他的投资变坏的话,每一个独立的投资者都遭受个人财务破产的风险,甚至可能被关押在一个债务人监狱里。这种极端的责任在今天看来几乎是不可想象的,但是,两百年前它却是常态。

尽管积极投资者长期以来愿意忍受无限责任,经济政策制定者不久便了解到消极投资者是更少冒险的。"为了它成功地运行,制造事业要求使用大规模的资本"，马萨诸塞州州长利瓦伊·林肯（Levi Lincoln）在 1830 年说。"许多个人的出资对于资金的形成来说是必需的。但是，人们由于已有的告诫，不会再出于考虑股份收益的机会同意将他们的全部财产置于充满风险的环境中，这种风险他们既不可预测，也不可能进行任何控制。"除非股东责任的限制迅速建立起来，州长警告道："在很大程度上，制造业的收益在马萨诸塞州必将被破坏。"[11]在 19 世纪前半期，没有有限责任法的实施，美国制造业的发展就会受到很大的阻碍。

重要的是，有限责任法并不要求新的税收和支出，它们也没有创立一个新的监管机构。它们所做的一切，是将一定比例的公司违约风险从股东那里转移给债权人。这个主题的几个学者精明地将有限责任的特征归纳为"一种隐性的、债权人提供的企业破产风险保险"[12]。令人惊奇的是，这一简单的风险转移措施可能对保护和加速工业化负起责任。"人们在将经济进步和规模经济相联系时，"经济学家约翰·希克思（John Hicks）先生写道："那一定会被看成有限责任的一个主要成就，它已经使得我们大量的经济进步成为可能。"[13]

虽然特别重要，消极投资风险在 19 世纪却并不是一个孤立的问题。正在兴起的美国经济充满了活力，但是也充满了有减弱增长危险的风险。就是作为支付手段的货币也远称不上安全，迫使政策制定者陷入解决"货币风险"问题的长期战斗中。北卡罗来纳州的参议员罗伯特·斯特朗奇（Robert Strange）在 1840 年抱怨道，"纸币制度已经将每一个人卷入不可抗拒的漩涡"，他说，它已经"使它自身成为所有雇佣劳动的不稳定基础。它减弱了最牢固的基础，所以，面对曾经是交易者特有的那些不可预测的事件，现在没有人是安全的"[14]。

在政策制定者们认识到需要管理从破产到银行挤兑范围广大的企业风险时，也充分地认识到他们的工作如履薄冰。在货币风险的情况下，这尤其是事实。要是政府官员对银行（那时，它们是全国通货的主要提供者）进行太严厉的打击，它们就会抑制迅速增长的经济，剥夺它不可少的信用和流动性。而且完全将风险抛给会将整个企业界淹没在投机和恐惧的疯狂之中的市场。

在 19 世纪末,美国的立法者已经着手制定广泛的风险管理政策,所有这些政策都是试图促进贸易和投资的。它们中,最值得注意的是有限责任、银行监管、破产法、固定汇率,以及可预期的产权执行[15]。这些政策与今天紧密相关,不仅是因为它们打下了美国经济成功的基础,而且是因为今天发展经济面临许多十分类似的问题。在每一个发展中国家,如何在经济上管理功能缺陷的风险,而不切断经济进步的源泉,是政策制定者面临的最困难的挑战之一。21 世纪初在拉丁美洲、东南亚和俄罗斯的金融危机,为此提供了佐证。19 世纪的美国,为发展它自身的经济而斗争,至少在走向世界工业强国的道路上展示了一条通过风险雷区的成功之路。

阶段 II:对工人的保障(1900—1960 年)

20 世纪初,一系列全新的风险引起了政策制定者的关注。产业工人,他们曾经只是国家劳动力的一个很小的部分,但是现在成长为一个巨大的强有力的社会集团。尽管在 19 世纪晚期工资已经总体上提高了,但是,大多数工人的家计仍然十分贫困。在新的工业经济中,由于工伤、疾病或年老,或者是由于经济不景气引起的失业,都容易使工人和他的家庭陷入贫困。在更老的农业社区,延伸的家庭支持网络已经帮助分散了个体风险,但是,快速的城市化使这些传统的安全网被彻底破坏。

进步主义时代的改革者担忧,工人大面积的无保障会激起动乱甚至起义。终于,1917 年俄国的布尔什维克已经证明了工人革命的可行性。学院经济学家、美国社会保障制度的思想之父约翰·R.康芒斯(John R.Commons),不祥地警告:"除非资本主义制度开始关注劳动者的保障问题,开始让工作像投资一样安全,否则,这种制度是否能够继续存在……将是一个严重的疑问。"[16]

在 20 世纪的早期,风险管理政策的焦点因此从企业转移到了劳工方面。工伤赔偿法,强制执行在岗事故保险,1911 年和 1920 年之间在每一个州实施。强制失业和老年保险,在一代人之后作为 1935 年社会保障法的一部分采用。

将社会保障提案签署为法律的富兰克林·罗斯福总统,完全意识到了他的签署帮助转型运转起来。他在一个有关社会保障的演讲中论述道:"19 世纪初期开始,通过了保护性的法律,它们主要是设计来给财产所有者、工业家、商人和银行家提供保障。"这是美国风险管理政策的第一个篇章。但是,当 19 世纪面向企业的政策足够多的时候,罗斯福主张,20 世纪早期工业社会日益增加的复杂性,"使得单个人独自建立他们自身保障的困难增加"。他总结道,政府"必须介入并且帮助他们建立基石,就像过去政府帮助建立了商业和工业的基础一样。我们必须面对这样一个事实,在这个国家我们有一个富人的保障和一个穷人的保障,而且政府对它们二者均负有相同的义务"〔17〕。由此,美国的福利国家诞生了,而且,美国风险管理的第二阶段切实地展开了。

那时,许多批评者猛烈攻击政府当局不可避免的扩张,警告这些新的社会计划将毁掉美国资本主义充满活力的精神。1916 年,全国市民联盟(National Civic Federation)的拉尔夫·伊斯莱(Ralph Easley)由于社会保障"大量浸透了社会主义的毒素"〔18〕,对它置之不理。两年后,纽约贸易协会的会长,将强制保险的特征概括为一个"绝对非美国式和专制的"制度,并表示它将会把美国工人转变为"独裁意识所左右的怯懦的动物"〔19〕。与此相似,1935 年一位国会议员严厉地攻击社会保障法案,称它"简直就是还有一步就将我们独具特征的美国制度苏联化了,它弱化了我们人民的自主和创业精神,而且,抵押了我们的未来"〔20〕。

尽管有这样的论调,社会保险计划还是获得了全体选民的欢迎——也许是因为在民间市场失败的地方政府表现出了成功。工伤赔偿和失业保险多年来在总体上发展了,而社会保障(它曾经受到右翼的辱骂)成了政治上不容置疑的圭臬。今天,美国人在社会保障上的花费比其他任何预算项目包括国防都要多。

阶段 III:为所有人提供保障(1960 年以后)

第一阶段到第二阶段强调的重点从企业风险向职工风险的转变,对美国经济和美国社会产生了深刻的影响。它不仅彻底使国家社会福利政策转型,而且,它也第一次让大量的市民面对面地感受到政府风险管理的功能。在一个相对短的时期,近乎每一个劳动成员都纳入了国家的社会保险伞下。这最终会起到降低新的风险管理政策门槛的效果。如果政府将保护工商人士和工人免受各种风险,那么,它为什么不也去保护消费者、房屋所有者和难以计数的其他群体免受潜在的破坏性风险? 这个问题开启了开始于 20世纪 60 年代初的美国公共风险管理的第三阶段。

在第三阶段,风险管理政策突然和戏剧性地扩张。在这点上,联邦灾害政策是一个很好的例子。1955 年,联邦灾害救济只覆盖了主要灾难未保险损失的 6%,而在 1972 年这个数字已经猛增到接近 50%。[21]胡佛在回忆录中怀旧地回忆 20 世纪 20 年代,那时,政府在灾难救济中的角色还很小。他写道:"那些日子里,在灾难时市民们想到的是相互照顾,联邦政府将做这方面工作的情况还没有发生在他们身上。"[22]到了 20 世纪 70 年代,那样的日子远去了。

同时,州和联邦政策制定者已经全力以赴对个人风险发起了攻击。健康、安全与环境法规迅速成倍增长。而且,立法者创立了一系列广泛的新的联邦保险计划和财政担保。国会甚至给信用卡建立责任上限——一种针对消费者的有限责任。它首先在 1970 年开始实施,这些规定要求信用卡发行者要像隐性保险者那样行动,为所有的信用卡持有者针对由于他们的信用卡被无授权使用而造成的损失提供担保[23]。

不甘落后的是,全国的法官将产品责任法根本地颠倒过来,将它从生产者促进计划转化为一个强有力的消费者保护措施。当成功的产品责任诉讼变得越来越普遍时,制造商发现买主购物自行小心的教条已经完全被颠倒过来。现在,卖主而不是买主,在商品卖出的每一个时刻都不得不"意识到"这一点。

新责任法律体系的建筑师之一,罗杰·特雷纳(Roger Traynor)法官承认,早在 1965 年美国的风险管理政策就随着美国经济自身成熟起来。"我们已经走了一条很长的路",他在一篇法律评论文章中称,"制造商过失责任的巨大扩展,……标志着从工业革命向安定的工业社会的转型。19 世纪的法院已经估计到由于约束工业对消费者关心的义务所造成的日益增加的工业痛楚。"[24]然而,1960 年后在美国,对个体保障的迫切需要,与经济增长并驾齐驱,甚至或许超过经济增长。这种转换清晰地反映在成文法和普通法同时出现的处理风险管理方法的改变中。在日常生活中它也日益得到证实。第三阶段已经到来。

2. 向历史学习

即使这个简短的历史考察也应当是清楚的,美国立法者在很长的历史阶段,运用风险管理工具实现了一系列的社会目标。从经济的立场来看,风险管理政策的整个光谱,就是应当看成对民间部门风险相关失败的一个系列回应。由于在我们这样的自由市场经济中这类失败无处不在,大量的干预确实是必需的。

尽管经济学家深入地考虑过为什么市场因风险而频频失败,他们的大多结论显得抽象,主要是围绕买者与卖者之间的信息不对称问题来谈风险。较之真实世界的例子,他们的倾向是更注重理论模型。这种方法被证明在许多方面极富成效的时候,也有很不幸的效果,那就是将理论与击中现实的投石器和箭隔离开来。这里提供的历史方法会为克服这个缺点提供帮助。

美国风险管理政策的历史展示了一出美国逐渐驾驭经济的漫长而艰难的戏剧,让这个主题活起来了。在这个过程中,它聚焦于政策制定者和其他社会改革者准确地理解这种激起今天社会科学家兴趣的民间失败问题的持续努力。这些历史人物可以给我们很多教益,如果我们真正想懂得政府的风险管理功能,就应该倾听他们的意见。历史——或者更精确地说,历史政治经济学——在研究资本主义的制度基础方面体现出对经济理论关键的补充。这一点,没有什么地方比在公共风险管理领域显得更为正确了。

民间部门风险相关的失败

首先,在有关为什么民间部门风险相关的失败如此普遍的问题上,历史记录提出了新的洞见。这些破产正在引起麻烦,因为它们意味着亚当·斯密看不见的手正失去了一个或两个手指。理想的情况是,功能完好的市场会将风险转移到最能控制它们的那些参与方。比如说,大多数房主支付保费将他们的火灾风险转移给保险公司,它们已经准备好评估和分散房屋被烧毁的风险。但是在大量其他的场合,服务于风险分配的功能完好的市场根本就不存在。你不可能买到防范房屋价格下降的保险,即使是你家住房价格的严重下降比起在你地下室的一场火灾来会给你带来更大的影响。[25]你既不能买保险防范你所在行业平均工资下降的风险,也不能防范你工作团队的一个关键成员在一个重大的发布会的前一天因流感而倒下的可能。在一个完美市场的世界里,所有这些风险和难以数计的其他风险在市场上都是可以交易的。然而因为它们实际上不是那样的,我们社会整体的健康与它的理想状态相比要低。风险是无效率地分配的。关键的问题是为什么。

经济理论家传统上将民间部门的风险相关失败归咎于不对称信息问题,诸如逆向选择和道德风险,我们将在下一章用一些篇幅讨论它们。但是,对相关立法历史的仔细考察表明,政策制定者和改革者将这些失败归于一系列广泛的原因,不仅包括信息问题,而且也包括认知、执行和外部性问题。尽管在下一章也会涉及这些,但基本的要点是,即使有关特定风险的完全信息对于所有潜在的买方和卖方可以平等地获取,市场还是不会以一个可接受的方式分配。如果一方系统性地错误地判断风险,如果没有买家(保险者)守信用地为未来的损失提供补偿,或者某个第三方试图将风险外部化,将它们转移到其他人身上,使他们不必承担随之而来的成本,就可能出现这种情况。

如同我们将看到的,许多改革家和立法者对认知问题给予了特别的关注。哥伦比亚经济学家亨利·西格(Henry Seager)1907年观察到,在风险行业的工人往往认为他们自己不可能受伤。"每一个个人",他说,"都认为自己拥有一个神灵保护的人生,总能逢凶化吉。"[26]如果这是事实,这个神佑人生现象确实可以减弱甚至摧毁民间事故保险市场。如果工人们想不到会受伤为什么又想要买保险呢?事实上这肯定是一个问题,西格全力为工伤赔偿法而斗争,这个法律要求雇主为他们的雇工提供因工事故保险。

半个多世纪之后,通过一个在产品伤害诉讼中施加严格的制造商责任的判决,耶鲁大学的法学教授奎多·卡拉布雷西(Guido Calabresi)正是强调了同样的问题。他解释道,那些工伤"总是发生在'另一个人'身上,没有统计信息的数字可以说服一个个人,工伤会发生在他身上"。由此,他总结说:"某人而不是个人,可以对包含的风险进行合理评估的某人,更加适合决定损失的最优分散。这个某人可以看成是'社会'。"[27]

像这种涉及个体错误认知的观点是十分有趣的,因为它们与强制保险的标准经济学理由是相悖的。经济学家通常将民间保险市场的失败归因于个人比他们的保险公司拥有更好的信息。[28]但是,西格和卡拉布雷西两人提出了几乎与此完全相反的看法。在他们看来,保险市场没有得到发展,是因为人们不能正确地处理事实上可以利用的信息,个人实际拥有的信息过少。

自然,我们不能肯定地说当时诸如西格和卡拉布雷西那样的政策制定者和政策倡导者,按照他们的评估,是正确还是错误。只是因为他们所处的时代不能保证他们真正理解他们正在试图解决的问题。然而,他们的解读值得充分关注。与后来各代学者不同,他们有机会来检测民间市场如何运行——或者不能运行——他们帮助工程师早于政府进行干预。他们也具有向当时的其他相关的分析家和关键的经济主体提出问题的独特能力。在试图弄清为什么这么多工人没有得到工作事故保险时,西格与雇主、保险经理以及劳动者对话。他的意见应当与现代的经济学家一样来考虑,因为他特别充分地作了准备并研究了许多在今天人们仍然感兴趣的同样问题。

本书主要的历史焦点,就聚集于关键的风险管理政策初次得到由立法部门或者法院进行辩论和采用的那些时刻。任何一个有兴趣弄懂政府在处理市场失灵中的角色的人,都应当将这些时刻看成数据资料的关键来源。通过法庭判决、立法辩论,以及其他原始的档案,立法者和社会改革者给我们留下了无价的记录——一个关于人们认为民间市场怎样和为什么有缺陷,以及公共政策用于医治这些弱点的方式的详细记录。

当然,这个记录远非纯粹。它充满政治色彩的歪曲、阴谋以及误撞。政治家准备他们的演讲不是给我们讲政治经济学,而是让他们的法案通过或者获得再次当选。然而,他们中的许多人还是名列前茅的问题解决者,由选民选出医治国家的病症。在这里检讨的许多政策已经接受了时间考验,这正好增加了作为有效的问题解决者的这些政策制定者的可靠性。正是在这个特殊的语境下,他们的言论成为政治经济学家的资料。

尽管后面章节里对政治家和社会改革家都将涉及,但本书对政治家有着特殊的兴趣。这是因为政治领导人作为信息的过滤器,也许没有得到重视,但是扮演着关键的角色。普通的政治家如同意见的捕蝇纸一样,不加区别地捕捉飞来的任何东西。这是相当容易做的,因为几乎每一个不同水平的"专家"都常常渴望与那些当权者分享看法。将杰出政治家和平庸的政治家区别开来的一个品质是,抛弃没有说服力的观点,只是支持最有说服力,特别是具有真理声音的那些意见。在那个时候,有判断力的政治家来到立法的地方辩论,他已经过滤出最好的洞见和解释——从所有角落,而且准备作为他自己的意见来发表。这就是为什么政策推出的时刻具有如此的价值,并成为本书实证的基础。极端地说,这些时刻告诉我们大量民间部门风险相关失败的来源,以及政府作出反应的能力。

社会优先问题的变迁:从增长到保障

历史记录也清楚地表明,风险管理政策的信息涉及的内容远比单纯的市场失灵要多。事实上,将在民间部门风险分担上的政府干预解释为仅仅是对市场失灵的反应是不可能的。立法者能够从技术角度进行理论判断的风险数量,简直难以置信——因为处理风险的民间市场是不完全的或者不存在的。与此不同,首要的社会优先问题在决定哪些风险激发了政府在特定的时刻及时采取行动方面扮演了关键角色。也许,在美国风险管理政策变迁中最吸引人的是,在过去两个世纪里社会优先问题呈现出从增长到保障的一个明确无误的转移。

直到大约 1900 年,实际情况表明,在风险管理政策选择中引导美国法律制定者的主要因素,仍然是对刺激可持续经济增长的兴趣。如果技术上的市场失灵是他们唯一关心的,他们可以轻易地在其他地方开始。服务于劳动者风险的市场(诸如工伤事故和失业)在 19 世纪远不完全,而服务于消费者风险的市场一点也不存在。法律制定者忽视这种失灵,因为他们更加关心限制增长的那些不安全因素,而不是一般地关心不安全。企业违约保险和货币风险保险的缺乏,是 19 世纪最初几年特别的兴趣所在,因为这些失败似乎让工商界人士在从事贸易和投资方面望而却步。如同法学历史学家詹姆斯·W.哈斯特(James Willard Hurst)观察到的,19 世纪政策的首要目标,是"能量的释放",包括"追求财富的创业者们实现风险更加确定和明确的愿望"[29]。不可能被保险的工作场所风险(workplace risk)直到 1900 年后才成为一个重要的政治问题,而未能保险的消费者风险要到 1960 年以后。社会优先问题,不仅仅是因为市场失灵而存在,它还是左右国家政策日程的东西。

但是,什么可以解释驱动风险管理政策三个阶段变迁的优先问题上的惊人转变?有许多可能的解释,但是,也许最有趣的一个解释是,与美国长期在提高个人收入方面的成功有关。回到 1820 年,人均收入仅仅在 1,500 美元(按 1999 年的美元计)以下。在那个时候还是相当好的,在世界上的工业国家中排第五,但是,以现在的标准来看仍然是十分可怜的。今天,在美国单身者如果收入在 8,500 美元以下,就被定为生活贫困;四口之家,如果全部收入在 17,000 美元(或者每人 4,250 美元)以下,就被称为生活贫困。到 1890 年,美国的人均收入达到了 4,500 美元(按 1999 年美元计),在世界上排名第三。而到了 1913 年,美国人均收入近 7,000 美元,超过了所有其他国家。在加尔布雷思出版《丰裕社会》一书的 1958 年,人均收入超过了 13,000 美元(按 1999 年美元计算),而今天的数字已经达到约 35,000 美元。[30]

在 19 世纪晚期和 20 世纪,随着平均收入远离贫困线,越来越多的美国人感觉到他们有些东西值得保护。作为经济增长的自然结果新增收入的愿景仍然受到欢迎,但是,防止现有收入出现损失明显地成为一个不断增强的重要社会目标。这与肯尼斯·阿罗的假说完全吻合,人们的风险规避与财富相应增加——也就是说,随着他们变富,他们变得更加害怕失去他们已经拥有的东西。[31]这也是与历史事实相吻合的,在 19 世纪晚期和 20 世纪,美国的民间保险市场迅速发展,首次扩大普及到了经济精英之外。[32]加尔布雷思写道,在工业国,"大多数人,受雇用之时,主要不是顾及于他们收入的多少。他们寻求增加收入……但是收入的不足不是他们首要关心的……他们主要的担忧是丧失他们所有的或者大多数收入的危险"[33]。

在超常富裕的 20 世纪,保障从各种社会课题中脱颖而出,发展为一个头等重大的社会课题。事实表明,风险管理政策的目标逐渐从工商界人士向工人,最后向广大的市民转移。第三阶段是代表了其他两个阶段的自然延伸还是一个危险的分离,是这些日子引起相当争论的事情。但是,只有在对所有三个阶段进行全面考察后,才能对这个问题作出有意义的回答。经常听到的指责称,不应当孤立地评价对于保障已经变得着迷的美国人。一个合适的历史视角——包括对变化着的社会目标和主要政策发展的理解——是基本的。

一个新的视角:作为风险管理者的政府

这样,历史提供了观察政府作为风险管理者角色的关键窗口。也许,最为重要的,历史记录对这一政府功能的深度和广度给予了全面的解密。它们要告诉人们的,不仅仅是像有些人谈到的那样,只涉及产品责任变得糟糕,或者关于联邦灾害救济的过度,而且也包括有限责任法、银行监管、破产法和社会保障。在一个用风险来定义的经济里,公共风险管理简直不可避免,特别是在民间部门风险相关的失败普遍存在的情况下。

不幸的是,相对来说,人们几乎不知道公共风险管理,因为人们一般没有将它看成政府的一个功能,或者当成政府的一个功能来研究。一些单个的政策已经得到足够的注意,但是,广泛的政府功能还鲜为人知。本书的基本假定是,对它的历史的细致考察将使公共管理政策不容忽视,而且,这样做,将帮助我们以一种新的方式理解政府及其在经济中的角色。

3. 本书考察的范围

准确地说,由于本书讨论如此宏大的主题,有必要限定从许多不同的维度进行分析的范围。一个选择是考虑一个独立的国家,美国,而不是采用更大范围的跨国视角。另一个选择是,主要集中在为重新分配风险而设计的政策(或者通过转移或者通过分散),而不是那些制定来直接减少风险的政策。也许,最重要的选择是,在谈论美国风险管理政策的故事时强调思想和价值,而不是政治压力和利益。尽管随着叙述的展开,这些选择的意向将变得清晰,在一开始就提供一点解释是会有帮助的。

聚 焦 美 国

尽管美国相当充分地运用了公共风险管理,但可以肯定的是,它并不是这样做的唯一国家。各个国家在不同的程度上以不同的方式管理风险。一些国家甚至将它作为国家经济政策的中心工具来运用。[34] 很清楚,这一主题的跨国研究将具有更大的价值。然而,问题不是那么简单,这样做有可能需要几卷的篇幅,但是,它很可能是不成熟的,因为单个国家的研究都还没有写出来。幸运的是,美国有足够的理由让它成为一个首要的标本。

首先,美国在风险管理政策发展方面的相关历史档案,很丰富而且可以大量使用,大大简化了历史学家的任务。尽管 19 世纪早期的记录较之 20 世纪晚期的记录要单薄,但是,对几乎所有的关键政策,从有限责任法到联邦灾害救济,最为关键的档案均可资利用。

其次,美国代表了一个特别令人印象深刻的案例研究主体,因为它成功地孕育了长期的高水平的增长。执行经济政策的法律制定者通常指出他们在处理各种不同的民间破产,而且作为政策制定过程的一部分,他们有时试图清楚地说明这些破产的本质。自然,他们会发生错误,或者在他们对民间破产的识别方面,或者在他们对原因的诊断方面。要是美国经济在 19 世纪已经失去了动力,许多观察家就很可能去指责糟糕的公共政策了。但是,既然存在美国经济持续强劲以及这里考察的一些政策的持久性和基本特征,就不能轻易忽视促成它们形成的政策制定者的最初评估。所以,立法历史在论及美国的整体发展时占有重要的地位。

最后,风险管理政策在美国的政治经济学中似乎占有异乎寻常的重要位置。尽管美国是以反集权的精神和坚持有限政府的信念而广为人知的一个国家[用西摩·李普塞特(Seymour Lipset)的话来说,就是"自由放任政策,反集权主义,市场导向"][35],然而它却致力于风险管理政策。这其中有许多理由。但是,其中的魅力之一是,政府决定的公共风险管理政策几乎是看不见的。比如说,有限责任法不需要一个新的官僚体制,也不需要增加任何新的税收。诸如工伤赔偿法和存款保险这样的政策需要一个更引人注意的机构存在,但是较之在其他地方常见的公开地运行医疗保健制度和国有银行,政府的渗透仍然微弱得多。同时,产品责任和医疗事故法,完全没有靠政府官僚机构而是凭借法院本身对公司、医院和医生进行了严格监管。

比起经济中其他形式的政府干预(诸如财富的重新分配和直接的政府所有)更加难以觉察,可以说,风险管理政策会特别好地符合美国特有的政治和意识形态特征:反中央集权主义的中央集权。从20世纪60年代早期起,普遍的风险监管孕育了可观的官僚机构,这个事实表明,美国对风险管理政策的特别关注,现在已经走上它自己的成长道路,超越了它原来的反集权的逻辑。[36]很显然,很少有国家像美国一样能够提供这样引人入胜的渠道来对公共风险管理进行原创性考察。

风险再分配(Risk Reallocation)与 风险削减(Risk Reduction)

接下来要考察的重大问题与风险管理政策的类型有关。在美国,和其他国家一样,有两类公共风险管理。政策制定者会试图通过禁止或者其他控制风险行为直接减少风险。或者他们可以寻求风险再分配,要么将它们从一方转移到另一方,要么将它们分散给一个巨大数量的人群。在某些情况下,风险的重新分配会导致风险减少,但并非总是这样。

尽管直接减少风险的政策(比如安全监管)比起风险再分配的政策(包括社会保障和责任法)重要性不得差,但是本书的研究对后者特别有兴趣。本书中考察的大部分政策,都是那些转移或者是分散风险的政策。聚焦于风险的重新分配,为缩小一个可能难以控制的主题提供了一个便利的方式。对于将风险减少而不是风险再分配作为一个政策类别的已有公共政策学术研究,也起到了补充作用。

一部周详的风险减少政策的历史,最少也需要单独的一卷,因为用以减少风险的公共政策数量超级庞大。立法者设定了隔离期来减少传染病的风险,设定限速来减少道路上的事故风险,限制已知致癌物的使用来减少癌症的风险,等等。事实上,这个单子几乎可以无限地延伸下去。[37]

幸运的是,在社会科学方面已经有一个致力于"风险监管"主题的基本文献,它们主要集中在健康和安全法规方面。[38]尽管这一文献不是特地从历史角度出发,但是它充满了令人信服的理论和实证分析的综合。也许最为重要的是,这些文献的作者已经尽力将一个多元化系列的风险减少政策置于一个共同的概念框架之下。

然而,风险的重新分配却不可同日而语,它远没有作为政策类别而引起人们的注意。[39]这是令人惊奇的,因为风险再分配政策已经当成风险减少政策使用以处理许多相同的问题。而且因为风险再分配计划在覆盖范围上往往更加广泛,它们在数量上也就更少。比如说,一个单独的工伤赔偿法,便覆盖了工人在工厂区一系列广泛的风险——如果通过风险减少方法零散地处理的话,这些风险应当需要大量相互独立的条规。[40]

因此,风险再分配政策从历史的观点来看是容易处理的。尽管我们不能在后面的篇幅里考察每一个(甚至是每一个主要的)风险再分配政策的起源,但是,我们可以按一个基本的分组进行一个近距离观察,包括许多最重要的州和联邦层面的政策创新。[41]

应当引起注意的是,尽管表面上有一些相似,风险再分配政策与设计用来重新分配收入和财富的政策在概念上是不同的。它们之间的区别可以比喻为民间保险和慈善赠与之间的区别。保险和慈善最终都是将资金直接提供给需要的个人。然而,在保险的场合,当保险协议书签定时不需要最终的受益人(甚至不知道)。事实上,保险资金池的所有参加者以近乎同样的受害概率面对被保险的风险。与慈善不同,保险通常不是被购买者看成协助贫困者的手段,而是看成保护他们自己的手段。

另一种理解这个区别的方式,要认识到保险和慈善以根本不同的方式影响预期。尽管慈善在给定年份的年终必须改变人们可能期望拥有的收入和财富水平(降低捐赠者的水平而增加受捐者的水平),保险则旨在限制偏离于已经预期的收入和财富水平。事实上,严格说来,同样的区别也适用于公共政策领域。执行收入再分配政策是用以改变已有预期的结果(通过从富人那里转移资源给穷人),而风险再分配政策是用来让个人的既有的期望结果更加确定(经常通过在那些具有类似水平风险的人们之间集中资源)。这个特征无疑在原则上较之实践上更加清晰,因为许多风险再分配政策包括至少在某种程度上的收入再分配。但是,这个区别在分析现实中的政策时,特别是在理解对那些政策进行合理性论证的多样化的观点方面,仍然十分有用。比如说,它帮助区分在一极的食物券项目(收入再分配)和另一极的工伤赔偿(风险再分配)。[42]

为什么本书聚焦于重新分配风险的政策,而不是那些直接减少风险的政策,刚才打的比方也给出了另外一个理由。通过对风险再分配的强调,对为什么政府在管理风险上的努力被看成是首要必需的这个问题,可以作出更加详细的回答。毕竟,风险再分配政策经常与民间市场的解决方案包括民间保险非常相似。既然民间部门在转移和分散大范围风险方面具有显著的能力,那么政府政策制定者真正期望加入这个队伍里的是什么呢?如同将从我们的历史考察中变得清晰的,风险分担政策的关键提倡者们自己经常试图弄清这个问题。

所有这些并不是说风险减少政策在本书后面部分会完全被忽视。它们现在展示出来,而且尤其在第4章再次展示出来,那里将考察在内战前纽约稳定急剧波动的货币供给的各种不同尝试。但是,没有章节用来专门讨论一个风险减少战略,诸如通过产品安全监管减少消费者风险的持续努力。尽管这个选择在覆盖面的广度上带来一些代价,但是,它考虑到了——而且我希望,一个就美国公共风险管理更加凝练的和可读性的处理。

观念和价值观的力量

最后,最基本的是要强调,本书不是一本政治史,尽管它考察了大量的政治决定和政治家。每一章的目的不是去解释为什么一个特定的提案变成了法律,那会要求对竞争的利益集团和派系的仔细考察。相反,目的是揭示概念化的信念准则和特定政策创新所隐含的社会价值。更大的目标是展示,从有限责任法到联邦灾害救济这样一个大范围的,乍看没有关系的一系列创新,较之标准的政治史所指出的确实具有更大的共同点。它们均具有共同的经济逻辑,风险管理的逻辑。而且,尽管特定的政策目标从一个案例到一个案例发生戏剧性的变化,更大的社会目标只显示出很少的波动,就像已经讨论的三个阶段所反映的那样。

因此,本书不是要问政策制定者服务于什么利益集团,而是追问他们正在努力解决什么问题。这种方法会使一些读者感到相当不正常,因为现在流行的是将立法者当成临时起意者不予理会,只是由他们自己对权力和财富的无限渴望驱使。但是,真实情况是当机会主义在政策制定过程中很有市场时,观念和价值观也发挥了重要作用。(仔细地考察任何一个重大的政策辩论的记录,你就会发现政治过程中"毫无助益的幼稚"观点存在确证。)对政策制定者努力解决的问题的持续聚焦——聚焦于他们所依赖的观念和价值观——在这里是至关重要的,因为它最终揭示了美国风险管理政策隐藏着的一致性。

不久我们将开始历史之旅,在第3—9章考察三个阶段主要的政策发展,在第10章就关键的发现作出总结。但是,首先,下一章将以背景的方式提供一个简单的题外说明,来讨论风险的根本内涵及其历史。

注　释

〔1〕　绝大多数相关的研究一般都聚焦于两个方面,要么是政府承担风险,要么是直接

的风险削减。这两方面只不过是公共风险管理更一般类别的子集。有关政府承担风险的研究,推荐参见 Mark S.Sniderman, ed., *Government Risk Bearing*: *Proceedings of a Conference Held at the Federal Reserve Bank of Cleveland*, *May 1991*(Boston: Kluwer Academic Publishers, 1993); Mark R.Greene, "The Government as an Insurer", *Journal of Risk and Insurance*, 43(1976), 393 – 407; Mark R.Greene, "A Review and Evaluation of Selected Government Programs to Handle Risk", *Annals of the American Academy of Political and Social Sciences*(1979), 129 – 144。对于直接风险削减(或者"风险监管"),推荐参见 Stephen Breyer, *Breaking the Vicious Circle*: *Toward Effective Risk Regulation*(Cambridge, Mass.: Harvard University Press, 1993); W.Kip Viscusi, "The Value of Risks to Life and Health", *Journal of Economic Literature*, 31, no.4(December 1993), 1912 – 46; W. Kip Viscusi, *Fatal Tradeoffs*: *Public and Private Responsibilities for Risk*(New York: Oxford University Press, 1992); Cass R.Sunstein, *After the Rights Revolution*: *Reconceiving the Regulatory State*(Cambridge, Mass.: Harvard University Press, 1990)。

〔 2 〕 "政府关闭对美国工人的影响(Impact of Government Shutdown on American Workers)",劳动部长 Robert Reich 新闻发布会记录,联邦新闻服务(Federal News Service)1996 年 1 月 3 日。30 年前,尽管从一个更大的概念层次来思考,经济学家保罗·萨缪尔森(Paul Samuelson)在美国经济学会(American Economic Association)的一个会议上曾经清楚地表达一个特别相似的观点:"从根本上讲,我们可以把政府看成是一个共同再保险的部门。"参见 "Discussion", *American Economic Review*, 54, no.3(May 1964), Papers and Proceedings, 96。

〔 3 〕 Henry Fairlie, "Fear of Living: America's Morbid Aversion to Risk", *New Republic*, January 23, 1989, p.14.

〔 4 〕 Debra Saunders, "The Coffee's Hot, Stupid", Atlanta Journal and Consitutution, September 13, 1994, p.A6.对于政府企图创建一个"无风险社会"更大范围的批评,参见 Yair Aharoni, *The No-Risk Society*, (Chatham, N.J.: Chatham House Publishers, 1981)。

〔 5 〕 推荐参见 Ann Kallman Bixby, "Public Social Welfare Expenditures, Fiscal Year 1995", *Social Security Bulletin*, 62, no.2(1999), 86 – 94; *Economic Report of the President*, 1999(Washington, D.C.: Government Printing Office〔hereafter GPO〕, 1999)。

〔 6 〕 *Analytical Perspectives*: *Budget of the United States Government*, *Fiscal Year 1999*(Washington, D.C.: GPO, 1998), p.165.

〔 7 〕 "The 1991 Budget: Excerpts from Darman; Darman Conducts a Tour of Wonderland: The Federal Budget", *New York Times*, January 27, 1990, sec. 1, p. 12.另参见 Ahahroni, *No-Risk Society*, pp.4 – 6, 35 – 36, 98 – 107。

〔 8 〕 Gerald Celente, "Capitalism for Cowards", *New York Times*, October 16, 1998, p.A27.

〔 9 〕 Kenneth J.Arrow and Robert C.Lind, "Uncertainty and the Evaluation of Public Investment Decisions", *American Economic Review*, 60, no.3(June 1970), 374.

〔 10 〕 Kenneth J.Arrow, "Uncertainty and the Welfare Economics of Medical Care", *American*

Economic Review, 53, no.5(December 1963), 961.

〔11〕 "Governor's Message", in *Resolves of the General Court of the Commonwealth of Massachusetts*, January 6-March 13, 1830, pp.229 – 230.

〔12〕 Paul Haplern, Michael Trebilcock, and Stuart Turnbull, "An Economic Analysis of Limited Liability in Corporation Law", *University of Toronto Law Journal*, 20 (1980), 126.

〔13〕 John Hicks, "Limited Liability:The Pros and Cons", in Tony Orhnial, ed., *Limited Liability and the Corporation*(London:Croom Helm, 1982), pp.11, 12.

〔14〕 *Appendix to the Congressional Globe*, 26th Cong., 1st sess., May 1840, p.544.

〔15〕 乍看起来,财产权几乎不是一个风险管理工具。但如果没有清晰和很好执行的财产权,所有资本投资并且事实上所有经济交易都将成为危险的赌博。John Stuart 论述道,没有保护的财产权"意味着无论当人们收获即将得到的收益、进行即将进行的消费还是将今天的欢娱留待明天享用的时候,都面临着不确定性"。John Stuart Mill, *Principles of Political Economy* (London:Longmans, Green Reader, and Dyer, 1871), bk.5, chap.8, p.531.合同——以及一般意义上的财产权——的执行减少了影响所有经济活动、特别是每一笔经济交易的风险。Theodore Lowi 发现法律和秩序、财产的保护和合同的执行是三个重要的"先决条件"。"没有它们,几乎没有人将习惯于承担风险来改善他们已有的处境。"Theodore J.Lowi, "Risks and Rights in the History of American Governments", *Daedalus*, 119, no.4(Fall 1990), 17 – 40, esp.20 – 26.

〔16〕 John R.Commons, "Industrial Relations", address at the International Convention of Government Labor Officials, Park Hotel, Madison, Wisc., June 3, 1919, p.4 in *Microfilm Edition of the John R.Commons Papers*, reel 17, fr.818.关于 Commons 的影响,参见 e.g., Kenneth E.Boulding, "A New Look at Institutionalism", *American Economic Review*, 47, no.2(May 1957), 7。

〔17〕 Franklin D.Roosevelt, "A Social Security Program Must Include All Those Who Need Its Protection", radio address on the third anniversary of the Social Security Act, August 15, 1938.

〔18〕 Ralph Easley to Olga Halsey, April 25, 1916, in *The Microfilm Edition of the Papers of the American Association for Labor Legislation*, *1905 – 1945*(Glen Rock, N.J.:Microfilming Corporation of America, 1973), reel 17.

〔19〕 Mark A.Daly circular letter "To All Members", February 23, 1918, ibid., reel 18.

〔20〕 *Congressional Record* (House), 74th Cong., 1st sess., April 13, 1935, p.5583.

〔21〕 David A.Moss, "Courting Disaster:The Transformation of Federal Disaster Policy since 1803", in Kenneth A. Froot, ed., *The Financing of Catastrophe Risk* (Chicago:University of Chicago Press, 1999), pp.327 – 328.

〔22〕 Herbert Hoover, *The Memoirs of Herbert Hoover:The Cabinet and the Presidency, 1920 – 1933*, vol.2(New York:Macmillan, 1952), p.126.

〔23〕 例子参见 Willian Proxmire, *Hearings before the Subcommittee on Financial Institutions of the Committee on Banking and Currency*, United States Senate, December 1969, p.1。

〔24〕 Roger J.Traynor, "The Ways and Meanings of Defective Products and Strict Liability", *Tennessee Law Review*, 32, no.3(Spring 1965), 363.

〔25〕 关于"宏观"风险分配市场的缺乏，参见 Robert J.Shiller, *Macro Markets: Creating Institutions for Managing Society's Largest Economic Risks*(Oxford: Clarendon Press, 1993)。

〔26〕 Henry R.Seager, "Outline of a Program of Social Reform"(1907), reprinted in *Labor and Other Economic Essays* by Henry R.Seager, ed.Charles A.Gulick, Jr.(New York: Harper and Brothers, 1931), pp.82 - 83.也可参见 David A. Moss, *Socializing Security: Progressive-Era Economists and the Origins of American Social Policy*(Cambridge, Mass.: Harvard University Press, 1996)pp.60 - 65。

〔27〕 Guido Calabresi, *The Costs of Accidents: A Legal and Economic Analysis*(New Haven: Yale University Press, 1970), pp.56 - 57.

〔28〕 关于一个特例，参见 Bertrand Villeneuve, "The Insurers as the Informed party: A Solution to Three Insurance Puzzles", Document de Travail 76, Institut d'Economie Industrielle, March 1998。

〔29〕 James Willard Hurst, *Law and the Condition of Freedom in the Nineteenth Century United States*(Madison: University of Wisconsin Press, 1956), pp.22 - 23.

〔30〕 人均国内生产总值的历史数据可以在下面文献中找到: Angus Maddison, *Dynamic Forces in Capitalist Development: A Long-Run Comparative View*(New York: Oxford University Press, 1991)，特别参见表 1. 1、A.2、B.4 和 B.7。Maddison 计算出的国家间人均 GDP 排序是基于购买力平价的。更多有关近期的 GDP 数据以及价格冲减指数(用于调整通货膨胀的影响)可以在下列数据中获得: *Economic Report of the President*, 2001(Washington, D.C.: GPO, 2001)，特别参见表 B - 3 和 B - 31。有关贫困线的数据，参见 Joseph Dalaker and Bernadette D.Proctor, *Poverty in the United States: 1999*(Washington, D.C.: Bureau of the Census, September 2000), table 1(Consumer Population Reports, Consumer Income, P62 - 210)。

〔31〕 See Kenneth Arrow, *Aspects of the Theory of Risk-Bearing*(Helsinki: Yrjo Jahnssonin, 1965), lecture 2("The Theory of Risk Aversion"), pp.28 - 44.

〔32〕 See Herman E.Kroos and Martin R.Blyn, *A History of Financial Intermediaries*(New York: Random House, 1971), pp.35, 109 - 111, 165; *Historical Statistics of the United States*(Washington, D.C.: GPO, 1975), pt.2, ser.X - 880, X - 882 and X - 885, p.1056; Crystal Eastman, *Work Accidents and the Law*(New York: Arno, 1969[1910]), pp.190 - 206, 145; I.M.Rubinow, *Social Insurance*(New York: Henry Holt and Company, 1916[1913]), pp.136 - 139.

〔33〕 John Kenneth Galbraith, *Economics in Perspective: A Critical History*(Boston: Houghton Mifflin, 1987), p.290.有关国家收入与社会福利政策关系的文献，另参见 Harold L.Wilensky, *The Welfare State and Equality: Structural and Ideological Roots of Public*

Expenditures(Berkeley:University of California Press,1975),esp.pp.15 – 49。

〔34〕 例如,日本"二战"后备受称赞的战略的关键特征是政府隐性承担投资风险。雄
心勃勃的政府官员为支柱产业(如钢铁和化学工业)制定了极速增长的目标,然
后有效地承诺将为向这些产业中的领军企业大胆借贷的大银行提供担保。许多
投资的风险由此经银行转移给了政府,同时显著地降低了倾斜部门的资金成本
并铸就了日本的经济奇迹。另外,这一切都没有对政府预算带来明显影响。政
府担保在作出承诺的时候几乎不用支付任何成本。

〔35〕 Seymour Martin Lipset,*American Exceptionalism:A Double-Edged Sword*(New York:
W.W.Norton,1996),p.98.

〔36〕 See, e.g.,Sheila Jasanoff, "American Exceptionalism and the Political Acknowledgment
of Risk",in Edward J.Burger,Jr.,ed.,*Risk*(Ann Arbor:University of Michigan Press,
1993),pp.61 – 81。

〔37〕 极端地说,人们甚至可以主张,看起来与风险管理无关的事情(比如建造一所新
学校)可以被认为是风险削减的政策,因为新楼房通常被认为比旧楼房要更安
全。但是,我们认为一项法律、制度或者司法裁决只有在其"初始目标或最终结
果"是为了减少风险或者重新分配风险的时候,才能被认定为是一项风险管理
政策。很明显,依据这些定义,类似建造新学校等的事情不大可能被认为是风险
管理。但尽管我们对概念作了限定,这些年来为了减少风险而产生的政策数量
还是相当可观的。

〔38〕 在风险监管方面的一份几个具有突出贡献的文献清单,参见本章注释 1。

〔39〕 许多学者已经研究了责任法和规章作为管理特定危害的替代工具的相对效力。
推荐参见 Steven Shavell, "Liability for Harm versus Regulation of Safety",*Journal of
Legal Studies*,13(June 1984),358 – 374;William M.Landes and Richard A.Posner,
"Tort Law as a Regulatory Regime for Catastrophic Personal Injuries",*Journal of
Legal Studies*,13(August 1984),417 – 434;W.Kip Viscusi, "Product Liability and
Regulation:Establishing the Appropriate Institutional Division of Labor",*American E-
conomic Review*,78,no.2(May 1988),Papers and Proceedings,300 – 304;W.Kip Vis-
cusi, "Toward a Diminished Role for Tort Liability:Social Insurance, Government
Regulation,and Contemporary Risks to Health and Safety",*Yale Journal on Regula-
tion*,6(Winter 1989),65 – 107。还有少部分文献研究政府的风险承担等的重要
现象(见本章注释 1)。然而到现在,有关以风险再分配为最初目标或结果的大
范围政策的系统性研究还没出现。

〔40〕 事实上,可以认为工人补偿利益的增加能够令人信服地替代由 1970 年成立的一
个联邦机构——职业健康和安全局(Occupational Safety and Health Administration)
制定的一系列复杂的工作场所安全规章。

〔41〕 只要可能,人们已经尝试从一套用来处理某类主要风险的政策中抽取至少一项
政策进行检验。例如,许多重要的风险再分配政策都会注重退休的风险,比如老
年保险(社会保障,Social Security),联邦医疗保险(Medicare)以及创立了养老金
担保公司(PBGC,Pension Benefit Guaranty Corporation)的《职工退休收入保障

法》（ERISA,the Employee Retirement Income Security Act）。虽然联邦医疗保险和 ERISA 在后续章节中不会进行细节讨论,但是老年保险的出现将在第 7 章进行深入探讨。

〔42〕 风险再分配与收入、财富再分配的政策区别可以为 Theodore Lowi 目前对政府职能的经典三划分(分配,监管和再分配)补充一个可能的类别(或者至少附加的细微差别)。参见 Theodore J. Lowi,"American Business, Public Policy, Case-Studies,and Political Theory",*World Politics*,16,no.4(July 1964),677 – 715。值得注意的是,历史学家 Peter Baldwin 在欧洲情景中发现基于风险的政策(主要是社会保险)可以激发明显的政治动力。参见 Peter Baldwin,*The Politics of Social Solidarity:Class Bases of the European Welfare State,1875 – 1975*(New York:Cambridge University Press,1990)。当然,如果人们抽象掉已知的现存个体间差异并设想政策是在罗尔斯主义(Rawlsian)"无知的面纱"(veil of ignorance,完全不知道自己在未来竞争中的地位,也无法预见竞争的结果的状态)掩盖下制定出来的,那么收入再分配和风险再分配政策之间的差异将会消失。参见,例如 Mancur Olson,"Why Some Welfare-State Redistribution to the Poor Is a Great Idea",in Charles K. Rowley,ed.,*Democracy and Public Choice:Essays in Honor of Gordon Tullock*(New York:Basil Blackwell,1987),pp.217 – 218。

—— 第 2 章 ——

风险及其历史述要

　　风险是一个直观的主题。我们所有人都能感觉到风险是什么以及它让我们多么紧张或激动。在最基本的层次上,风险存在于可能出现多于一个以上结果的任何时候。房屋所有权是有风险的,因为一栋房子明天的价值比起今天的价值来可能更大也可能更小。房子甚至可能会一文不值,因为它可能会被一场大火烧掉或被洪水冲走。尽管风险这个专业名词通常与坏事件有关(例如疾病和财务损失),坏的偶发事件与好的事件(诸如良好的健康和财务收益)其实也是相互依存的。是未来形势发展的不确定——而不是坏事件本身——使我们的生活充满了风险。

　　但这些并不完全是对风险的解释。风险也是一个具有高度技术性的主题,是教科书和学术论文的焦点。本章的目的是让风险的这个技术层面更加容易理解,利用思想史作为连接技术性分析和直觉把握的桥梁。在过去四百年里发展起来的各种不同概念,从预期价值和风险规避到逆向选择和道德风险,为我们在接下来的几章考察政府为管理风险所作出的努力提供了帮助。

1. 预期值与风险规避

有关风险最早的严肃研究之一可以追溯到 16 世纪头十年中期,当时一位意大利的内科医生和数学家吉罗拉默·卡尔达诺(Girolamo Cardano)开始关注赌博。在此之前,可能没有人这么系统地思考过概率性事件。卡尔达诺的突破在于,他发现了投掷特定总数的两个骰子的概率,恰好等于可能得到这个总数的方式的数字除以所有可能的投掷情况的总数。例如,两个骰子之和为 5 的概率是 4/36,——也就是说,4 种达到投掷总数为 5 的方式 (1+4,2+3,4+1,3+2)除以 36 种可能的投掷(由 1+1,1+2,1+3,1+4 等等一直到 6+6)。[1]尽管本来赌博者在投掷时肯定从经验就可以知道投两个骰子的和为 7 的概率比 5 更大,但是卡尔达诺却可以精确地说出投掷和为 7 的概率是 6/36(16.7%),而投掷和为 5 的概率是 4/36(11.1%)。(参见图 2.1)

预期值(或者说数学上的期望值)更加广泛的含义在接下来的百年里出现了。卡尔达诺的著作本身在 1663 年才出版。[2]而在 1657 年,荷兰的物理学家克里斯蒂安·惠更斯(Christiaan Huygens)提出了一个确定游戏预期值的精确方法,它就是所有可能结果的加权平均值。他发现一个彩票有两种可能的回报,a 和 b,"公平"的彩票价格是 1/2(a)+1/2(b)。所以如果一个彩票有 50 对 50 的机会获得 0 美元或者 1,000 美元的奖金,那么它的预期值就是 1/2(0 美元)+1/2(1,000 美元)或 500 美元。(注意图 2.1,骰子游戏的预期值——所有 11 种结果乘以各自相应概率之和——正好为 7。)这个见解标志着初创期概率论在概念上的巨大进步。[3]

大约在同一时期,法国的数学家布莱士·帕斯卡尔(Blaise Pascal)甚至用预期值的概念去解释信仰上帝的明智。他的论点的核心是,任何赌注的价值等于成功的可能性乘以潜在回报的大小。因为如果上帝存在,作为一个信仰者的回报是无穷的,那么这绝对是值得相信的,尽管人们认为上帝存在的概率是非常微小的。帕斯卡尔似乎承认,不相信上帝的选择也有回报,

概率	1/36	2/36	3/36	4/36	5/36	6/36	5/36	4/36	3/36	2/36	1/36
结 果	2	3	4	5	6	7	8	9	10	11	12

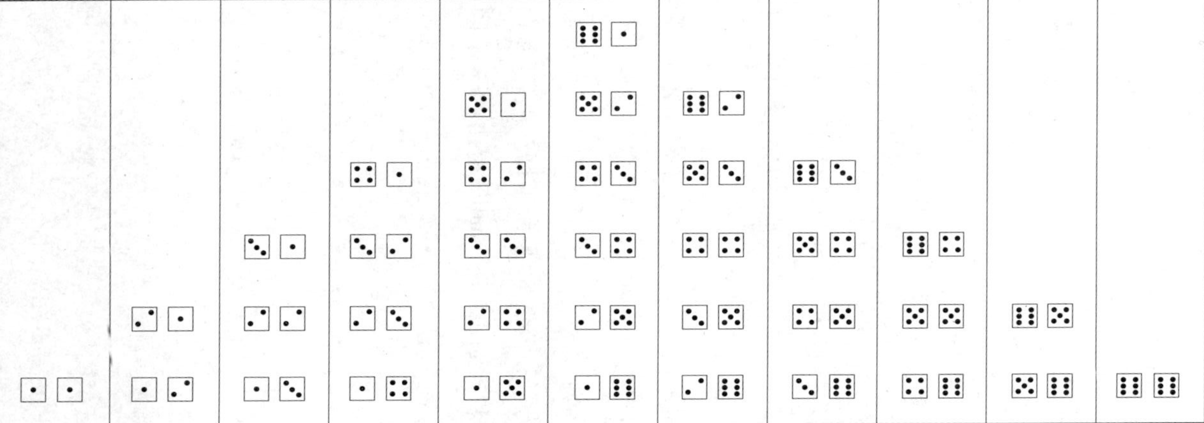

图 2.1 早期的概率论：寻找随机投掷两个骰子的规律。显示的 36 对代表了两个骰子单独投掷一次形成的所有可能组合。"结果"就是任何一次进行的投掷上显示的点数的总数，而"概率"是一个特定结果将发生的可能性。因为骰子可以投掷成 36 种形式（组合），所以投掷一个只有一种方式投掷成和为 2（亦即"蛇眼"）的，投掷成一个 2 的概率是 1/36。因为投掷成 3 有两种情况（1—2 或 2—1），所以投掷一个的概率是 2/36。如此类推。预期值就是所有结果的概率加权平均值。在这例子中，它便等于（2×1/36）+（3×2/36）+（4×3/36）+（5×4/36）+（6×5/36）+（7×6/36）+（8×5/36）+（9×4/36）+（10×3/36）+（11×2/36）+（12×1/36），其总数正好是 7。因此，投两个骰子的预期值是 7，这也可以从图示中直观地看出来。

以来自犯罪的其他世俗快乐的形式呈现出来。但是因为世俗快乐的价值仍然是有限的,作为无神论者的预期价值永远也不如作为上帝信仰者的预期价值大。[4]

所有这些早期的概率论学者都假定市场的"公平价格"和预期值相同。也就是说,他们相信以 50 对 50 的概率获得回报可能是 1,000 美元或者 0 美元的情况下,公平价格正好是 500 美元。这暗示当损失的概率是 10% 时,一个拥有 10 万美元房子的人买保险的花费应该不多于 1 万美元。经济史中一个激动人心的发现是大多数人愿意花多于风险预期值的钱去消除损失。经济学家称这种行为为风险规避(risk aversion),它是决定我们所知道的经济世界很大部分的一个根深蒂固的人格特征。如果没有它,许多金融部门(而且特别是保险行业)便没有存在的理由。

最初对风险规避明显的认识可追溯到 1738 年,当时一个瑞士数学家丹尼尔·伯努利(Daniel Bernoulli)出版了论述风险的开创性著作。[5]伯努利用拉丁文写作,他宣称像惠更斯和帕斯卡尔这样的科学家将预期值等同于市场上的公平价格是错误的。为了强调他的观点,他回忆起 25 年前由他颇负盛名的堂兄尼古拉斯·伯努利(Nicolas Bernoulli)提出的一个问题。在 1713 年,尼古拉斯曾对另一个著名的数学家蒙莫尔(Pierre Rémond de Montmort)提出下列问题:

> 如果皮特投掷硬币,一直投掷到它落地时正面朝上。如果硬币第一次落地正面朝上,皮特答应支付保罗 1 美元;如果第二次硬币正面朝上,支付 2 美元;如果第三次硬币正面朝上 4 美元;第四次 8 美元;等等(亦即,如果第 n 次硬币正面朝上,支付 2^{n-1} 美元)。保罗应该愿意支付皮特多少钱去得到玩这个游戏的机会?[6]

尽管蒙莫尔当时没有重视这个问题,但是这是特别难的一个问题。这最后将以圣彼得堡悖论(the St.Petersburg Paradox)而闻名。背后的玄机在于尽管没有一个理性的人会支付多于 20 美元去玩这个游戏,它的预期值却是无穷的: $(1/2 \times \$1) + (1/4 \times \$2) + (1/8 \times \$4) + (1/16 \times \$8) + \cdots = \infty$ 。为什么会这样?

丹尼尔·伯努利相信他有答案。他认为人们决定支付一个游戏多少钱并不基于预期值(或数学期望值)而是预期效用(expected utility)——那就是人们期望从游戏得到的快感。每一个潜在回报(无论是 1 美元,2 美元,4 美元 或者甚至 10 亿美元)都会带来特定数量的效用。预期效用就是指所有可能效用的概率加权平均值——亦即,1/2 乘以来自 $1 的效用加上 1/4 乘以来自 $2 的效用加上 1/8 乘以来自 $4 的效用,等等。根据伯努利的说法,概率之和永远接近不了无穷的原因是人们从每增加 1 美元中得到的收益逐渐减小。换言之,他们对每新的 1 美元的估价比以前的 1 美元要少,这就解释了为什么一般富人比穷人更低估 1 美元的价值。

用当代经济的术语来说,伯努利在描述财富的递减边际效用。这个概念的一个关键内涵是,每个人对损失的估价大于它同等大小的收益,因此他们通常会避免冒在数学上公平合理的风险。伯努利写道:"按数学公平概率游戏为他的任何一部分财富下赌注的任何人,都是不合理的行动。"[7]这里,他只用几个词就定义了风险规避。这是一个非同寻常的贡献,但是他并没有止步不前。

通过假设每一个新单位的财富带来平稳的效用下降遵从一个准确的对数公式,伯努利计算了一个人为获得从事皮特游戏的机会应该支付的钱数。他认为,例如一个身价为 $1,000 的人会花不到 $6 去玩,尽管游戏的预期值是无穷的。尽管有的经济学家会与伯努利对于钱和效用之间的精确的对数关系的观点有分歧,他的核心观点——人们一般会认为每增加的 1 美元的价值比以前的少——仍然是风险规避的主要特征描述方式。[8]他的分析也形成了经济学中预期效用理论的基础,这个理论最终由约翰·冯·诺依曼(John von Neumann)和奥斯卡·莫根施特恩(Oskar Morgenstern)在 20 世纪 40 年代以当代的形式建立起来。[9]尽管并不完美,预期效用理论构成了我们今天得到的最为广泛接受的在不确定的条件下将人类决策制定模型化的框架。

2. 多样化的威力

与预期效用理论完全独立开来,在丹尼尔·伯努利撰写他那里程碑式论文的时候,现代保险业已经开始形成。1688 年,在伦敦的劳埃德(Lloyd)咖啡屋聚在一起的商人开始给海运业和其他风险提供保险。不久劳埃德已经发展成一个重要而又非常活跃的保险交易场所。而且,这只是刚刚开始。[10]到 1700 年,至少有四家火灾保险公司在英国开业。[11]越过大西洋,第一家美国的火灾保险公司(房屋火灾共同保险互助会,the Friendly Society for Mutual Insuring of Houses Against Fire)于 1735 年在查尔斯顿建立。[12]

当然,保险的起源要追溯到更早的时期。汉谟拉比法典里的资料显示,至少在公元前 18 世纪,巴比伦人就已经开始签署原始的保险契约了,而且这些早期形式的保险可能更早在公元前第 4 个千年的巴比伦已经存在了。[13]船舶抵押合同,如同它们为人所知的,专门用来贷款给任何时候他们的船运物品在运输中损失都将被原谅的船主。[14]这些契约传播迅速,直到 1277 年作为非法的高利贷形式,最终被天主教堂予以禁止。[15]

其他形式的保险和其他的金融担保在古希腊和古罗马出现,包括一些公共风险管理的早期实践。作为在公元前 215 年左右的军事后援工作的一部分,对任何愿意把货物海运到西班牙的罗马共和国盟军的民间贸易商,罗马政府承担"由于海上遇险和被俘获带来损失的所有风险"[16]。几年后,克劳狄斯(Claudius)皇帝(公元前 10 年—公元 54 年)直接对商人由于暴风所带来的损失提供保险,很明显他试图加快谷物贸易的发展。[17]西塞罗(Cicero,公元前 106 年—公元前 43 年)很早就建议使用民间担保去保护运输中的政府资金。而且原始的养老保险合约在乌尔比安(Ulpian)的学说(3世纪)和查士丁尼(Justinian)法典(6 世纪)中都有描述。[18]

也许一直到 17 世纪,最激动人心的发展,是通过互助会和行会的民间风险分散的广泛实践。一直追溯到古代,中国、印度、希腊和罗马的互助会都为它们的成员提供一种原始形式的人寿保险,以支付安葬费用。有的也对疾病和其他风险提供有限的保险赔偿金。[19]互助协会和行会的保险功能在中世纪时期的欧洲得到重要的扩展,有的还为海上和火灾风险引起的损失甚至合法的负债提供保险赔偿。[20]

所有这些在风险分散上的早期努力,其根本逻辑是一旦被分散到一个广大的人群当中,任何已经出现的风险(亦即,未预见到的变动)的负担明显下降。1601 年通过的第一个英国保险法案的前言里解释道,海险是有利的,因为"任何船的损失或消亡,由于不是由少数人而是由多数人来承担从而减轻了负担,结果不至于导致个人的破产"。[21]

尽管雅各布·伯努利(Jacob Bernoulli)(还有第三个伯努利,丹尼尔的叔叔)直到 17 世纪晚期或 18 世纪早期才把《大数定律》公式化,其基本的思想很久以前便已经被从业者所理解。用伯努利的话来说,"甚至最愚蠢的人凭借天生的本能,就能确信,所做的观察越多,偏离某个目标的危险就越小"[22]。在 1713 年他死后出版的一本专著中,雅各布·伯努利最终证明的是,当样本的数量趋近于无穷时,一个样本的均值会接近它的预期值。更准确地说,他证明了样本的数量变得更大,在样本均值和理论均值(也就是预期值)之间的差距会进一步缩小,最终达到一个无穷小的水平。这个原则意味着大规模的风险分担会将个人的风险减小到接近于零而让总体风险不变。

为了明白易晓地描述它,我们来看每年组织一次重要货运的一位个体商人的例子。[23]如果货物安全到达,商人可以赚得 10,000 美元。但是如果货物(由于偷盗、海上风暴或任何其他灾难)在运输中丢失,他就会什么都得不到。如果我们假设损失的概率是 20%,商人会面临一个有 8,000 美元预期值的收益分配——也就是,有 80%的机会获得 10,000 美元和 20%的可能得到 0 美元。自然地,商人会担心一点收入都没有的可能。而且因为他是风险规避的,他更愿意拥有确定的 8,000 美元的收入而不是具有8,000 美元预期值的不确定收入。幸运的是,大数法则给他提供了一个减少收入不确定性的方法。

如果这个商人能够找到其他面临同样处境的但损失风险与他相互独立的贸易商,那么他和他的同行就可以通过达成协议同等地分享他们的收入来大幅度地减少他们的个人风险水平。因为当样本数量变大时,样本均值会接近真实的预期值,只要参与分享安排的商人数量足够大,(无论在个体货运方面发生了什么)每个参与者都会得到接近 8,000 美元的收入。

隐含在这个例子中的多样化的力量,在图 2.2 中用图形展示出来了。

只有两名参与的商人却有三种可能的结果:两个商人都会损失他们货物(4%的概率),或一个人会损失货物(32%的概率),两者都没有损失货物(64%的概率)。[24] 从基于风险的视角来看,对于最初那个商人,这已经标志着一个大的改善。尽管由于分享安排,他得到 10,000 美元的概率从 80% 下降到了 64%,但他一无所获的概率下降得更加猛烈——从他自己运营时的 20% 下降到现在的仅仅 4%。不再是 0 美元和 10,000 美元这样唯一的可能性了。如果其中一艘船成功而另一艘没有(作为三种情况中的一种可能),两个商人会平分收益,每人最终会得到 5,000 美元。

因此,仅仅在两个商人之间分享收益,便极大地减少了每个商人的不确定性。一个人们喜好的风险统计方法,亦即测算风险分散分布扩大的程度,也显示出同样的情况。每个商人期望收入的标准差从分享前的 4,000 美元下降到分享后的 2,828 美元。当 10 个商人参与进来时,标准差会降到 1,265 美元,而且任何商人得到低于 5,000 美元的概率会降到仅 3.3%。当 3,000 商人参与进来时,标准差会一直下跌倒 73 美元,而且每个交易人会感到自信,到年底获得从 7,800 美元到 8,200 美元的概率现在会超过 99.9%。

随着参加者数量上的每一个后面的增加而向 8,000 美元的预期值收敛,已经是再明白不过的了。尽管这是这个例子的核心,几个其他的要点也值得提及。正如图 2.2 描绘的那样,向预期值的收敛不仅意味着是坏的结果的消除(诸如零收入),而且意味着好于平均水平的结果(诸如 10,000 美元收入)的消除。这个权衡对商人来说显得理想的唯一原因,是因为他是风险规避的。

认识到这一点也是重要的,那就是尽管现在通过分享安排使风险得到了更有效的分配,风险的总体数量并没有受到影响。很多货物依然会丢失,而且没有人能说肯定有多少。由于风险的分散,只有个人的风险降低了。很自然,3,000 次货物运输损失的总体风险会比仅仅一次的大得多。因此,与存在分享时的个人标准差随样本数量而下降形成鲜明对比,无论有没有分享,总标准差会随着样本数量稳步地上升。在我们的例子中,总标准差由只有一个商人时的 4,000 美元上升到有 3,000 商人时的 219,089 美元。换

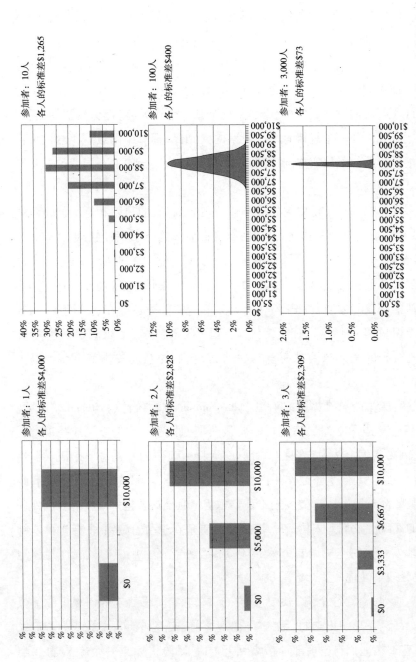

图 2.2 多样化的力量。当 1）每个参加者期待获得 $10,000（80%）或 $0（20%）的收入和 2）不同参加者同意平分收入，在共同合作中为每一个参加者分配的可能结果。

句话来说,商人们的集中安排并没有减少总损失(关于多少船只会沉没等等)的不确定性。但是它的确大幅度降低了每个商人自身个人损失的不确定性,并因此降低了他未来收入数量的不确定性。

在这个虚拟的例子中,是对完全相同的风险集中起来进行分散,因为每个商人面对的正是同样的回报和同样失败的可能。但是,即使在集中的各种风险不相同的时候,多样化仍然是一个减少个人风险(而保持预期回报)的有效方式。和一个只持有单只股票的人相比,拥有不同股票组合的人更有可能以更低的风险实现同样的预期回报,尽管组合中的不同股票的风险状态并不相同。

多样化唯一真正重要的先决条件,是集中起来的风险相互之间是独立的(或者至少大部分是独立的)。回到我们商人的例子,假定给每个商人带来20%损失风险的一个风险是有缺陷的船只建造。只要所有船只在不同的造船厂建成就不成问题。但是如果它们全部在同一个造船厂建成,那么一艘船的有缺陷建造就意味着所有船只的有缺陷建造。在这些情况下,因为所有船只都可能下沉,在年终就不会留下收入来分享。很清楚,如果一开始所有分担的个人风险都完全相关的话,我们的互助安排就会变得毫无用处。

这种类型的风险称为灾难性(catastrophic)或系统性(systematic)风险。战争、经济危机和自然灾害都是一些最典型的例子。它们被说成是灾难性风险,因为人们会认为它们将同时影响大量人口中的几乎每一个成员。这就使得多样化对它们不起作用因而非常难于管理。正如我们会看到的,政府已经成为帮助解决这类风险的首要角色。但是这就越过了我们自己处理问题的底线。我们商人例子的中心论点,是在大多数情况下多样化可以神奇般地发挥作用——只要个体的风险相互独立而且集中的风险池足够地大,它会戏剧性地减少个人的风险(和焦虑)。

明显地,尽管这个例子是人为的,但是,它有许多真实的历史上的类似事件。甚至在功能正常的金融市场出现之前,家庭和社区成员基于非正式协议,普遍在他们自己内部分散各种不同的风险。如果一个家族的一个成员经济有点拮据,会指望其他成员为他提供给养。这种安排很久以来在农业社会十分普遍,而且至少直到 20 世纪早期它们都可能是美国最重要的社会扶助形式。正如一个保险历史学家所提到的:"在自给自足的(农业)社会,对任何种类的保险几乎都没有需求,因为一家之长给他的幸存者留下一种生活手段,而且不幸被相互帮助减轻了。"[25]这种安排在今天的许多发展中国家仍然很普遍。[26]

　　一个与我们的商人例子甚至更加惊人相似的,可能是中世纪欧洲以正式的风险分担计划建立的互助会、行会和许多联合乡镇。从 8 世纪到 11 世纪,佛兰德斯的行会为提供来自火灾、船舶失事和其他不幸的损失提供保险赔偿。另一位保险历史学家写道:"简而言之,它们是以成员的共同保险为目的的俱乐部或协会。"[27]在 1070 年瓦朗谢讷(Valenciennes)慈善兄弟会的章程里专门规定,如果一个成员的商品丢失,所有其他成员都要给予他补偿,以受害人自己无可责备为前提。在 13 世纪的前半期,许多乡镇声称如果房屋被火烧掉,"保证全村的人为户主的损失毫无拖延地赔偿"[28]。换句话说,我们的商人例子与现实是相差不远的。

3. 风险交易市场的理论与实践

　　从中世纪迈向现代的过程中,基于市场的转移风险安排变得越来越普遍。据说与汇率相联系的衍生市场在 16 世纪的安特卫普就已经存在了。[29]尽管交易可能更类似于赌博而不是慎重考虑下的风险管理,但是,一个观察者在 1542 年提到,"对我而言,这类赌博就像海事保险"[30]。到了 16 世纪末,众所周知,有的荷兰捕鲸者甚至在启航前就卖掉他们的捕猎物,因此涉足远期合约的一个非常早期的使用。[31]在 1650 年左右,一个大米期货市场显然已在日本出现,[32]其他农产品的期货市场在半个世纪多一点之后的欧洲出现。[33]

　　尽管有组织的股票交易可以追溯到 17 世纪的阿姆斯特丹或者甚至是 12 世纪的法国,[34]几个现在熟知的交易首先出现在 18 世纪晚期。伦敦证券交易所起源于 1773 年,而纽约证券交易所起源于 1792 年。因为股票形成对不确定未来价值资产的索取权,这些交易所为风险的交易创造了绝佳的新机会。就保险来说,正如我们看到的,它有更深的历史根源。但是,它在 17 世纪晚期和 18 世纪早期的英国和美国,才以一种现代的形式出现。

在上述每个例子中,在市场上交易风险的根本原因,是将风险转移给一个最优的风险管理者——亦即,转移给那些对他们来说这个风险意味着最小可能负担的人。一个简单的比喻也许能帮助让这一观点更加清晰。尽管听起来奇怪,一个交易风险的市场显得特别像一个交易垃圾的市场。当存在着清洁服务的竞争性投标时,你一般会同意将你的垃圾"转给"最低要价的投标者。不像交易其他几乎任何商品的市场,在那里买家付款给卖家,在这里卖家付款给买家将产品(垃圾)拿走。在大多数情况下,要价最低的投标者应该是最有效率的废物管理公司。因此一个功能正常的垃圾交易市场让你能将你的垃圾转移给最佳的垃圾管理者。在风险的情形下,从根本上说也是这样。一个功能正常的风险交易市场促进风险转移给最有效率的风险管理者。

但是,是什么使得一个人(或机构)成为比另一个人更好的风险管理者?在我们前面提到的商人的例子里,集体的商人协会比任何一个单个商人更好地管理了运输风险,因为它能够享有多样化。今天,由于大约同样的原因,我们中的大多数人将大量的风险转移给保险公司。然而,多样化的力量并不局限于保险公司。尤其是商业银行,它们非常有利于为高风险的小企业提供贷款,因为它们可以将其借款分散到数量巨大的小企业身上。银行对每一笔贷款所收利息的一部分相当于一笔保险费——是促使贷款者承担一定比例借款者违约风险的必要支出。更大的银行经常会提供更低的保险费(而且因此得到更低的利率),因为它们能够把每一笔贷款相伴的违约风险分散到巨大数量的借款人身上。

多样化为经济活动的参与者购买和销售风险提供了重要的理论说明,但这并不是唯一的根据。另一个理论说明是,不同的人对风险有不同的承受力。有的人极力规避风险,而其他人不怎么这么去做。还有人也许实际上从冒险中获得了快乐。既然有这些差别,人们就会指望增进福利的风险交易具有巨大的潜力。例如,高度规避风险的一块土地的所有者在接受一个大胆的发展计划之前也许会努力寻找更少规避风险的合作者(或直接把土地卖给他们)。我们都具有不同程度的风险规避这种事实,在市场上创造了不计其数的富有成效的交易机会。

然而风险经常被买卖的另一个原因,是有的交易者比其他交易者在实际减少风险方面做得更好。实际上,这代表了会员制健康维护组织(Health Maintenance Organizations,以下简称 HMOs)的一个标准理由。支持者认为HMOs 理想地适于承担健康风险,因为他们是超级的风险削减者——比他们的病人或者其他的传统的保险公司更胜任于辨别和提供合适的预防护理类型。在最好的情况下,有效的预防措施使得健康风险立即减少,而不仅仅像传统的保险一样把健康风险分散到巨大数量的人群当中。那么理想地,总体的标准差和个体的标准方差都会降低。(HMOs 是否能真正成功降低健康风险仍然有待观察,但是至少是存在可能性的。)

风险交易的最后两个动力是不同的风险评估和资产组合平衡。假设16 世纪的一个荷兰捕鲸者在 4 月出发,从事一个旨在 7 月卖掉他的捕获物的出海航行。他在离开前想要签署一个远期合约的一个原因是,他对准备卖鱼的时候鲸鱼的价格特别悲观。他知道 4 月的价格,但是他没有办法确定 7 月的价格。然而如果他能找到其他的人(例如一个商人),这个人对 7月的价格比他乐观,那么这就会产生交易的空间。乐观的商人会同意现在为 7 月送达的货物付款,可能价格在乐观与悲观预测之间的某一点上。通过签署这个远期合约,悲观的捕鲸者会摆脱如此困扰他的价格风险,而如果乐观的商人对高价格的乐观预估证明是准确的,在 7 月他就要获得丰厚的利润。在这种情况下,差别的风险评估创造了交易的条件。

尽管商人可能不会比捕鲸者更乐观,然而,如果商人将远期合约看成平衡他总的资产组合的一个好的方法,仍然会有交易的空间。假设商人已经签好运输鲸鱼尸体给第三方的协议但是按照当前的价格获得货款。在 7 月之前鲸鱼价格的任何上涨对商人都是伤痛,因为这会提高他答应运送的货物的成本。在这种情况下,与捕鲸者签署一个远期合约的前景看上去会很诱人,因为这样可以平衡商人的资产组合。通过锁定在当前价格,商人按照现存的送货合约将有效地减少(或者对冲)他的价格风险。

这些例子的要点是,对于经济活动参与者相互之间交易风险来说,存在很多好的理由。而且事实上,他们总是这么做——通过保险合约、股票交易、衍生工具合约、几乎所有形式的借款,以及一千多种其他的方式。标准的经济学模型事实上假想了一个完备或有索取权市场(complete contingent markets)的世界——在那里,无论多么小或者多么与众不同,都可以在市场上买卖。如果这种世界存在,社会福利总是能通过市场交易最优化;而且在民间部门风险分配上的政府干预就更加缺乏正当理由。[35]肯尼斯·阿罗和杰拉德·德布鲁(Gerard Debreu)20世纪50年代在著名的阿罗—德布鲁一般均衡模型里,正式证明了一个完备或有索取权市场制度的有效性,这是现代经济学的辉煌成就之一。[36]

然而,现实中完备或有索取权市场并不存在。虽然有金融工具巨大的多样化,风险交易市场有时显得是无限的,但由于各种原因,众所周知它们实际上是非常不完全的。阿罗自己就承认,"大量有意义的期货交易都不能在任何已有的现存市场实现"[37]。正如我们后面会看到的,这种民间市场内部的失败体现了公共风险管理核心的正当理由之一。

4. 民间风险管理的局限:逆向选择和道德风险

正如导言中所提到的那样,作为民间部门风险相关失败的主要来源,经济学家已经认识到不对称信息存在的两个问题:逆向选择和道德风险。这两个术语至少都可以追溯到19世纪。

逆向选择发生在人们比保险公司更加了解自己的风险水平的时候。例如,患上不治之症的人们可能想要购买大量的人寿保险和健康保险,只要他们的保险公司仍然没有意识到他们的身体状况,并因此没有提高他们的保险费。同时,知道自己非常健康的人们,可能买更少的保险。通过将保险共同基金推向更高级别的风险,这种自我选择的行为有可能扭曲甚至摧毁保险市场。

逆向选择这个术语的最早使用并不为人所知,但是在19世纪90年代,

它明确地被定性为人寿保险业中的一个问题。有一段时间,人寿保险公司
与退保金额问题作斗争。当一个顾客提前取消了他的终身寿险保单,应当
允许他得到多少资产价值? 大多数保险公司都同意一些惩罚是必要的,而
且在 19 世纪 90 年代中期,一个叫迈尔斯·道森(Miles Dawson)的精算师发
表了一篇文章解释其原因。他写道:"这种措施主要依赖这样的基础,从
(保险)公司的退出会降低被保寿命的平均生存能力……越是身体健壮的
人可能退出的越多,留在所有风险中的人就更加缺乏生存能力。公司的保
险费是按照确定的死亡率假设来计算的,这个假设可能会被这种逆向选择
给削弱。"[38]

　　道森表达了对好的风险(亦即健康的个人)离开保险共同基金的关心,
正如我们看到的,而人寿保险公司也必须阻止太多坏的风险进入基金池。
这就是为什么申请寿险的人在获取保险赔偿金之前,经常被要求通过医学
检查。如果没有这样的检查,高风险的申请人就更可能不成比例地进入保
险基金,使得总保险赔付比预期的要高,而且极大侵蚀利润。在医学检查有
困难或不可能进行的地方,保险的供给就不可行——这就是为什么长期以
来保险公司担忧逆向选择问题的原因。[39]

　　道德风险也是一个非常严重的问题,尽管这个问题在寿险行业中比起
保险业的其他部分较少受到关注。这个术语的一些最早的使用体现在 19
世纪中期的火灾保险的情景中。出版于 19 世纪 60 年代的一本火险指南将
道德风险定义为,"用火烧毁房产或者不救火让它烧毁的动机导致的危
险"[40]。自从 19 世纪 40 年代起,火灾保险公司已经将投保人方面的不良
品质定义为一种他们公司面临的风险。不道德的顾客可能通过参与纵火、
诈骗或"蓄意的粗心"来增加公司的损失比例。[41]正如一位经济学家在
1895 年的作品中解释的那样:"道德品质的缺乏会带来一系列为保险人熟
知的道德风险。这一系列风险最熟悉的例子是纵火的危险。欺骗性破产、
坏账,等等,都属于这个范畴。"[42]

　　根据这个专题的一位学者的说法,19 世纪的保险公司事实上将道德风
险问题作为增加大众普遍接受保险的一种手段加以强调,这在当时构成了
一个新的但是存在问题的业务分支。为了扭转普遍认为保险是消除个人责

任的工具的观点,保险公司坚持道德风险可以与其他的、更自然的风险区别开来。他们还坚持它可以被全部筛除掉。对于这些保险公司来说,道德风险的识别是迈向消除这个风险必需的第一步,这反过来又是在公众眼中提升他们行业形象的前提。[43]

然而在其他背景下,执行者——特别是政府政策制定者——已经将道德风险看成一个几乎不可避免的风险转移的副产品,它甚至可以引诱最高尚的公民。每当某人减少了负面的风险(例如通过将它转移给保险公司)仍然保持对活动的控制,他就会被强烈地激励去努力增加活动的总体风险。总之,他会获取所有的收入,然而另一方(保险公司)将不得不承担这些损失。从根本上说,这就是今天经济学家如何理解道德风险的,尽管道德义愤的最初感受已经大为消除了。[44]

回到 1841 年,联邦法律制定者正在争论是否应该建立一个对破产的债务免除(在法律程序完成之后将取消一个破产者过去的债务)的时候,许多国会议员担心道德风险,尽管并没有确切地使用这个术语。一个众议员指出,有了债务免除措施,债务人"便是一个全力以赴去努力试验的人。因为这关系到他的道德品质。凭借这个议案的通过,国会给他带来通常情况下从来不可能主动遇到的这种诱惑……(债务免除)自然会带来生活上的奢侈、各种粗野的活动和危险的创业心。除了荣誉和诚实的内在约束,人们不可能有办法来限制这种投机心态。"[45]在参议院,来自宾夕法尼亚州的参议员詹姆斯·布坎南(James Buchanan,未来的总统)全身心地赞同,声称"现在这个法案会刺激投机心态使其几乎会达到疯狂的程度。"[46]如同这些引文让我们清楚的,到了 19 世纪 40 年代,道德风险这个今天我们所说的概念已经被意识到了。

诚然,逆向选择和道德风险问题(像如此多的其他保险概念一样)在出版物中得到命名和定义的很久以前,就已经被从业者熟知。在道德风险的例子里,瓦朗谢讷(Valenciennes)慈善兄弟会已经在 11 世纪公开宣布禁止对受害者的过失所造成的损失提供保险费。兄弟会章程的作者们认识到了道德风险问题,尽管他们没有费力去为它命名。

正如我们所看到的,首次知道的对"逆向选择"和"道德风险"术语的使用,追溯到了 19 世纪的下半期。但是,根本的理念直到几乎一百年之后才在经济学里范式化(属于不对称信息问题总的范畴)。肯尼斯·阿罗通常被誉为在 1963 年的一篇论文里对道德风险进行了第一次系统的论述,这篇论文讨论了医疗供给的不确定性。[47]逆向选择问题在七年之后被引入信息经济学的新兴领域,当时乔治·阿克洛夫(George Akerlof)发表了他现在著名的论述"柠檬市场"(二手车)的论文[48]。经济学家对风险相关失败的理解——特别是信息的关键作用——那时正取得飞跃的进步,而且从此以后在学术界和政策圈内都产生了巨大的影响。

5. 超越不对称信息

今天,"逆向选择"和"道德风险"仍然几乎总是经济学家在回应任何种类的不完全或有缺陷的风险交易市场时,从嘴里说出的第一个词。但是经济学家对这些解释的信心也许过分了。只是解释在逻辑上前后一致,并不意味着它必然是对现实的描述;而且这种与现实的脱节很久以来就是经济学解决逆向选择和道德风险所面临的难题。早在 19 世纪 90 年代,迈尔斯·道森承认"允许自由[退保]金额的[保险]公司与允许更少自由退保的保险公司之间的太平间经验的比较,到目前为止没有给逆向选择理论提供任何支持"[49]。尽管道德风险和逆向选择对大多数风险相关市场问题都显示出有说服力的解释,但是,用以支持它们的证据有时候难以找到。

当然,这还有其他可能的解释,包括其他类型的信息问题。某些情况下,风险交易市场也许会运转不良或者全部失败,不是因为一方比另一方有更好的信息(不对称信息),而是因为没有一方可以得到相关风险的充足信息。这种情况可能发生,或者是因为相关的信息根本就不存在,或者是因为要获得它所需付出的代价昂贵得令人望而却步。例如,最近民间灾害保险供给的下降,有时是因为保险公司逐渐相信他们简直就不知道潜在的风险,只有大型自然灾害的有限的历史信息。[50]

对不稳定或者根本不存在的风险交易市场的种类繁多的其他解释,可以归类到另外三个标题之下:认知问题、承诺问题以及外部性问题。与逆向选择和道德风险相比,这三个问题没有得到经济学家太多的关注。但是在这里,我们对它们特别有兴趣,因为在过去的二百年里,它们在美国风险管理政策的形成中扮演了至关重要的角色。接下来的几个章节将探索这方面的历史记录,详细描述政策制定者正是基于这些种类的问题,怎样论证政府干预的合理性。然而首先,在本章剩下的部分我们将先从概念的角度考察它们。

认 知 问 题

认知问题的研究,主要是认知心理学家的领域,它现在也逐渐(也许有点不情愿)由经济学家来进行。之所以迫于压力这么做,是出于对他们专业上传统的风险研究方法的一系列批判。关于人类理性和一贯性的强有力假设,已经成为特别批判的对象。

这些最早的攻击之一对准丹尼尔·伯努利的预期效用理论中的一个关键假设,它要求知道所有可能结果的概率。这让我们回想起圣彼得堡悖论,确定一个特定的概率和每个可能结果的费用。然而在现实世界里,去了解几乎任何事情的精确概率是不寻常的。当未来结果概率不能很好地定义,我们怎么能知道预期值、预期效用或风险规避的程度?个人和公司在这种环境下的表现会有些不同吗?经济学家弗兰克·奈特(Frank Knight)在 20世纪 20 年代早期第一个设法解决这些问题,而且其结论是在一方的风险(risk)和另一方的不确定性(uncertainty)之间作出关键的区分。

根据奈特论述,风险指可测量的概率,而不确定性指不可测量(而且或许是不可知的)的概率。[51]今年 55 岁不抽烟的女性死亡概率属于风险的范畴,因为由于有一个基本的历史经验,这个事件的概率在寿险精算师中广为熟知。相反,美国在下个月或第二年的某个时候发生战争的概率是一件不确定的事情,因为基于预测或者准确地推定概率的历史事件几乎没有。奈特认为风险可以由保险公司和其他的政府机构管理,而不确定性的处理是企业家的特有领域。[52]

尽管在直观上它有吸引力,奈特的区分已经变得费解,现代经济学家认为它无关紧要而不予理会。[53]建立在弗兰克·拉姆齐(Frank Ramsey)和其他人的先驱性工作基础之上,伦纳德·萨维奇(Leonard Savage)在1954年认为,预期效用理论要发挥作用,精确的概率是不需要的。人们必需的前提只是,个体在他们的脑海里想出主观概率估计,然后将它们如同客观事实来看待。[54]主观预期效用理论(SEU)不仅是对奈特的不确定性理论问题给予了抵制,而且是对一个更为世俗的问题——人们并不总是意识到客观概率,即使它们存在——给予了抵制。作为萨维奇和他的同胞的工作结果,预期效用的堡垒再一次感到安全了——直到一个名叫丹尼尔·艾斯伯格(Daniel Ellsberg)的大胆年轻学者出现在人们的视野。

艾斯伯格在1971年以透露五角大楼有关越南战争的文件而出名。他在20世纪60年代早期,已经发动了他自己对所谓的萨维奇公理的战争。他简直不相信现实中人们会像萨维奇在他的模型里描述的那样去行动。这个批评的中心是一个聪明的游戏,自那以后它以"艾斯伯格悖论"闻名。[55]要玩这个游戏,你必须设想一个装有90个球的茶壶。30个是红色,剩下的60个要么是黑色,要么是黄色,但是不知道它们的比例。就在一个球被随机拿出来之前,你被要求选择以下两种奖赏方案中的一种。

	红	黑	黄
I	$100	$0	$0
II	$0	$100	$0

(这个矩阵应该像接下来的那样解读:在奖赏方案 I,如果红色球被选中,你会被支付 $100,相应的,如果是黑色 $0,黄色 $0。在奖赏方案 II 下,如果是红色 $0,黑色 $100,黄色 $0。)

"你更喜欢哪种方案?"艾斯伯格问道。然后你被要求从另一组奖赏方案中选择:

	红	黑	黄
III	$100	$0	$100
IV	$0	$100	$100

"这些你选择哪种?"艾斯伯格现在问道。他风趣地加了一句话:"不用着急!"[56]

如果你选择方案 I 和方案 IV,你用了一个好的组合。这正是许多当时最著名的经济学家包括(似乎)萨维奇自己在内的选择。但是这也表明如果你选择方案 I 和方案 IV,你就违反了萨维奇的公理之一。提交这个测试的一位杰出的哈佛大学商学院教授霍华德·雷法(Howard Raiffa)承认:"我发现少了点什么。我前后不一致。"[57]怎么会这样呢?

在艾斯伯格的这个机智的游戏里,参与者在第一轮中的选择反映了他对黑黄比例的主观概率评价的重要信息。一个奖赏方案 I 的选择意味着(根据 SEU 分析)他相信拿出一个红球比拿出一个黑球具有更高的概率。然而,在第二轮里,一个奖赏方案 IV 的选择有着恰恰相反的意向:拿到黑球比拿到红球的概率更高。从萨维奇公理的立场来看,相信这些情况中的任何一种都没有问题,但不能同时相信两种情况。艾斯伯格坚持认为,那些会选择方案 I 和方案 IV 的人,"根本不像他们对相关事件选定的量的或者质的概率那样行动"[58]。

拥有不知比例的 60 个黑球和黄球的安排,是一个模拟奈特氏不确定性的方式。与奈特的立场一致,艾斯伯格发现大多数人并不以同样的方式看待风险和不确定性。用艾斯伯格的术语来说,他们不仅是风险规避,而且是模棱两可地规避。他指出,他们选择方案 I 和方案 IV 的原因,是他们希望避免模棱两可的(或不可能知道的)概率发生。因为黑球和黄球的比例是不知道的,他们避免报酬方案 II 和方案 III,由于这两个方案涉及比例问题。如果他们遵照 SEU 的方法而且简单地推算拿到一个黑球的概率,那么他们的选择就应当是"理性的"。如果主观地认为选择一个黑球的概率大于 33 $\frac{1}{3}$%,那么方案 II 和 IV 就会是最佳选择。如果低于 33 $\frac{1}{3}$%,那么方案 I 和 III 是最佳选择。但是从来不会是方案 I 和 IV(除非也许有人认为红色和黑色的概率完全相同)。艾斯伯格对模棱两可规避的发现击中了预期效用理论的要害,甚至是以它修正过的 SEU 形式。艾斯伯格自己总结道:"在所讨论的情况下,贝叶斯或萨维奇方法都给出了错误的预测,而且根据他们的判断,给出糟糕的建议。"[59]

　　自从 1961 年艾斯伯格的文章出现以后,心理学和经济学的研究者已经识别出在人们对未来意外事故作出决策的方式中的所有类型的其他特征。[60]沿着奈特和艾斯伯格的脚步,有些研究似乎已经聚焦在面对不可能知道的概率的非理性行为上。其他人发现了当得不到精确的概率的时候影响我们去漫不经心地估测概率的偏见。还有其他人检验了我们利用概率方式中的不一致,即使是在精确的概率可以利用的时候。所有的这些研究,都以一种或另一种方式,对通过民间市场进行风险交易以达到社会最优状态提出了怀疑。

　　丹尼尔·卡内曼(Daniel Kahneman)和阿莫斯·特沃斯基(Amos Tversky)开始发表他们影响深远的论述启发法(heuristics)的著作的 20 世纪 70 年代早期,偏差估测技术(biased estimation techniques)的问题进入学术界视野。正像乔治·阿克洛夫(George Akerlof)和珍妮特·耶伦(Janet Yellen)回忆的那样,直到那时,"人们广泛地相信,在大多数的认知判断里,人们就像凭直觉就能获知结论的科学家一样行动"[61]。卡内曼和特沃斯基对这个传统观点提出了严肃的挑战,不久就震惊了经济学界。基于许多关于人类的实验,这两个以色列的心理学家总结道,大多数认知判断远离科学,而且人们经常用小把戏(启发式教育方法)去帮助他们估计难以把握的概率。尽管在减少"估算概率的复杂任务……使判断操作更加简化"方面特别有用,这些启发法有时却会产生系统性偏见,这些系统性偏见可能严重损害决策制定。[62]

　　例如,在获得性启发法(availability heuristic)的情形下,估算概率的人们往往高估看上去相关的最容易得到或者记得的信息。"获得性对估测频率或概率是一个有用的线索,"卡内曼和特沃斯基解释道,"比起一个不常见类别的实例,一个大类的实例经常回忆得更好和更快。"然而,与此同时,获得性启发法引导人们过度依赖特别令人惊奇的信息,不管它是否有代表性。"当一个人看到一辆车翻倒在路的一边时,交通事故的主观概率暂时上升,这是一个普遍的经验。"[63]

　　许多其他系统性偏见的资料也已经报告出来了。正如本书前言所描述的那样,亨利·西格 20 世纪早期对风险行业中工人过着"上帝保佑的生活"(相信他们完全能免于事故的伤害)的论述,在今天会被当成一个乐观主义偏见的案例来描述。实证研究表明,绝大部分司机相信他们遭遇汽车事故的概率低于平均值。[64]事实上,心理学家已经发现,乐观主义偏见给从哮喘病到失业的大范围内的各种不同风险的认知涂上了颜色。[65]绝对权威亚当·斯密写道:"每个人不仅对他自己的能力,而且对他自己的好运,或多或少都有天生的自信。"他甚至把人们对彩票的广泛兴趣归因于他定义的一个"荒谬的假设"这个乐观主义偏见。[66]

在所有这些以及其他例子里,人们表现出以一种系统的方式错误估计确定概率的倾向。但是,即使当他们得到精确概率的时候,他们的决定也并不总是反映经济学中认为是理所当然的那种理性。正是卡内曼和特沃斯基,再一次成为这个领域的开拓者。他们发现,麻烦的来源之一,是人们经常根据问题的情景(context)或者框定(framing)对给定的一系列概率进行不同的思考。

也许框定不一致的一个最著名的例子,是他们的"亚洲型流感"实验。实验对象(大学本科生)被告知,想象一个非同寻常的亚洲疾病可能会致死600个人,而且两个可能计划中的一个会被选择出来战胜它。实验对象的一组给出下面两个选择:

A. 一个会救活200个人的健康计划;

B. 一个1/3概率救活600人以及2/3的概率不会救活任何一个人的健康计划。

根据这个选择,72%的回复者选择A方案,只有28%的人会选择B方案。但是当概念上相同的选择只是框定不同(用失去多少生命而不是多少人救活)时,实验对象的第二组表现出相反的偏好。在这一轮里,选择是:

C. 一个400个人会死去的健康计划;

D. 1/3的概率没有一个人会死去和2/3概率600人会死去的一个健康计划。

现在只有22%的回复者选择C,而78%的人选择D。为了试图解释这个特别的结果,卡内曼和特沃斯基指出,参照的起始点事关重大。当选择以收益的形式框定时,人们明显更加厌恶风险,而当选择以损失的形式框定时,人们更少地规避风险(或许甚至追求风险)。[67]

　　在其他的实验里,卡内曼和特沃斯基发现,人们经常在弄清极端的概率时存在困难,"高度不可能发生的事件要么被忽视要么被高估,而且高概率和确定性之间的区别要么被忽略要么被夸大"。[68]这可以帮助解释为什么面对极度低概率事件(从罕见疾病到自然灾害)的人们往往是要么没有去保险要么过度保险。两者中任何一种做法,都有"不理性"行为的充分证据。[69]当然,这里描述的所有各种不同的(而且还有大量其他的)认知问题对经济学中标准的理性假设提出了挑战,而且指出了为什么民间的风险交易不可能总是社会最优选择的原因。[70]

承 诺 问 题

　　然而,民间风险管理困境的另一个来源,是一类我称为承诺问题的障碍。也许这些问题最明显地发生在政府处于不能承诺补偿受害者的困难时刻,有时发生在包含着特别具有毁灭性风险的时候。1988 年,两位哈佛大学的经济学家将这定义为"政府响应困境(dilemma of government responsiveness)"。[71]知道政府有可能补偿,会削弱人们购买保险的意愿,因此削弱民间市场的解决方式。艾奥瓦的众议员弗雷德·格兰迪(Fred Grandy)在1993 年密西西比河大洪灾之后论述道:"从根本上来讲,我们告诉人们'我们想让你们买保险,但是如果你们不买,不管怎么说我们都会援助你'。"[72]事实上,相对来说,几乎没有洪水受害者靠他们自己购买了洪灾保险。

　　尽管这种特别的承诺问题产生于政府失败,至少还有三个其他类型的责任问题起源于民间部门。在每种情况下,由于民间市场主体不能对未来行动作出确定无疑的承诺,风险交易市场受到了拖累。

　　也许这三个问题中最吸引人的部分产生于人力资本的不可让渡性(inalienability of human capital)。人力资本是我们每个人内在的生产能力,它让我们在一生中产生源源不断的收入。在大多数环境下,人力资本是不可让渡的(不能出卖),因为人们不可能可信地承诺将他们未来的收入转给其他人。这是事实,不仅因为奴隶制度是非法的,而且因为每个人享有在破产中得到保护的不可剥夺的权利。[73]因为人力资本的私人转移不可能在法庭得到执行,因此,人力资本成了不能交易的资产。即使你签订了一个契约,同意在接下来几年支付某人大量的钱,你也总是可以通过申请破产来保护你未来的收入(尽管不是你现在的资产)。

所有这些情况表明,人力资本风险不可能在民间市场得到分散,因为对人力资本的索取权既不能买也不能卖。曾经获得诺贝尔经济学奖的罗伯特·默顿(Robert Merton)在他1983年论述社会保障的一篇文章里首次强调了这个失败。他发现,没有政府的干预,对许多民间方面来说,不能使它们"资产组合"中最有价值的部分多样化。大多数年轻人除了充足的人力资本,没有或者几乎没有金融资本(股票、债券,等等)。相反,大多数老年人已经建立金融资产储备,但是已经从在职工作退休,很长时间里已经削弱了他们的人力资本。既然有多样化的威力,老年人通过交易他们的一些金融资本换得年轻人的一些人力资本是有益的。这样做,年轻人和老年人结果都拥有更加多样化的资产组合,而且因此风险更少。但是法律就是不允许这样的交易,因为它禁止公民将他们自己的人力资本承诺给他人。因此,年轻人没有别的选择,只能持有大量的人力资本,而老年人被迫持有过少的人力资本。[74]

由于不可能通过民间契约向未来世代承诺现在的风险分担安排,便产生第二个民间承诺问题。这个问题主要与系统性风险现象有关。根据定义,系统性风险在任何时候都不可能得到及时的分散。例如,在大规模核战争中保护财产免受损失是不可行的,因为几乎每一位幸存者都会恰好在同一时间提出赔偿,这样会耗竭任何一家民间保险公司的资源。宏观经济的兴盛和衰落也表现为系统性风险,因为它们在同一时间影响每一个人,并且通常以同样的基本方式。绝大多数人在经济繁荣时期更加富有,在经济萧条时期更加贫穷。

尽管系统性风险在任何时刻都不能得到及时的分散,但跨越一段时间后它也是可以多样化的。在足够长的时间段里,经济中的兴盛和衰落可能趋于相互平衡。问题是在民间部门,完全的代际风险分担是不可行的,因为现在的市场参与者不可能和还未出生的一代人签订有约束力的契约。约瑟夫·斯蒂格利茨（Joseph Stiglitz）曾写道："在［经济学的］生命周期模型里，存在隐性的市场失灵。一代人不能和另一代人交易。特别是，他们不能一起参加风险分担。［那么，阿罗—德布鲁的或有索取权市场（contingent claims markets）必然是不完全的。］"[75] 重要的是，斯蒂格利茨继续声称，政府单独"提供机制，通过这种机制这种风险分担可能实现"，因为政府享有绝对权利通过它的征税和货币威力去约束未来各代人。[76]

一个相关的承诺问题植根于这样的事实，没有民间实体能够可信地承诺对它未来义务不会违约。众所周知，所有民间实体都易于失败。幸运的是，这种问题在大多数交易中是可以管理的。然而，在一些交易中，甚至数量微不足道的违约风险都可能是破坏性的。1935 年建立社会保障制度的一个最初理由，是低收入的人们担心将他们一生的储蓄投资到民间养老基金，它却会在他们退休之前以失败而告终。即使在失败的概率非常小的时候，这也是一个明显的顾虑。[77]

相似地，由于这类承诺问题，民间银行提供一般支付手段——货币的一系列尝试已经崩溃了。民间货币安排中难以降低的风险水平可能是具有高度腐蚀性的，因为正如米尔顿·弗里德曼所论述的，"正是它核心功能的实现，要求货币是广泛可接受的，并且从一个人的手中转到另一个人的手中"[78]。只要民间银行可能倒闭，民间（银行发行的）货币就从来不能代表一个完美的支付手段。事实上，这是为什么政府现在发行我们所有的通货，并且用联邦存款保险支持支票和储蓄账户的主要原因之一。我们通过惨痛的经历知道，民间发行的货币从来不是完全可靠的，因为民间机构——甚至是保守地管理的银行——不可能总是很好地履行它们的承诺。

外部性（和反馈）问题

有时候减弱民间风险管理效力的市场机制中最后一个故障，是外部性问题。这确实是具有长期和突出历史的市场失灵的一般性根源。正如经济学家庇古（A.C.Pigou）早在 1912 年所解释的那样，一个特定经济活动的损失或利益被外部化,并且因此没有完全反映在产品价格上的任何时候,自由市场就不可能使社会福利最大化。[79]污染经常被当成经典的外部性引用。不必为它们排放的污染付款的工厂主将可能继续排放,即使是在当他们污染的社会成本超过他们生产的最终产品的社会效益的时候。

尽管外部性明显不限于与风险相关的情况,然而它们却构成了民间部门风险相关失败的重要根源。[80]例如,当公司丢弃有毒的废品,它们经常会给当地社区带来巨大的风险,而不必承担相伴随的成本。事实上,1980年的所谓"超级基金"立法的部分逻辑,就是通过让有毒废品丢弃者完全负起清理危险场所费用的责任,使这种外部性内部化。

外部化风险的另一个好例子,是机动车事故。因为路上的每一辆汽车都容易引发事故,每一位司机——甚至我们之中最善意的人——面临其他的司机和行人都提高了受伤的风险。让车险强制性施行的部分理由是迫使司机承担这种风险的责任。

在非常特殊的环境下,外部性风险也能产生危险的反馈循环,它们偶尔会给个别公司甚至是整个经济造成威胁。例如,对金融恐慌的一个标准解释是,恐惧是易传染的。但是金融恐慌不仅仅是心理现象。它也是一个从根本上植根于外部性问题的经济现象。当焦虑的人们开始从一家银行提取自己的存款,他们的行为会削弱银行的财务完整性,尽管银行开始时表现得非常完美。这里就涉及到一个外部性,因为这些紧张的存款者已经迫使其他任何一位存款者承担了一个成本。他们自身的一个特定风险——银行倒闭风险的不安全感,使得他们按照实际上增加风险(亦即,相关银行倒闭的可能)总水平的方式行事。如果有足够多的人开始这样行动,那么甚至经济上最理性的存款者也可能会加入这个群体,因为恐慌的产生会使他自己的银行存款很容易变得一文不值。而且当然,一旦他加入这个群体,他会隐形地向其他人施加压力参与进来,如此下去,直到银行最终破产倒闭。

这类反馈外部性是特别有趣的,因为它似乎违反了风险管理的一个首要原则,也就是,保险可以减少个别风险而不是总体风险。在我们有关商人的例子中,我们看到这个原则被阐述过。由于集中风险管理使每一位个体商人面临着大幅降低的风险损失,但是总体损失风险仍然保持不变。[81]然而,在一种反馈外部性风险存在的情况下,保险(或者是风险分担)事实上具有降低总体风险的可能性。存款保险提供了一个很好的例子。在理论层面上,存款保险承诺让存款者感到更加安全,使他们不怎么可能出乎意料地提取他们的存款,并且因此较少可能诱发恐慌。结果———一个真正惊人的结果,银行倒闭的总体风险将会下降。

然而,在实践中,民间存款保险从来不是特别稳定的。在许多类似的情况下,民间风险管理似乎存在缺陷。在评论过对民间部门这种普遍弱点的一些最好的解释之后,我们现在要问,政府是否可能做得更好。政策制定者能够克服似乎在市场上造成严重危害的信息问题、认知问题、承诺问题和外部性问题吗? 如同后面将越来越清楚的,在理论上,答案是一个响亮的"是的",但是,在实践中只是一个让人干着急的"也许"。

6. 作为终极风险管理者的政府

尽管政府绝不是一个完美的风险管理者,但是比起民间机构,它的确享有某种优势。这些优势中最为重要的——所有其他优势的源泉——是它的强制力。法律制定者可以迫使现在的公民甚至是未来世代的公民参加保险计划和其他风险管理方案。这意味着甚至在许多公民若自行其是便会退出的时候政府依然能够极其广泛地分散风险。因为政府有征税和印制钞票的权力,它可以得到一个近乎完美的信用评级。在大多数情况下,政府对现在和未来的财务承诺的信用能力是无与伦比的。州政府的监控能力也是民间部门难以比肩的。它以一个天网恢恢疏而不漏的调查机构(警察)而自豪,而且利用对不服从行为的民事和刑事惩罚威胁的支持,它也可以要求披露真实的公民信息。这些确实是民间风险管理者难以企及的令人敬畏的权力。

没有必要在这里用任何细节来评论这些优势。具体的例子会出现在本书每一个与历史有关的章节里,本书的最后还会有一个完整的总结。但是显示这些优势如何附属于作为风险管理者角色的政府的一个快速素描,会有助于勾勒出基本的轮廓。

也许得到最广泛认识的公共风险管理的正当理由与逆向选择有关。在专注政策的经济学家中,无论是民间保险还是公共保险,法律制定者可以通过强制大众广泛参与来"解决"逆向选择问题几乎成了常规的做法,严格来讲其实不是这样的,政府可以通过应用谨慎构建的政策来缓解逆向选择的后果。强制的保险特别有效,是因为它防止任何人——甚至是最低风险的个人——退出分担风险的计划。[82]

处理道德风险而进行政府干预的理由,并不像逆向选择的情形那样强有力。但是,如同一些分析家指出的那样,二者都是不容忽视的。有大量的技巧同时可用于公共和民间保险公司去控制道德风险。例如,双方都可以实施大量的免赔额极高的保单和共同保险,这可以通过转移一些风险给投保人减弱有害的行为。但是,由于政府无与伦比的调查和执行能力,当它来直接监控和控制道德风险时,它享有超过民间保险公司的优势。在极端情况下,政府官员能够利用法律的巨臂实现监控的目的,并且甚至能够以民事和刑事罪来惩罚错误的言论和其他形式的不正当行为。

当涉及处理认知问题时,公共和民间能力的差距甚至更大。例如,民间保险公司能够克服人们广泛低估一个风险的唯一方法,是通过主动积极的宣传活动来告知公众。一个保险公司或者一个保险公司的协会可以努力让潜在的客户相信,提到的风险是真实的,而且他们既不能逃脱风险也不能置之度外。[83]然而,政府官员有一个远为强有力的武器:他们可以强迫公民购买保险。支持强制性举措的逻辑,是政策制定者会比人们自己更加了解他们的真实利益。如果在风险行业的工人错误地相信他们是免遭伤害的而决定不去买保险,政策制定者就有能力通过强迫他们参加保险来改善工人的长期前景。这种家长式的作风也许会增加一些怒火,但是它在政策领域很普遍。这也体现了政府胜过民间部门的关键优势。

政府处理承诺问题的内在优势,同样令人印象深刻。它的征税和货币权力不仅给它提供了最雄厚的资金来源,而且让它能够在多代人中分散风险。公民可能因此感到有信心,政府甚至有能力对诸如核灾难或者金融崩溃这样最非同寻常的事变进行赔付,并且以最可能广泛的形式分散成本。

征税权力也赋予政府特别的能力,通过对收入征税和再分配收益来分散人力资本风险。没有民间机构能够做到这点。[84]

最后,政府独自可以通过征税或者让罪犯负责,使外部性"内部化"。比如说,对产生于它的有毒废物的损失负有责任的一家公司,比起它没有这种责任的情况来,在它排放有毒物质的方式上,法律可能要给予大得多的关心。在必要时,政策制定者也有能力通过强制实施大范围的保险赔偿来遏制反馈外部性。正如我们会看到的,失业保险和存款保险最初都是从这个立场出发来论证其合理性——作为缓和一种具有毁灭性恐惧的方式,这种恐惧似乎孕育了一个致命的潜在风险。

在我们进入下一章之前,值得重复的是,尽管具有所有的这些优势,政府仍然不是一个完美的风险管理者,远远不是。政府,如同所有的人类组织一样,会犯错误。不好的政策很容易使情况变糟,而且经常会有这种政策。即使是深思熟虑的政策,也面临着所有类型的天然局限。它们也会滋生这样一个不健康的公众认知:损失出现之后政府补偿总是会及时到来。

但是,这个讨论的要点是要让人们很明白,政府确实享有几种关键的权力——强制、征税、印制钞票——所有这些都是民间风险管理者所缺乏的。按照本章强调的各种不同的原理和问题,政策制定者已经试图怎样使用了这些权力,是本书后面部分的主题。在下一章我们将开始讨论非常有趣的有限责任案例。

注　释

〔 1 〕 L.E.Maistrov, *Probability Theory:A Historical Sketch*, trans.and ed.Samuel Kotz(New York:Academic Press,1974),p.18;Isaac Todhunter, *A History of the Mathematical Theory of Probability from the Time of Pascal to That of Laplace*(New York:Chelsea Publishing Company,1949[1865]),p.2;F.N.David, "Dicing and Gaming(A Note on the History of Probability)", in E.S.Pearson and M.G.Kendall, eds., *Studies in the History of Statistics and Probability*(Darien,Conn.:Hafner Publishing Co.,1970),pp.12 – 13;Peter L.Bernstein, *Against the Gods:The Remarkable Story of Risk*(New York:John Wiley & Sons,1996),pp.50 – 52.

〔 2 〕 Ian Hacking, *The Emergence of Probability: A Philosophical Study of Early Ideas about Probability, Induction, and Statistical Inference* (New York: Cambridge University Press, 1975) , pp.54,56.

〔 3 〕 Ibid., p.96.

〔 4 〕 Blaise Pascal, *Thoughts*, trans.W.F.Trotter(New York: P.F.Collier & Son, 1910) , sec. 3("Of the Necessity of the Wager") , esp.pp.84 – 89; William James, *The Will to Believe and Other Essays in Popular Philosophy* (Cambridge, Mass.: Harvard University Press, 1979[1897]) , p.16 – 17; James W.Tankard, Jr., *The Statistical Pioneers* (Cambridge, Mass.: Schenkman Publishing Company, 1984) , p. 15. 一个有关帕斯卡 (Pasacal)推理(从公元 4 世纪起)先驱的有趣讨论,参见 Vincent T.Covello and Jeryl Mumpower, "Risk Analysis and Risk Management: An Historical Perspective", *Risk Analysis*, 5, no.2(1985) , 104。

〔 5 〕 Daniel Bernoulli, "Exposition of a New Theory on the Measurement of Risk" (1738) , trans.Louise Sommer, *Econometrica*, 22, no.1(January 1954) , 23 – 36.

〔 6 〕 Adapted from ibid., p.31.

〔 7 〕 Ibid., p.29.

〔 8 〕 对这种风险厌恶标准观点引人入胜的批评,参见 Matthew Rabin and Richard H. Thaler, "Anomalies: Risk Aversion", *Journal of Economic Perspectives*, 15, no. 1 (Winter 2001) , 219 – 232。

〔 9 〕 See, e.g., Milton Friedman and L.J.Savage, "The Expected-Utility Hypothesis and the Measurability of Utility", *Journal of Political Economy*, 60, no.6(December 1952) , 463 – 474; John Von Neumann and Oskar Morgenstern, *Theory of Games and Economic Behavior*(Princeton: Princeton Univeristy Press, 1947[1944]).

〔 10 〕 See, e.g., D.E.W.Gibb, *Lloyd's of London: A Study in Individualism* (New York: St. Martin's Press, 1957).

〔 11 〕 Howard P.Dunham, *The Business of Insurance: A Textbook and Reference Work Covering All Lines of Insurance*(New York: Ronald Press Co., 1912) , 1: 31; W.S.Holdsworth, "The Early History of the Contract of Insurance", *Columbia Law Review*, 17, no.2 (February 1917) , 109.

〔 12 〕 *Insurance Markets of the World*(Zurich: Swiss Reinsurance Company, 1964) , p.294.

〔 13 〕 C.F.Trennery, *The Origin and Early History of Insurance, Including the Contract of Bottomry*(London: P.S.King & Son, 1926) , pp.4 – 6.尽管 Trennery 认为汉谟拉比法典(Hammurabi Code)可以追溯到公元前 2250 年,但正确的时间或许是大约公元前 1780 年。

〔 14 〕 See Bernstein, *Against the Gods*, p.92; W.R.Vance, "The Early History of Insurance Law", *Columbia Law Review*, 8, no.1(January 1908) , 6; Holdsworth, "Early History", p.86.See also Covello and Mumpower, "Risk Analysis", pp.108 – 109.

〔 15 〕 Edwin W.Patterson, *The Insurance Commissioner in the United States: A Study in Administrative Law and Practice* (Cambridge, Mass.: Harvard University Press, 1927) , p.514; Frederick Hoffman, *Insurance: Science and Economics* (New York: Spectator Company, 1911), p.143.

〔16〕 Vance, "Early History of Insurance Law", p.1; Trennery, *Origin and Early History of Insurance*, pp.13 – 14.

〔17〕 Bernstein, Against the Gods, p.92; Vance, "Early History of Insurance Law", p.2; Trennery, *Origin and Early History of Insurance*, pp.15 – 16.

〔18〕 Vance, "Early History of Insurance Law", p.2; Lorraine Daston, *Classical Probability in the Enlightenment* (Princeton: Princeton University Press, 1988), p.116; Hacking, *Emergence of Probability*, p.111.

〔19〕 Bernstein, *Against the Gods*, p.92; Vance, "Early History of Insurance Law", pp.3 – 5.

〔20〕 Holdsworth, "Early History", p.86; Vance, "Early History of Insurance Law", pp.4 – 5.

〔21〕 Quoted in Vance, "Early History of Insurance Law", p.15.

〔22〕 Quoted in Stephen M.Stigler, *The History of Statistics: The Measurement of Uncertainty before 1900* (Cambridge, Mass.: Harvard University Press, 1986), p.65.

〔23〕 这个例子在很大程度上受 Scott P.Mason 提供的一个相似例子的启发。"The Allocation of Risk", in Dwight B.Crane et al., *The Global Financial System: A Functional Perspective* (Boston: Harvard Business School Press, 1995), esp.pp.168 – 172.

〔24〕 因为每个商人都面临着 20% 的机会失去他的货物,那么两个商人同时失去他们货物的概率是 20%×20%,或 4%。又因为每个商人面临着 80% 他们的货物安全到达的机会,那么两个商人的货物都安全到达的概率是 80%×80%,或 64%。最后,如果只有一个货物安全抵达,此时另一个货物必定丢失。因为发生这样的事件有两种情况,因此只有一艘船安全抵达的概率是(80%×20%)+(20%×80%),即 32%。

〔25〕 Shepard B.Clough, *A Century of American Life Insurance: A History of the Mutual Life Insurance Company of New York, 1843 – 1943* (New York: Columbia University Press, 1946), p.4.

〔26〕 See, e.g., Robert M.Townsend, "Consumption Insurance: An Evaluation of Risk-Bearing Systems in Low-Income Economies", *Journal of Economic Perspectives*, 9, no.3 (Summer 1995), 83 – 102.

〔27〕 Trennery, *The Origin and Early History of Insurance*, p.249.

〔28〕 Ibid., pp.253 – 254.

〔29〕 Andrew Cornford, "Some Recent Innovations in International Finance: Different Faces of Risk Management and Control", *Journal of Economic Issues*, 30. No. 2 (June 1996), 495.

〔30〕 Quoted in Richard Ehrenberg, *Capital and Finance in the Age of the Renaissance: A Study of the Fuggers and Their Connections*, trans. H. M. Lucas (Fairfield, N. J.: Augustus M.Kelley Publishers, 1985[1928]), pp.243 – 244.

〔31〕 Henry Crosby Emery, *Speculation on the Stock and Produce Exchanges of the United States* (New York: Columbia University, 1896), p.33.

〔32〕 J.Duncan LaPlante,"Growth and Organization of Commodity Markets",in Perry Kaufman,ed.,*Handbook of Futrues Markets*(New York:John Wiley and Sons,1984),pp.6 - 7;Cornford,"Some Recent Innovations in International Finance",p.495.

〔33〕 Emery,*Speculation on the Stock and Produce Exchanges*,pp.34 - 37.

〔34〕 Ehrenberg,*Capital and Finance*,p.357;Richard J.Teweles and Frank J.Jones,*The Futrues Game:Who Wins? Who Loses? Why?*(New York:McGraw-Hill,1987),pp.6 - 7.

〔35〕 在经济学中,一个社会的最优产出通常是这么定义的,即在没有人变得更糟的情况下,也不会有人变得更好。这就是著名的帕累托最优(Pareto optimality),以意大利经济学家 Vilfredo Pareto(1848—1932 年)命名。

〔36〕 Kenneth J.Arrow,"The Role of Securities in the Optimal Allocation of Risk-Bearing",*Review of Economic Studies*,31,no.2(April 1964),91 - 96 [original French version,1953];Gerard Debreu,*Theory of Value:An Axiomatic Analysis of General Equilibrium*(New Haven:Yale University Press,1959),chap.7.

〔37〕 Kenneth J.Arrow,"Political and Economic Evaluation of Social Effects and Externalities",in Julius Margolis,ed .,*Analysis of Public Output*(New York:Columbia University Press,1970),p.6.

〔38〕 Miles Menander Dawson,"Effects of Free Surrender and Loan Privileges in Life Insurance",*Publications of the American Statistical Association*,4,no.28/29(December 1894-March 1895),84.

〔39〕 没有政府干预情况下解决逆向选择问题的可能策略,参见 Michael Rothschild and Joseph Stiglitz,"Equilibrium in Competitive Insurance Markets:An Essay on the Economics of Imperfect Information",*Quarterly Journal of Economics*,90,no.4(November 1976),629 - 649;Howard Kunreuther and Richard J.Roth,Sr.,*Paying the Price:The Status and Role of Insurance against Natural Disasters in the United States*(Washington D.C.:Joseph Henry Press,1998),pp.35 - 36。

〔40〕 Arthur C.Ducat,*The Practice of Fire Underwriting*,4th ed.(1865),引自 TomBaker,"On the Genealogy of Moral Hazard",*Texas Law Review*,75(December 1996),249n44。

〔41〕 Baker,"Genealogy of Moral Hazard",pp.248 - 249.

〔42〕 John Haynes,"Risk as an Economic Factor",*Quarterly Journal of Economics*,9,no.4(July 1895),412.

〔43〕 Baker,"Genealogy of Moral Hazard".

〔44〕 特别参见 Mark V.Pauly,"The Economics of Moral Hazard:Comment",American Economic Review,58,no.3,pt.1(June 1968),531 - 537。民间保险公司用于限制道德风险问题的手段包括免赔额与共同保险(535—536)。

〔45〕 《美国国会议事录》(*Congressional Globe*),第 27 届国会第 1 次会议,1841 年 8 月 11 日,第 324 页。

〔46〕 《美国国会议事录》的附录,第 27 届国会第 1 次会议,1841 年 7 月,第 206 页。

〔47〕 Kenneth J.Arrow,"Uncertainty and the Welfare Economics of Medical Care",*American Economic Review*,53,no.5(December 1963),941 - 973.

〔48〕　George A.Akerlof, "The Market for 'Lemons': Quality Uncertainty and the Market Mechanism", *Quarterly Journal of Economics*, 84, no.3(August, 1970), 488 – 500.

〔49〕　Dawson, "Effects of Free Surrender", p.85.

〔50〕　参见 David A.Moss, "Courting Disaster? The Transformation of Federal Disaster Policy since 1803", in Kenneth A.Froot, ed., The Financing of Catastrophe Risk(Chicago: University of Chicago Press, 1999), pp.335 – 339。意识到历史平均水平的局限,民间保险机构投入大量资源试图通过采用复杂的计算机模型来改进它们对重大自然灾害预期损失的估计。例子参见 Paul R.Kleindorfer and Howard C.Kunreuther, "Challenges Facing the Insurance Industry in Managing Catastrophic Risks", in Froot, *Financing of Catastrophe Risk*, pp.149 – 189。

〔51〕　Frank H.Knight, *Risk, Uncertainty, and Profit*(Chicago: University of Chicago Press, 1971[1921]), p.233.另参见 John Maynard Keynes, "The General Theory of Employment", *Quarterly Journal of Economics*, 51, no.2(February 1937), 213 – 214。

〔52〕　尽管这里将它表达为认知问题,但是奈特不确定性也是一个信息问题。因为它起源于特定概率经验信息的缺乏。

〔53〕　See esp. Leonard J.Savage, *The Foundations of Statistics*(New York: Wiley, 1954); Milton Friedman and Leonard J.Savage, "The Utility of Choices Involving Risk", *Journal of Political Economy*, 56, no.4(August 1948), 279 – 304; Kenneth Arrow, "Alternative Approaches to the Theory of Choice in Risk-Taking Situations", *Econometrica*, 19, no.4(October 1951), 404 – 437, esp.417; Jack Hirshleifer and John G.Riley, *The Analytics of Uncertainty and Information*(Cambridge: Cambridge University Press, 1992), p.10.

〔54〕　Leonard J.Savage, *The Foundations of Statistics*(New York: Wiley, 1954); Frank P. Ramsey, *The Foundations of Mathematics*(New York: Harcourt Brace, 1931).

〔55〕　Daniel Ellsberg, "Risk, Ambiguity, and the Savage Axioms", *Quarterly Journal of Economics*, 75, no.4(November 1961), 643 – 669.另可参见 Willliam Fellner, "Distortion of Subjective Probabilities as a Reaction to Uncertainty", *Quarterly Journal of Economics*, 75, no.4(November 1961), 670 – 689。

〔56〕　Ellsberg, "Risk, Ambiguity, and the Savage Axioms", p.654.

〔57〕　Howard Raiffa, "Risk, Ambiguity, and the Savage Axioms: Comment", *Quarterly Journal of Economics*, 75, no.4(November 1961), 691.对于萨维奇明显违背了萨维奇定理(Savage Axioms)的论述,参见 Ellsberg, "Risk, Ambiguity, and the Savage Axioms", p.656。

〔58〕　Ellsberg, "Risk, Ambiguity, and the Savage Axioms", p.656.

〔59〕　同上, p.669。对基于奈特不确定性的现象的人类决策过程的标准经济学模型,一个更为广泛的批评,特别参见 Jens Beckert, "What Is Sociological about Economic Sociology? Uncertainty and the Embeddedness of Economic Action", *Theory and Society*, 25, no.6(December 1996), 802 – 840。

〔60〕　对预期效用模型实证检验的一个早期考察,参见 Paul J.H.Schoemaker, "The Expected Utility Model: Its Variant, Purposes, Evidence, and Limitations", *Journal of Economic Literature*, 20, no.2(June 1982), esp.541 – 552。

〔61〕 George A. Akerlof and Janet L. Yellen, "Rational Models of Irrational Behavior", *American Economic Review*, 77, no.2(May 1987), Papers and Proceedings, 140.

〔62〕 Amos Tversky and Daniel Kahneman, "Judgment under Uncertainty: Heuristics and Biases", reprinted from *Science* (185 〔1974〕, 1124 – 31) in Peter Diamond and Michael Rothschild, eds., *Uncertainty in Economics: Reading and Exercises* (New York: Academic Press, 1978), p.19. See also Herbert A. Simon, "A Behavioral Model of Rational Choice", *Quarterly Journal of Economics*, 69, no.1.(February 1955), 99 – 188; Herbert A. Simon, "Theories of Decision-Making in Economics and Behavioral Science", *American Economic Review*, 49, no.3(June 1959), 253 – 283; Herbert A. Simon, "Rationality as Process and as Product of Thought", *American Economic Review*, 68, no.2(May 1978), Papers and Proceedings, pp.1 – 16.

〔63〕 Tversky and Kahneman, "Judgment under Uncertainty", p.26.

〔64〕 See esp. Ola Svenson, "Are We All Less Risky and More Skillful Than Our Fellow Drivers?", *Acta Psychologica*, 47(1981), 143 – 148.

〔65〕 Neil D. Weinstein, "Optimistic Biases about Personal Risks", *Science*, 246, no.4935 (December 8, 1989), 1232 – 33; Neil D. Weinstein, "Why It Won't Happen to Me: Perceptions of Risk Factors and Susceptibility", *Health Psychology*, 3, no.5(1984), 431 – 457; A.J. Rothman, W.M. Klein, and N.D. Weinstein, "Absolute and Relative Biases in Estimations of Personal Risk", *Journal of Applied Social Psychology*, 26, no.14 (July 16, 1996), 1213 – 36; Neil D. Weinstein, "Unrealistic Optimism about Susceptibility to Health Problems: Conclusions from a Community-Wide Sample", *Journal of Behavioral Medicine*, 10, no.5(October 1987), 481 – 500.

〔66〕 Adam Smith, *An Inquiry into the Nature and Causes of the Wealth of Nations* (Chicago: University of Chicago Press, 1976〔1776〕), bk.1, pp.119 – 120.

〔67〕 Amos Tversky and Daniel Kahneman, "The Framing of Decisions and the Psychology of Choice", *Science*, 211(January 1981), 453 – 458. 有关所谓偏好逆转的最早实证研究,参见 Sarah Lichtenstein and Paul Slovic, "Reversals of Preferences between Bids and Choices in Gambling Decisions", *Journal of Experimental Psychology*, 89 (January 1971), 46 – 55。关于损失厌恶的相关概念,即对于一个给定的参照点,同等规模的损失比同等规模的收益更为人们重视,参见 Daniel Kahneman and Amos Tversky, "Prospect Theory: An Analysis of Decision under Risk", *Econometrica*, 47, no.2(March 1979), esp.279 – 280; Daniel Kahneman, Jack L. Knetsch, and Richard H. Thaler, "Anomalies: The Endowment Effect, Loss Aversion, and Status Quo Bias", *Journal of Economic Perspective*, 5, no.1(Winter 1991), esp. 199 – 203; Amos Tversky and Daniel Kahneman, "Loss Aversion in Riskless Choice: A Reference-Dependent Model", *Quarterly Journal of Economics*, 106, no.4(November 1991), 1039 – 61。

〔68〕 Kahneman and Tversky, "Prospect Theory", p.283.

〔69〕 See esp.Howard Kunreuther, "Ambiguity and Government Risk-Bearing for Low-Prob-ability Events", in Mark S.Sniderman, ed., *Government Risk-Bearing*: *Proceedings of a Conference Held at the Federal Reserve Bank of Cleveland*, *May 1991*(Boston: Kluwer Academic Publisher,1993), pp.21 – 41; Colin F.Camerer and Howard Kunreuther, "Decision Processes for Low Probability Events: Policy Implications", *Journal of Policy Analysis and Management*,8,no.4(1989),565 – 592.

〔70〕 特别参见 Kenneth J.Arrow, "Risk Perception in Psychology and Economics", *Economic Inquiry*,20(January 1982),1 – 9。论述行为反常和风险认知的一本非常有用的论文集是 Daniel Kahneman and Amos Tversky, eds., *Choices*, *Values*, *and Frames*(Cambridge: Cambridge University Press,2000)。另可参见 Paul Slovic, *The Perception of Risk*(Sterling, Va.: Earthscan Publications,2000); W. Kip Viscusi and Wesley A.Magat, *Learning about Risk*: *Consumer and Worker Responses to Hazard Information*(Cambridge, Mass.: Harvard University Press,1987)。

〔71〕 Dani Rodrik and Richard Zeckhauser, "The Dilemma of Government Responsiveness", *Journal of Policy Analysis and Management*,7,no.4(1988),601 – 620.另可参见 Robert C.Merton and Zvi Bodie, "On the Management of Financial Guarantees", *Financial Management*, 21,no.4(Winter 1992), esp.103(有关"悖论的力量"); Finn E.Kydland and Edward C.Prescott, "Rules Rather Than Discretion: The Inconsistency of Optimal Plans", *Journal of Political Economy*,85,no .3(June 1977), esp.474,477。

〔72〕 引自 Bob Benenson, "Insurance Finds Few Takers", *Congressional Quarterly*,51,no . 29(July 1993),1861。经济学文献中密切相关的论点,参见 Stephen Coate, "Altruism, the Samaritan's Dilemma, and Government Transfer Policy", *American Economic Review*,85,no.1(March 1995),46 – 57。

〔73〕 当一个人申请破产的时候,他的债权人有权获得他的有形资产,比如他的汽车、银行帐号以及股票债券等。但是他的债权人没有权利获得他的人力资本——也就是他的未来收入流。在破产程序结束的时候,法官将赋予破产者债务免除,驳回其债权人对他未来收益的任何追索权。

〔74〕 Robert C.Merton, "On the Role of Social Security as a Means for Efficient Risk Sharing in an Economy Where Human Capital Is Not Tradable", in Zvi Bodie and John B.Shoven, eds., *Financial Aspects of the United States Pension System*(Chicago: University of Chicago Press,1983), pp.325 – 358.

〔75〕 J.E.Stiglitz, "On the Relevance or Irrelevance of Public Financial Policy: Indexation, Price Rigidities, and Optimal Monetary Policies", in Rudiger Dornbush and Mario Henrique Simonsen, eds., *Inflation*, *Debt*, *and Indexation*(Cambridge, Mass.: MIT Press, 1983), p.186. See also Stanley Fischer, "Welfare Aspects of Government Issue of Indexed Bonds", in Dornbush and Simonsen, *Inflation*, *Debt*, *and Indexation*, pp.229 – 230.

〔76〕 Stiglitz, "On the Relevance or Irrelevance of Public Financial Policy", p.186.

〔77〕 例子参见 Lewis,国会议事录(众议院)[*Congressional Record*(House)],第 74 届

国会第 1 次会议,1935 年 7 月 17 日,第 11337 页,reading Murray W.Latimer,*Industrial Pension Systems in the United States and Canada*（New York:Industrial Relations Counselors,1932）,p.106；Shipstead,国会议事录（参议院）［*Congressional Record*（senate）］,第 74 届国会第 1 次会议,1935 年 7 月 18 日,第 9523 页；Frances Perkins 的证词,《经济安全法案:众议院筹款委员会有关众议院 4120 法案听证会》（Economic Security Act:Hearings before the Committee on Ways and Means on H.R.4120）,众议院（House of Representatives）,第 74 届国会第 1 次会议,第 179 页。

〔78〕 Milton Friedman,*A program for Monetary Stability*（New York:Fordham University Press,1960）,p.6.

〔79〕 A.C.Pigou,*Wealth and Welfare*（London:Macmillan,1912）,pp.162 - 165.虽然庇古不是第一个认识到外部性问题的学者,但比起以前的任何人他都进行了一个更加仔细和系统性的研究。或许这个概念第一次表达应追溯到 1887 年,大不列颠的政治经济学家 Henry Sidgwick 在简要论述个人与社会效用之间产生分歧的可能性时提及。参见亨利·西奇威克（Henry Sidgwick）,*The Principles of Political Economy*（London:Macmillan,1887）,p.410。

〔80〕 See, e.g.,Richard J.Zeckhauser and W.Kip Viscusi,"The Risk Management Dilemma",*Annals of the American Academy of Political and Social Science*,545（May 1996）,esp.144 - 146.

〔81〕 如果有什么区别的话,这个例子对风险分担对总风险的影响显得过于乐观。因为它甚至排除了道德风险的可能性。在现实中,风险分担可能反而会因为诱使商人和他们货轮的船长不对航程做足预防措施,并在海上航行的时候掉以轻心,从而大大增加了总风险。

〔82〕 如果迫使保费收入覆盖平均溢价来试图解决逆向选择的问题,一个非常不利的地方在于这将不可避免地使一些低风险个体的状况变得更加糟糕（通过强制他们为覆盖风险而付出比没有强制时自愿付出的数额要大的金额）。政策热衷者或许强调,这种情况虽然存在,但只不过是一种微不足道的并发症,因为法律制定者仍然可以通过对最大赢家（亦即高风险的个体）征税并补偿最大输家（亦即低风险的个体）令每个人都变得更好。不幸的是,根本的信息不对称问题的本质是,局外人（包括政府自身）不能区分高风险群体和低风险群体。一个对赢家和输家之间的再分配政策从而变得不太可能实现。换句话说,强制保险可以帮助解决逆向选择的初始症状（也就是保险分担的瓦解）,但并不能解决病症本身（也就是信息不对称）。然而,强制保险政策的存在仍然可以令人十分信服地通过阻止个体参与者试图发现他们自身的风险状况,从而减轻低风险群体的抱怨。诚然,这些信息在有强制保险政策的时候并没有在自愿保险政策的时候那么有价值。正如 Ronald Coase 所说（在另外一种背景下）,"为交易活动所需要,但又不能得到落实的信息,不会被搜集（information needed for transactions which cannot be carried out will not be collected）"。参见 R.H.Coase,*The Firm*, *the Market*,*and the Law*（Chicago:University of Chicago Press,1988）,p.178。

〔83〕 关于作为处理风险测量中的系统性偏差的一个战略的信息提供,例子参见 Paul R.Kleindorfer,Howard C.Kunreuther,and Paul J.H.Schoemaker,*Decision Sciences:An Integrative Perspective*(Cambridge:Cambridge University Press,1993),pp.361 – 367。另可参见 Viscusi and Magat,*Learning about Risk*。

〔84〕 Merton,"Role of Social Security",esp.p.328.

─── 第 *3* 章 ───

有 限 责 任

在我们将要讨论的所有风险管理政策之中,有限责任制度是最著名和最神秘的。著名的哈佛大学校长查尔斯·爱略特(Charles Eliot)将这一制度称作"19 世纪迄今为止为发展工商事业所建立的最有成效的法律创新"[1]。哥伦比亚大学校长尼古拉斯·默里·巴特勒(Nicholas Murray Butler),在 1911 年甚至更进一步宣称:"有限责任公司是近代人类历史中一项最重要的发明……而且,如果没有它,连蒸汽机、电力技术发明的重要性也得大打折扣。"[2]

将它排在蒸汽机和电力之上的头等地位当然是令人难忘的。但是,不可理解的是,这种简单的法律安排为什么重要到那种程度呢?有限责任公司的唯一功能,是在企业违约破产的时候免除公司所有者的个人责任。有限责任制度本身并不消除违约风险,只是将风险的一部分从股东转移给债权人。从经济的观点来看,我们不禁要问,为什么股份公司的债权人(包括银行家、债券持有人、供货方以及工人甚至是成功的起诉人)一方比起股东在风险管理上有优势呢?同样不明确的是,为什么政府为了促进这种风险转移必须介入呢?

关于这后一个问题,早在 1854 年《经济学家》(Economist)杂志的编辑们就讨论过。按照他们的看法,在当时英国讨论的有限责任公司法将"缺乏重要的实践意义"。由于股东和债权人已经自由地通过民间契约以他们喜欢的任何方式转移风险,他们可以自己就最佳安排进行谈判。编辑们指出,政府介入就是不必要的。[3]

然而,到这个时候,横跨大西洋的旧英国殖民地大多制定了有限责任法,而且美国正走上挑战英国这个世界第一工业强国的道路。明显受到美国发展历程的感染,英国议会更进一步,就在第二年颁布了有限责任法。

尽管《经济学家》杂志的解释很快就失去了支持(就是这个刊物本身的编辑们在 1926 年对有限责任制度也赞赏有加),但是,这个刊物最初提出的自由放任观点在学术界又死灰复燃。[4]许多法学教授和经济学教授自信地写了关于有限责任法无关紧要,或者更糟糕的,关于它有害影响的论文。有几人甚至要求废除这一制度。[5]但是,就如同现实世界的发展将《经济学家》杂志最初的判断撇在一边一样,美国有限责任法的早期历史也让人们对这些现代的批判抱有很大的怀疑。对于 19 世纪辩论过这个问题的大多数政策制定者来说,有限责任制度绝不是无关紧要的东西。

有限责任概念本身至少可以上溯到罗马时代。但是,世界上首部有限责任法规是 19 世纪早期在美国制定的。先驱者是纽约州的立法者。为了追赶英国,甚至为了追赶工业化方面先行的邻近的新英格兰地区,他们将有限责任制度看成为制造业动员资本的关键手段。不久周边各州的立法者也争先恐后,紧随其后制定了相应法律。

因此,有限责任法体现了阶段 I 的风险管理政策的一个非常纯粹的形态。采用这个制度的首要目标是企业发展和经济增长。今天回过头来看的话,在美国推行的产业政策之中,可以说它是最有价值的政策之一,贯穿 19 世纪的大部分时期和 20 世纪,它培育了大规模企业,而这些企业又反过来增强了美国经济。有限责任确实构成了我们资本主义经济制度的关键基础。这一章的目的,就是探索促成有限责任制度产生的思想和价值观。

1. 美国有限责任制度的曙光

美国在当今世界经济中的优势地位,让人很难想象美国也曾经是一个发展中国家。但是,那恰恰是 19 世纪初期的情况。在经济上大部分是依赖外国人,国内资本缺乏,主要的出产物是农产品,工业部门属于朝阳产业但是很弱小,仍然处在增强竞争力实现经济增长的顽强斗争中。

在 1783 年获得独立后的约四分之一世纪的时间里,从前的殖民者不情愿地依赖英国获得大多数的工业制品。但是,随着国际关系加剧紧张,导致 1812 年战争爆发,经济环境急速变化。1807 年年末,美国议会执行禁运令后,贸易活动几乎立即崩溃了。1808 年的出口额从 1807 年的 1.08 亿美元陡降至 2,200 万美元,而在同一期间进口额也从 1.39 亿美元减少到 5,700 万美元。战争结束的 1814 年,出口额仅仅 700 万美元,而进口额达 1,300 万美元。[6]

由于大大排除了英国的竞争,美国创业者们在国内工业方面看到了新的巨大机会,而政策制定者们承受了培育国内制造能力的巨大压力。[7]直到国会通过《互不往来法案》(Nonintercourse Act)的 1809 年,州立法机构都很少颁发许可证给制造业公司——而且即使到那时通常也缺乏有限责任。但是,1809 年出现了转机。马萨诸塞州在那之前的 20 年里只组建了 10 家制造企业,而仅在这一年里就设立了 11 家。纽约州依照相似的模式,在 1809 年组建了 8 家制造企业。[8]仅仅在两年之后,奥尔巴尼(纽约州首府)的立法者们,便从事了一项有限责任制度的大胆实验,旨在为它新兴的制造业动员稀缺的资本。虽然当时纽约州不是工业化最为发达的州,但是在法律的创新方面它始终处于领头地位,而这在这个高度变幻莫测的经济环境中很有助益。

纽约州的制造业培养

纽约州的立法者们在 19 世纪初展示了对企业创业的执着热爱,他们决定通过发起创新性政策推动经济的快速发展。一位历史学家描述称："纽约的人们塑造了一个独特的政治经济学。其中最显著的特征是实施大规模切实的州政府干预以刺激和指导经济发展过程。"〔9〕

早在 1790 年，州政府已经获得诞生不久的纽约制造业协会（New York Manufacturing Society）的股份，它 15 年后发起了一个涉及范围广泛的计划以鼓励州内制造业的发展。进而，以 1807 年的禁运为契机，进一步极大地扩大了这个工业促进政策。州议会立即批准了一个 45 万美元的新基金，以支持家庭纺织生产，并为州内生产的质量最高的纺织品设立现金奖金。6 年之后，国家还处于战争中，州议会就以 60 万美元的资本设立了一家特别公司，向制造业者提供贷款。在议会看来，由于"吸引人们将他们自己的资金投资到未曾尝试过的产业所存在的困难"〔10〕，这种创新是必需的。

作为这种初期产业政策的基本的一环，服务于制造业公司的世界上首部一般公司法于 1811 年在奥尔巴尼颁布了。〔11〕在那之前，希望设立企业的公民，必须向议会提出特别申请。法律制定者享有完全自行决定程序的权力，他们经常利用决策程序的所有微妙之处行使他们的权力。在一个混乱的政治体系之中，特殊恩惠、关系以及贿赂经常决定批准与否，成功的申请与其说是通例不如说是例外。

与此相反，新的法律保证，每一个满足一定最低标准的申请者，都将被授予一个公司设立许可证。遍布州内的不断诞生的制造业者，利用这个前所未有的机会飞速发展。在 1811 年到 1815 年期间，100 家以上的制造企业按照新法律获得了法人资格。这种新企业建立的节奏比其他任何一个州都快。〔12〕

比起当时唯一可以利用的企业组织形式合伙制来说，股份公司形态具有许多优点。合伙制下，任意一位合伙人都可以签订单独约束组织全体的契约，这意味着，一位持不同意见的单个合伙人可能给其他人带来巨大的麻烦。采用公司形态，让投资者选择一个经营团队代表他们自己的利益来运营企业，就避免了持不同意见的合伙人问题。另外在合伙制下，一个合伙人去世，合伙企业就必须解散，而在股份公司形态之下，任何一个或者所有创立时的成员去世了，企业都能够存续下去。根据 1811 年的法律，企业的存续期虽然限定在 20 年,但是,从理论上说,就是永久存续下去也是可能的。最后,具有法人资格的企业可以作为一个独立的实体,而不是作为一群法律上不同的合伙人,提起诉讼或成为诉讼对象,拥有财产和让渡财产。

18 世纪著名的法律评论家斯图亚特·克德(Stewart Kyd),这样描述股份公司的特征,"许多的个人以一个特殊的名义集中起来,在人为的形态下具有永续性,按照法律在几个方面具有作为个体来行动的能力和赋予权利"〔13〕。此外,同一时期,联邦首席大法官约翰·马歇尔(John Marshall)也这样表达:"那是看不到、摸不着的人为存在。而且,只是在法律考量上存在的东西。"〔14〕

尽管至少到 19 世纪晚期有限责任才成为公司法人组织的同义语,但是,纽约州 1811 年的法规,确实包含着一个有限责任的条款。这个法律明确地表示,股东"只以对该公司出资额为限度承担责任,而对在此限之上的部分则没有责任"。〔15〕当时许多人认为,这一责任限定是在该法律下组建公司的最大优点。纽约州高等法院首席法官安布罗斯·斯彭塞(Ambrose Spencer)就这一点作了如下论述:

> 这个法律的目的和意图……在于,实际上,是促进没有通常伴随合伙人那种风险的企业的建立,并以此鼓励州内制造业的发展。在这个法规下,一家公司较之合伙制的唯一优点……体现在这样的能力之中,通过几个选出的代理人以及免除超过个人出资额的任何责任来管理该组织事务。〔16〕

就这样,有限责任作为特权授予给制造业公司,其根据就是在这个尽管还小但日益重要的经济部门中,它将吸引新的追加投资。

写入 1811 年法律的责任上的限定,最终在法院作出了重新解释——而且以一种令人惊奇的限制性方式。上面引用的斯彭塞 1822 年的见解,似乎指出一个单一的责任(single liability)原则——也就是我们今天知道的有限责任。〔17〕但是,仅仅四年之后,约翰·伍德沃思(John Woodworth)法官,毫不含糊地判定该法律要求所有的股东承担双倍责任。"每一个股东,"他称,"承担的风险,不仅是自己股份出资额的损失,而且对一个相等的数额,在公司破产关闭时到期和欠着的债务有偿还责任,这样要求是很重要的。"〔18〕此外,参议院议员约翰·斯彭塞(John C Spencer,前高等法院首席法官的儿子),也同意这个解释。他说道:"可以肯定,这个立法不是意在宣称股东应当像他们已经同意那样,而且像他们在普通法中那样负责,而是有一些别的意图。"〔19〕

尽管与今天的标准相比,无疑对股东不利,双倍责任还是在公司违约事件中对一个股东面临的损失作出了明确的限定。但是,这样的双倍责任,仿佛游戏从一开始规则就变了。1811 年法律实施的初期,投资家认为这个法律规定股东的有限责任是一倍而非两倍,便建立了非常多的企业。这一法律实施后历经 15 年,到伍德沃思进行重新解释的时候,在这一法律下已经有超过 160 家制造企业设立了。那时,纽约州批准了比其他任何一个州都多的工商企业,并迅速获得了作为一个工业强州的力量。〔20〕

尽管有这些进步,一些分析家已经批评称,1811 年法规是苛刻的,因为大量按照这个法律的条款批准设立的公司在短期内破产了。在初期爆发式批准设立高潮期建立的那些公司中,问题特别突出。〔21〕但是,这样的批判,无视这一法律初始目的在于鼓励将风险资本调集在制造业中。人们必须假定,要求在责任上进行限定,正是因为人们将它所针对的商业冒险看成具有非常高的风险性。人们预计失败率很高——这是试图加速资本流向不熟悉的制造业公司的一个自然结果。按照这样的逻辑,大量的破产倒闭,在动员其他胆小的投资者的资本方面,可能正是这个法律成功的标志,而不是它失败的标志。

马萨诸塞州抑制资本外逃

与纽约州一样,马萨诸塞州的议员们,也开始在与英国关系恶化的情况下,给制造业颁发更多的公司设立许可证。在 1809 年到 1814 年期间,颁发了 84 份许可证给纺织企业,与那之前的 21 年里只有 4 份比起来,形成鲜明的对照。〔22〕但是,与纽约州不同,在马萨诸塞州,没有对股东的责任设定一个限额。与此相反,马萨诸塞州的立法当局明确地要求所有开始于 1809 年早期新设企业的股东负无限责任。〔23〕

既然州议会对股东的责任问题仍然保持沉默,法院凭借它们自身就建立了一个有限责任体系。通过 1808 年到 1824 年间的一连串判决,马萨诸塞高等法院已经明确,一个公司的股东只承担有限责任,除非它的批准书上有其他明确表述。[24]但是,立法部门无动于衷。正是这种蓄意要求制造业公司负无限责任的决定,令人惊奇地与纽约州形成对照。

到 1809 年,作为一个制造业巨头,马萨诸塞州已经远远走在纽约州的前面,特别是在关键的纺织业方面。[25]尽管没有意愿授权有限责任的保护,但是,政策制定者毫不犹豫地通过其他手段促进制造业发展。实际上,新英格兰地方的各州,特别是马萨诸塞州和罗得岛州,在通过补贴或者别的方式培植创立期的制造业部门方面,长期以来比其他任何州都激进得多。

早在 1644 年,马萨诸塞州法律制定者就已经扩大了给林恩(Lynn)制铁所的土地许可,而且,4 年之后,他们又给予约翰·温斯罗普(John Winthrop)3,000 英亩土地,以回应他设立一家制盐厂并每年最低生产 100 吨盐的承诺。在这种土地提供之外,本州还对有前途的制造业提供贷款,甚至是现金拨款。1786 年,罗伯特暨亚历山大巴尔(Robert and Alexander Barr)从州政府获得了 200 英镑以帮助他们为羊毛和棉织物生产制造新机械。[26]

培育制造业所使用的另一种有吸引力的手法,就是授予了卖彩票的特权。州要支援的企业,准许贩卖彩票并利用其收益。这个办法的历史可以追溯到很久以前。早在 1612 年,英国国王詹姆士一世为了支援在美国的詹姆士镇殖民地,授权弗吉尼亚公司(Virginia Company)在英国卖彩票。[27]如果要从马萨诸塞州制造业再举几个例子的话,1782 年在米尔顿(Milton)的造纸厂的建设,1783 年在波士顿的玻璃厂的建立,1791 年在比佛利(Beverly)的棉纺厂的建立,都被批准了销售彩票的权利。[28]

很显然,马萨诸塞州的政策制定者们并不反感促进制造业的发展,他们已经是那个领域的领导者了。但是,他们确实没有将有限责任制度作为达成这个目标的一个标准武器。在制造业以外的领域,他们也没有表现出对赋予股份公司有限责任的关心。从独立战争的时候开始,几乎每一个州的政策制定者都已经进行了有限责任的实验,将它作为一个特权授予被认为服务于公共利益的公司,诸如运河和收费公路公司。尽管这种授权明显是一个规则外的例外安排,直到完全进入 19 世纪,它们在纽约州较之马萨诸塞州更为普遍。[29] 所有这些意味着,到 1809 年的时候,马萨诸塞州与新兴的竞争对手纽约州比较,对于有限责任制度的运用经验相当欠缺。

在比较两个州的时候,它们由于联邦议会实施的对欧洲贸易的限制而受到的影响相当不同。尽管 1807 年和 1809 年的禁止进出口措施对州内的制造业在两个州都带来了大好机会,但是两次禁运对于马萨诸塞州来说却带来了大得多的伤害。正是由于与国外商业关系紧密,贸易活动一受限制,马萨诸塞州的经济很快被压垮。由此导致的经济危机严重地抑制了对该州纺织品的需求。[30]

尽管经受了主导性制造业一连串破产的冲击,马萨诸塞州的议员们也没有找到理由通过引入有限责任来鼓励新的冒险。他们在 1809 年的目标,是在谨慎地阻止投资者方面的轻率行动的同时,重振本州的制造业基础。由于许多受到贸易限制影响的波士顿富裕商人此时都渴望寻找新的资金利用场所,似乎有充足的资本可资利用。无限责任制将有助于确保充足的财务纪律,特别是通过限制自有资金相对贫乏的投资者的活动。实际上,不久以后,马萨诸塞州参议院的某位有限责任制度的支持者,指出本州持续采用无限责任制度的理由,正是这样一点——作为一个真诚的,防范无所顾忌的投机的努力,尽管误入了歧途。参议员约翰·皮克林(John Pickering)观察到,"这个原则从最好的动机出发被采用,旨在保护公众免受没有资本的冒险投机者造成的损失"[31]。

然而,到了 19 世纪 20 年代中期,无限责任的这个基本原则——所有的负债不管是什么都必须返还——给马萨诸塞州的经济带来了沉重的负担。在 1810 至 1820 年初期,大规模的纺织公司已经开始出现了。将整个制造过程都统一起来的这些新工厂综合体,"与那以前存在的工厂大不一样"[32]。毫不奇怪,运营它们的经营者对资本如饥似渴。正是这些 1813 年向司法部门申请公司执照的沃尔瑟姆式(Waltham-style)工厂(Boston Manufacturing Company of Waltham, Massachusetts)的首批建立者,主张"大量的资本,总是能为制造业者所支配,对于他的成功是至关重要的"[33]。

但是,当马萨诸塞州公司的股东们继续面对无限的个人责任的时候,临近的各州的股东们却开始获得更加优厚的待遇。如同我们已经看到的那样,纽约州的法律制定者从 1811 年起就已经限定了他们州制造业公司的责任。而且,仅仅在那之后 11 年,在全国的另一个法律首创里,他们创立了新型的合伙制,将有限责任保护的适用范围扩大到涵盖所有不参与经营的合伙人。[34] 同时,在 1810 至 1820 这十年的晚期,新罕布什尔州、康涅狄格州和维蒙特州已经开始以惯例的形式对他们组建的制造业公司批准有限责任。而 1820 年刚从马萨诸塞州分离出来的缅因州,于 1823 年颁布了面向制造业公司的一个广泛的有限责任规定。[35] 由于现在马萨诸塞州的每一个临近州除了罗得岛州,都已实现有限责任制度,马萨诸塞州的政策制定者和工商界人士开始担心无限责任制度将削弱本州的工业竞争力。

州长利瓦伊·林肯(Levi Lincoln Jr.)1825 年就任以后,立即认识到无限责任制度对于马萨诸塞州来说是一个问题。特别是既然有他那样的政治背景,很清楚新州长就是那位应对这个问题的人。他的父亲老利瓦伊(Levi Lincoln Senior)曾经是杰斐逊总统的内阁成员,在 1808—1809 年担任马萨诸塞州长。追随其父的小利瓦伊在 1812 年以一个杰斐逊共和党人的身份当选为州参议员,那时,联邦主义者控制着马萨诸塞州的政治机器。尽管经常成为党派攻击的目标,林肯两年后进入本州的众议院,并且他最终在 1822 年升任众议院议长。1825 年在接受后来又谢绝了杰斐逊共和党人的州长竞选提名后,林肯决定以无党派独立候选人身份参选。由于没有其他参与竞争的候选人,他以 90% 以上的得票率当选,成为马萨诸塞州的一大政治势力。[36]

承诺过强化本州的工业基础的州长林肯担心责任制度本身对这个州的发展就是一个麻烦。在 1825 年,他主要关心的事情在于现行法律要求股东们承担连带责任(jointly and severally liable)。在那样的情况下,允许债权人对于任何一位股东或者任何一组股东全体为全额债务提起诉讼。尽管给希望收回未偿还的公司债务的债权人带来方便,但是这种连带责任原则,给股东带来了极度的不安。债权人不会像夏洛克一样真正去割一磅肉来抵债,但是,许多股东一定将这个原则看得同样令人惊恐。

马萨诸塞州的法律也规定,股东即使在卖掉自己持有的股份之后,也仍

然永久负有责任。只购买了某家公司 1 股股票的股东,在卖掉了那 1 股给
其他某人很久之后,在理论上可能对数百万美元尚未偿还的公司债务负有
责任。"股东将以人身和私人财产承担不合时宜的责任——没有时间限
制,而且达到合同上的全额,然而,股份持有比率却很少,"林肯州长悲叹
道,"对州内制造业的繁荣寄予厚望的一个政府……每一个股东对公司的
债权负连带责任的政策……不可能持续了。"[37]

在这个时候,州长还没有到提出有限责任制度的地步。他提出了这样
的提案取而代之:对于没有偿还的公司债务,按照持有的股份数来分摊,而
不是连带责任,而且所有个人的责任在他的股票卖出之后迅速终止。按照
这样的办法,持有一家公司 1% 股份的股东承担的责任不能超过这家公司
债务的 1%(亦即比例责任)。而且,一位投资者在卖出股份超过一段合理
的时间比如说一年,就不会再有责任了。"在这个大型企业和地方优势和影
响力上追求出类拔萃而激烈竞争的时代,"林肯州长说道,"对马萨诸塞州
永久性的资源加以关注,确实是明智的。"[38]

但是,尽管 18 世纪晚期在纽约州已经对比例责任制度进行过试验,
1825 年马萨诸塞州州议会还是否决了林肯州长制定相关法律的请求。[39]
两年之后,州参议院和众议院终于切实同意,股份卖出一年之后责任将终
止。[40]但是,对于林肯州长来说,这太微不足道了,也太晚了。尽管他们还
在以特别的热情继续攻击连带责任制度,现在他和他日益增多的盟友圈更
希望一不做二不休,并采用一个真正的有限责任制度。

到了 1830 年,改革者的主要观点是,无限责任制度正使资本从马萨诸
塞州逃离。只要制造业公司维持无限责任制度,潜在投资者就仍然不安心,
并将焦急地在更加适宜的司法管辖区寻找机会。根据有关这个主题的宣传
手册作者的推算,由于无限责任制度,马萨诸塞州超过 800 万美元的资本逃
离到了别的州。[41]许多政治家也持有同样的主张。威廉·哈斯汀
(William Hastings)参议员称:"自从 1820 年以来,据计算不少于 2,000 万美
元已经从波士顿一地流出,在这个国家的其他州建设制造业村镇,给周边的
人口带来财富和就业。这个总数中,不少于 600—700 万美元,花费到了对
投资者而言具有更自由的法律环境的新罕布什尔州和缅因州。"[42]这样,

林肯州长不祥地警告："在马萨诸塞州，如果不实施有限责任制度，制造业的利益，在一个巨大的程度上，必将被放弃。"[43]

要是在今天的话，这种资本逃离问题不会那样严重。明显的事实是，有限责任在每一个州普遍存在，此外，现在企业可以在一个州设立而自由地在另一个州开展业务。也就是说，如果缅因州有更吸引人的责任制度，但是，马萨诸塞州有更好的地点建立一个纺织厂，那么，一批投资者可以只在缅因州组建企业，而将他们的工厂建在马萨诸塞州。但是，在19世纪早期，很显然，这是不可能的。从1813年到1830年一连串的判决案件中，一个外来（out of state）公司虽然有权力在本州提起诉讼，但是，一家公司在另一个州是否可以持有财产或者开办业务的问题，在1839年之前，几乎没有引起注意。另外，即使在那时，相关的规定也含糊不清。[44]在1830年，如果投资者更喜欢某个特定州的责任制度，如果他们想利用它的好处的话，他们最有可能不得不将他们的公司建在那里。也就是说，当时马萨诸塞州面临的资本外逃问题的根源就在这里。

有限责任制度的支持者们主张，随着制造业公司规模的扩大，这个问题日益严重。当然，更大的工厂需要更大的资本来源，而且，归根结底，需要消极投资者的支持。如同参议员皮克林所看到的，无限责任制度"在主要依靠信用的小机构里，涉及的人数量很少的时候，应当没有产生任何有害的后果。但是，情况已经大为不同，因为已经有大量的资本在寻找一个安全的投资机会，无限责任那种约束已经成为包袱和不必要的东西"。[45]

尽管有限责任制度对积极投资者和消极投资者的个人责任都提供保护，但我们这里对消极投资者尤其感兴趣：由于对于他们出了资的企业的日常事务很少或者没有控制，他们对经营公司的董事们只能言听计从。林肯州长在1825年已经发现："除了对共同出资者个人信赖的特定环境之外，即使是谨慎行事的人，在一个合股的制造业公司中，对于利润机会，应当为遭受甚至是倾家荡产的可能风险做好准备。"[46]某个投资者基于自身的判断，将自己的未来和全部财产置于风险之下，与基于他人的判断全部委托给别人完全是两回事。

州长充分理解严重的经营失误的潜在成本——特别是在债务人监狱的

存在依然是一个无可争辩的事实的时候。如同林肯州长本人在 1825 年的演讲中所明确的那样，无限责任意味着"股东的人身和私人财产都负有无时限的责任"。在一些情况下根据债权人的判断，本地的保安官员将名副其实地逮捕股东的"人"，并将他关进监狱。对于一个收监的债务人，在铁窗之下生活很长的时间——甚至是他们生命的剩余时间——是不平常的，因为一旦监禁开始，偿还经常变得更加困难。

如此大量的消极投资者，不愿意将自己的家和其他财产——而且甚至是他们自己的身体——暴露在不必要的风险之下，有限责任制度的支持者相信，法律上的一个有益的变化会创造奇迹。马萨诸塞州最高法院，在 1809 年关于收费道路运营公司的判例中也正是强调了这一点。为公司有限责任的习惯法(common law)原则辩护，法院作了下面的陈述：

> 即使是对收费道路不关心的人，或者处于他们的处境或者出于他们的私人财产，可能被要求合伙并且成为公司法人的一员。他们对那家公司成本如何产生、利润如何形成这样的事情，是难以判断的。但是，他们知道公司的状况，预料前景不好的话，就通过卖出股票放弃这家公司。他们可以按照这个原则加入这家公司。[47]

很多制造商都对这一点有同感。在一个 1826 年向州议会的请愿中，一家马萨诸塞州公司的董事们痛陈自身的苦恼，对于州内制造企业实施的无限责任政策，削弱了他们吸收充足投资的能力。根据请愿情况，塞勒姆磨坊水坝公司(Salem Mill-Dam Corporation)的董事们"发现在与制造业公司有关的现行法律条款中，阻止许多人加入已筹划企业的障碍……这些障碍……不能有效地消除……除非法律……得到根本的修正……将制造业公司的各位股东从他们现在所承担的责任中解放出来。"[48]

在 1830 年，林肯州长提出了一个近乎相同的观点。"制造业企业为了顺利地经营，要求使用巨大的资本，"他指出，"因此，大量的个人出资对资金的形成是不可缺少的。但是，人们以他们已经获得的告诫，再也不会同意为了在一家公司的股票上获利，将他们的全部财产置于那种他们既不能预见又难以进行任何控制的风险环境之下。"[49]虽然这个背景和 1811 年纽约州的情况很有点不同，但是，在关注资本动员这一点上，是非常相同的。

自然,有限责任制度的支持者也提出了其他各种不同的观点。改革者们经常议论的一点是,无限责任是不民主的,在获取资本的通道上,它给予富裕的公民一个根本的优势。"难道少数受益的垄断者应当收获我们富饶的庄稼地的果实,而将这些土地的正当继承人赶到野外?"众议员约翰·洛厄尔(John Lowell)问道,"我坚持认为不应该。如果这种事情一定出现,就让它由自然的力量促成,而不是由法律的实施促成。"〔50〕另一位众议员约翰·布鲁克斯(John Brooks)在这个问题上甚至指出了更要害的一点,声称"那些具有工商业技能而只有小量资本的年轻人,从本州被赶了出去"〔51〕。

另一个论据是,无限责任制度(特别是连带责任的种种规定),鼓励了欺诈和骗术,给制造业公司的股东提供了试图隐匿自身财产的强烈激励。根据给州议会提出请愿书的一个制造业者团体的意见,这让"公司债务的返还以双倍严重程度降临到更诚实或者更无提防的同伴身上——或者在这个总体破产中让债权人一点也不能得到赔偿"〔52〕。

同样引起麻烦的是,据称无限责任法伤害了与一家制造业企业有联系的任何一个人的信用评级,阻碍了一个广泛的日常的工商业交易的顺畅进行。〔53〕几位法律制定者也坚持认为,无限责任制引起的恐惧不适当地压低了制造企业的股价,在某些情况下,致使这些股票无法交易。"由于股票与股东的个人责任联系在一起,"林肯州长坚持主张,"公司的股票失去信用而贬值了。"〔54〕参议员皮克林补充道,制造业股票"已经被完全剥夺了"那种"社会上人所共知的所有财产的根本性质——它的可交易性"〔55〕。1830年这些观点无疑引起了极大的共鸣,因为那时马萨诸塞州再次陷入短暂而剧烈的经济衰退。〔56〕

最后一个观点,也很适合衰退的环境,就是无限责任制度给债权人提供了过多的安全,或许是一个安全的错觉。两种方式的任何一种,其效果都是使公司经理们可利用的信用充裕,允许(并且甚至是鼓励)他们不计后果地借款,并从事疯狂的投机。这与1809年已经讨论的正好相反,那个时候,法律制定者们指出,无限责任将帮助抑制不计后果的投资。众议员洛厄尔说道:

> 无限责任这种旧制度的拥护者……认为,这种个人责任将使一家
> 制造业企业的每一个成员如此警惕它的责任,以至于它不会染指巨大
> 的或者具有破坏性的投机。但是,现实的经验已经完全否定了这个主
> 张。我们发现,由于经营者的狂热和他们可以掌握的无限制的信用,一
> 家公司接着一家公司相继陷入破产。进而,由于没有债务活动的确切
> 信息,数以百计的股东已经深受伤害或者被迫破产。[57]

完全同意,参议员哈斯汀坚持主张,"无需论据去证明,获得信用的极
大便利对个人和公司来说,都是破产和资不抵债的根源"。其含意是,当公
司陷入违约风险时,比起股东们自己,债权人是更好的监控者,即更好的风
险管理者。"如果将股东的责任限定在公司的财产范围之内,"他继续解释
说,"而且你将公司的信用限定在它的公司的支付手段范围之内,你便消除
或降低了它发生债务和给股东或债权人造成毁灭性损失的能力。"[58]

用当今的话来说,有限责任制度的采纳将提高借贷成本,因为贷款
人——他现在面临额外的违约风险——将要在他们收取的利率中加进风险
溢价。众议员洛厄尔和参议员哈斯汀在这一点上无疑都是正确的。但是,
关键的问题是,即使在借款成本上升的情况下,来自消极投资者的新的股权
流入是否足够大到降低资本的总体成本。只有在有限责任制度证明比起对
债权人的威胁来,对股东有更大的吸引力,这种情况才会发生。

支持者们关于资本动员的核心观点表明,资本的总体成本将下降,而众
议员洛厄尔和参议员哈斯汀关于"限制公司的借款能力",以减少"毁灭性
损失"的观点,措辞含糊,指的是相反的情况。不可思议的是,这种矛盾从
来没有人提及过,即使是拟议立法的支持者们也没有论及。

然而,主要的反对者确实提出了各种不同的反驳。威廉·斯特奇斯
(William Sturgis)众议员,自己就是几家制造业公司的大股东,对支持者的
核心呼吁——资本正在逃离本州在别的地方寻找有限责任,进行了反驳。
"这一点我不相信,"他在州众议院大厅说道:"先生,我不相信这种资本被
抽走了,是由于你们法律上的原因。向州外流动完全是远为不同的原因。
资本逃离了,先生,因为它能够找到一个更容易落脚的地方。一个更好的房
租,更加方便的原料供给,更廉价的劳动力……我十分了解,在这个州,从来

没有梦想过由这些个人提及责任问题。"〔59〕

另一个普遍的反驳是传统的:责任上的限定将鼓励不计后果的行为。这代表了道德风险原则的一个早期表述,尽管没有使用这个术语本身。众议员斯特奇斯坚持认为:"责任只限定于自己的资本股份的人,不理解而且不能理解担心自己所有的个人财产处于危险境地的人所抱有的感情。……你最好的安全感总是来自于你债务人的忧惧。"〔60〕

尽管如此,到最后,有限责任制度支持者的观点还是取得了胜利。1830年早期州议会撤销了它1809年的法律,公开地为新设立的制造业公司的股东采用了一个有限责任的法律体系。条文称:"没有一个这种公司的股东,这里规定的形式和原因除外,以他的人身或财产对任何法院施加于这种公司的传票和强制执行负责。"〔61〕但是,这还不是一般公司注册法。想要一个公司许可证的每一组投资者,将仍然不得不向州议会提出一个特别请求。但是,从这个时间点往后,马萨诸塞州批准给制造企业的每一个许可证,都将有限责任扩大到它的股东。林肯州长已经创纪录地取得了重大的政治胜利。

2. 1830 年以后的有限责任法

在随后的一些年里,在许多州可以看到两个倾向:包括有限责任制度在内的一般公司法的制定,以及这种优待的适用对象在一个更大的产业圈的扩大。纽约州的法律制定者在1848年制定了以制造企业为对象的一个新的一般公司法,它赋予了股东一旦全部缴纳出资额,面对所有债权人(而不是雇员)以有限责任的保护。〔62〕这样,随着时间的推移,越来越多的行业被纳入这个圈子,有限责任获得批准。制冰业在1855年成为对象,印刷、出版业1857年成为对象,等等。〔63〕即使是公司许可证和有限责任的许多以前的反对者,他们从将消除偏袒并因此有助于经济竞争环境更加公平的立场出发,也开始支持一般公司法。〔64〕

马萨诸塞州在1851年采用了一般公司法,而新罕布什尔州在1866年采用了同样的法律。[65]如同在纽约州那样,随后的法律和法庭的判决,将以有限责任注册公司的权力扩展到几乎所有产业。大多数其他各州也大致沿用了同样的模式。[66]最大的例外是加利福尼亚州,从它于 1849 年建州那年起一直维持一个比例无限责任法律体系,直到 1931 年才走进同一行列采用一个有限责任政策。[67]

然而,有限责任法后面的征程并没有在那里停止步伐。专业服务业,在几乎所有的州被排除在有限责任制度保护之外的少数几个行业之一,最终在 20 世纪 60 年代至 70 年代被纳入主流。一旦给予机会,医生、律师以及许多其他专业人员纷纷踊跃建立专业服务公司,这保护他们免于承担大多数责任,尽管不是他们自身的渎职引起的那些责任。[68]此外,其后不久另外一个新的法人组织有限责任公司(limited liability company)产生了。它首先于 1977 年在怀俄明州出现,并且很快就遍及全国所有 50 个州。那就是一种植根于 1822 年纽约州有限合伙法的混合结构,有限责任公司对所有者提供公司式的保护,但是享受以合伙身份按照联邦税则征税的优惠。[69]

因此,有限责任法还在持续发展。贯穿美国历史,它已经不可阻挡地向前推进,渗透到每一个司法管辖区域,每一个行业,而且甚至是超越了公司本身。不过,历史学家已经发现很难描述清楚有限责任和经济表现之间的联系。迄今为止还没有确定的证据说明采用有限责任制的州,首先持续地超过了它们的经济竞争对手。这主要是因为内战前工业表现和资本流动方面的细节数据缺乏,而且因为 19 世纪早期两个毫无争议的工业领袖,马萨诸塞州和罗德岛州,在制造业中都是相对晚地采用了有限责任制。马萨诸塞州等到 1830 年才采用,而罗德岛直到 1847 年才采用。

但是一些零星的证据表明,有限责任制度确实作用突出。在采用了有限责任政策之后的 1810 年至 1820 年晚期,相对于仍维持无限责任的马萨诸塞州,新罕布什尔州和康涅狄格州出现了公司设立增长率的上升。当新罕布什尔州 1842 年暂时取消制造业的有限责任时,公司创立速度下降,直到 1846 年又重新采纳有限责任制度。[70]另外三个州,密歇根、威斯康星和宾夕法尼亚州——也放弃了有限责任制度一段时间,只是很快又回到队伍中来。[71]每一个单个的州最终都采用了有限责任制度的事实也许是所有证据中最有说服力的,尤其是在 19 世纪高度竞争的经济环境下。

马萨诸塞州、罗德岛州甚至大不列颠的例子明确地表明,没有有限责任法,早期的工业化是可能的,特别是当其他促进政策在发挥作用的时候。大多数新建的制造企业均为相对少数的股东持有,他们通常自己管理自己的公司。那些依靠消极投资者的更大的制造企业通常转向成功的商人,他们在财务上的复杂性可能让他们将有限责任更多地看成一个激励而不是一个投资的必要条件。[72] 然而,有限责任制度在纽约和其他州的早期采用可能确实向制造业输送了资本,而且会很好地帮助它们追赶上那些工业领袖。它当然显示出,到了 19 世纪 20 年代晚期,马萨诸塞州的法律制定者对此日益感到紧张。[73]

随着重工业的兴起,人们认为在后来有限责任制度扮演了更加关键的角色。[74] 因为几乎每一个州 19 世纪晚期在责任方面都采用了限定制度,不可能知道无限责任是否会阻碍了大型铁路、钢铁和化学公司等的发展。但是大多数经济和商业史学家的共识是,有限责任对于所谓第二次工业革命的发展是至关重要的。[75]

两位金融史学家带着或许是一种夸张的感觉写道,铁路"需要如此多的资本,而且需要它到如此迫切的地步,铁路发起人从一栋房子到另一栋房子兜售股票筹集资金"[76]。如此广泛的资本动员在缺乏有限责任制度的情况下可能吗?既然这些新的超大规模企业负有巨大债务,而且将所有权与控制权分离开来的鸿沟日益增大,似乎很难相信许多小的投资者愿意倾其所有——用他所有的每一样东西去冒险——回报就是少数股票。"就人们一看到经济进步就想到规模经济而言,"英国经济学家希克斯(Sir John Hicks)断定,"它一定被人们看成有限责任制度的一个主要成就,它使得我们的许多经济进步成为可能"[77]。事实上,正是这个逻辑,让哥伦比亚大学的巴特勒校长在 1911 年的讲话中作出这样的评价,在人类文明史上有限责任制度的重要性甚至远超过蒸汽机和电力。[78]

更晚的时候,当为数众多的陪审团判决在美国法庭日益普遍时,有限责任法具有了新的重大意义。尽管拖欠一家公司的志愿债权人(它的银行、股东等)的货币总量可以确定地知道,但是,拖欠非志愿债权人(公司的受害者,诸如受伤的消费者和受污染社区)潜在的货币数量简直不可计算。甚至是相对小的公司也将被起诉索赔巨大的数量,这就使得有限责任对于它们的股东来说更加具有价值。

防止非志愿债权人的索赔当然不是什么新鲜事。即使在 19 世纪早期,不利的法庭判决有时耗尽了破产企业的其他资源,或者扣押已经陷入违约的公司的这些资源。在这些情况下,如果那些股东足够幸运拥有有限责任的话,他们可以一走了之,那些非志愿债权人就很少得到赔偿或者丝毫得不到赔偿。

比如,在 1809 年,蓝山收费公路公司(Blue-Hill Turnpike Corporation)的股东们成功地保护了他们的个人资产免受非常高昂的非志愿债权人的索赔。蓝山已经实施了获取原告土地的杰出的地产权,这是当时这个州有时授予运河和收费公路公司的一项十分重要的权力。尽管法律只是要求蓝山支付给原所有者公允价值(在这种情况下陪审团定为 1,850 美元),但是,蓝山在支付之前陷入破产。原所有者财产真的就在没有赔偿的情况下被剥夺了,他们起诉要求赔偿损失。毫不奇怪,一家富有同情心的县级法院支持原告,发布了对蓝山股东私人财产依法扣押的财产扣押令。但是,马萨诸塞高级上诉法院不同意,推翻了这一下级法院的命令,这让蓝山的股东们大为高兴。[79]"在马萨诸塞州起诉蓝山案件的判决中,"一位法律史家写道,"法院以最严格的形式直接处理了有限责任的问题,毫不退缩。"[80]

自从那时以来,已经改变的是这类判决的数量和重要性,尤其是在侵权法领域。19 世纪早期侵权诉讼当然已经存在,但是它们远没有今天普遍,而且它们只是很少地涉及过失问题。用法律学者劳伦斯·弗里德曼(Lawrence Friedman)的话说,"过失只是法律中最细微的点"[81]。但是,很快就不再是那样了。由于自 20 世纪 60 年代早期以来在产品和环境责任法方面的超常发展,对美国几乎每一家公司来说,非志愿债权人已经以一个现实的威胁而出现。我们将在第 8 章再讨论产品责任法不同寻常的故事以及它奇妙的转型,然后在第 9 章返回到环境责任法。但是,现在注意到有限责任的内涵本身因此已经被改变就足够了。

3. 揭开有限责任法的奥秘

尽管自从 19 世纪以来已经发生了很大变化,早期关于有限责任法的辩论无疑表明,那时的首要目的是资本动员。纽约的立法者希望 1811 年它的实施将给制造业提供资源渠道,帮助缩小与几个国内外更加先进的工业巨头的差距。马萨诸塞州的政策制定者随后寻求遏止明显的资本外流——并因此保持它们在制造业方面出色的领导地位——通过复制它们邻居并制定它们自身的有限责任法。

这种在资本动员上的兴趣,在纽约和新英格兰地区是如此显而易见,最后许多别的州也推动了政策创新。即使在明尼苏达和加利福尼亚,那里在责任上的标准限定来得异乎寻常地晚,有关采用有限责任法规的争论也是一样。明尼苏达最高法院在 1889 年解释称,本州 1873 年法律将有限责任扩大到制造业公司的"目的","是通过免除将资本投入到此类事业那些人的个人责任,来鼓励制造企业"[82]。

这个故事与在加利福尼亚的故事相似。1931 年终于免除了股东的无限责任,加利福尼亚正是这样做的最后一个州。从事本州公司法现代化的政策制定者还是在重复整整一个世纪前在马萨诸塞州的争论。公司法修正委员会(The Committee on Revision of the Corporation Laws)1928 年由加利福尼亚的州大律师任命,判定本州无限责任政策"在一个重要的程度上,没有促进外部资本在加利福尼亚公司股份中的投资。它也使得在现代公司融资中所要求的股份结构不可能实现,这样就迫使加利福尼亚企业到其他州去组建"[83]。

尽管委员会本身由律师组成,但是在向州大律师发布他们的报告之前,它的成员采访了大量的工商界领袖。根据加利福尼亚发展委员会艾伦·G.赖特(Allen G. Wright)上校的说法,"实业界相信,加利福尼亚在吸引资本方面正在被股东责任所绑架"。另一位工商界代表指出:"投资者反对持有加利福尼亚公司的股票,而这在销售股票的东部是一个严重的不利因素。"[84]尽管自从在内战前的那个时期关于有限责任的最初立法争论以来,时代已经变化,基本的议论仍然十分相同。支持者们坚持认为,法律上的一个简单的变化,将大大改善资本投资的氛围。[85]

既然有了这段历史,人们会得出结论说,制定有限责任法的理由是很清楚的。自然,一旦最低额设定在他们的损失风险之下,大多数人将要投资他们更多的资金。就像一位加利福尼亚人在 1929 年所说的,"大多数投资者希望在任何一个既定的企业只让一个固定数额的资金冒险,而不愿意倾其所有来冒险"[86]。还有什么比这更明白呢?

然而,在进一步考察中,连接有限责任法和资本动员的经济逻辑却显得远不是那么明白。人们追问一些学者,是否有这样一个逻辑存在过。如同已经提及的,有限责任没有消除违约风险,但是只是将一些风险从股东身上转移给了债权人。在一个有限责任的法律环境下,债权人面临着损失增加的机会,因为一个公司被证实资不抵债时他们再也不能夺取股东的个人资产。因为一个单纯的风险转移是有限责任所做的一切,那为什么我们还能期待净投资增加呢?如果对他们的风险级别增加感到紧张,债权人将可能以更高利率的形式,从股东那里要求某种形式的补偿。这又会转而减少公司借贷,并且甚至会减弱股东的初始投资,有效地破坏资本动员的根本目标。那么什么是有限责任的真正魅力?进而,它能给经济带来什么好处(如果还有些好处的话)?

一系列相关问题涉及政府在所有这些方面所扮演的角色。即使我们假定有限责任是有利的——给股东带来的好处远大于债权人不可避免的成本——我们就不能期望相关各方自己协商一个合适的安排?事实上,这就回溯到 1854 年那些《经济学家》杂志编辑们设定的问题。当从交易之中获取收益时,民间市场总体运行良好。为什么在这种情况下要求政府干预呢?

有限责任的魅力

第一组问题看来比第二组问题容易处理得多。有限责任对股东确实具有吸引力,用林肯州长的话来说,这是因为它消除了"倾家荡产的风险"〔87〕。尽管一个增加了的损失机会被转移到了债权人那里,每一个债权人的最大可能损失仍然是不变的。一个债权人承受的最大损失是他的贷出数额,无论是在一个有限或者一个无限责任的法律框架下。与此相反,一个无限责任的股东总是要承受失去他拥有的一切。在 19 世纪早期,就像我们看到的,他甚至可能失去自由,因为不能归还债务的人经常被投进债务人监狱。

有限责任的采用因此意味着在损失的严重性和可能性之间的一个权衡。股东的最大可能损失(严重性)的上限就设定在一个大为减少的水平上,而债权人的可能损失同时增加了。如同它所表明的,有很好的理由相信,这种权衡的总体效果是积极的,因为股东获得的好处超过了给债权人带来的成本。为了理解为什么如此,我们只需要回顾丹尼尔·伯努利对圣彼得堡悖论的著名解决方法。

伯努利的关键洞见是,人们往往对每一个新增美元比前一个美元给予更低的估值。几乎每一个人都喜欢在彩票抽奖中赢得 100 万美元,而且我们中的大多数人会对赢得 1 亿美元甚至更加高兴。但是伯努利的原则暗示,从赢得 1 亿美元中获得的快乐将小于 100 次赢得 100 万美元的快乐。这也表明,我们更愿意以百分之一的概率赢得 100 万美元,而不愿意以万分之一的概率赢得 1 亿美元。

同样的逻辑反过来运用到出现损失的情况之下。比起较小的损失来,人们倾向于不喜欢不成比例的巨大损失。所以,失去一个人的所有净财富——比如说 10 万美元,比起损失它的百分之一或者说 1,000 美元一百次对人带来的痛苦要大。与此相似,我们中的大多数人更担心损失 10 万美元的一个万分之一的概率,而不担心损失 1,000 美元的一个百分之一的概率,特别是如果更大的损失将彻底在财务上摧毁我们的时候。那么当出现损失的时候,严重性通常比可能性受到不相称的大得多的高估,尤其是在极端的情况之下。而这就是为什么有限责任可能带来净收益——因为比起债权人从一个更大的有限损失可能性的相应增加中失去的快乐来,股东很可能从他们最大可能损失限额(他们的"倾家荡产的风险")的陡然下降中获得的满足更大。〔88〕

它对于净投资的意义也同样是积极的。如果刚归纳的推论正确的话，随着有限责任的采用净投资会增加，因为现在风险将更加有效地分配。当然，对他们增加的损失可能性，债权人将以更高利率的形式要求补偿。但是大多数股东为他们最大可能损失的突然减少高兴，可能会更加有热情投资，即使在利率高企之后。

有点不通情理的是，股东在侵权行为诉讼者和其他非志愿债权人的花费中获得了额外奖励。与他们的志愿债权人同行不一样，非志愿债权人没有办法为有限责任强加在他们身上所增加了的风险获取补偿。比如说，一个行人被行驶的火车撞倒，通过成功地起诉铁路公司，将很好地成为一个非志愿债权人。但是，行人将没有办法要求一个风险保险费——在事故之前——来为在支付法庭裁定赔偿金之前铁道公司会倒闭的可能性提供补偿。有限责任法就这样准许股东摆脱（或者外部化）他们一部分违约风险，不予追究——再次增加股权投资的吸引力，尽管这时候已经让非志愿债权人蒙受损失。

另外一个因素，我已经将它贴上彩票冲动（lottery impulse）的标签，将进一步增强有限责任的吸引力。彩票，当然总是有魅力的。就像亚历山大·汉密尔顿（Alexander Hamilton）在 1793 年论述的：“每一个人，几乎都能而且将愿意为一个可观收入的微小机会冒险。”[89]这里的要点是，同样的基本逻辑也可以应用到有限责任股票上。这是因为彩票和有限责任股票拥有两个相同的关键特征。两者都让“投资者”能够选择他们希望冒险的准确数量（没有附带额外责任），而且两者都完全可能有无限的上涨潜力。

那种“彩票的广泛成功”，就像亚当·斯密说的，表明许多人发现这种收益结构的某种东西特别具有吸引力。只要下行的风险被清晰地限定，人们就似乎从他们会最终富裕的认识中产生一种极大的兴奋感——就是说，足够大到超过了彩票本身的负面期望回报。回到 19 世纪 30 年代，那时彩票十分流行，《女性指南》（Ladies Companion）讲述了以一个贪婪的法国彩票玩家为主角的故事。“每一次我花 5 法郎钞票买四分之一彩票，”演员说，“比起在餐馆花掉这些钱，我获得了更多的满足，因为我为接下来的 24 小时购买了带来空中楼阁的荣幸。”[90]斯密自己将这种兴奋定性为一个非理性的乐观偏见,一个非常值得注意的(而且普遍的)认知问题。"获得一些这种大奖的期望是这种(对彩票)需求的唯一原因",他坚持说。[**91**]

有限责任股票的一部分魅力可能是,它有限的损失和无限的收益的独特组合产生了一个彩票式兴奋,而在同时想必提供了一个积极的预期回报。尽管有限责任和彩票之间的联系没有得到广泛认识,它也有某种直观的吸引力。这也有相当多的历史旁证。

18世纪和19世纪早期,当美国还是一个发展中国家的时候,彩票和有限责任都用来为各种不同的目的动员资本,包括对制造业的促进。亚历山大·汉密尔顿早期对彩票的入迷主要源于他在18世纪90年代为一个模范制造业社团——有益的制造业建立协会(the Society for Establishing Useful Manufactures)筹集资金的兴趣。亚历山大·汉密尔顿为他的新公司成功地从新泽西州议会同时获得彩票特权和有限责任两项保护,他实际用了同样的词汇,"冒险家们(adventurers)",来同时指彩票参加者和有限责任股票的投资者。[**92**]

在许多州,有限责任法从经济角度得到采用,正是和彩票基于道德的角度被取消(19世纪30年代和40年代)大约在同样的时间。事实上,相当数量的全国性组织的彩票经纪人很快将他们自身转变为证券经纪人和银行家。纽约第一国民银行(First National Bank of New York)和大通国立银行(Chase National Bank)都有它们彩票经纪的渊源。即使是曾帮助为联盟的战争行动融资的杰伊·库克证券公司(Jay Cooke and Company),也与彩票业有联系。[**93**]

许多年后,约翰·梅纳德·凯恩斯发现,在早期制造企业和其他更小规模企业的投资,"一定意义上是一种彩票",尤其是因为当时没有测算未来收益的精确方法。"如果人类的本性感觉不到碰运气的诱惑,在建立一家工厂、一条铁路、一座矿山或者一家农场方面感觉不到满足感(收益除外),"凯恩斯指出,"仅仅是由于精打细算,将不会有许多投资。"[**94**]米尔顿·弗里德曼和伦纳德·萨维奇后来在1948年论述风险的一篇经典文章中写道:"租金和利息往往是从相对没有风险的投资中产生的这类收入,因此相当于购买保险,而对投机性股票的投资则相当于购买彩票。"[**95**]

在更近的 1999 年,美联储主席艾伦·格林斯潘承认,一种"彩票溢价"可能嵌入一些美国最热门的高科技股票的股价之中。"彩票经理数世纪以来所知道的就是,你可以让某人为一百万分之一的命中率付款,而不只是那一次机会的价值,"他提到,"而且那意思是指,当你在买卖股票时——其可能性就是,或者它将被估值为零或者估价为某个很大的数字——你在那只股票价格中获得了一个溢价,那确实是在一个彩票中使用的同样的价格形成过程。"尽管在这个过程中确实有许多"促销和狂热",格林斯潘承认,结果表明这是一个巨大成功的方式,"搜寻出更好的机会并在收入确实地成为现实之前,将资本投入到不同类型的尝试之中。这对我们的制度是好的"。[96] 有限责任最初的创立者是不会不同意的。

当然,这并不是说股票就只是改头换面的彩票。远不是这样。股票投资的期望回报很可能是积极的,而购买彩票的期望回报肯定是消极的。更有甚者,与彩票的参与者不同,股权投资者会合理地期望在股票选择中的好判断从长期来看将得到回报。但是,在每一个例子中,有限的损失和无限的好处这种资产的特殊回报结构会产生购买者的一个毋庸置疑的兴奋——彩票冲动,所以说,那可以增强它的吸引力甚至超过它真实的期望回报。因此,彩票冲动可以成为又一个解释有限责任魅力的因素,特别适合于像 19 世纪早期高速工业变化的时期。

彩票冲动也有助于解释为什么 19 世纪的政策制定者们最终实施了一个有限责任的法规体系,而不是比例无限责任制度。近年来很多优秀的学者已经提出,无限责任体系的一个主要问题,实际上不是无限责任本身,而是总是与它联系在一起的连带责任原则。根据连带责任,一家公司的每一单个股东总是有可能对这家公司的全部债务负责。这不仅大大地放大了每个股东面临的最大可能损失,而且破坏了多样化的逻辑。[97]

人们都很了解,通过在许多家公司购买一个小数额的股票,一个投资者能够有效地将他自身与任何一家公司的破产结果隔离开来。一个多样化战略极大地减少了投资者的总体风险水平,让他仅仅是在市场整体衰退时易受打击。别将你的鸡蛋放在同一个篮子里的古老办法抓住了这个基本思想。然而,由于连带责任,拥有许多家公司少量的股票将是极其危险的,因为投资者将可能对所有这些公司的所有债务负责。[98]不是像古训所说将他的鸡蛋放在许多篮子里,他应当更智慧地将他的所有鸡蛋放在一个篮子里,然后像鹰一样照看着它。

一个比例无限责任体系的支持者说,该体系将通过使股东责任更可预期来解决这些问题。一个拥有一家公司百分之一的股份的股东,个人只会承担这家公司未偿还债务的百分之一。他们争辩道,这样一种体制,将极大地减少任何一个既有股东面临的最大可能损失,并确保多样化的可行性,就像有限责任那样。同时,一个比例的制度体系将阻止公司让无助的非志愿债权人蒙受损失而去冒险——构成有限责任法的一个不可避免的副产品的一种残酷激励。简言之,比例体系的支持者坚持认为,它将正好提供有限责任的所有好处,而又没有给非志愿债权人带来附属成本。

尽管林肯州长在 1825 年支持比例责任制,但是,他不久就将有限责任作为一个更好的解决办法来动员。其他每一个州的政策制定者,最终都走上了同样的道路。孤独地处在圈外的加利福尼亚,最终在 1931 年放弃了它特有的比例无限责任体系。自然,关键问题是为什么:为什么有限责任在每一个单个的州都击败了比例无限责任制? 历史记录给出了几个可能的答案。

既然金融市场不成熟,全面的多样化在 19 世纪早期几乎是不可能的,无论责任体系如何。工业股票在 19 世纪 90 年代以前只是很少地在公开交易所交易。[99]至少直到 20 世纪 50 年代,更有甚者,非志愿债权人对大多数政策制定者和公司管理者来说,只是得到相对较少的关注。在这样的历史脉络中,除了牵涉几个重要的不利方面外,比例责任没有提供优于有限责任的真正好处。首先,必须从成百上千,或者甚至数以万计的股东那里回收赔款,将很可能让即使是最精力充沛的债权人泄气。[100]有限责任通过取消违约后向股东收取赔款,让这些成本彻底消失。

其次,一个比例体系几乎肯定会削弱彩票冲动。从事彩票购买的部分吸引力,是除了彩票本身的价格之外没有任何东西会损失。超过彩票(或者股票)本身价格的额外损失的可能性,会减弱想象一个大额奖金所带来的兴奋。甚至在一个现代背景中更加麻烦,多样化战略——对于比例责任的逻辑是如此重要——与彩票冲动简直不兼容。最后,多样化将倾向于消除所有的从中间状态的突然背离,既不会有破坏性极大的损失也不会有极大的意外之财。这也许是一个原因,为什么即使是今天,许多人选择不将他们的股份全部多样化,尽管有现存可用的共同基金来让他们这样做。[101]与一个多样化的投资组合不同,一个单独的股票总是提供一个遥远的巨大回报机会。而就有限责任来说,没有超过它初始成本的潜在损失,这更加强化了这种兴奋。

最后,与比例无限责任比较,有限责任下股东对他的最大可能损失是确定的。这是很重要的,因为人们经常愿意支付一个惊人的巨大数额去消除对一个破坏性风险最后疑虑的点滴增加。让我们来看一个首先由经济学家理查德·泽克豪泽(Richard Zeckhauser)构想的思想实验。就像俄式轮盘故事那样,泽克豪泽想知道一个被迫玩俄罗斯轮盘赌的个人要付款多少从装有 6 颗子弹的枪中移出一发子弹。尽管经济理论将预测,一个理性的人对于将子弹的数字从 4 减少到 3 比起从 1 减少到 0 将支付更多(因为在第一种场景中,由于有更高的死亡可能性,他的钱值得更少),大多数被调查的人所说的却正好相反——他们会付更多,而且可能多很多,去移出最后一颗子弹。[102]几乎我们所有的人可能支付更大的数额将子弹数字从 6 减少到 5,从而避免一个确定的死亡。但是,这里相关的要点是,消除怀疑的最后增量,结果表明具有巨大的价值。如果道理相同,当惩罚是个人的财务打击而不是死亡,那么有限责任的例子就更加强有力了。

应对民间部门风险相关的失败

与所有这些涉及有限责任魅力的解释联系在一起的问题是,它们只是缓和了为什么必须将政府干预放在首要位置的神秘感。如果消除个人责任确实对股东有如此人的吸引力的话,那为什么,在法律制定者通过法律建立有限责任之前他们不与债权人直接订立合同来确定其责任上限呢?

1854 年在《经济学家》杂志上的文章宣称,这种有限责任的安排在那时的英国确实是臻于完美。按照这种安排,"所有的合伙人相互订立合同,而且公司同与它进行交易的每一个人订立合同,这样所有的索赔限定于上缴该公司的出资额之内。与这家公司有交易的每一个人按照有限责任原则自愿加入这个合同,即使法律与它相冲突,大家也一致同意,完全地遵照执行"。[103]然而,尽管有这些主张,这些做法在英国究竟怎样铺开仍然是不清楚的。在美国也没有太多证据表明曾以任何常规形式签署这种合同。

所以,是什么障碍阻止了民间有限责任的安排?在理论上,非自愿债权人应当是妨碍它的。就他们的性质来看,非自愿债权人的存在是突然的和不可预期的,常常由于某种事故所致。这样,一家公司与非自愿债权人提前订立合同完全是不可能的,因为只有到太晚的时候才有人(包括非自愿债权人他们自己)知道他们是谁。面对自愿和非自愿债权人两方面的索赔,有限责任法都给股东提供全面的保护,而私人协商的责任上的限制只能够扩展到自愿债权人。而这意味着,即使是最好的民间安排也从来不可能是没有漏洞的。人们要求有限责任法来完成封堵这个漏洞。

19世纪早期这些法律颁布的时候,大多数精明的政策制定者可能确实懂得它们对于非自愿债权人的意义。有限责任事先的特别授权已经产生了少量相关的判例法。比如说,于1809年对蓝山收费公路公司宣布的判决,不仅宣称有限责任股东不受非自愿债权人的索赔的影响,而且辛酸地描绘了这种豁免在现实生活中可能会多么不公平。[104]立法者公开地决定,为了获取无懈可击的股东保护的全部资本动员效果,数量小而分散的人蒙受损失是一个值得支付的代价。[105]因此,可以理解,非自愿债权人问题为有限责任法的制定作出了贡献。但是,很难相信,它已经发挥了很大作用,因为在所有早期阶段,非自愿债权人仍然很少得到关心。

对缺乏民间有限责任安排的第二个可能的解释——并且因此提出对有限责任法的需要——围绕着交易成本。也许真正签署所有必须合同的成本确实太高。所有的各种不同的所有者与每一个银行家、债券持有人、零售商之间,与即使是暂时作为公司的一个债权人发挥作用的工人之间,应当需要大量的合同。但是,似乎再一次让人怀疑,仅仅是签约成本会成为民间有限责任安排的首要障碍,让有限责任法成为必要。如同这个领域的几位学者注意到的:"这种合同会以只花费几个便士来印刷和签署的标准表格很快完成。"[106]

一个相关的解释显示出更大得多的说服力。在一个无限责任的法律体制之下,债权人将很怀疑利用合同寻求限定他们的股东的责任的公司经理们。除非他们知道这家公司的违约风险比表现出来的大,为什么一家公司的经理们会要求这样一个超常的豁免授权? 公司不是正常地运行这样的事实只会增加债权人的怀疑。银行家已经长期享有了对股东个人资产的合法索赔,而销售公司和工人在没有签署任何合同的情况下经常非正式地进行债券展期。那么,请求契约式有限责任的行动正是已经对一家公司的债权人发出了信号,某种麻烦正在来临。在理论上,这样一个逆向选择问题,应当能够很容易地阻止违约风险从股东向债权人的有效转移。

尽管如此,下一个问题是,为什么人们期望用有限责任法来解决这类问题? 根据经济学教科书的说法,对逆向选择的标准政府解决方式是强制保险赔偿。但是,有限责任法总是多少有点自愿性质。即使在一个有限责任法律体系下,通过向他们的债权人提供个人财产担保,股东也能退出这种保护。比如说,银行家经常拒绝贷款给规模小,未公开的公司,除非主要所有者提供这种担保。股东和自愿债权人可以选择进入或者退出任何责任体制的事实,已经引起许多学者追问有限责任法是否"有什么重要的影响"。[107]

理论上,一个"自愿"的有限责任法,如同在美国颁布的那些一样,人们认为对一个逆向选择问题没有什么效果。因为它只是会改变债权人的行为准则。债权人不必怀疑其股东要求有限责任的任何一家公司,而是现在必须怀疑其股东通过提供个人财产担保而拒绝退出有限责任保护的任何一家公司。

然而,在实践中,决策构建的方式经常事关重大。比如说,我们可以回顾一下在上一章中描述的卡内曼与特沃斯基的亚洲流感实验。接受实验者更加有可能支持的一个肯定能拯救 200 个(600 之中)生命的解决方案,而不是那个必然发生 400 个死亡的解决方案,尽管这两个解决方案是完全相同的。一个类似的认知问题,可以适用于有限责任的情况。债权人将会更加担忧在占统治地位的法律体制是无限责任时而请求有限责任的一家公司,而不担忧在一个有限责任法律体制下不情愿接受无限责任的一家公司。换句话说,出发点的偏离将被解读为特别地发出一个强有力的出现麻烦的信号。所以,通过将出发点从无限责任改变到有限责任,新的法律既帮助解决了严重的逆向选择问题,又解决了认知问题,它们都阻止了民间有限责任安排的形成。[108]

事实是尽管有所有这些推测,没有办法肯定确实地知道为什么有限责任法是必要的。现存的历史记录只是提供了有关民间解决方式失败自身显示出来的不充分线索。但是,这个记录在一点上是十分清晰的:某种东西挡在民间解决的道路上。毕竟,每一单个州的立法当局最终都感到需要快速搭乘有限责任的列车。如果有限责任真的没有"一点重要影响",就似乎可能至少一个州——而且可能是几个——将保持无限责任,只是发现它没有起什么作用。从来没有发生这种情况的事实强烈地表明,有限责任的确事关重大——法律制定者唯恐落后是事实而非想象。

4. 结　　语

由于所有环绕着它的神秘感,有限责任法确实是一个重要的风险管理工具。它所做的一切就是将一部分违约风险从股东转移给债权人——在许多方面,模仿一个保险政策。不像后面各章探讨的许多其他风险管理政策,有限责任法不包括任何补充规定、征税或者财政支出形式的东西。它是一个彻头彻尾的风险管理政策。

有限责任法也代表阶段 I 的一个最为纯粹的要素。它的基本目的是通过为新生的制造业活动动员资本来促进经济增长。特定的个人和家庭将从金融崩溃中获得救助的事实,偶尔作为一个剩余收益来提及。[109]但是,那时最为普通和最强有力的主张,是面向未来朝前看的。通过消除达到极限的个人损失的可能性,有限责任法,将潜在股东们从耗尽精力的金融大灾难恐惧中解放出来,鼓励他们更加自由地去投资,甚至也许会激发其开发一个隐藏的彩票冲动。最为重要的是,人们将有限责任看成一个加速投资的手段而不是一个救助损失者的工具。

尽管有限责任法的实施最终将追加的违约风险转移到了债权人身上,自愿债权人(特别是银行家和债券持有人)可能也已经准备好来承担它,因为他们从来不可能对超过他们借出的数额负责。这些志愿债权人十有八九通过提高它们的利率来为它们的额外风险实现补偿。但是,在投资上的实际影响可能仍然是积极的。对那些以前生活在巨大损失恐惧中的消极股东来说,有限责任的吸引力将超过公司贷款上的稍高一点利率的抑制作用。从"倾家荡产的风险"中解脱出来,这些消极的投资者将对投资组合注入新的资本,进而降低在市场上的总体成本。

由于有限责任法而出现的唯一真正的损失者正是非志愿债权人,他们被强迫承担追加的违约风险,没有任何形式的补偿。这意味着只有很小一点附加风险降临到社会的每一个成员身上,因为几乎任何一个人都可能以一种方式或者另一种方式成为一家公司的受害者。尽管非志愿债权人问题在 19 世纪几乎没有得到关注,但是,自 20 世纪 60 年代起,它随着侵权法的转型(第 8 章的主题)已经具有新的重要意义。分别来自耶鲁和哈佛的两位优秀法律学者,甚至已经号召取消对侵权行为受害者索赔的有限责任保护。他们坚持认为,这种保护"鼓励了在风险超常行业的过度进入和累积性过度投资"[110]。

岁月如梭。在 19 世纪早期,当美国还是一个发展中国家的时候,名词"过度进入"和"累积性过度投资"很可能会被看成是描述当时秩序的特有方式——对工业企业快速和持续的资本动员。令人惊奇的是,称作有限责任的一个简单的风险转移手段,表明足以强有力地动员巨大的资本,通过一次一项的投资。

注　释　··

〔 1 〕　Quoted in *Henry Winthrop Ballantine*, *Ballntine on Corporations* (Chicago: Callaghan and Company,1927),p.6n11.

〔2〕 Nicholas Murray Butler,*Why Should We Change Our Form of Government? Studies in Practical Politics*(New York:Charles Scribner's Sons,1912),p.82.

〔3〕 "Limited or Unlimited Liability",*Economist*,July 1,1854,p.698.虽然该刊编辑预期有限责任法规不会有什么效果,但是他们并不反对法令的实施。因为这使法律与实际做法保持一致,还因为它"不会给国家带来不幸和损失"。(p.699)

〔4〕 "The Ownership of British Industrial Capital",*Economist*,December 18,1926,p.1053.

〔5〕 See,e.g.,Roger E.Meiners,James S.Mofsky,and Robert D.Tollison,"Piercing the Veil of Limited Liability",*Delaware Journal of Corporate Law*,4(1979),351 – 367;Phillip I.Blumberg,"Limited Liability and Corporate Groups",*Journal of Corporation Law*(Summer 1986),574 – 631;David W.Leebron,"Limited Liability,Tort Victims,and Creditors",*Columbia Law Review*,91(November 1991),1565 – 1650;Henry Hansmann and Reinier Kraakman,"Toward Unlimited Shareholder Liability for Corporate Torts",*Yale Law Journal*,100(1991),1879 – 1934.

〔6〕 U.S.Department of Commerce,*Historical Statistics of the United States*,*Colonial Times to 1970*(Washington,D.C.:GPO,1975),pt.2,ser.U-190 – 196,p.886,See also Jeffrey A.Frankel,"The 1807 – 1809 Embargo against Britain",*Journal of Economic History*,42,no.2(June 1982),pp.291 – 308.

〔7〕 Ronald E.Seavoy,*The Origins of the American Business Corporation*,*1784 – 1855*(Westport,Conn.:Greenwood Press,1982),pp.62 – 66.

〔8〕 E.Merrick Dodd,"The Evolution of Limited Liability in American Industry:Massachusetts",*Harvard Law Review*,61(1948),1355. See also George Heberton Evans,Jr.,*Business Incorporations in the United States*,*1800 – 1943*(New York:National Bureau of Economic Research,1948),esp.chap.3("The Period of the Special Charter"),pp.10 – 30.

〔9〕 L.Ray Gunn,*The Decline of Authority:Public Economic Policy and Political Development in New York State*,*1800 – 1860*(Ithac,N.Y.:Cornell University Press,1988),p.99.另可参见 Charles Sellers,*The Markets Revolution:Jacksonian America*,*1815 – 1846*(New York:Oxford University Press,1991)。"没有哪里,"Sellers 写道,"市场联系比纽约发展得更全面……也没有哪里市场爆发性的扩大让人们如此意识到公共政策和经济后果之间的关联。"(pp.108 – 109)

〔10〕 Seavoy,*Origins of the American Business Corporation*,pp.62 – 66;Gunn,*Decline of Authority*,pp.100 – 101.

〔11〕 1811 年 3 月 22 日法案(Act of March 22,1811),1811 年纽约州法律(New York Laws,1811),第 67 章,第 151—152 页。18 世纪晚期,大多数针对公共服务组织(如宗教集会和教育机构)的一般公司法规在很多州已经开始生效。一些州甚至对收费公路和运河公司也制定了一般公司法。北卡罗来纳州(North Carolina)早在 1795 年便对运河公司制定了一个公司法规。但是很显然纽约州 1811 年的法规是第一部制造企业的一般公司法。参见 Phillip I. Blumberg, "Limited

Liability and Corporate Groups", *Journal of Corporation Law*, 11 (Summer 1986), 593n133; Seavoy, *Origins of the American Business Corporation*, esp.pp.9 – 38,282; Pauline Maier, "The Revolutionary Origins of the American Corporation", *William and Mary Quarterly*, 3d ser., 50, no.1 (January 1993),56 – 57; Margaret G.Myers, *A Financial History of the United States* (New York: Columbia University Press, 1970), p.103.有关制造业的振兴与 1811 年法规,另可参见 Ronald E.Seavoy, "Laws to Encourage Manufacturing: New York Policy and the 1811 General Incorporation Statute", *Business History Review*, 46, no.1 (Spring 1972),85 – 95。

〔12〕 W. C. Kessler, "A Statistical Study of the New York General Incorporation Act of 1811", *Journal of Political Economy*, 48, no.6 (December 1940),879, table 1; Victor S. Clark, *History of Manufactures in the United States* (New York: McGraw-Hill, 1929),1:266 – 267.有关跨州经营的公司数量,另可参见 Evans, *Business Incorporations in the United States, 1800 – 1943*, esp.p.12, table 6; William C. Kessler, "Incorporation in New England: A Statistical Study, 1800 – 1875", *Journal of Economic History*, 8, no.1 (May 1948),46 – 47, tables 1 and 2; Clive Day, "The Early Development of the American Cotton Manufacture", *Quarterly Journal of Economics*, 39, no.3 (May 1925),460; Edwin Merrick Dodd, *American Business Corporations until 1860, with Special Reference to Massachusetts* (Cambridge, Mass.: Harvard University Press, 1954, pp.400 – 401 and n29。

〔13〕 Stewart Kyd, *A Treatise on the Law of Corporations* (London: Printed for J.Butterworth, 1793),1:13.

〔14〕 *Trustees of Dartmouth College v. Woodward*, 17 U.S.518,636 (1819).随着时间推移 公司概念的变化,参见 Herbert Hovenkamp, "The Classical Corporation in American Legal Thought", *Georgetown Law Journal*, 76 (June 1988),1593 – 1689。

〔15〕 1811 年 3 月 22 日法案 (Act of March 22, 1811),1811 年纽约州法律 (New York Laws, 1811),第 57 章第 7 节,第 152 页。

〔16〕 Quoted from *Slee v. Bloom*, 19 Johns 456,473 – 474 (1822), in Stanley E. Howard, "Stockholders' Liability under the New York Act of March 22, 1811", *Journal of Political Economy*, 46 (August 1938),508, emphasis added.

〔17〕 虽然至少另外两位这方面的学者得出了相同的结论——认为 Spencer 的话似乎 提出了有限责任——但是任何一个人都肯定可以按另外的方式解读 Spencer 模 糊语言(亦即,当成一个双倍责任而不是一倍责任的陈述)。特别参见 Howard, "Stockholders' Liability", pp.508 – 510; Seavoy, *Origins of the American Business Corporation*, pp.69 – 71。

〔18〕 *Briggs v. Penniman*, 8 Cowen (N.Y.Com.Law) 387,392 (1826).

〔19〕 同上,396。另请参见 Howard, "Stockholders' Liability", pp.508 – 514。有关 John C.Spencer 的文献,参见 L.B.Proctor, The Bench and Bar of New York (New York: Diossy & Company, 1870), pp.304 – 353。

〔20〕 Evans, *Business Incorporations*, p.12, table 6; Kessler, "Incorporation in New England", p.46, table 1; Clark, *History of Manufactures*, pp.266 – 267; Day, "Early Development of the American Cotton Manufacture", p.460; Gunn, *Decline of Authority*, pp.44 – 46.

〔21〕 Shaw Livermore, "Unlimited Liability in Early American Corporations", *Journal of Political Economy*, 43, no.5(October 1935), 685.

〔22〕 Caroline F.Ware, *The Early New England Cotton Manufacture* (Boston: Houghton Mifflin, 1931), p.301.

〔23〕 1809 年 3 月 3 日法案(Act of March 3, 1809), 马萨诸塞州法律(Massachusetts Laws), 1806 – 1809, 第 65 章第 464 页。

〔24〕 *Tippets v.Walker*, 4 Mass.595(1808); *Commonwealth v.Blue-Hill Turnpike Corporation*, 5 Mass.420(1809); *Spear v.Grant*, 16 Mass.9(1819); *Wood v.Dummer*, 3 Mass.308 (1824).See also Joseph K.Angell and Samuel Ames, *A Treatise on the Law of Private Corporations Aggregate*(New York: Arno Press, 1972〔1832〕), p.349; Dale A.Oesterle, "Formative Contributions to American Corporate Law by the Massachusetts Supreme Judicial Court from 1806 to 1810", in Russel K.Osgood, ed., *The History of the Law in Massachusetts: The Supreme Judicial Court, 1692 – 1992* (Boston: Supreme Judicial Court Historical Society, 1992), pp.148 – 149; Dodd, "Evolution of Limited Liability", pp.1358 – 59.

〔25〕 Dodd, *American Business Corporations*, pp.392 – 393 and n2; Clark, *History of Manufactures*, pp.529 – 577.

〔26〕 Clark, *History of Manufactures in the United States*, esp.pp.39 – 44("Land Grants, Loans, and Lotteries in Aid of Manufactures").See also Oscar Handlin and Mary Flug Handlin, *Commonwealth: A Study of the Role of Government in the American Economy: Massachusetts, 1774 – 1861* (New York: New York University Press, 1947), chap.3 ("To Encourage Industry and Economy"), pp.53 – 92.

〔27〕 See A.R.Spofford, "Lotteries in American History", American Historical Association *Annual Report*(1892), 173 – 174; Ronald Rychlak, "Lotteries, Revenues, and Social Costs: A Historical Examination of State-Sponsored Gambling", *Boston College Law Review*, 34(December 1992), 24.

〔28〕 Handlin and Handlin, *Commonwealth*, pp.73 – 74.

〔29〕 Blumberg, "Limited Liability and Corporate Groups", pp.588 – 589; Seavoy *Origins of the American Business Corporation*, esp.chap.2("Internal Improvement Corporations"), pp.39 – 52; E. Merrick Dodd, "The Evolution of Limited Liability in American Industry: Massachusetts", *Harvard Law Review*, 61(1948), esp.1353 – 54; Oscar and Mary Handlin, "Origins of the American Business Corporation", *Journal of Economic History*, 5(May 1945), esp.8 – 9.

〔30〕 Ware, *Early New England Cotton Manufacturer*, chap.3("Embargo and War"), pp.39 – 59; Benjamin W.Labaree, "The Search for Recovery: New England Outports after the War of 1812: Newburyport as a Case Study", in Conrad Edick Wright, ed., *Massachusetts and the New Nation* (Boston: Massachusetts Historical Society, 1992), esp. pp. 57 – 59.

〔31〕 *Remarks Made in the Senate upon the Manufacturing Bill by Hon. Messrs Hastings & Pickering* (1830), pamphlet, p.9.

〔32〕 Ware, *Early New England Cotton Manufacture*, p.60; Jonathan Prude, *The Coming of Industrial Order: Town and Factory Life in Rural Massachusetts, 1810 – 1860* (New York: Cambridge University Press, 1983), p.51.

〔33〕 Quoted in Ware, *Early New England Cotton Manufacture*, pp.62 – 63.

〔34〕 Seavoy, *Origins of the American Business Corporation*, pp.97 – 98.

〔35〕 Dodd, *American Business Corporation until 1860*, esp. pp.392n1, 398 – 399, 399n23, 409, and 419 – 420. See also *Remarks Made in the Senate Upon the Manufacturing Bill by Hon. Messrs Hastings& Pickering*, p.6.

〔36〕 有关 Levi Lincoln, Jr. 的一生, 特别参见 *A Memorial of Levi Lincoln, the Governor of Massachusetts from 1825 to 1834* (Boston: J. E. Farwell & Company, 1868); Emory Washburn, *Memoir of Hon. Levi Lincoln* (Cambridge, Mass.: J. Wilson, 1869)。

〔37〕 "Governor's Speech", June 2, 1825, in *Resolves of the General Court of the Commonwealth of Massachusetts*, May 25 – June 18, 1825, pp.192 – 194.

〔38〕 Ibid., p.194.

〔39〕 关于纽约州比例责任制的早期试验, 参见 Livermore, "Unlimited Liability in Early Corporations", p.683。

〔40〕 1827 年 3 月 10 日法案(Act of March 10, 1827), 1827 年马萨诸塞州法律(Massachusetts Law, 1827), 第 137 章 547 页。

〔41〕 *Reasons for Repealing the Laws of Massachusetts, Which Render the Members of Manufacturing Companies Personally Liable for Their Debts*, pamphlet (Boston: Dutton and Wentworth Printer, 1930), p.5. 在 1830 年, 800 万美元意味着马萨诸塞州损失了一笔数量巨大的制造业资本。即使在 1840 年, 投资于美国全境棉纺生产的总资本也只有 5,100 万美元, 而且投资于(根据一项预测)全部制造业企业总资本也只有 2.68 亿美元。参见 J. Leander Bishop, *A History of American Manufactures from 1608 to 1860* (Philadelphia: Edward Young & Co., 1868), 2:419。

〔42〕 *Remarks Made in the Senate upon the Manufacturing Bill by Hon. Messrs Hastings & Pickering*, p.6.

〔43〕 "Governor's Message", in *Resolves of the General Court of the Commonwealth of Massachusetts*, January 6-March 13, 1830, p.230.

〔44〕 See *Bank of Augusta v. Earle*, 38 U.S.519, 588 – 589(1839); Dodd, *American Business Corporations*, pp.46 – 57; Hovenkamp, "Classical Corporation", p.1649; Ballantine, *Ballantine on Corporations*, p.846.

〔45〕 *Remarks Made in the Senate upon the Manufacturing Bill by Hon. Messrs Hastings & Pickering*, p.9.

〔46〕 "Governor's Speech" (1825), pp.193 – 194.

〔47〕 *Andover and Medford Turnpike Corporation v. Gould*, 5 Mass.40, 44 – 45(1809), as cited in Oesterle,"Formative Contributions to American Corporate Law",p.151.

〔48〕 *Petition of the Directors of the "Salem Mill-Dam Corporation"*, May 31,1826, handwritten petition in the Massachusetts State Archives.

〔49〕 "Governor's Message"(1830),pp.229 – 230.

〔50〕 "Substance of Mr.Lowell's Remarks",*Boston Daily Advertiser*,February 20,1830.

〔51〕 "Remarks by Mr.Brooks of Bernardston,on the subject of individual liability in Manufacturing Corporations",*Boston Daily Advertiser*,February 25,1830.股份公司本身是"特别适合共和政体的形态"的相关思想,参见 Maier,"Revolutionary Origins of the American Corporation",p.75。

〔52〕 *Reasons for Repealing the Laws of Massachusetts*,pp.5 – 6.See also,e.g.,*Remarks Made in the Senate upon the Manufacturing Bill by Hon.Messrs Hastings & Pickering*, p.12.

〔53〕 *Remarks Made in the Senate upon the Manufacturing Bill by Hon.Messrs Hastings & Pickering*, p.18.

〔54〕 "Governor's Message"(1830),p.229.

〔55〕 *Remarks Made in the Senate upon the Manufacturing Bill by Hon.Messrs Hastings & Pickering*, p.11.

〔56〕 有关 1829—30 的经济衰退,参见 Clark,*History of Manufactures in the United States*, pp.545,566 – 567;Ware,*Early New England Cotton Manufacture*, pp.147 – 148。

〔57〕 "Substance of Mr.Lowell's Remarks",February 20,1830.See also "Remarks by Mr. Brooks",February 25,1830.

〔58〕 *Remarks Made in the Senate upon the Manufacturing Bill by Hon.Messrs Hastings & Pickering*, p.4.

〔59〕 "Mr.Sturgis' Speech on the Bill Defining the General Powers and Duties of Manufacturing Corporations",*Boston Daily Advertiser*,March 3,1830.关于斯特奇斯(Sturgis)众议员个人持有的制造业股份,参见 "Remarks of William Sturgis",*Boston Daily Advertiser*,February 27,1830。

〔60〕 "Mr.Sturgis' Speech",March 3,1830.

〔61〕 1830 年 2 月 23 日法案(Act of February 23,1830),1830 年马萨诸塞州法律(Massachusetts Laws,1830),第 53 章,制造业公司法案(Manufacturing Corporations Act)第 325、328 页。正如引用的段落所说,1830 年法案的确以许多方式批准了有限责任。其中,有两个条件特别重要。根据该法,股东保持连带责任直到所有股本缴清;而且,更令人注目的是,董事仍然对超过缴纳股本的所有债务负连带责任(p.329)。

〔62〕 1848 年 2 月 17 日法案(Act of February 17,1848),1848 年纽约州法律(New York Laws,1848),第 40 章。

〔63〕 Seavoy,*Origins of the American Business Corporation*, p.195.

〔64〕 See esp.Maier,"Revolutionary Origins of the American Corporation",p.76;Seavoy, *Origins of the American Business Corporation*,pp.180 – 181.

〔65〕 1851 年 5 月 15 日法案(Act of May 15,1851),一个与合股股份公司相关的法案

(An Act Relating to Joint Stock Companies)，1851 年马萨诸塞州法律（Massachusetts Laws，1851），第 133 章，第 633 页。1866 年 7 月 7 日法案（Act of July，1866），1866 年新罕布什尔州法律（New Hampshire Laws，1866），第 4224 章，第 3246 页。

〔66〕 特别参见 Dodd，*American Business Corporations*，pp.391 – 437；Stephen Goldfarb，"Laws Governing the Incorporation of Manufacturing Companies Passed by Southern State Legilatures before the Civil War"，*Southern Studies*，24，no.4（Winter 1985），esp.410 – 411，table 2。

〔67〕 Blumberg，"Limited Liability and Corporate Groups"，pp.597 – 599.

〔68〕 参见例子 1970 年纽约州法律（New York Laws of 1970），第 974 章，第 1 节；"Shareholder Liability in Professional Legal Corporations：A Survey of the States"，*University of Pittsburgh Law Review*，47（Spring 1986），187；Jerome Medalie，"Supreme Judicial Court Rule 3：18：Incorporation of Attorneys"，*Massachusetts Law Quarterly*，55（1970），153。

〔69〕 特别参见 Susan Pace Hamill，"The Origins behind the Limited Liability Company"，*Ohio State Law Journal*，59（1998），1459 – 1522。

〔70〕 Dodd，*American Business Corporations*，pp.400 – 402，406 – 407. 另可参见 Kevin F. Forbes，"Limited Liability and the Development of the Business Corporation"，*Journal of Law，Economics，and Organization*，2（1986），esp.168 – 170。Forbes 使用回归分析，发现 1811—1842 年之间马萨诸塞州有限责任法的存在与该州纺织业企业设立的数量之间呈现正相关关系。

〔71〕 Phillip I.Blumberg，"The Corporate Entity in an Era of Multinational Corporations"，*Delaware Journal of Corporate Law*，15（Spring 1990），294 – 295 and n25.

〔72〕 关于商人在早期美国制造企业融资中的角色，特别参见 Lance E.Davis，"Stock Ownership in the Early New England Textile Industry"，*Business History Review*，32（Summer 1958），204 – 222。

〔73〕 虽然学者发现很难描述有限责任法在美国早期工业化中的确切影响，但是有人尝试评估了在其他地方的这种影响。特别参见 Stephen Haber，"The Efficiency Consequences of Instituional Change：Financial Market Regulation and Industrial Productivity Growth in Brazil，1866 – 1934"，in John H.Coatsworth and Alan M.Taylor，eds.，*Latin America and the World Economy since 1800*（Cambridge，Mass.：Harvard University Press，1998），pp.275 – 322。该文作者认为，有限责任法的实施在促进 19 世纪晚期至 20 世纪早期巴西纺织生产的大发展中发挥了重要作用。

〔74〕 Dodd，"Evolution of Limited Liability"，pp.1378 – 79。

〔75〕 有关这个观点的早期陈述，参见 Arthur T.Hadley，*Railroad Transportation：Its History and Its Laws*（New York：G.P.Putnam's Sons，1900），esp.pp.43 – 47。

〔76〕 Herman E.Krooss and Martin R.Blyn，*A History of Financial Intermediaries*（New York：Random House，1971），p.86.

〔77〕 John Hicks，"Limited Liability：The Pros and Cons"，in Tony Orhnial，ed.，*Limited Lia-*

bility and the Corporation(London：Croom Helm,1982),p.12.另可参见例如 *Anderson v.Abbott*, 321 U.S.359,362(1944)。

〔78〕 Butler,*Why Should We Change Our Form of Government*,p.82.

〔79〕 *Commonwealth v.Blue-Hill Turnpike Corporation*, 5,Mass.420(1809).See also Oesterle,"Formative Contributions to American Corporate Law",pp.148 – 149;Dodd,"Evolution of Limited Liability",pp.1358 – 59.

〔80〕 Osterle,"Formative Contributions to American Corporate Law",p.148.

〔81〕 Lawrence M.Friedman,*A History of American Law* (New York：Simon and Schuster, 1985),p.299.See also Gary T.Schwartz,"The Character of Early American Tort Law",*UCLA Law Review*,36(April 1989),641 – 718.

〔82〕 *State v.Minnesota Thresher Manuf'g Co.*, 40 Minn.213,222(1899).

〔83〕 "Report of the Committee on Revision of the Corporation Laws",*California State Bar Journal*, 3,no.3(September 1928),15.

〔84〕 Minutes of the California State Bar Committee on Revision of the Corporation Law, June 25 and July 9,1928.

〔85〕 See also Fabius M.Clarke,*California Corporation Law Governing Ordinary Business Corporations*(San Francisco：Bender-Moss Company,1916),esp.pp.359 – 414;D.S. C.,"Corporations：Limited Liability：Amendments of the California Constitution and Code",*California Law Review*,17(1928 – 29),276 – 281;William H.Gorrill,"What the State Legislature Did for Corporation Law Revision",*California State Bar Journal*, 3(June 1929),262 – 264;Henry Winthrop Ballantine,"Major Changes in California Corporation Law",*California State Bar Journal*,6(July 1931),159 – 164;Henry Winthrop Ballantine,"Questions of Policy in Drafting a Modern Corporation Law",*California Law Review*,19,no.5(July 1931),465 – 485.有关加利福尼亚州实施有限责任的不同观点(认为有限责任的实施带来的改变比预期的要小),参见 Mark I. Weinstein,"Limited Liability in California：1928 – 1931",unpublished paper,September 15,2000。

〔86〕 D.S.C.,"Corporations：Limited Liability",p.277.

〔87〕 "Governor's Speech"(1825),pp.193 – 194.

〔88〕 虽然人与人之间效用的大小在技术上不可能进行对比,股东的所得似乎比债权人的损失要大(即使是不可能证实的)的总体结论从实践的角度看是十分合理的。

〔89〕 Alexander Hamilton,"Idea Concerning a Lottery",in *The Papers of Alexander Hamilton*,ed. Harold C. Syrett, vol. 13 (November 1792 – February 1793)(New York：Columbia University Press,1967),p.518.

〔90〕 "The Lottery",*Ladies Companion*,7(June 1837),81.同样引自于 John Samuel Ezell,*Fortune's Merry Wheel：The Lottery in America*(Cambridge,Mass.：Harvard University Press,1960),p.216。关于"绝大多数赌博都是……由于尝试冒险或者不知道或不理解胜算的几率"的观念,参见例如 Mancur Olson,"Why Some Welfare-

State Redistribution to the Poor Is a Great Idea", in Charles K. Rowley, ed., *Democracy and Public Choice: Essays in Honor of Gordon Tullock* (New York: Basil Blackwell, 1987), esp. pp. 209 – 210。

[91]　Adam Smith, *An Inquiry into the Nature and Causes of the Wealth of Nations* (Chicago: University of Chicago Press, 1976[1776]), bk. 1, pp. 120 – 121.

[92]　Stanley Elkins and Eric McKitrick, *The Age of Federalism* (New York: Oxford University Press, 1993), esp. p. 262; Joseph Stancliffe Davis, *Essays in the Earlier History of American Corporations* (Cambridge, Mass.: Harvard University Press, 1917), essay 3 ("The 'S.U.M.': The First New Jersey Business Corporation"); "An ACT to incorporate the Contributors to the Society for establishing useful Manufactures, and for the. further Encouragement of the said Society", November 22, 1791, Acts of the General Assembly of the State of New Jersey, ch. 346, sec. 6, p. 732, and sec. 25, p. 741. 虽然章程本身未言及股东承担责任的问题, 但是公司方面的学者 Joseph S. Davis 得出结论认为, 有限责任已经暗含其中。参见 John W. Cadman, Jr., *The Corporation in New Jersey: Business and Politics, 1791 – 1875* (Cambridge:, Mass.: Harvard University Press, 1949), p. 39。有关 Hamilton 使用 "冒险者(adventurers)" 一次的文献, 参见 Hamilton, "Ideas Concerning a Lottery", p. 518; Cadman, *The Corporation in New Jersey*, p. 39。

[93]　Krooss and Blyn, *History of Financial Intermediaries*, p. 76; Rychlak, "Lotteries", p. 30; Ezell, *Fortune's Merry Wheel*, p. 84.

[94]　John Maynard Keynes, *The General Theory of Employment, Interest, and Money* (New York: Harcourt Brace Jovanovich, 1964[1936]), p. 150. See also Smith, *Wealth of Nations*, bk. I, chap. 10, pt. 1, p. 124; Frank Knight, Discussion, *American Economic Review*, 44, no. 2(May 1954), Papers and Proceedings of the Sixty-sixth Annual Meeting of the American Economic Association, 63.

[95]　Milton Friedman and L. J. Savage, "The Utility Analysis of Choices Involving Risk", *Journal of Political Economy*, 56, no. 4(August 1948), 286. See also Adolf A. Berle, "The Impact of the Corporation on Classical Economic Theory", *Quarterly Journal of Economics*, 79, no. 1(February 1965), 38.

[96]　Gerard Baker, "Greenspan Says Internet Stocks Have the Appeal of a Lottery", *Fiuncial Times*, January 29, 1999, sec. 1, p. 1; Alan Greenspan, Hearing of the Senate Committee on the Budget, Federal News Service, January 28, 1999.

[97]　See esp. David W. Leebron, "Limited Liability, Tort Victims, and Creditors", *Columbia Law Review*, 91, no. 7 (November 1991), 1565 – 1650; Henry Hansmann and Reinier Kraakman, "Toward Unlimited Shareholder Liability for Corporate Torts", *Yale Law Journal*, 100(1991), 1879 – 1934.

[98]　See esp. Michael C. Jensen and William H. Meckling, "Theory of the Firm: Managerial Behavior, Agency Costs, and Ownership Structure", *Journal of Financial Economics*, 3 (1976), 331.

〔99〕 See Dodd,"Evolution of Limited Liability",p. 1379; Alfred D. Chandler, Jr., *The Visible Hand: The Managerial Revolution in American Business* (Cambridge, Mass.: Harvard University Press,1977), pp.92 - 93.See also Davis,"Stock Ownership in the Early New England Textile Industry", pp.214 - 215.

〔100〕 See esp.Henry G.Manne,"Our Two Corporation Systems:Law and Economics", *Virginia Law Review*, 53 (March 1967), esp. 262; Janet Cooper Alexander, "Unlimited Shareholder Liability through a Procedural Lens", *Harvard Law Review*, 106(December 1992),387 - 445.

〔101〕 例如在 1998 年,美国的家庭和非营利组织持有的个人股票价值 6.3 万亿美元。它们同时持有的共同基金份额(绝大多数更可能是分散化投资的)只有 2.5 万亿美元。养老基金的参与强化了多样化的理由。到 1998 年,养老基金储备总额 8.7 万亿美元。*Flow of Funds Account of the United States: Annual Flows and Outstandings,1991 - 1998*(Washington, D.C.: Board of Governors of the Federal Reserve System,June 11,1999), p.54, table L.100.

〔102〕 See esp.Daniel Kahneman and Amos Tversky,"Prospect Theory: An Analysis of Decision under Risk", Econometrica,47, no.2(March 1979),283; Howard Raiffa, "Preferences for Multi-Attributed Alternatives", Memorandum RM – 5868 – DOT/RC (Santa Monica: Rand Corporation, April 1969), esp.pp.91 - 95; Milton C.Weinstein and Robert J.Quinn, "Psychological Considerations in Valuing Health Risk Reductions", *Natural Resources Journal*,23(July 1983), esp.665 - 673.有关"合理的"产出的讨论,参见 Milton C.Weinstein, Donald S.Shepard, and Joseph S.Pliskin, "The Economic Value of Changing Mortality Probablities: A Decision-Theoretic Approach", *Quarterly Journal of Economics*,94, no.2(March 1980), esp.382 - 385。

〔103〕 "Limited or Unlimited Liability", *Economist*, July 1,1854, p.698.来自 18 世纪的英国的证据表明,存在着所有资金都以股份筹集的企业,它们通过放弃债务并由此消除任何违约可能(除了履行非自愿债权人的义务),有效地限制了股东的责任。特别参见 Margaret Patterson and David Reiffen, "The Effect of the Bubble Act on the Market for Joint Stock Shares", *Journal of Economic History*,50, no.1(March 1990),167 - 168。

〔104〕 *Commonwealth v.Blue-Hill Turnpike Corporation*,5 Mass.420(1809).

〔105〕 事实上,只有有限的证据显示,自愿债权人确实比非自愿债权人在责任法的实施和审判中被赋予优先权。特别参见 *Heacock v.Sherman*, 14 Wend.(N.Y.)58(1835); *Chase v.Curtis & Another*, 113 U.S.452,462 - 463(1885);Hovenkamp, "Classical Corporation", p.1657;Ballantine, *Ballantine on Corporations*, pp.720 - 703.

〔106〕 Roger E.Meiners, James S.Mofsky, and Robert D.Tollison, "Piercing the Veil of Limited Liability", *Delaware Journal of Corporate Law*,4(1979),364.

〔107〕 Ibid., p.352.有关这个主张的概念根据,参见 R.H.Coase, "The Problem of Social Cost", *Journal of Law and Economics*, 3(October 1960), esp.10,13。

〔108〕 交易成本的存在只会增强这种效应。即使是(通过提供个人财产担保的形式)

退出有限责任保护相伴随的相对温和的交易成本,也会给股东一个很好的借口不想这么做。

〔109〕 See, e.g., "Governor's Message" (1830) , pp. 288 – 229; "Remarks by Mr. Brooks of Bernardston, on the subject of individual liability in Manufacturing Corporations", *Boston Daily Advertiser*, February 25, 1830.

〔110〕 Hansmann and Kraakman, "Toward Unlimited Shareholder Liability", p. 1883.

—— 第 *4* 章 ——

货　币

　　货币政策代表了 19 世纪美国公共风险管理的又一个关键领域。面对 1819 年导致经济瘫痪的金融恐慌,纽约州长狄维特・克林顿(DeWitt Clinton)指责危机是源于纸币的泛滥。"纸币大量超过金属货币……和对后者持续稳定的需求,"他称,"已经导致了惊慌和忧虑的状态,而且带来了巨大的痛苦。"[1]随着市民失望地试图将银行发行的通货转化成黄金,他们的银行家以收回逾期贷款和突然停止新的信用供给来应对。一些银行甚至完全关门。给十多年纽约州经济发展打上烙印的活力现在让位于速度快得可怕的萧条。到 1820 年 10 月,纽约西部杰纳西农业协会(Genesee Agricultural Society of Western New York)会长萨缪尔・霍普金斯(Samuel Hopkins)宣称,他"对那些孩子衣不蔽体在冬天暴风雪中受冻的家庭的景象十分震惊",州内骇人的经济状况简直"无与伦比"。[2]

　　尽管 1819 年衰退的严重程度不同寻常,它也很难说是一个孤立的事件。持续的经济繁荣和衰退周期同样也贯穿整个 19 世纪和 20 世纪的部分时期。恐慌和衰退规律性地袭来,令人不安。历史学家铭记在心的那些最为震惊一时的危机出现的那些岁月(1819 年,1837 年,1857 年,1873 年,

1893—1896 年,1907 年和 1929—1933 年),已经用来代表美国经济和社会发展长期历程中的自然节点。然而,在那时候,这些危机中的每一个都被看成首先是一个需要得到解决的关键问题,被看成要完全战胜的敌人。

就像克林顿州长一样,许多当时的观察家指责反复出现的危机在于货币供给的管理缺失。对这些危机尽管有许多其他可能的解释,货币制度已经受到特别审视。事实上,货币问题点燃了 19 世纪一些最富有戏剧性的政治冲突。特别让人记忆犹新的是,总统杰克逊(Andrew Jackson)19 世纪 30 年代早期与美国第二国民银行的激烈战斗,以及威廉·詹宁斯·布赖恩(William Jennings Bryan)在 60 年之后与金本位制的狂热斗争。直到美国内战时期,银行业政策在州一级的争论也达到了类似的激烈程度。由于提供国家大部分的通货,民间(州特许)银行在货币体系中占有核心地位。而关于如何最好地管理它们的问题在遍布全国的州级立法机构中引发了激烈的论战。

1819 年,民间发行的银行券在美国已经是最普通的货币形式。今天人们熟悉的联邦储备银行发行的绿色钞票还不存在。联邦政府用贵金属来铸造铸币,市民将它用来支付商品和劳务,并用来清算债务。但是,银行券远更方便,而且得到更加广泛的使用。[3]与今天的旅行支票相似,在 19 世纪早期当谈到为某种东西用"货币"来付款时,人们首先想到的可能就是这些票券(由州特许银行发行)。

在很大程度上,银行愿意发行这些银行券,因为它们产生一个重要的可贷资金来源。个人和企业通常接受银行券以替代黄金和白银(specie),因为纸币比起铸币易于携带和储藏。尽管一家银行的银行券在任何时候都应当可兑换为以金银铸币的全额付款,但是,在实践中这些银行券在回到它们的发行银行之前,经常从一个人的手中周转到另一个人的手中,经过很长的中间环节。同时,银行可以用基础资金(the underlying funds)作为追加贷款的基础,这些贷款通常也是以银行券的形式支付。

在任何一个给定的时刻,大多数银行都有比储备金银铸币多许多的银行券在流通领域。这种做法促进了商业的繁荣,使银行信用得以扩张,而且为银行本身创造了利润。但是,它也催生了危机的可能,如果大部分的银行券同时回到银行要求兑现,可能使银行陷入违约。就像火灾保险是基于并非所有的建筑都会同时烧毁这样的假定,银行业务也是基于并非所有的银行券持有者都在同时需要金银铸币这样的假定。如同我们将看到的,银行为它们的客户提供了一种特殊形式的保险。[4]问题是对金银铸币的需求往往是具有传染性的,在任何时候都有感染其他健康银行的可能,而且使整个金融体系陷入瘫痪。

政策制定者因此陷入进退维谷的境地。快速的经济增长需要丰富的银行信贷和货币,而货币和金融稳定所要求的似乎正好相反。一个匿名的纽约人在一个1816年的请愿书中写道:“我们需要资本,我们也要一种健康的流通手段。如果我们被剥夺其中之一,那么很难说哪一个应当牺牲。”[5]这里的赤裸裸的语言,是一个多世纪里让美国的法律制定者既困惑又着迷的一个根本性权衡。它是一个排在首位的风险管理问题。最大的挑战是在没有对各家银行带来严重的打击以至于停止关键的信贷和流动性的情况下,如何在银行部门实现安全和保障。引人注目的是,法律制定者在内战前的纽约实验了所有典型的风险管理工具——转移、分散和削减,以他们不断的努力来解决这个最令人烦恼的问题。

1. 货币风险的理论与实践

货币风险——或者,换句话说,有关货币价值的不稳定性——自从人们开始用货币作媒介来进行交易就已经存在了。政府试图管理这些问题也有很长的历史了,尽管不是那么太久。就像米尔顿·弗里德曼曾经提到过的,“货币安排很少完全留给市场”[6]。

亚当·斯密在他的《国富论》中解释道,政府首先开始在硬币上打上印记的原因之一是为了减少贵金属用来充当交换媒介时产生的不确定性。除非交易的金属的某些部分用适当的溶解药溶解,“检验结果就很不可靠”。为了减少余留的怀疑(并且充实国家金库),政府行使了这个职能,将贵金属打上印记成为铸币,并给每一个标上官方价值。按照斯密的说法,目的在于"便利交易,促进各种工商业发达"[7]。

斯密以来,时代已经变化了,但是他对减少不确定性的强调,现在仍然具有重要的现实意义。英国经济学家和中央银行家查尔斯·古德哈特观察到货币的真正性质——区别于其他资产的品质——是它作为最终支付手段的稳定性。他认为,"货币的主要功能……是在不确定的条件下应对和缓解交换的问题"[8]。地方上的饮食店主更愿意我用一张美元钞票来为咖啡付款(而不是相当价值的股份,或者一镑铜,或者一个糖棒,或者一个在未来支付的口头承诺),因为他确定当他准备去购买或者偿还债务时,别人将接受美元。他也相当有信心美元在将来会买到东西(无论是今天晚些时间、明天还是明年),而且很高兴它正好能放入现金出纳机。

回到 18 世纪,1776 年当他们宣布从英国独立时,美国殖民者已经将纸币作为金银铸币的一种可接受替代品,开始欣然接受它。殖民政府一段时间里已经发行了少量的纸币,而大陆议会在革命期间继续大规模地印刷纸币——事实上,如此之多以至于新的美国通货在价值上很快就贬值了。私人银行家已经认识到纸钞的吸引力并且选择发行纸钞,尽管有人所共知的战时货币"大陆"货币的失败。

结果,美国经济逐渐从商品本位货币(以贵金属为基础)向信用本位转换(以纸质支付承诺为基础)。用银行券来替代铸币,银行券本身可以用金银铸币来支付,标志着这一转型中的重要一步。用贵金属铸造的铸币笨重而不易携带,而且时间长了易磨损。更为重要的是,流通中似乎没有足够的金银铸币来满足人们日益增长的货币需求。增加的经济专业化和增长使越来越多的交易成为必须,这又反过来要求更多的货币来满足它们。当联邦政府在革命后一停止发行纸币,州特许银行很快便临时顶替上来。

向信用本位的转换提供了更加富有弹性的货币供给,因为即使在贵金属货币供给处于固定时,银行券的规模也可以随着需求的变化扩张和收缩。这个转换也使得货币的功能改变了,允许它同时以一个流动性和信用的来源发挥作用。当人们将金币保存在他们的口袋和钱包里时,他们获得流动性(也就是可以在任何时候或者任何地方花费他们的财富的能力),但是,他们也使得贵金属资本不能动员和运用起来。如果它停留在某人的口袋里,没有其他任何人能将这笔财富用于生产性的目的。然而,银行券则相当不同。只要人们保留这些银行券,银行就可以贷出大部分基础资金给优秀的借款人。这是一个巧妙的花招。尽管银行券在技术上可以兑换为金银铸币,但实际的支撑是贷款本身。

与商品货币不同,银行货币建立在保险原则基础之上。[9] 银行家预期贷款某个时候要变成坏账(违约风险),以及银行券持有人和存款者会偶然为他们的银行券提出金银铸币需求(流动性风险)。但是,只要没有立即发生大量的违约和流动性风险,银行家就可以用这同样的基金,一方面来支持流动银行券和存款,另一方面为不流动的贷款提供融资。就像我们已经提到的,火灾保险公司将保额远远扩大到了他们的支付能力之上——其理由是,并不是每一个保险覆盖的建筑物将会在同一时间烧毁。内战之前的银行家做了许多同样的事情,为远超过他们支付能力的金银铸币提供承诺——基于这样的理由:并不是每一个银行券持有人和存款者都会在同一时间需要金银铸币。他们贷出的款项也远超过他们偿付得起的损失——又是假定绝大比例的借款者不会同时违约。基于这些简单的保险原则,货币便不受约束地行使两种职责,也就是说,向美国经济注入新的流动性和信用。

尽管如此,自然地,对纸币的这种新的依赖也有一个缺点,因为它极大地加重了货币风险的问题。就像亨利·桑顿(Henry Thornton)在他1802年关于英国货币和信用的经典教科书中论述的,"所有……支付货币的承诺并非基于任何道德确定性的原则,而是基于合理和充分的概率原则"[10]。银行券不像金铸币那样有内在价值,而且它们也不是法定货币(legal tender),这就意味着法律没有要求债权人在债务偿还中接受它们。在根源上,它们仅仅是支付的纸质承诺,那这些纸币的良莠就取决于发行它们的银行状况。如果一家银行的贷款成为坏账,其银行券的价值会立即暴跌。而且,即使在它的贷款表现好的时候,如果它的银行券持有人和存款户不知怎么受惊吓去突然提取金银铸币,引起银行挤兑,它还会处于不利地位。

由于银行家并不总能很好地履行他们的承诺,银行货币为严重的承诺问题所困扰,它无休止地打击着政策制定者。理想情况下,货币应当是十分安全的,一种稳定的最终支付手段。但是,当然,现实生活中,没有什么是完全确定的。在 19 世纪早期,纽约银行券通常以较少的折扣交易,那就意味着,1 美元的银行券一般仅仅只能买到 99 美分价值的商品。当少于 1% 的折扣成为普遍情形时,对一家银行的偿付能力的疑问会快速地推升折扣提高,让不幸的银行券持有者承担相当的损失。折扣比率定期记录在报纸上和专门的银行券报告上。临近 19 世纪末,一位货币专家回忆记述道:"内战前银行券流通中的古老的复杂性和不稳定,每一个人进行经营活动时都必须为每一交易咨询银行券监测员。"[11]

19 世纪的许多敏锐的政策制定者认识到,如同亚当·斯密一样,交换媒介的不稳定会危害贸易。在纽约,威廉·H.苏厄德(William H.Seward)州长于 1840 年宣布,"商业只是产品的交换",而且"为了使这一交换有效进行,一种通货和媒介是必不可少的,而且它在任何地方都具有最大可接受性的统一价值"。[12]早在一些年前,州长马丁·范布伦(Martin Van Buren)就已经声称,在将他们的财富和服务交换为银行券方面是多么紧迫,"农民……机械师……商人……以及所有的社区其他各阶层……会对它的价值保持满意"[13]。尽管有关交换媒介挥之不去的不确定性无疑是重要的,许多政策制定者对真正的银行倒闭之后接着出现的创伤表达了更大的关心。[14]就像每一个其他风险一样,货币风险既产生事前效应又发挥事后效应,而政策制定者对它们两者都得留意。

另一个关注点是银行券的超量发行会引起通货膨胀和实体经济的不稳定。当大多数银行业专家认识到银行供给的纸币给国家节约了"成本、利息,金属通货的耗损和浪费",他们也担心"没有保持经济所必需的合适比例所带来的后果"。[15]美国第一个银行保险法的起草人约书亚·福尔曼(Joshua Forman)提出了警告,银行券"太过富余"的供给,将"通过市场上的竞争提高商品的物价",最终破坏贸易的平衡并促使金银铸币的外流。[16]一旦人们认识到他们拥有的银行券似乎过多,既不安全也不必要,他们就开始兑换金银铸币,这可能激发宏观经济的衰退。银行就会被迫去"逼迫他们的债务人"(亦即,他们将拒绝为他们的短期贷款展期),这反过来又会"引起大量有进取心的人的破产"[17]。

也许其中最令人担心的,每一个货币风险因素将被银行部门传染的威胁弄得更糟。甚至一个单家银行的破产也有可能殃及许多别的银行。一旦银行券持有者和存款者开始对他们银行的状况提出质疑(无论是出于好的理由与否),他们会一起提出兑现,这可能会击垮整个银行体系。名副其实的银行恐慌是所有金融梦魇中最为糟糕的——同时中断信用、摧毁货币供给,使支付体系失灵,而且破坏公众信心。

货币危机就是这样一个极端严重的问题,在州和联邦一级它都激起了一个长期的系列政策回应。最终的调整将是禁止银行家将流动性负债(可以按需支付的银行券和存款)转化为不流动的资产(诸如对小企业的长期贷款)。极端地,银行将会被要求用金银铸币百分之百地收回它们的银行券,维持要求数量的黄金和白银储备在它们的仓库里。但是,这有点像将汽车限速减少到零来消除车祸一样。[18]银行是经济的关键部门,而且在流动性银行券和不流动的贷款之间充当中介构成了它们最重要的功能之一。

在迅速发展的美国经济中存在一个巨大的信用需求。各种崭露头角的企业家都依赖信用——并且特别是银行信用——以维持和扩大它们的业务运营。这里包括想买种子或者设备或者新的土地的农民,寻求增加库存或者扩大他们店面的店主,需要营运资本以保持小工厂运转,或者在有些情况下需要长期资本以建立更大工厂的制造业者。就像历史学家布雷·哈蒙德(Bray Hammond)所说的,独立战争之前的美国为"一个信用饥渴饱受煎熬"[19]。

因为拥有剩余资金的个人以各种方式储存,所以有许多潜在的信用来源。一些富有的商人直接借款给需要资金的企业。但是,很多时候,银行作为储蓄者和借款者之间的关键中介提供服务。"银行对这种资本饥渴经济起飞的贡献,"历史学家查尔斯·塞勒斯(Charles Sellers)写道,"是不可估量的。"[20]许多储蓄者选择在银行购买股票,这些银行又反过来扩大它们对几乎各种企业的贷款。[21]另一条途径是让储蓄者投资到流动性银行券或者存款上,它们一起占银行总负债另一个相当大的部分——经常约为1/3,但有时候多得多。根据保险原则,通过将这些高流动性负债(银行货币)转化为流动性小得多的可贷资金,银行使可供迫切需要信用的企业家利用的资源最大化。

因此，像有限责任公司一样，银行为生产的目的帮助动员资本。而且银行货币的创造（通过银行券和活期存款的供给）是这个过程的重要部分。问题是，正是这同一个过程，它既扩大了货币供给，又扩大了信用供给，也往往加剧了货币风险，使得银行货币更加缺乏安全。尽管政策制定者继续努力使这种权衡最优化，要找到适当正确的平衡却是极其困难的。

本章的下一个部分关注美国内战前纽约州管理货币风险的一系列尝试。确实就公司法来说，纽约州的立法者在银行业政策领域进行了卓越的创新。但是，他们的故事并不是独一无二的，因为在纽约州采用的政策最终表明，它们以一种形式或者另一种形式遍及全国。货币风险问题是普遍存在的，而创造出来防范它的政策也是有风险的。

2. 南北战争前纽约州的货币风险管理

就像我们在前面各章所看到的，政策制定者处理风险管理问题拥有三大类的选择：他们可以通过限制或者禁止风险行为直接减少风险；他们可以通过转移财务负担，或者通过责任法或者税收政策，将风险从一方转移到另一方；他们还可以通过提供公共保险或者强制加入的民间保险项目，将风险分散到一个数量巨大的群体中。

举例来说，美国政策制定者已经在处理汽车风险问题时运用了所有这三个风险管理工具。首先，他们通过给驾驶员颁发执照来试图减少事故风险，建立汽车最低安全标准，而且设定最大速度限制。其次，他们转移了一个确定比例的风险——即，产生于低于标准的汽车的那部分风险——在产品缺陷被认为应当对损失负责的任何时候，通过让事故受害者起诉制造商以获取赔偿金。最后，通过实施强制所有的驾驶员购买汽车保险，政策制定者已经将大部分剩下的风险尽可能广泛地分散了。

内战前银行业政策一个最吸引人的事情是，州法律制定者们正是用这些同样的风险管理战略进行实验——一个跟着一个——在处理货币风险问题方面。更早的时候,他们通过定量配给银行特许权实施一个风险削减的协同政策。在没有首先从州立法部门获得一个特许权的情况下,没有个人和团体被允许开办一家银行,它准确地专门规定了银行能够做什么和不能做什么。就像驾驶员的执照颁发是设计来减少事故风险一样,州银行的特许权认证是设计来减少货币风险的。然而,这种政策实际上引起了很强的反应,当经济看上去稳定时立法者颁发新的特许权,而出现麻烦的迹象时拒绝颁发特许权。(它也被证明很容易带来政治操纵、任人唯亲以及腐败,赋予授权立法者配发的特许权证相当的价值。)

特许权战略的一个重要改进,伴随着银行股东的双倍责任的采用一起到来。这个变化构成了风险转移的一个新的运用,将额外的违约风险从债权人(包括银行券持有者和存款者)转移到股东。目标是强化银行家自身方面自我调节的激励。很像现代的侵权法,其思想是将风险转移到为管理和最小化风险行为做好最佳准备的那些团体——那种"最廉价的成本规避者",用两个现代学者的话来说。[22]

但是,只是在一个很短的时间之后,州的立法部门再一次改变战略,在1929年实施全国的首个银行保险法。作为一个在风险分散方面的大胆实验,纽约稳定基金(New York Safety Fund)被设计用来将个别风险分散到整个银行系统。就像强制汽车保险一样,稳定基金集中风险以防止任何一个人遭受不成比例的损失。银行保险的一个独特的附加好处是,它承诺通过在整个系统强化债权人信心来减少系统风险(以传染性银行挤兑的形式)。

然而,在1837年恐慌之后,稳定基金名誉丧失,而且,对一个"自由银行业"体系的大量需求终于左右了当时的形势。纽约1838年的自由银行法案,是一个一般公司法(general incorporation law),它取消了每一家银行直接从立法部门获得它自己特有的特许权的要求。这个法律要求所有的自由银行券一对一地以预存于本州监理官(the state's comptroller)处的高等级债券或者抵押证明为保证。这代表了一个极端形式的风险减除,因为主要的货币风险来源——流动性银行券和不流动银行贷款之间的连接——已经根本地消除。它简直就像政府决定严厉打击汽车事故而将限速降到零,或者至少到个位数。如果不是由于一个法律上的重要漏洞,这激进的一步应当已经在削弱全州的信用创造的灾难中结束。尽管如此,最后,纽约自由银行业的经历表明是相当成功的。常言说得好,魔鬼(或者,在这个例子中,天使)存在于细节之中。

用特许权来监管:风险削减(Risk Reduction)的早期实践

风险管理战略实验这个扩展过程的第一步在 1791 年到来,那时纽约正好批准了它的第一家银行,纽约银行(the Bank of New York)。[23]在随后的38 年间,直到 1829 年建立稳定基金,奥尔巴尼的立法者主要通过特许权批准程序监管货币和银行业。他们对银行特许权的控制让他们能够限制银行开业的数量和约束特许银行活动的范围。

颁发特许权的程序代表了一个强有力的,甚至可能是尤其精致的风险减少措施。直到 19 世纪 20 年代末期,纽约银行的特许权作为大多数其他银行的基本模式发挥作用。标准特许权要求一家银行根据要求将它的银行券兑换为金银铸币(或者直到 1816 年,兑换为其他银行的银行券)。它也限制“多于或超过储存于金库的货币”的总体债务在资本的三倍,将资本固定在一个特定的美元数量,禁止在股票和任何商品上交易,并且指定银行可能开办业务的地点。[24]所有这些条款都是试图减少银行业风险,进而减少银行券的风险。

州立法者不久面临的一个问题是这样的事实——特许权银行面临来自未颁发特许权的银行的竞争。为了处理这个问题,立法部门通过了 1804 年的限制法案(Restraining Act),它禁止非法人团体从事诸如发行银行券等的银行活动。[25]借口保护银行券持有者,限制法案强化了州对这个行业的控制。它也强化了现存银行业公司的市场力量,它们其中有许多已经与奥尔巴尼的当选众议员结成亲近的联盟。[26]

既然已经巩固了他们对于银行业服务供给的控制,州的立法者开始进一步追求一个强烈反应的战略。当光景好的时候,他们颁发特许权给许多新的银行,只是在光景变化时严厉打击,收紧政策。在某些情况下,立法者努力扩大银行服务业,并以不太有利的条件颁发更多的特许权同时来减少银行业风险。

如表 4.1 所示,在 1810 年年末,纽约州政府已经授予 10 家银行特许权,包括纽约银行在内。[27]还有 9 家银行接连创立于 1811 年和 1812 年。尽管议会忽视了州长丹尼尔·D.汤普金斯(Daniel Tompkins)本州已经开办了过多银行的警告,他们确实将几个新的条款加入标准特许权之中以治理明显的滥用。比如,在 1811 年的特许执照中,限制银行董事得以从他们自己的机构借款的数量。[28]

还有 4 家银行批准于 1813 年,但是,这个时候银行体系显示出重压的迹象。1812 年战争既引发了国家贸易平衡的恶化,也引起了它黄金储量的突然下降。在 1814 年年末,大多数银行再也不能按常规兑现他们的银行券。[29]就像美国财政部长在 10 月所观察到的,"那个时候已经不存在美国公民通用的足够的流通媒介"。[30]

表 4.1　纽约州特许银行的设立和废止(不包括稳定基金银行和自由银行),1791—1860 年

年份	1791 | 1800	1801 | 1810	1811 | 1820	1821 | 1830	1831 | 1840	1841 | 1850	1851 | 1860
新增	4	6	23	11	0	0	0
退出	0	0	2	7	0	0	0
到期	0	0	0	15	13	5	0
总数	4	10	31	20	7	2	2

资料来源:改编自 L.Carroll Root,"New York Bank Currency:Safety Fund vs.Bond Security", *Sound Currency*,2,no.5(Feburary 1895),3,6 - 7;William H.Dillistin,*Historical Directory of the Banks of the State of New York*(New York:New York State Bankers Association,1946),p.105。

注:"总数"指每一期间最后一年 12 月为止的银行总数。亦即,1800 年 12 月有 4 家特许银行,1810 年 12 月有 10 家,等等。

大多数别的州对这些情况的反应,甚至是授予更多的银行以特许权,这些银行大量地增加流通中的银行券数量。[31]在 1815 年,美国财政部发行了 900 万这样少量的无利息负担的钞券——这正是 1789 年宪法通过以来首次联邦纸币实验。[32]这些货币扩张的纯粹结果是通货膨胀和对银行货币的信心丧失。[33]即使在纽约,那里的立法者在那些年里追求的是一个相对保守的政策(在 1814 年和 1816 年之间只开办了两家新的银行,并且附有更多的限制性条款),通常银行券折价也在 10% 至 15% 之间。[34]

金银铸币支付重新开始于 1817 年早期,很大程度上是由于一个新批准的,有点像中央银行一样发挥功能的联邦机构——美国第二银行(the Second Bank of the United States)施加在州银行之上的压力所致。[35]纽约法律制定者利用这个机会再一次放松了管制,在那一年批准了 4 家新的银行特许权,并在第二年批准了另外 4 家银行特许权。意识到克林顿州长对银行部门松弛的关心,他们也收紧了一些条例[36],但是,在 1819 年,克林顿州长一再重复的关于纸币过度的警告的准确性变得更加清晰。[37]当美国第二银行开始发动它那时著名的紧缩,许多州银行突然发现他们自己放贷过多。1819 年尼亚加拉银行(Bank of Niagara)的倒闭,是自开始于 28 年前的特许银行时代以来纽约的第一家银行破产。第二家银行,哈得逊银行(Bank of Hudson),于不久之后破产。[38]

来自奥尔巴尼的反应,就这点而言,是可以预料到的。立法部门直到 1821 年才颁发新的银行特许权,并且那一年仅仅新增一家组建开业。它也大大收紧了特许权审查程序。1821 年纽约制宪会议强制今后若要批准一家银行特许权,在参议院和众议院都必须获得三分之二多数通过。[39]这项改革的部分正当理由,是使特许权制度不容易受到滥用,但是一些批评家指责它正好具有反面效果。一位观察家说,三分之二原则增加了"罪恶,由于它使得一个更加扩大的腐败系统成为必须"。[40]不管情况如何,6 家银行最终在接下来的三年里特许权获得批准,包括美国化学制造公司(化学银行)。在这简单的扩张之后,1825 年的 3 家银行倒闭,向奥尔巴尼发出了信号,又到了踩刹车的时候。尽管在那一年建立了新的银行,几家都收到了不寻常的限制性特许权。[41]

轰动一时的 1826 年"阴谋审判"(在那次审判中,几位很有名并得到高度评价的纽约市居民因金融欺诈被起诉),伴随着 1827 年新一轮的银行和保险业的破产,重新点燃了对这种"货币机构"的公众敌意,并且为纽约银行体系重大的新的改革铺平了道路。克林顿州长敦促立法部门制定一般法律(general laws)以限制银行券发行并为它们的兑现提供"充足的保障",而且立法部门否决了它在 1827 年收到的所有 42 个新的银行特许权和特许权更新申请。州法律制定者也实施了一系列严厉的新的银行改革,包括我们现在要去讨论的所谓双倍责任法规(double liability rule)。[42]

双倍责任:转移风险的前景(和隐患)

在 1812 年战争引起的金融动荡不久,纽约立法者 1817 年已经第一次将双倍责任条款加进银行特许权。事实上,那年颁发特许权的所有 4 家银行都已经附加了双倍责任。[43](这意味着,如果这些银行中的任何一家倒闭,它的股东将对达到他们初始投资数额的损失承担个人责任。)在后来的十年,双倍责任条款被写进银行特许权仅仅还有三次,一次在 1824 年,两次在 1825 年。[44]然而,在 1827 年立法部门强制命令双倍责任适用所有新的和再次批准特许权的银行,这是一个在几年中几乎将覆盖州内每一家银行的战略。[45]

双倍责任标志着与现行政策的一个重要的背离,因为银行公司——通常被当成半公共企业看待——传统上已经享有有限责任保护。[46]可以想象这就是在 19 世纪早期为什么银行股票是如此受欢迎的一个投资的原因之一。但是,双倍责任的支持者相信有限责任已经使得在银行的投资(并且特别是有风险的银行)有点太富有吸引力了。

在与有限责任比较时,双倍责任将更大比例的违约风险从债权人转移给股东。理想情况下,这将鼓励股东向他们的银行经理们提出更加谨慎的行为要求,而且它能够确保债权人在银行破产事件中获得更加完整的补偿。奥尔巴尼银行政策的现行做法,可以一直追溯到 1791 年,那时它已经要求议会的持续干预。双倍责任的吸引力(风险转移)在于,它将凭借银行家自己实现更大程度的自律。[47]

就银行而言,责任体系的选择尤其重要,因为它们的主要债权人是大量的银行券持有者和存款者。既然这些微观债权人每一个拥有一家银行的索赔额度相对较小,他们中的许多人会拥有充分信息或者激励去有效地管理银行的活动是令人怀疑的。无论怎样评估一家银行资产负债表的风险都是困难的。没有标准的报告要求,并且银行的资产组合里通常充满了非市场的贷款,其价值对局外人是不透明的。各种不同银行券的折扣表明,它们在纽约极少单独变化,它们几乎一致地升降。这个事实强化了这个观念:单家银行的表现事实上没有得到很严密的跟踪监视。[48]（见表4.2）

双倍责任将导致更好的股东监视和更安全的银行的假定,在一个最近的有关美国南北战争后从1865年到1935年的银行业研究中发现了一些确证。根据这个研究,比起那些有限责任银行来,双倍和三倍责任银行往往持有更少的风险资产组合。[49]

表 4.2　银行券贬值率与银行破产数,1823—1829年:纽约州全部特许银行汇总统计数据

年份	平均贬值（百分比）	中位数贬值（百分比）	第三四分位数贬值（百分比）	最大贬值（百分比）	协方差	银行总数	银行破产	新设银行
1823	0.49	0.0	0.88	5.0	1.71	32	0	1
1824	0.08	0.0	0.00	2.5	4.62	33	0	5
1825	0.33	0.0	0.00	50.0	9.20	38	3	4
1826	3.23	0.0	1.00	75.0	4.01	39	0	0
1827	3.39	0.5	0.50	100.0	4.19	39	1	0
1828	6.11	0.5	0.75	100.0	3.63	38	0	0
1829	9.57	0.5	0.75	100.0	2.72	38	2	11

资料来源:New-York American,1823—1829年,周刊、半周刊版各期;L.Carroll Root,"New York Bank Currency:Safety Fund vs.Bond Security", Sound Currency,2,no.5(February 1895),3.

注:本表依据的银行券表(bank note tables)列出的是每家银行的周贬值数据。"平均贬值"指当年全部银行所有每周观察值的非加权平均值。贬值率最低的银行甚至是第一四分位数(25%分位)贬值的银行,各年总是零。"银行总数"指每年1月纽约州特许银行总数。但是因为偶尔在银行券表里对银行分支机构列出了不同的贬值,所以将银行分支机构视为独立银行来计算各种贬值统计。关于"新设银行",1829年26家银行获得稳定基金特许权,但是其中只有11家是新设银行。1829年下半年,未加入稳定基金体系的银行平均贬值是16.72,而稳定基金银行平均贬值仅有0.61。

然而,大量著名而很有见地的双倍责任批评家在19世纪20年代提出了正好相反的建议,预测一个更加严厉的责任规定将真正增加银行资产组合的风险。他们的观点是,双倍责任会削弱有责任感的工商界人士参与到银行业来,而吸引无所顾忌的投机者。"没有慎重的人,没有诚实的人——将或者应当从事这个活动",州众议院的发言人评述道。在非公司制银行按《限制法案》取消之前,他回忆称,这些银行的银行券通常已经远离安全状态,尽管有他们股东的无限责任。[50]

1817 年特许批准的 4 家双倍责任银行之中的两家在 1825 年倒闭,只是加重了对双倍责任的批评。[51]也许最受谴责的是,一家倒闭的双倍责任银行,华盛顿和沃伦哈德逊瀑布银行(Bank of Washington and Warren in Hudson Falls),已经被接管,而且明显地被臭名昭著的冒险家雅各布·巴克尔(Jacob Barker)错误管理。[52]立法部门拒绝批准任何一个它在 1828 年接到的三十多个特许和特许更新申请,肯定至少部分根源于对双倍责任原则的一种潜在的不满情绪。[53]

在 1829 年早期马丁·范布伦(Martin Van Buren)宣誓就职州长的时候,纽约州银行问题的严重性已经变得明显。1824 年起州银行券的平均折扣已经大大升高,很大程度上是因为 4 家银行倒闭。而法律制定者自 1825 年起没有批准一家新的银行(见表 4.2)。在随后的 4 年里,如果立法部门没有找到一个可以接受的方式去更新它们的特许权,州内 40 家银行中的 31 家将过期。[54]回忆情况的紧急以及"停止银行不适当增加……的无望",范布伦后来说他已经开始考虑采取"最有效的手段以防止它们的倒闭造成的损失带来的最无助局面"[55]。

怀疑这种双倍责任原则又不愿意回到旧有的特许银行制度的范布伦转而向福尔曼求教。作为回应,福尔曼推荐了一个强制加入的银行责任保险的激进计划,这在美国而且可能在世界上都是此类计划中的第一个。以稳定基金(Safety Fund)制度为人所知的福尔曼,其计划是超凡的,因为旨在通过一个史无前例的强制风险分散(bank insurance,银行保险)和风险削减(ongoing bank supervision,经常性持续的银行检查)的组合来管理货币风险,对于 19 世纪 20 年代来说是令人惊奇的现代方法。因为银行要像保险公司一样发挥功能,需要的就是一个可靠的再保险人去保险这些保险公司。这便是稳定基金的基本逻辑,它将作为遍布纽约州的银行业活动的再保险人发挥作用。

稳定基金制度(The Safety Fund System):
分散(和缓和)风险

福尔曼在 19 世纪 20 年代末彻底改革本州的银行制度,是一个自然的
选择。人们广泛地认为他不仅是一个能够规划大事业的人,而且是那种能
够有效地将他的梦想变成现实的人。福尔曼也许是伊利运河(Erie Canal)
最早的倡议人,也是雪城(Syracuse)这个城市的创立者。[56]特别是由于他
在运河方面的工作,他积累了丰富的有关州银行的经验。他同意范布伦的
看法,认为现行银行制度正在走向失败,而影响深远的改革是根本的。

福尔曼也与范布伦同样怀疑作为修复措施的双倍责任的有效性,预测
这种"(双倍责任)银行的所有权和管理权将很快落入贫困的冒险者之手",
"倒闭将会是经常的",而且"公众将失去对银行纸币的所有信心"。[57]单
个银行券的倒闭将导致公众"丧失所有信心",这个事实反映了一个市场失
灵,按照福尔曼的看法,它将使得州的干预成为必须。诀窍是如何塑造一个
没有过分危害银行业服务的政府补救,这对"纽约增长着的商业,以及沿着
运河线路开办的新领域企业,是如此关键"。[58]简言之,福尔曼旨在使货币
风险权衡最优化,提供一个没有过度紧缩信用和流动性的安全的货币供给。
按照范布伦的说法,目标是建立一个不是完美的安全措施而是一个"更加
有效的安全措施"[59]。

福尔曼和范布伦也应当寻求过削弱美国第二银行(the Second Bank of
the United States)的势力。本身作为一个主要的风险管理机构的第二银行
通过要求州银行定期将其银行券兑换为金银铸币来规范它们,尤其是 1823
年之后尼古拉斯·比德尔(Nicholas Biddle)掌舵的时候。[60]这家银行的主
要目标之一,按一个历史学家的说法,是创造"一个对维持一个统一的全国
性通货负责的工具"。[61]但是,第二银行是在一个联邦特许权下开办的,而
且它的总部在费城,不是纽约,对初露头角的曼哈顿金融区是很大的懊恼。
那么,稳定基金的一个附带目的,应当是表明在没有来自一个在费城的联邦
特许银行的任何介入的情况下,纽约州凭借自身能够确保一个安全的货币

供给。[62]

处于福尔曼提案中心位置的是两个新的政府功能——银行保险和银行监督。在保险条款下,要求银行交纳它们资本的一个很小的百分比给一个公共基金(common fund),用来偿还破产银行的债务。尽管缴纳将是强制性的,但在技术上这笔资金将"仍然是银行的财产"。[63]福尔曼主张,稳定基金将通过给破产机构的债权人提供全额补偿担保来防止银行挤兑。[64]

其中同等重要的是持续的银行监督条款,它(如同保险条款一样)在美国银行业历史上是没有先例的。[65]相信那些条例在"没有得到间或调整"的情况下不会有效地发挥作用的前提下,福尔曼提出了一个永久性的委员会,它将有权不断地检查和规范银行。[66]理想情况下,增加的监督(super-vision)和监管(regulation)将帮助控制人们预计会因保险计划而产生的道德风险。他的计划,换句话说,是全面的。

如同布雷·哈蒙德(Bray Hammond)已经看到的那样,福尔曼的提案反映了他的"智慧的理解,银行组成了一个系统,对相互之间的经营活动特别敏感,而不仅仅是自由行为主体的简单相加"[67]。关键重要的是,一家银行的虚弱会很容易地降低人们对其他银行的信心。福尔曼很好地理解了这一点,宣称一个值得信赖的州保险基金将消除导致银行挤兑和传染性恐慌的担忧。尽管他没有明白地说,他的保险基金也是承诺削减每家银行需要作为储备来保存以防止银行挤兑的金银铸币的比例,因此提高了整个银行体系的效率。

福尔曼早就承认,对于他寻求解决的问题,强制保险不是唯一可接受的解决方式。另一个可能的办法,应当是鼓励银行分行制。那个时候,大多数银行是单一银行,意思是它们没有任何分支机构。而且即使那些有分支机构的银行也从来没有多过几家的。很像福尔曼的保险计划,扩大分支机构可以分散单家银行面临的两个关键风险:贷款变坏的风险和银行券持有者和存款者突然需要金银铸币的风险。范布伦州长在 1829 年指出要是他从头开始创办一个新的银行体系的话,他确实将会偏爱一个半公共的分行制度。[68]

但是福尔曼强烈反对它,并坚持他的稳定基金提案将是"完美的,而且较之一家银行总行下设分支机构的提案对公众更加有利"。在分行制度下,他强调,高层的错误判断"会破坏整个公司"。按照他的看法,他所提出的稳定基金的互助性质,在没有取消个体行动自由这种单一银行制的巨大威力的情况下,将提高整个体系的安全性。作为稳定基金制度的组成部分,各家不同的单一银行将组成"某种程度上模仿我们联邦模式的一种社会组织",他充满希望地指出,"每一个州政府自身的权力,构成了整体的保障。"[69]换句话说,银行保险可能使风险广泛地分散,而避免金融势力可怕地集中在少数几家特大银行。

福尔曼的提案很快在众议院银行和保险公司委员会得到采纳,他们提出的法案吸收了他的大部分意见。委员会似乎喜欢稳定基金提案,因为它承诺保护银行券持有者,同时允许更多的银行创立。[70]他们希望,风险集中处理的安排会促进资源更加有效地利用,既改进银行服务的质量,又改进银行服务的数量。

当3月中旬法案最后到达众议院全体会议的时候,它却遭到了很大的怀疑。[71]州众议院发言人彼得·鲁滨逊(Peter Robinson),想知道一个50万美元的基金怎样能够保证获得授权达到近7500万美元的银行券发行。[72]另一位众议员沃尔特·哈布尔(Walter Hubbell)担心道德风险问题,宣称银行保险计划将减弱"现在用来限制和检查不良行为的公众审查和警惕"[73]。约翰·迪克森(John Dickson)反对基金的"强制伙伴"部分,论证道,它"是不适当的,因为它要求一家银行的股东们要对所有其他的银行负责"[74]。同时,奥尔巴尼和纽约的银行界众议员也反对这个法案,他们基于这样的立场,拟议对资本的征税将不公平地惩罚城市银行,因为他们的银行券对资本的比率比农村的银行要小得多。[75]

尽管有这些反对,稳定基金法案在众议院还是逐渐获得了势力。公众需要银行业改革。在一些争论和大量政治角逐之后,众议院终于在3月18日通过了法案,而参议院在两周之后也予以批准。接任范布伦的伊诺斯·思路普(Enos T.Throop)州长在范布伦3月早些时候赴任华盛顿之后,在1829年4月2日签署法案成为法律。[76]

如同所规定的那样,法规要求所有的银行获得新的或者更新过的特许权以参加到稳定基金系统。它要求每家银行每年缴纳实缴资本的 0.5%，直到将一个为资本的 3% 的总数存入这个基金。在一个银行破产的事件中，一旦这家银行的流动性枯竭，债权人（包括存款者和银行券持有者）将有权从基金获得全额赔偿。另外，授权三个稳定基金委员，既处理破产银行的事务，又对所有具有偿付能力的银行进行持续不断的监管。[77]

特别是因为自从 1825 年以后，没有一家银行被批准银行业特许权，稳定基金法的采用开启了一个新的银行业特许权颁发热潮。在 1829 年年末，州立法部门已经颁发了 11 家新的银行特许权，并对现有的 15 家银行再次颁发特许权。接下来的一年，还有 9 家银行获得特许权，而且 8 家纽约市的银行在 1831 年加入基金。[78] 福尔曼的实验现在安全地走上了轨道。事实上，佛蒙特在以纽约的模式为原型，创立自身的银行保险计划的那一年，给予纽约最高的赞扬。（总共有 6 个州在内战前的时期采用银行保险计划：纽约、佛蒙特、印第安纳、密歇根、俄亥俄和艾奥瓦。）[79]

尽管纽约的稳定基金制度总是一些争论的主题，直到 1837 年恐慌，相对来说，它还是发挥了很好的功能。州的立法机关在稳定基金法实施的最初 8 年里，颁发的银行特许权比那之前的整个 38 年还要多。从 1829 年 1 月到 1837 年 1 月，纽约银行的数量增加了 161%——引人注目，比全国 98% 的数字也大得多。[80] 尽管来自这一时期的总的资产负债表数据远非完美，但是它表明，纽约流通中的名义银行券从 1830 年 12 月到 1836 年 12 月增加了两倍多（见表 4.4），如同全国范围的州银行的银行券流通一样。而且，稳定基金系统银行中的破产率仍然是显著地低。即使就银行券对金银铸币的比率来说也高于纽约的非稳定基金银行（而且大致与 1836 年全国的州银行平均水平相同），稳定基金在 1837 年恐慌之前没有经历过破产，而且在制度推行的最初十年期间，只有一家破产。[81] 当然，在 1837 年年初，保险模式看上去也是在发挥作用。

然而，一些金融保守主义继续担心过度的银行券创造，并试图在控制货币风险方面走得更远。[82] 比如说，稳定基金委员们在 1833 年早期指出，在扩大不流动的长期贷款的同时发行流动性银行券，对银行来说，简直是不合适的。"银行真正的用途不是为了贷出资本"，他们宣称，"而是为了提供一种替代金银铸币来使用的通货,为物质财富的交易创造条件。……如果要求资本贷款的话,那么与那些有发行通货能力的银行比起来,它们应当由个人和公司组成并不具有发行通货的权力,这对于社区和借款者都更好。"[83]为了防止不能兑现的银行券的过度扩张,他们倡议将会长期贷出存入资金的存款银行与发行银行分开,发行银行的银行券应当只以短期贷款而且最好是商业信用为支持。[84]早在1829年福尔曼就提出过相似的提案。[85]然而,两者都没有机会让立法机构对禁止银行扩张长期信用的思想给予充分的关注。[86]

事实上,尽管委员们正在提出警告,纽约州的法律制定者却继续前行,并颁发更多银行特许权。在1829年批准11家新的银行特许权后,立法机构从1830年到1834年每年批准7到9家新增特许权,而在1836年又有12家被批准。[87](见表4.3)在过去的每一年中,公众对新增银行的需求似乎只是在加强,而且没有什么地方比该州的西部地区更明显了。《日内瓦报》(*Geneva Gazette*)的一个编辑清楚地叙述道:"我们需要更多的银行资本。"[88]

尽管许多市民正持续地要求更多的银行,但这几乎不是大众对银行制度失望情绪的唯一根源。许多人也担心奥尔巴尼摄政当局(Albany Regency)与它批准的银行之间的关系发展得太过密切,并且担心银行自身已经积累了太大的势力。摄政(the Regency),民主党的一个协会,已经控制立法机关许多年,无疑从它们批准银行特许权的特权中受益。大量的批评家(当时和那以后都有)指控称,摄政成员支持稳定基金法案,只是作为保留特许权制度以及保持他们对它的控制的一种方式。1835年黄磷火柴运动(Locafoca movement)的兴起集中体现了这些反垄断情绪,也加重了人们对纸币危险的忧虑。[89]

到1837年,要求银行改革的呼声变得更加强烈,而且"自由银行"的观念正变得日益受欢迎。一些自由银行业的倡导者希望稳定基金制度可以扩大到包括数量不受限制的银行。[90]一位《鲍尔斯顿温泉公报》(*the Ballston Spa Gazette*)的编辑要求,"通过制定一个一般法,打开通向公平竞争的大门,强化稳定基金制度"[91]。在3月18日,一个参议院选举委员会明确支持自由银行业,指责特许银行制度和稳定基金都破坏了"自由竞争……对所有金钱交易唯一安全而有益的监管"。[92]接着不久,两个立法机构投票赞成了一个修正的自由银行法案——它具有稳定基金特征——但是他们没有给予颁布法律所必需的三分之二绝对多数票。[93]

表 4.3 纽约州 稳定基金银行的设立和废止,1829—1860 年

稳定基金银行	1829—1830	1831—1840	1841—1850	1851—1860
新增	35	57	0	0
退出	0	3	10	4
到期	0	0	8	41
总数	35	89	71	26

资料来源:L.Carroll Root,"New York Bank Currency:Safety Fund vs.Bond Security", *Sound Currency*,2,no.5(February 1895),3,6 - 7.

注:"总数"指每一期间截止年 12 月的银行总数。亦即,1830 年 12 月有 35 家获授权的银行,1840 年 12 月有 89 家,等等。作为稳定基金银行获得重新授权的银行被视为新的稳定基金银行。

尽管这一次自由银行业立法失败了,但是,5 月的一个激烈的金融危机几乎立即改变了政治环境。在 5 月早些时候,纽约市的干船坞(Dry Dock)银行(不是稳定基金的成员),还有布法罗的 3 家稳定基金银行暂停支付,这引发并助长了一个全国性的恐慌。遍布全州的银行从 5 月 10 日开始暂停金银铸币支付,而且 5 月 16 日,议会将这个延期合法化为一年。[94]

回顾往事,情况表明稳定基金的官员很合理地管理了这次危机。尽管法律在技术上阻止他们对一家资不抵债银行的债权人进行赔偿,直到这家银行的所有资产已经得到清算,但他们还是从立法机构获得准许立即拨款对银行券持有者和存款者都进行赔偿。[95]他们也成功地让窘迫的布法罗银行复活了,还有特许权 5 月 12 日被纽约州立法机构撤销的萨克特港口银行(the Sacket's Harbor Bank)。这些机构不久以 7% 的利率返还了它们从稳定基金的提款。最后,只有唯一一家稳定基金银行洛克波特银行(the Lockport Bank),永久性地关闭了。[96]

尽管基金的财务资本没有受到严重损害,但是它的政治资本积累在当时已被耗尽。稳定基金应该能够很容易地与一个自由银行制度融合在一起。并且,如同已经提到的,有大量的提案建议这样做。但是,就这一点来说,基金与令人厌恶的特许银行制度关系太密切而不能包含在任何一个新的改革法案里面。[97]政治风浪已经转向。[98]

自由银行制度的曙光:风险削减的一个新颖方法

自由银行的开端标志着一个战略上的急剧变化。1838 年 4 月 18 日签署成为法律(在辉格党获得对纽约众议院控制权不到 6 个月),自由银行法案是银行的一般公司法规(general incorporation statute)。[99]进入银行业再也不取决于立法机构批准的特别授权。相反,建立一家自由银行的权力向满足两个基本标准的任何人开放。首先,法律执行一个 10 万美元的最低资本要求。[100]资本在这个数额之下的银行不能够开办和继续营业。其次,法律要求所有的自由银行的银行券全部以预存于本州银行监理官处的高等级债券或者抵押证明为担保。[101]如果一经要求一家银行不能将它的任何银行券转化为金银铸币,审计官将有权变卖这家银行所有的存储证券来偿还给银行券持有者。同时也将要求银行对没有兑现的银行券支付相当于14%年利息的损失赔偿。[102]

毫不奇怪,自由银行经常被看成一个对于银行业和货币政策较激进的市场方法。通过取消获得立法机构批准建立一家银行的要求,政策制定者向竞争敞开了大门,确保银行服务的提供应当由经济上的供求动向来驱动,而不是政治上的相互迁就。在这个意义上,它是一个基于自由放任哲学的解决方式。

然而在同时,人们确实会将自由银行定义为对货币风险问题的一个严厉的政府反应。立法机构不是对发行流动性银行券作为非流动贷款的一个资金来源的做法施加新的追加限制,而是全面禁止这种做法。根据法规,自由银行的银行券不得不全部以高等级证券作为保证。如果银行券持有者需要比一家自由银行已有储备要多的金银铸币,银行(或者州审计官)总是可以卖出债券来补足差额。福尔曼与稳定基金委员以前都已经提出过却没有成功的是,保护发行银行免受扩张长期贷款的危害。但是银行券与银行信用的供给应当完全分离的思想是更加极端的。

从一个风险管理的视角,银行货币以高等级证券为支持的要求构成了一个超乎寻常的风险减除技术。双倍责任在转移风险,稳定基金分散风险,而纽约州的自由银行条例是被设计来通过消除银行券波动的潜在根源直接减少风险。如同那时的一个众议员解释的那样:"会有超量发行,我很可能看到,但是从来不是不能兑现的纸。发行会在人们实际或者必须的需要之上,但是,我重复一遍,它们不是不可兑现的……这些钞票是由你们的监理官签发和背书的,建立在一个州或者美国储备的一个相同数量之上,保证……对它们的赎回。"[103]

但是,如果风险减少真的这么简单,为什么法律制定者在这个战略上花了这么长的时间来解决? 毕竟,处于自由银行核心的这种风险减少的概念已经传播了一些时间。[104]政治上的答案是奥尔巴尼摄政的领导人们已经变得喜欢特许银行制度,因为它在他们手上赋予了相当的权力和金融资源。另外,从经济的观点来看,自由银行的逻辑绝不是完美的,而且,其好处伴随着相当的成本而来。这里特别令人感兴趣的是两个缺陷。

首先,自由银行制度不可能保证完全可兑换,即使它所有的银行券全部以高等级的政府债券为支持。如果很大比例的银行券持有者同时需要用金银铸币支付,当银行或者州的监理官试图拼命卖出债券获取金银铸币时,债券的金银铸币价格可能会暴跌。事实上,债券市场价格的一个突然下跌,自身会通过减弱它们担保的银行券价值的公众信心,激发银行业恐慌。要害在于,尽管纽约的自由银行法快速地减少了银行券会变得不可兑现的风险,它却并没有全面消除这个风险,因为作为担保品的债券自身容易出现价值下跌。[105]福尔曼的顾问之一,艾萨克·布朗森(Isaac Bronson),在稳定基金的情境下似乎认识到了一个相似的问题。"让我们记住,这个基金不是硬通货",他警告道。[106]

一个第二位的——而且更加深远的问题,与信用创造有关。处于本章讨论核心位置的是这样的事实,银行发行的银行券和存款(银行货币)给银行提供了一个重要的可贷资金来源。比如说,在 1828 年年初,报告给州里的 21 家纽约银行的负债总计 2,660 万美元,它包括银行券 670 万美元

(25%)、存款 550 万美元(21%)，以及 1,420 万美元实缴资本(53%)。那一年由这些银行贷款给非金融部门的总额是 2,290 万美元。[107]（表 4.4 为其他所选年份提供了资产负债表数据）大的问题是，一旦如同自由银行法案所要求的，作为民间部门无按揭贷款的一个资金来源的银行券被取消，信用创造将怎样实现。

支持者们可能希望，由于人们会重新安排他们的资产组合，替代的资金来源很快就会突然出现。一些以前已经持有巨大数量银行券的人们，会决定将他们更多的储蓄投资在股票和个别公司的债券上，或者他们会选择购买更多的银行股票。然而，与这些场景相关的问题是，他们抛开了一开始需要银行的一个主要理由。

如同我们已经看到的，银行提供了有时候出现冲突的两个关键服务。首先，它们通过集中每个单个储蓄者会比预期要快地去提取他的存款的风险，满足了公众对流动性的需求。"在这个角色上，"经济学家道格拉斯·戴蒙德（Douglas Diamond）和菲力普·迪布维格（Philip Dybvig）写道，"银行可以被看成，为允许人们在他们最需要消费时消费提供了保险。"[108]其次，银行将非市场化贷款扩大到并不总是能够享有公开市场（也就是，通过债券发行）信用渠道的主体。"在后一种背景下，"英格兰银行总裁埃迪·乔治（Eddie George）在 1997 年的一个演讲中解释称，"传统上银行在为企业和家庭部门融资方面已经扮演了一个关键角色，通过收集有关民间部门借款者——特别是那些没有或者不能有效地承担成本以提供全面公开信息让它们进入资本市场的民间部门借款者——的信用价值信息并评估和监管其信用价值获取收益。"[109]所以，银行的一个关键功能，是在需要完全流动性的储蓄者和要求非流动（不能市场化）贷款的借款者之间充当中介。[110]

在此重复一遍，问题是自由银行的出现是否限制了纽约州的信用创造。禁止发行银行券给小企业和其他非市场化的贷款提供资金，极大地减少了纽约州可利用的信用吗？答案是否定的，但是只是因为自由银行有效地规避了这种限制，日益依赖活期存款（支票账户）而不是银行券作为他们非市场化贷款活动的一个主要资金来源。它就好像立法机构决定通过将小汽车

表 4.4　纽约州银行总资产负债表，1791—1860 年

年份	银行数	所用资本	银行券	活期存款	其他负债	金银准备	贷款及减值	其他资产
A 组：特许银行								
1791ᵃ	1	$ 1,000,000	—	—	—	—	—	—
1818	33	$ 20,488,933	$ 12,500,000	—	—	$ 2,000,000	—	—
1830	20	$ 15,028,860	$ 4,526,606	—	—	—	—	—
1836	8	$ 4,600,000	$ 2,132,877	$ 4,333,683	$ 6,780,495	$ 994,653	$ 12,052,020	$ 4,800,382
1839	5	$ 3,850,000	$ 692,452	$ 2,838,068	$ 2,333,631	$ 893,826	$ 5,542,110	$ 3,278,215
1860	2	$ 2,250,000	$ 366,857	$ 3,527,317	$ 3,238,628	$ 1,335,207	$ 5,636,048	$ 2,929,052
B 组：稳定基金银行								
1830	29	$ 6,294,600	$ 5,870,935	$ 1,608,096	$ 4,341,400	$ 443,384	$ 11,155,026	$ 6,516,622
1836	90	$ 32,501,460	$ 22,065,123	$ 15,009,015	$ 38,343,468	$ 5,562,367	$ 67,261,168	$ 35,095,531
1839	91	$ 32,951,460	$ 9,937,062	$ 13,213,323	$ 14,284,988	$ 4,970,808	$ 47,246,096	$ 18,169,929
1846ᵇ	80	$ 30,241,460	$ 16,033,125	$ 22,112,826	$ 16,028,749	$ 6,340,513	$ 54,938,836	$ 23,136,811
1860	25	$ 8,205,660	$ 3,973,044	$ 8,256,504	$ 4,272,464	$ 1,571,701	$ 18,443,824	$ 5,901,381
C 组：自由银行								
1841	43	$ 10,731,993	$ 2,187,229	$ 2,808,388	$ 1,782,276	$ 686,170	$ 7,306,925	$ 9,516,791

续表

年份	银行数	所用资本	银行券	活期存款	其他负债	金银准备	贷款及减值	其他资产
1846	70	$12,783,198	$6,235,397	$9,317,762	$5,388,539	$1,707,871	$17,363,144	$14,653,881
1860c	240	$99,513,410	$22,075,060	$96,324,065	$50,048,937	$23,437,185	$174,167,263	$79,546,278

资料来源：L.Carroll Root，"New York Bank Currency：Safety Fund vs.Bond Security"，*Sound Currency*，2，no.5（February 1895），3（for the 1791 data）；*Annual Report of the Comptroller of the Currency in the Second Session of the Forty-Fourth Congress of the United States*，December 4，1876（Washington，D.C.：GPO，1876），p.lxxxiv（for the 1818 data）；*Report of the Bank Commissioners*，January 25，1831，Assembly Document 59，pp.8 and 39；*Annual Report of the Bank Commissioners*，January 27，1837，Assembly Document 78，pp.58－59；*Annual Report of the Bank Commissioners*，January 24，1840，Assembly Document 44，pp.52－53；*Annual Report of the Bank Commissioners*，January 6，1847，Assembly Document 5，pp.52－53；*Annual Report of the Superintendent of the Banking Department*，January 6，1862，Assembly Document 4，pp.63－82。

注：表中银行数与表 4.1 不完全一致。因为银行资产负债表信息（因而此表所依据的银行数）来源于不同的数据资料。"活期存款"不包括企业、政府及银行同业间存款（它们均包含在"其他负债"栏中）。虽然官方报告只是从 1846 年采用了"due depositors on demand"标签以后才用作资料来源，可以设想以前年份列出的存款（通常以"deposit"或"individual deposits"的名目）大多数或者全部就是活期存款。

a. 1791 年的资本数据是法定资本而不是已运用资本。

b. 1846 年的数据（从 11 月开始）同时包括特许银行和稳定基金银行两者。稳定基金银行代表了 80 家银行中的 77 家，而且可能代表了 80%—90% 的合并资产和负债。

c. 因为总数据的不完备，1860 年资产与负债不完全相等（所有 3 个组）。

的限速降低到每小时仅 5 英里以杜绝高速公路事故,而让卡车的限速仍然保持在每小时 55 英里一样。在这种情况下,就像人们料想会看到从小汽车的使用戏剧性地转换到了卡车的使用一样,在自由银行的环境下人们同样会料想看到一个从银行券向支票(活期存款)的剧烈转换。而这正是已经发生的事情。

在自由银行制度下,纽约的存款和存款对银行券的比例都大幅上涨,远远超过作为一个整体的全国的可比数字(见表 4.4 和图 4.1)。从 1841 年到 1860 年,纽约的自由银行存款上升了 34 倍,从 280 万美元上升到 9,630 万美元,而银行券上涨约 10 倍,从 220 万美元上升到 2,210 万美元。结果,存款对本州自由银行发行的银行券的比率在这整个时期从 1.3 增加到 4.4。[111]在纽约的非自由银行中,作为比较,在这个时期仍然保持相当低的水平,从 1841 年的 1.2 增加到 1860 年的 2.7。[112]尽管纽约市的银行通过吸引最多的存款处于领先地位,农村地区的银行也跟从一个相似的模式。[113]纽约州的银行监督官在 1860 年年初承认,在纽约州作为占主导地位的支付手段,可开列支票存款已经超过银行券。"在一定程度上,这个国家的商业交易已经停止通过银行券的媒介来交易",他承认道。[114]同时,全国州立银行(纽约州除外)的存款与银行券比率只有温和的上升,从 1841 年的约 0.7 到 1860 年的0.8。[115](表 4.5 概括了这个时期自由银行的增长。)

表 4.5 纽约州自由银行的设立和废止,1838—1860 年

自由银行	1838—1840	1841—1850	1851—1860
新增	82	103	237
关闭	5	45	95
总数	77	135	277

资料来源:Iftekhar Hasan and Gerald P.Dwyer,Jr.,"Bank Runs in the Free Banking Period",Journal of Money,Credit and Banking,26,no.2(May 1994),273;L.Carroll Root,"New York Bank Currency:Safety Fund vs.Bond Security",Sound Currency,2,no.5(February 1895),3,6-7,19.

注:"总数"指每一期间截止年 12 月的银行总数。亦即,1840 年 12 月有 77 家被授权的银行,1850 年 12 月有 135 家,等等。

根据一个内战前的银行理论权威哈里·米勒(Harry Miller)的说法,活

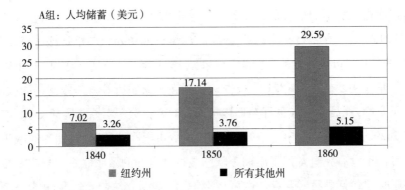

A组：人均储蓄（美元）

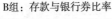

B组：存款与银行券比率

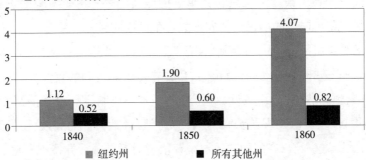

C组：存款与银行券比率，纽约州内

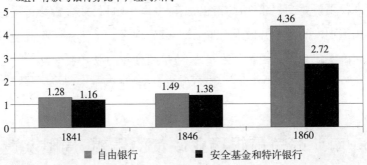

图 4.1　活期存款增长，1840—1860 年

资料来源：*Annual Report of the Comptroller of the Currency in the Second Session of the Forty-fourth Congress of the United States*，December 4，1876（Washington，D.C.：GPO，1876），pp.xlv and cii；美国商务部、人口普查局 *Historical Statistics of the United States*，*Colonial Times to 1970*（Washington，D.C.：GPO，1975），ser.A7，p.8，and ser.A195，p.32；*Annual Report of the Bank Commissioners*，January 26，1842，Assembly Document 29，p.90；*Annual Report of the Comptroller*，January 6，1847，Assembly Document 5，pp.52－53；*Annual Report of the Superintendent of the Banking Department*，January 6，1862，Assembly Document 4，pp.63－82。

期存款构成货币的一种形式在美国来得相当地早。亚历山大·汉密尔顿在他 1790 年《国立银行报告》(*Report on a National Bank*)中承认这一点,就像加勒亭(Gallatin)在他的《谅解备忘录》(1831 年)中一样。还有,一个宾夕法尼亚立法委员会在 1821 年报告,这种"在一家银行签发一张支票的权力,见票即付,就很像一张银行券那样是通货的一部分"[116]。尽管如此,在他们 1829 年制定稳定基金法和 9 年后实施自由银行法的时候,纽约的政策制定者似乎没有完全意识到活期存款和银行券之间的紧密联系。稳定基金有一段时间包括银行券和存款两者(据称是最初的立法起草过程中的一个错误所致),而自由银行法案只包括单独的银行券——一个有趣的选择促成了法律制定者描述的确保一个安全的货币供给的目标。[117]

纽约自由银行法中的存款"漏洞"让银行能够继续行使它们特殊的中介功能——亦即将流动性(货币的)负债转化为非流动性资产(非市场化贷款)。它也必然使得银行货币将仍然远不如法律制定者希望的那么安全。1857 年,俄亥俄人寿保险公司对纽约银行履行其债务的失败,引发了全国性的恐慌。这一次,在纽约的情况是存款者而不是银行券持有者吃了苦头。"存款者,"约翰·金(John A.King)州长第二年解释道,"对强迫他们延期的银行进行了挤兑。"[118]纽约市银行在 10 月 13 日延期金银铸币支付,加速了全州范围内的延期并波及到全国大部分地区。[119]尽管危机是短暂的,但是它确实使 8 家自由银行和 3 家稳定基金银行资不抵债。[120]很显然,货币风险问题即使在采用自由银行制度之后,仍然难以对付。[121]

3. 南北战争前银行业政策的逻辑、局限及遗产

尽管内战前纽约的法律制定者没有消除银行恐慌的祸根和银行货币的不确定性,他们还是在处理货币风险问题方面取得了相当的进展。从 18 世纪 90 年代直到 19 世纪 30 年代,他们进行了一系列重大的政策创新,包括特许银行、双倍责任、银行保险和自由银行制度。这些创新中的每一个都是植根于一个典型的风险管理工具:风险削减、风险转移、风险分散,而到最后

又是风险削减。

最终,随着 1838 年自由银行法案的通过,纽约法律制定者致力于消除不可兑现的问题,这个问题已经给纽约州的主要货币形式银行券造成了近 50 年的困扰。他们通过要求所有自由银行券全部以高等级的证券为支持来实现这一点,这可以保证银行券一直按面值来交易。但是,当问题在这里得到很大的解决时,它很快移到另外一处去了,如同银行券的不确定性让位于活期存款的不确定性一样。它就好像立法机构已经成功地堵住了一个漏水管子的洞,却发现增加的压力引起管子在另外一处爆裂。

由于仍然面临货币风险的问题,在纽约自由银行法规实施后,州和联邦法律制定者以同样基本的风险管理工具的新的变化形式继续实验了近 100 年。就像许多其他州一样,1850 年纽约重新采用双倍责任——尽管这一次主要是为了存款者而不是银行券持有者的利益。[122]13 年后,当联邦政府寻求创造一个更加统一的全国性通货时,它为联邦特许银行采纳了它自己的一个自由银行制度。联邦银行券很快作为国家主导形式的手传货币(hand-to-hand money)出现,尤其是在国会向州银行券征收排除竞争的禁止性联邦税以后。[123]在新的制度下,要求联邦银行券全部以政府债券为担保(风险减少)。它们也明确受到联邦财政的担保(风险分散)。[124]更有甚者,还要求联邦银行股东在违约事件中承担双倍责任(风险转移)。激进的风险管理,换句话说,仍然很引人注目。

随着 19 世纪逐渐过去,银行恐慌相当经常地继续爆发。只是现在,通常处在问题中心的是存款而不是银行券。我们在内战前纽约自由银行制度下看到的货币供给的同样转换,于 19 世纪的最后十年在全国范围内出现。在 1890 年,货币监理署(the comptroller of the currency)估计,不到 10% 的交易(按价值)是用银行券或者金银铸币作为支付手段。此时大多数支付是以支票而不是银行券进行。[125]尽管公民们再也不必担心他们的银行券不可兑现,但是他们确实还不得不担心如果银行倒闭的话他们的活期存款(他们的支票账户)会变得毫无价值。随着货币风险的关键核心这样从银行券转移到了存款,风险管理应对的旋转木马又继续运转着。

1907 年一次特别严重的金融危机之后,国会在 1913 年建立了联邦储备体系。自从 19 世纪 30 年代美国第二银行停止以后,这是第一家美国中央银行。事实上,联邦储备体系不只是包含一家银行而是包含了 12 家独立的储备银行,每一家都在华盛顿的一个中央联邦储备委员会的监管下运营。除了其他事项之外,这些储备银行被授权发行绿背钞票(联邦储备券),我们所有人都将其放在口袋里,现在已经觉得如此理所当然。

创立联邦储备体系的一个主要原因,是要让信用供给具有更大的灵活性。经常被描述为"银行的银行"的这 12 家储备银行,有能力直接贷款给商业银行(通过一个贴现购买短期资产)。这可能强化银行体系的能力以满足信用需求上的突然变化,包括在农村地区十分平常的很大的季节性波动。如同众议院银行与货币委员会在 1913 年 9 月 9 日报告的,联邦储备券的中心目标是"对持有优质资产的银行以及为了满足其顾客提出的合法的商业、农业以及工业的资金需要希望将它的资产流动化的银行,创造信用扩张的联合机制"。[126]

那时,人们广泛地相信,这个新机构也会消除银行恐慌这个可怕的问题。当商业银行需要时,联邦储备体系赋予它们贷出现金的独特能力——以"最后贷款人"提供服务——为银行挤兑提供了一种隐性的保险。如果一个很大比例的存款者突然向他们的账户提出现金需求,现在他们的银行能够转向联邦储备银行寻求援助。来自联邦储备的紧急贷款不仅满足了存款者在危机时刻急迫的现金需求,而且,更广泛地,稳定了对我们国家银行体系的公众信心。[127]

同时,许多州的立法机构已经开始通过建立显性的银行保险计划来自己处理银行恐慌问题。在 1907 年和 1917 年之间,八个州——俄克拉荷马、堪萨斯、内布拉斯加、得克萨斯、密西西比、南达科他州、北达科他州和华盛顿——通过了银行保险法规。在大多数情况下,这些法规强制,所有的州特许银行给一个公共基金缴纳款项,如果任何一家银行不能很好地向顾客履行承诺,这个公共基金将用于赔偿损失。尽管与 1829 年起的纽约稳定基金制度相似,但是,这些 20 世纪的构架是设计来保护存款而不是银行券。然而,所有的这些州基金相对来说都很快失败了——这表明单个的州政府也许太小以至于不能凭借它们自身管理这种风险。[128]

　　紧随国家历史上最为严重的银行恐慌之后,国会和总统终于在 1933 年 6 月着手建立一个联邦存款保险。这标志着在货币风险问题上一个多世纪法律争论的高潮。这次恐慌本身,在 2 月晚期和 3 月早期像野火一样蔓延开来,在 4 月得到很大控制。富兰克林·罗斯福宣布实施一个全国性的“银行休假”设法制止了危机,然后逐渐地重新让那些他的官员认为较好的银行开业。但是,尽管金融危机最坏的情况很快过去,银行体系和经济作为一个整体仍然处在可怕的状态之中。众议院银行改革的首倡者,阿拉巴马的亨利·斯蒂格尔(Henry Steagall),宣称:“农业一筹莫展。工业已经被压垮。贸易和商业,无论外国的还是国内的都已经瘫痪。银行信用已经被摧毁。信心已经消失……这些条件在国家的银行体系完全崩溃中告终,而且到目前获得的复苏手段绝不是令人满意的。”[129]

　　坚信全面的经济复苏将取决于银行部门的全面改革,众议员斯蒂格尔联手来自弗吉尼亚的参议员卡特·格拉斯(Carter Glass)提出了一条两个部分的解决对策。以格拉斯—斯蒂格尔法案为名的法案强制商业银行和投资银行业完全分离,并且,同时授权为商业银行建立联邦存款保险。斯蒂格尔和他的盟友相信,一旦禁止商业银行从事投资银行业活动(这被他们看成超级风险的),存款保险的实施就可以使银行体系安全地重新振作起来。

　　通过加强公众信心并由此快速减少银行挤兑的恐惧,存款保险能够帮助使货币向信用的转变达到最优。“只有在人们愿意将他们的存款放在银行时我们才能在美国正常地使用银行信用。存款构成银行信用的基础,而且银行家们从来不能自由地扩张信用……直到他们获准不会带着第二天人群聚集在门口为他们的存款提取现金的担忧在夜里入睡为止。”斯蒂格尔在众议院大厅宣称。存款保险会逐渐使人树立的信心,他总结道,“对于支持企业和财政部的成功融资是不可缺少的”。[130]

　　尽管大萧条的急切需要推动了 1933 年的大量争论,但是,在支持者重申(并且经常是澄清)1829 年以来一直在传播着的许多核心观点的情况下,长期的考虑也是十分显而易见的。他们那种情况下成为核心的,是相对简单的观念,对一个高度不可预期(而且不可控制)的风险——银行损失,保险成了一个自然的反应。“我已经看到保险在每一个方向都扩大了,”来自马萨诸塞州的众议员罗伯特·卢斯(Robert Luce)宣称,"并且我难以理解为什么在一家银行的存款者——那些没有机会了解情况的人,那些事实上没有银行事务方面知识的人……对他们不能保护和预防的厄运不应当得到保险。"[131]斯蒂格尔补充道:"每一个银行家都在他新的活动领域运用保险原则。他要求雇员手中有保险。他对他自身的过失和错误进行保险……这个法案就是建立了一个相互保险的制度。银行家应当首先支持它。"[132]

一如既往,批评家警告强制保险会激发一个严重的道德风险问题。由于被保险的存款者不会再有任何激励去区分好的银行和差的银行,"一个高尚人格的荣誉将变得廉价,而不计后果的行为将得到鼓励"。[133]然而,支持者们怀疑小的存款者是否真的有能力去作这样的区分,即使在他们有各种金融激励去这样做的时候。这种观念隐含在众议员卢斯的评论中,在众议院和参议院都一遍一遍被重复。"人们从来不指望绝大多数存款者如此消息灵通,可以去了解哪一家银行是绝对安全的,"俄亥俄州的年轻参议员罗伯特·巴克勒(Robert Bulkley)宣称,"在缺乏有把握的和果断的政府行动的情况下,必要的安全措施不会出现。"[134]

附和约书亚·福尔曼关于稳定基金的主张,这个法案在国会的支持者们宣称,联邦存款保险将按照两个不同的维度切实改进银行风险的监控。首先,他们坚持认为,它将政府作为一个更主动进取的监管者引入,改正了许多"过去的滥用……所以,破产……将会减少到最低限度"[135]。其次,他们假定,一个设计良好的保险计划将为银行家的相互监控创造一个强有力的激励。如同参议员巴克勒所说:"这种所有银行家对所有银行损失的相互负责和相互责任,将具有形成更好的银行业的一个强大趋势,通过银行家之间更加全面的合作,通过银行家方面一个确定的自利动机的创造,以便由相邻银行积极地防止不良的银行业行为。"[136]

也许最为重要的,支持者将公共保险看成对银行挤兑祸根最有可能的防护,银行挤兑将每一个存款者"置于他的银行存款同伴的摆布之下",并且每一家实力强的银行受制于每一家实力弱的银行。[137]"让我说……这不是一个完全为了弱势银行的条款,绝不是。"法案的主要发起人卡特·格拉斯在参议院喊道："它是对美国全部银行群体的一个保险,因为当差的银行开始垮掉,会在全国产生一个灾难性的心理,人们会突然挤兑实力强的银行将它们摧毁。"[138]尽管人们通常会期望保险只是分散总体风险但不是减少它,联邦存款保险的支持者们还是觉得有信心可以既通过改进银行风险的监控,也通过抑制引发银行挤兑的猛烈恐惧心理,极大地减少银行破产的风险。

最后,支持者主张,这种保险由联邦政府提供是当务之急。他们坚持认为,一个联邦保险计划将远比各个州的基金要稳定得多,因为它能在一个大得多的范围将银行风险分散。[139]还有,支持者很快就指出,由于拥有无与伦比的金融信用能力,联邦政府具有独特的能力稳定公众信心。

关于这些论证的最后结果,不可思议的是,建立联邦存款保险的提案并不包括联邦政府任何明确的担保。事实上,格拉斯参议员长期担心一个对银行存款的政府担保会在灾难中结束,反复否认他的法案包括任何这样的担保。与此不同的是,根据他的提案,将要求银行向一个基金缴纳款项,这个基金将用来赔偿损失。如果基金抽干而且损失继续积累,联邦政府将不承担填补缺口的法律责任。[140]尽管有格拉斯在这个主题上的毫不含糊的论述,然而,在国会山仍然存在着一个普遍的感觉——而且很可能很大程度上在全国都有这种感觉——一个联邦保险计划将履行政府特有的金融信用能力。[141]

除了这些最后的有关联邦高超的金融能力的观点之外,1933 年许多关于存款保险的斗争,让人回忆起 1829 年约书亚·福尔曼最初为稳定基金所作的战斗。它们给出的大多数理由惊人地相似,尽管其中的几个(尤其是那些有关监控的)在后来的斗争中更加清楚和准确地合成一个整体。也有一些其他的相似之处。比如说,在 1829 年和 1933 年,银行保险(风险分散)的采纳都是与前面存在的对银行股东的双倍责任原则(风险转移)的终止联系在一起的。[142]而且在两种情况下,公共银行保险都是作为保护和强化那种独特的美国制度——单一银行制的一种方式。[143]

这些相似性的主要原因是,1933 年要处理的潜在问题基本上与 1829 年相同。尽管银行货币现在采取的是支票而不是银行券形式,政策制定者在没有取消全国分权的银行业体制下,仍然在寻找最好的办法使信用和流动性同时安全并且充足。保险不是他们试图运用于迎击货币风险中的唯一武器。但是,在1933年就像在1829年一样,他们将它看成武器库的一个必要补充。存款保险,他们相信,不仅能够增强银行体系本身,而且强化了"这个伟大国家庞大的经济生活"〔**144**〕。

4. 结　语

今天,绝大多数美国人将他们货币的质量看成是理所当然的。不仅地方上的商人拒绝兑现纸币不可理解,而且地方上的银行"延期支付"阻止顾客提取现金或者在有效账户上签发支票,几乎是同样难以想象的。银行挤兑和银行延期已经几乎在美国消失,甚至银行货币和信用也已经在以一个快速的步伐持续发展。

这种事态的有利局面,在美国是史无前例的,是建立在一系列精心设计的风险管理组织之上的。自从美利坚合众国建立初期起,就有一个几乎普遍的共识,民间银行不能让它自行创造和推广货币。〔**145**〕风险简直太高而且事关重大。因为人们认为普通公民在没有帮助的情况下没有能力判断这些风险,于是政府在管理货币风险问题时扮演着一个非常重要的角色。

今天我们拥有的许多关于货币机构的概念性基础,是在内战前的时期奠定的。如同我们已经看到的,纽约的法律制定者,就像他们在其他州的同行一样,面临一个令人烦恼的权衡。他们认为,正在增长的经济需要大量的流动性来润滑商业渠道和大量的信用来加速创新性的投资项目。但是,应当会保证充足流动性和信用(至少在短期)的宽松的银行政策,也可能降低对货币供给的安全的信任。为了处理这种权衡,纽约的法律制定者用不同的方法进行了转移、分散和减少风险的实验。其中包括国家真正的首次保险计划,还有以政府债券支持银行券的最早尝试之一。

最后,这些思想找到了通向联邦一级的道路。在内战期间国会创立联邦特许银行的决定——而且要求所有的联邦银行券全部以美国政府债券为支持——随着联邦银行券在全国持续按照票面交易,一个真正统一的国家通货产生了。(随着 1913 年联邦储备体系的建立联邦银行券最终让位于联邦储备银行券。)另外,1933 年联邦存款保险的建立,使得活期存款作为另一种安全的货币形式固定下来,而在同时,彻底消除了困扰国家经济长达一百多年的银行恐慌的可怕祸根。尽管即使在现在货币风险仍然是一个活生生的问题——主要是国际汇率和国内价格水平波动的结果——但它几乎不是一个像曾经有过的那样广泛和剧烈的威胁。设计来保护国家货币供给的相对少量的风险管理政策似乎已经发挥了巨大作用。[146]

在实施这些政策过程中,法律制定者强调了各种不同的动机。部分的呼吁就是保护公民免受损失。但是,其中也有一个更基本的目标。与大多数其他类型的风险不同,那些风险不可避免地威胁个别受害者让他们蒙受损失,而货币风险也威胁经济体系本身。"当一家银行破产时,不仅对存款者是一个严重的损失,"1933 年一个国会议员说,"而且当地社会的整个产业都要遭殃。"[147]一次又一次,法律制定者强调他们更广大的目标是通过塑造一个更加安全的经营环境促进贸易和投资。[148]

确实,这是阶段 I 的战斗口号。它不仅推动了从双倍责任到存款保险的银行政策的实施,还推动了有限责任法的制定和(如我们在下一章将看到的)重新定义了在一个迅速变化的经济中创业的风险的一个联邦破产法案的创立。塑造从货币到破产的制度,公共风险管理正在成为美国资本主义的一个非常关键的特征。

注　释

〔 1 〕　Governor DeWitt Clinton, *Journal of the Senate of the State of New York*, 42nd sess. (Albany: J.Buel, 1819), p.11.

〔 2 〕　Quoted in Samuel Rezneck, "The Depression of 1819 – 1822: A Social History", *American Historical Review*, 39, no.1(October 1933), 30.

〔 3 〕　到 1819 年年终,公众持有的银行券价值估计在 4,700 万美元,是当时公众持有的金银铸币总额(估计在 490—520 万美元之间)的将近十倍。参见 Milton Friedman and Anna Jacobson Schwartz, *Monetary Statistics of the United States* (New York: National Bureau of Economic Research,1970),pp.218 – 219,table 13。

〔 4 〕 银行作为保险者的观念由 Douglas W.Diamond 和 Philip H.Dybvig 第一次正式提出来。Douglas W.Diamond and Philip H.Dybvig," Bank Runs, Deposit Insurance, and Liquidity", *Journal of Political Economy*,91,no.3(June 1983),401 – 419.

〔 5 〕 Civis, *An Appeal to the Honorable the Members of the Senate and the House of Assembly, of the State of New York*(New York,1816),p.6.

〔 6 〕 Milton Friedman, *A Program for Monetary Stability* (New York: Fordham University Press,1960),p.4.

〔 7 〕 Adam Smith, *An Inquiry into the Nature and Causes of the Wealth of Nations*(Chicago: University of Chicago Press,1976[1776]),bk.1,chap.4,p.29.

〔 8 〕 C. A. E.Goodhart, *Money, Information, and Uncertainty*(New York: Harper and Row, 1975),p.3.See also Karl Brunner and Allan H.Meltzer," The Uses of Money: Money in the Theory of an Exchange Economy", *American Economic Review*, 61, no.5 (December 1971),787,804.

〔 9 〕 See Diamond and Dybvig," Bank Runs, Deposit Insurance, and Liquidity".

〔 10 〕 Henry Thornton, *An Enquiry into the Nature and Effects of the Paper Credit of Great Britain* (New York: Farrar & Rinehart,1939[1802]),p.171.

〔 11 〕 F.M.Taylor," The Objects and Methods of Currency Reform in the United States", *Quarterly Journal of Economics*,12,no.3(April 1898),340.

〔 12 〕 Message from Governor William H.Seward, January 7,1840, *Journal of the Assembly of the State of New York*,63rd sess.(Albany: E.Croswell,1840),p.20.

〔 13 〕 Annual Message of the Governor, January 6,1829, *Journal of the Senate of the State of New York*, 52nd sess.(Albany: E.Croswell,1829),p.10.

〔 14 〕 See, e.g., *Report of the Committee on Banks and Insurance Companies, made to the Assembly, February 13,1829* [commonly known as the Paige Report](Albany: Croswell & Van Benthuysen,1829),p.14.See also David Ricardo, *Proposals for an Economical and Secure Currency: With Observations on the Profits of the Bank of England, as They Regard the Public and the Proprietors of Bank Stock*, 2nd ed. (London: J. Murray, 1816),pp.35 – 36.

〔 15 〕 *Journal of the Assembly of the State of New York*, 52nd sess.(Albany: E. Croswell, 1829),p.176.See also Sister Mary Grace Madeleine, *Monetary and Banking Theories of Jacksonian Democracy* (Philadelphia: Dolphin Press, 1943), esp. pp. x – xi, 145,152.

〔 16 〕 *Jouranl of the Assembly*,1829, p.176.另可参见 Michael D.Bordo and Anna J.Schwartz," Money and Prices in the Nineteenth Century: An Old Debate Rejoined", *Journal of Economic History*,40,no.1(March 1980),61 – 67。英国货币专家 Henry Thornton 隐晦地同意了福尔曼(Forman)的评估。参见 Thornton, *An Enquiry into the Nature and Effects of the Paper Credit of Great Britain*,esp.pp.199 – 200,247 – 249。

〔17〕 参见例如 *journal of the Assembly*,*1829*,pp.174,176。有效地将短期债务转化为长期债务的通常做法,参见 Bray Hammond, "Long and Short Term Credit in Early American Banking", *Quarterly Journal of Economics*,49,no.1(November 1934),89 – 90。

〔18〕 See Neil Wallace, "Narrow Banking Meets the Diamond-Dybvig Model", *Quarterly Review*,Federal Reserve Bank of Minneapolis(Winter 1996),9.

〔19〕 Hammond, "Long and Short Term Credit in Early American Banking", p.102.

〔20〕 Charles Sellers *The Market Revolution: Jacksonian America*,*1815 – 1846*(New York: Oxford University Press,1991),p.45.

〔21〕 Naomi Lamoreaux,*Insider Lending: Banks*,*Personal Connections and Economic Development in Industrial New England*(Cambridge:Cambridge University Press,1994),p.82.因为股本通常占银行总负债的至少三分之一(有些情况下甚至达到三分之二),Lamoreaux 将这些早期银行描绘为"让小储户能够以分散化投资组合购买股票"的"投资俱乐部"(p.82)。

〔22〕 Guido Calabresi and John Hirschoff, "Toward a Test for Strict Liability in Torts", *Yale Law Journal*,81(1972),1083.

〔23〕 John Jay Knox,*A History of Banking in the United States* (New York:Bradford Rhodes & Company,1903),p.393.

〔24〕 John Cleaveland,*The Banking System of the State of New York* (New York:John S. Voorhies,1857),pp.xv – xvi.

〔25〕 Knox,*History of Banking in the United States*,p.398.有关其他州可作比较的规章,参见 J.Van Fenstermaker,*The Development of American Commercial Banking*,*1782 – 1837*(Kent,Ohio:Kent State University,1965),pp.21 – 22。

〔26〕 Knox,*History of Banking in the United States*,p.391.

〔27〕 L.Carroll Root, "New York Bank Currency:Safety Fund vs.Bond Security", *Sound Currency*, 2,no.5(February 1895),3.

〔28〕 See Robert E.Chaddock,*The Safety Fund Banking System in New York*,*1829 – 1866*,National Monetary Commission,61st Cong.,2nd sess.,Senate Document 581,pp.244 – 245.

〔29〕 See U.S.Department of Commerce,Bureau of the Census,*Historical Statistics of the United States*,*Colonial Times to 1970*(Washington,D.C.:GPO,1975),ser.U – 196 (merchandise trade deficit), E – 52 (wholesale prices), and F – 135 (consumer prices); Milton Friedman and Anna .Jacobson Schwartz, *Monetary Statistics of the United States*(New York:National Bureau of Economic Research,1970),pp.218 – 219(gold stock).

〔30〕 Quoted in Donald H.Kagin, "Monetary Aspects of the Treasury Notes of the War of 1812", *Journal of Economic History*, 44,no.1(March 1984),79.

〔31〕 参见 William M.Gouge,*A Short History of Paper-Money and Banking in the United States*,2nd ed. (New York:B & S Collins,1835),p.19;Fenstermaker,*Development of American Commercial Banking*,p .111;*Historical Statistics of the United States*,ser.X – 561(与 Fenstermaker 提供的数据有细微差别);Friedman and Schwartz, *Monetary*

Statistics of the United States,pp.218－219。

〔32〕 See esp. Arthur Nussbaum, *A History of the Dollar* (New York: Columbia University Press,1957),pp.70－71;John Watt Kearny,*Sketch of American Finance,1789－1835* (New York:G.P.Putnam's Sons,1887),pp.107－108;Kagin,"Monetary Aspects of the Treasury Notes of the War of 1812",pp.81－86.

〔33〕 关于批发/零售物价指数和消费者物价指数,参见 *Historical Statistics of the United States*,ser. E－52 and E－135。除了新英格兰实行了严厉的法律(包括对银行券拒绝兑付处以 12%的年罚金)阻止了银行券对金银铸币的贬值,几乎每一个地方的州银行券贴现率都经历了剧烈波动。参见"Report on the Causes and Extent of the Present General Distress,read January 29th,1820",Pennsylvania Senate Committee, quoted in Gouge, *Short History of Paper-Money and Banking in the United States*,p.19;Knox,*History of Banking in the United States*, p.361。

〔34〕 Albert Gallatin,"Considerations on the Currency and Banking System of the United States"(1831),reprinted in *The Writings of Albert Gallatin*,ed.Henry Adams(New York:Antiquarian Press,1960),3:363.

〔35〕 Margaret G.Myers,*A Financial History of the United States*(New York:Columbia University Press, 1970), p. 83; William J. Shultz, *Financial Development of the United States*(New York:Prentice-Hall,1937),p.181.

〔36〕 See *Journal of the Assembly of the State of New York*, 41st sess. (Albany: J. Buel, 1818),p.15;Restraining Act of 1818,Laws of 1818,p.242,secs.1 and 3,reprinted in Cleaveland,*Banking System of the State of New York*,pp.237－238.

〔37〕 Clinton,*Journal of the Senate,1819*, p.11.有关"货币的窘迫处境",另可参见 *Journal of the Senate,1819*,pp.66,69。

〔38〕 Root,"New York Bank Currency",p.3.

〔39〕 Knox,*History of Banking in the United States*,p.398.See also Bray Hammond,*Banks and Politics in America from the Revolution to the Civil War*(Princeton:Princeton University Press,1957),p.579.

〔40〕 Jabez Hammond,*The History of Political Parties in the State of New York* (Albany:C. Van Benthuysen,1843),1:337,quoted in Bray Hammond,"Free Banks and Corporations:The New York Free Banking Act of 1838",*Journal of Political Economy*, 44, no.2(April 1936),190.See also Hammond,*Banks and Politics in America*,pp.578－579;Robert E.Wright,"Banking and Politics in New York,1784－1829",Ph.D.diss. (State University of New York at Buffalo,1996),pp.940－941.

〔41〕 Root,"New York Bank Currency",p.3.对银行特许权增加的限制,参见 Ralph W. Marquis and Frank P.Smith,"Double Liability for Bank Stock",*American Economic Review*, 27, no.3(September 1937),493;Chaddock,*Safety Fund Banking System*,pp. 245－246;Cleaveland,*Banking System of the State of New York*,pp.xxvii－xxviii。

〔42〕 Cleaveland,*Banking System of the State of New York*, pp.xxix－xxxix;Root,"New York Bank Currency",p.3;William H.Dillistin,*Historical Directory of the Banks of the*

State of New York(New York：New York State Bankers Association,1946),p.105;De-Witt Clinton,*Journal of the Assembly of the State of New York*, 50th sess.(Albany：E.Croswell,1827),p.16;Chaddock,*Safety Fund Banking System*,p.252.

〔43〕 Marquis and Smith,"Double Liability for Bank Stock",p.493.到这个时候,新罕布什尔州、宾夕法尼亚州、马萨诸塞州和罗德岛州都已经开始对银行股东试验超过出资额的责任条款。参见 Davis R.Dewey,*State Banking before the Civil War*,National Monetary Commission,61st Cong.,2nd sess.,Senate Document 581,pp.117 – 119。

〔44〕 Marquis and Smith,"Double Liability for Bank Stock",p.493.

〔45〕 Revised Statutes,ch.18,pt.1,title 2,art.1,sec.16,reprinted in Cleaveland,*Banking System of the State of New York*, p.12.

〔46〕 See esp.Marquis and Smith,"Double Liability for Bank Stock",pp.491 – 493.

〔47〕 当时对这个逻辑的论述(用以论证允许个人在无限责任制下从事民间银行业的一个 1825 年的提案),参见 *Journal of the Senate of the State of New York*,48th sess.(Albany：E.Croswell,1825),pp.102 – 103。

〔48〕 有关另外一种不同的观点,参见 Gary Gorton,"Reputation Formation in Early Bank Note Markets",*Journal of Political Economy*,104,no.2(1996),346 – 397。

〔49〕 Benjamin C.Esty,"The Impact of Contingent Liability on Commercial Bank Risk-Taking",*Journal of Financial Economics*,47(1998),189 – 218.

〔50〕 *Albany Argus and City Gazette*, February 26,1827,p.2. See also Representative J.Van Beuren in *Albany Argus*,March 4,1829,p.2.

〔51〕 Root,"New York Bank Currency",p.3.

〔52〕 有关 Barker 的资料,特别参见 J.T.W.Hubbard,*For Each, the Sterngth of All：A History of Banking in the State of New York* (New York：New York University Press,1995),pp.70 – 71.很奇怪,虽然华盛顿沃伦银行(Bank of Washington and Warren)被广泛地认为于 1825 年倒闭,但是直到 1830 年,它的银行券仍能以接近面额的方式流通。参见 *New-York American*, bank note tables,1825 – 1830。

〔53〕 Ronald Seavoy,*The Origins of the American Business Corporation,1784 – 1855*(Westport,Conn.：Greenwood Press,1982),p.117.See also *Albany Argus*, April 4,16,and 17,1828.

〔54〕 *Journal of the Senate,1829*,p.8.

〔55〕 Martin Van Buren,*The Autobiography of Martin Van Buren*,ed.John C.Fitzpatrick (Washington,D.C.：GPO,1920),p.221.

〔56〕 See esp. Hubbard,*For Each,the Strength of All*,pp.57 – 78.

〔57〕 *Journal of the Assembly,1829*,p.175.

〔58〕 *Journal of the Assembly,1829*,p.174.

〔59〕 同上,p.10,我添加了着重号。

〔60〕 Ralph C.H.Catterall,*The Second Bank of the United States* (Chicago：University of Chicago Press,1960[1902]),esp. pp.96 – 98;Peter Temin,*The Jacksonian Economy* (New York：W.W.Norton,1969),esp. pp.49 – 53.

〔61〕 Arthur Fraas, "The Second Bank of the United States: An Instrument for an Interregional Monetary Union", *Journal of Economic History*, 34, no.2 (June 1974), 448.

〔62〕 See esp. Hammond, *Banks and Politics in America*, p.560; Nathaniel P. Tallmadge, *Speech of Hon. N. P. Tallmadge, Delivered in the Senate of the State of New-York, February, 1832, on the Resolution against Renweing the Charter of the Bank of the United States* (Albany: Packard and Van Bethuysen, 1832), pp.31 – 33.

〔63〕 *Journal of the Assembly*, 1829, p.177.

〔64〕 Ibid., p.184.

〔65〕 Fritz Redlich, *The Molding of American Banking: Men and Ideas* (New York: Johnson Reprint Company, 1968), 1:92.

〔66〕 *Journal of the Assembly*, 1829, pp.176 – 177, 181 – 182.

〔67〕 Bray Hammond, *Banks and Politics in America from the Revolution to the Civil War* (Princeton: Princeton University Press, 1957), p.558.

〔68〕 *Journal of the Senate*, 1829, p.9.

〔69〕 *Journal of the Assembly*, 1829, p.178.

〔70〕 *Report of the Committee on Banks and Insurance Companies* (Paige Report, 1823), pp. 19 – 20, 22 – 23.

〔71〕 Erastus Root, "The Speeches of General Erastus Root, on the Resolution of Mr. Clayton, of Georgia, Proposing a Committee of Visitation to the Bank of the United States, delivered on the 7th, 8th, and 14th days of March, 1832, in the House of Representatives", (1832), p.11.

〔72〕 *Albany Argus*, February 28, 1829, p.2. See also Chaddock, *Safety Fund Banking System in New York*, pp.264 – 266.

〔73〕 *Albany Argus*, February 28, 1829, p.2.

〔74〕 *Albany Argus*, March 2, 1829, p.2.

〔75〕 Chaddock, *Safety Fund Banking System in New York*, pp.241 – 242, 267.

〔76〕 *Journal of the Assembly*, 1829, p.923.

〔77〕 "An Act to Create a Fund for the Benefit of Certain Moneyed Corporations, and for other purposes: Passed April 2, 1829", reprinted in Cleaveland, *Banking System of the State of New York*, pp.29 – 38; *Journal of the Assembly*, 1829, p.755.

〔78〕 参见例子 *Niles' Register*, April 11, 1829, p.102; Root, "New York Bank Currency", p. 7。中区银行(The Middle District Bank)在 1829 年数月内未能为其执照续期,因此不计作稳定基金制度的成员。有关涉及大量谈判的城市银行的准入,参见 Chaddock, *Safety Fund Banking System in New York*, pp.270 – 271; *An Examination of Some of the Provisions of the "Act to Create a Fund for the Benefit of the Creditors of Certain Monied Corporations, and for other Purposes", Passed April 1829*, By a Stockholder (1829); R. K. Moulton, *Legislative and Documentary History of the Banks of the United States* (New York: G. & C. Carvill & Co., 1834), p.71; Redlich, *Molding of American Banking*, 1:95。

〔79〕 Redlich, *Molding of American Banking*, 1:230; Knox, *History of Banking in the United States*, pp.355 - 356; Carter H.Golembe, "The Deposit Insurance Legislation of 1933: An Examination of Its Antecedents and Its Purposes", *Political Science Quarterly*, 75, no.2(June 1960), 182 - 186; Carter H.Golembe and Clark Warburton, *Insurance of Bank Obligations in Six States*(Washington, D.C.:Federal Deposit Insurance Corporation, 1958).

〔80〕 Root, "New York Bank Currency", pp.3 and 7; Fenstermaker, *Development of American Commercial Banking*, p.111, table A - 1.

〔81〕 Root, "New York Bank Currency", p.3; Dillistin, *History Directorical*, p.105.

〔82〕 See, e.g., *Annual Report of the Bank Commissioners*, *January 31, 1832*, Assembly Document 70, 1832, p.10.

〔83〕 *Annual Report of the Bank Commissioners*, *January 31, 1833*, Assembly Document 69, 1833, pp.5 - 6.

〔84〕 Chaddock, *Safety Fund Banking System in New York*, p.276.

〔85〕 *Journal of the Assembly*, 1829, p.184.

〔86〕 尽管南北战争前纽约大多数银行贷款期限不会超过 90 天(极端情况下不超过 180 天),但只要它们一期接一期地被滚动下去,这些贷款通常都会获得批准。Hammond 将这种行为描述为"为便利发行而戴在长期信贷头上的一副面罩",参见 Hammond, "Long and Short Term Credit", p.89。另可参见 George Tucker, *The Theory of Money and Banks Investigated* (Boston:Charles C.Little and James Brown, 1839), pp.165 - 167。

〔87〕 Root, "New York Bank Currency", p.7.1834 年准予办法的牌照似乎限制了银行券/资本比不得超过 1.5。Schultz, *Financial Development of the United States*, p.206。

〔88〕 Reprinted in the *Daily Albany Argus*, March 14, 1837, p.2.

〔89〕 See, e.g., Carl Degler, "The Locofocos:Urban ' Agrarians ' ", *Journal of Economic History*, 16, no.3(September 1956), 322 - 333.

〔90〕 有关支持该立场的公众会议的描述,参见 *Daily Albany Argus*, March 17, 18, 28, and 31, 1837, and for reprints of editorials on this issue, *Daily Albany Argus*, March 14, 1837, p.2。

〔91〕 Reprinted in the *Daily Albany Argus*, March 14, 1837, p.2.

〔92〕 Senate Document 55, 1837, pp.19, 11, 12.

〔93〕 Chaddock, *Safety Fund Banking System in New York*, p.376; Assembly Document 303, 1837, p.9.关于一个相关的法案,另可参见 *Daily Albany Argus*, March 20, 1837, p.2。

〔94〕 Assembly Document 318, 1838, pp.2 - 3; Root, "New York Bank Currency", p.8; Chaddock, *Safety Fund Banking System in New York*, pp.300 - 301; Knox, *History of Banking in the United States*, p.408.

〔95〕 *Annual Report of the Comptroller*, *January 11, 1843*, Assembly Document 10, 1843, p.53.

〔96〕 *Annual Report of the Bank Commissioners*, *January 24*, *1838*, Assembly Document 71, 1838, p.13；Root,"New York Bank Currency", p.8.虽然布法罗的银行在眼前的危机中完好无损,但它们三家后来于19世纪40年代倒闭。

〔97〕 早在自由银行业的立法辩论中,众议院否决了一个可以将自由银行合并进稳定基金的修正案。参见 *Daily Albany Argus*, February 20, 1838。

〔98〕 虽然稳定基金存在了长达三十余年,1837年的恐慌标志着一个长期衰落的开始。1836年后,没有一家新的稳定基金银行获得执照,而且1840—1842年11家银行的倒闭也榨干了基金的资源。为了缓解压力,1842年4月起,州议会取消了对存款的保证措施,但是在1841年11月至1845年4月之间,由于稳定基金实际上仍然处于资不抵债状态,监理官仍无法正常兑付银行券。州政府于1845年通过以稳定基金所有的未来收益为抵押发行股票从而最终解决了问题,此后所有倒闭银行的钞票得到了兑付。稳定基金之后经历另外5次失败——一次在1848年,一次在1854年,还有三次在1857年。同时,参与稳定基金的银行数量随着稳定基金银行稳定地转变成自由银行(free banks)继续萎缩。1866年,最后一个稳定基金执照到期,这个制度也就悄然终止。尽管基金最终很好地履行了它的所有承诺,但是很多倒闭银行的银行券持有人在最终得到相应的补偿之前,却被迫经历了长期延误和钞票贬值的痛苦。参见 Chaddock, *Safety Fund Banking System in New York*, pp.328, 360 – 367；*Annual Report of the Comptroller*, *December 30*, *1848*, Assembly Document 5, 1849, pp.51 – 52；Root,"New York Bank Currency", pp.7 – 10。稳定基金的严重无力在19世纪40年代早期第一次暴露出来。这可能归咎于其最初立法上的缺陷。或许其中最严重的,便是向基金的强制交款以银行的资本而不是以得到保险的项目负债(钞票和存款)为根据。特别参见 Chaddock, *Safety Fund Banking System in New York*, pp.350 – 354, 358 – 359, 387；Root,"New York Bank Currency", pp.14 – 15；Knox, *History of Banking in the United States*, pp.412 – 413。另可参见 Howard Bodenhorn,"Zombie Banks and the Demise of New York's Safety Fund", *Eastern Economic Journal*, 22, no.1(Winter 1996), 26。

〔99〕 纽约自由银行的合法性一直受到挑战,直到1846年实施了一部新的州宪法才得以解决。参见 Hammond, *Banks and Politics in America*, pp.585 – 592。美国有关自由银行的第一部法律在1837年于密歇根颁布,只比纽约州的法规早一年。有关辉格党对信用、货币和公司的看法,参见 Glyndon G.Van Deusen,"Some Aspects of Whig Thought and Theory in the Jacksonian Period", *American Historical Review*, 63, no.2(January 1958), esp.310 – 315。

〔100〕《银行业授权法案(自由银行法)》[An Act to Authorize the Business of Banking (Free Banking Act)], 1838年纽约州法律(New York Laws of 1838),第260章, 245页,15节。

〔101〕 1838年法案要求至少一半的准备以政府债券的形式存在,这之后称为"储备(stock)"。一开始,几乎所有州和联邦的债券都合格,但后来逐渐收缩到只有纽约州的和联邦的债券(从而排除了其他州的债券)合格。另一半的银行券准备

可以采用低风险的抵押品。参见 1838 年法案(Law of 1838),第 260 章,245 页, 2、7、8 节;1840 年法案(Law of 1840),第 363 章,306 页,第 1 节;1844 年法案 (Law of 1844),第 41 章,35 页,第 1 节;1848 年法案(Law of 1848),第 340 章, 462 页,2、3 节;1849 年法案(Law of 1849),第 313 章,455 页,第 1 节;1851 年法 案(Law of 1851),第 164 章,309 页,第 10 节。以及 Root,"New York Bank Currency",pp.16 - 17。所有上述章节重印于 Cleaveland, *Banking System of State of New York*, pp.83 - 184。与州和联邦的债券不一样,抵押债券在二级市场不是很 容易交易。特别参见 Margaret G.Myers, *The New York Money Market*(New York: Columbia University Press, 1931), 1:293 - 294; D.M.Frederiksen, "Mortgage Banking in America", *Journal of Political Economy*, 2, no.2(March 1894), esp.222 - 223。 州政府的银行监管者在许多场合明确承认了这一问题。参见例如 *Annual Report of the Superintendent of the Banking Department*, Assembly Document 10, January 5, 1855, p.14。

〔102〕 1838 年纽约州法律(New York Laws of 1838),第 260 章,4、11、29 节。14% 的罚 金在 1840 年升至 20%,1851 年又降为 5%。

〔103〕 *Daily Albany Argus*, April 4, 1838, p.1.

〔104〕 See Madeleine, *Monetary and Banking Theories*, pp.140, 159; Smith, *An Inquiry into the Nature and Causes of the Wealth of Nations*, bk.2, chap.2, pp.323 - 326; Abraham H.Venit, "Isaac Bronson:His Banking Theory and the Financial Controversies of the Jacksonian Period", *Journal of Economic History*, 5, no.2(November 1945), 203 - 204; John McVickar, *Hints on Banking in a Letter to a Gentleman in Albany by a New Yorker*(New York:Vanderpool & Cole, 1827), p.39.See also Redlich, *Molding of American Banking*, 1:194.

〔105〕 1838—1863 年之间,纽约州设立的 449 家自由银行之中,只有 34 家曾经不能按 面值兑付其银行券。平均来说,流通中的每一美元银行券对这 34 家银行的顾客 来说都损失了 26 美分。整体上看这 449 家自由银行,流通中每一美元钞票的平 均损失不到十分之二美分。参见 Arthur J.Rolnick and Warren E.Weber, "New Evidence on the Free Banking Era", *American Economic Review*, 73, no.5(December 1983), 1085(table 2), 1088(table 4), and 1089(table 5)。

〔106〕 Isaac Bronson, "Letter from Issac Bronson, Esp., to a Member of Congress, New York, 1832", *Financial Register of the United States*(Philadelphia:Adam Waldie, July 1838), 2, no.1, 11 - 12.

〔107〕 *Journal of the Senate*, 1829, pp.81 - 84.虽然 1828 年有 38 家特许银行,1829 年的 立法报告中只包含了 21 家。

〔108〕 Diamond and Dybvig, "Bank Runs, Deposit Insurance, and Liquidity", p.405.

〔109〕 Eddie George, "Are Banks Still Special?" *Bank of England Quarterly Bulletin*(February 1997), 113.

〔110〕 正如 Naomi Lamoreaux 如此有说服力地就新英格兰地区的银行所展示的那样,这 不是美国南北战争前银行的唯一(或者甚至是首要的)功能。参见 Lamoreaux,

Insider Lending,pp.3,64 - 65,82。那时,银行负债中的资本占比比现在要大得多,这意味着银行的放贷资金更少地依靠发行钞票和吸收存款。资本经常是一个同等重要的来源。尽管如此,即使银行不是唯一或者主导的承担者,连接流动性的钞票和存款与不具有流动性的贷款之间的中介仍然是银行的主要功能。有关这段时期纽约州和宾夕法尼亚州的银行如何区别于新英格兰的银行,参见Robert E.Wright,"Bank Ownership and Lending Patterns in New York and Pennsylvania,1781 – 1831",*Business History Review*,73,no. 1(Spring 1999),40 - 60。

〔111〕 *Annual Report of the Bank Commissioners*, Assembly Document 29,January 26,1842,pp.88 - 90;*Annual Report of the Superintendent of the Banking Department*,Assembly Document 4,January 6,1862,pp.63 - 73.选取 1841 年和 1860 年这些年份作对比,是因为它们几乎覆盖了美国内战前自由银行历史的完整时段,因为它们排除了自由银行不稳定的起始年份,而且因为这些年份有详细的州数据(按银行种类分类的)可资利用。自由银行的存款在 1860 年后继续攀升,1864 年年末达到 2. 48 亿美元,存款/银行券比大约为 9。*Annual Report of the Superintendent of the Banking Department*(1866),p.82 - 90.正文中引用的所有存款数字不包括银行间存款(可能的地方,也不包含政府存款)。

〔112〕 *Annual Report of the Bank Commissioners*(1842),p.90;*Annual Report of the Superintendent*(1862),pp.63 - 73.非自由银行包括特许银行和稳定基金银行。

〔113〕 *Annual Report of the Comptroller of the Currency in the Second Session of the Forty-fourth Congress of the United States*,December 4, 1876 (Washington, D. C.: GPO,1876),p.xxv.

〔114〕 *Annual Report of the Superintendent of the Banking Department*,State of New York,Assembly Document 3,January 3,1860.

〔115〕 *Annual Report of the Comptroller of the Currency*(1876),pp.xlv and ciii.货币监理局的报告数据为每年一月初的数据。因为这里呈现的年度数据反映的是年末价值(除非其他地方有说明),因此监管者的所有年度数字都被后移了一年。

〔116〕 Quoted in Harry E.Miller,*Banking Theories in the United States before 1860*(Cambridge,Mass.:Harvard University Press,1927),p.110.

〔117〕 *Annual Report of the Bank Commissioners*,*January 25,1841*,Assembly Document 64,1841,p.16.这篇文献中委员会声称稳定基金法中的存款保险对象简直是一个错误。相反 Redlich 坚称,福尔曼(Forman)和其他稳定基金法的制定者一直都试图覆盖存款和银行券。Redlich,*Molding of American Banking*,1:264n21.关于活期存款货币功能的持续困惑,另可参见 Charles F.Dunbar,"Deposits as Currency",*Quarterly Journal of Economics*,1,no.4(July 1887),402。

〔118〕 Assembly Document 2,1858,p.2.See also *Annual Report of the Superintendent of the Banking Department*,State of New York,Assembly Document 3,January 3,1860,p.15;Samuel Rezneck,"The Influence of Depression upon American Opinion,1857 – 1859",*Journal of Economic History*,2,no.1(May 1942),3.

〔119〕 Rezneck,"Influence of Depression",p.2.See also Charles W.Calomiris and Larry Schweikart,

"The Panic of 1857: Origins, Transmission, and Containmnet", *Journal of Economic History*, 51, no.4 (December 1991), 807 – 834; William Graham Sumner, *A History of Banking in the United States* (New York: Journal of Commerce and Commercial Bulletin, 1896), pp.426 – 428.

〔120〕 Root, "New York Bank Currency", pp.3, 7, 19.

〔121〕 从比较的观点来看, 路易斯安那州的情况十分有趣。虽然该州议会直到 1853 年才通过了一般公司法 (general incorporation law), 早在十多年前它就将流动性创造和信用创造分离开来。1842 年路易斯安那州银行法 (The Lousiana Bank Act of 1842) 要求银行持有的金银铸币准备金相当于流动性负债的三分之一, 并且用 (90 天) 短期商业票据为剩下的三分之二做准备。长期借款只限于使用资本的贷款, 因为银行券和存款属于流动性负债的范畴。在路易斯安那州这种制度下, 1842 年以后再没有银行倒闭, 使得一些学者大肆宣传这部法令的成功。但安全性只代表了天平的一端。接下来的二十多年里, 路易斯安那州的贷款和贴现仍然相对停滞, 而全国出现十分显著的增长。参见 Hammond, *Banks and Politics in America*, pp.676 – 686; Knox, *History of Banking in the United States*, pp.613 – 614; Sumner, *History of Banking in the United States*, pp.387 – 391, 434 – 437; Rockoff, "Varieties of Banking", p.163; *Annual Report of the Comptroller*, pp.cxii – cxiii (for Louisiana bank balance sheets); George D. Green, "Louisiana, 1804 – 1861", in Rondo Cameron, ed., *Banking and Economic Development* (New York: Oxford University Press, 1972), pp.216 – 220。

〔122〕 双倍责任在 1846 年纽约州修宪会议上重新被采用, 但是直到 1850 年年初才正式生效。参见 art.8, sec.7 of the Constitution of 1846, printed in *Report of the Debates and Proceeding of the Convention for the Revision of the Consitution of the State of New York*, 1846, p.13。

〔123〕 See John Wilson Million, "The Debate on the National Bank Act of 1863", Journal of Political Economy, 2, no.2 (March 1894), 251 – 80; James Willard Hurst, *A Legal History of Money in the United States, 1774 – 1970* (Lincoln: University of Nebraska Press, 1973), p.79; John A. James, *Money and Capital Markets in Postbellum America* (Princeton: Princeton University Press, 1978), pp.27 – 29, 74 – 78; Thomas Wilson, *The Power "To Coin" Money: The Exercise of Monetary Powers by the Congress* (Armonk, N.Y.: M.E.Sharpe, 1992), pp.156 – 160.

〔124〕 Golembe, "Deposit Insurance Legislation of 1933", p.187.

〔125〕 *Annual Report of the Comptroller of the Currency*, December 1, 1890 (Washington, D.C.: GPO, 1890), 1:22 – 24。 See also *Annual Report of the Comptroller of the Currency*, December 5, 1892 (Washington, D.C.: GPO, 1892), 1:31 – 32.

〔126〕 Quotcd in Henry Parker Willis, "The Federal Reserve Act", *American Economic Review*, 4, no.1 (March 1914), 4. See also Representative Carter Glass, *Congressional Record* (House), 63rd Cong., 1st sess., September 10, 1913, pp.4642 – 51.

〔127〕 See, e.g., Carter Glass, *Congressional Record* (House), September 10, 1913, p.4642;

Benjamin J.Klebaner, *American Commercial Banking：A History*（Boston：Twayne Publishers,1990）,pp.111 - 112.

〔128〕 关于 20 世纪早期州一级的各种方案,特别参见 Thornton Cooke 的四篇文章。Thornton Cooke,"The Insurance of Bank Deposits in the West", *Quarterly Journal of Economics*,24,no.1（November 1909）,85 - 108;"The Insurance of Bank Deposits in the West：II", *Quarterly Journal of Economics*,24,no.2（February 1910）,327 - 391; "Four Years More of Deposit Guaranty", *Quarterly Journal of Economics*,28,no.1 （November 1913）,69 - 114;and "The Collapse of Bank-Deposit Guaranty in Oklahoma and Its Position in Other States", *Quarterly Journal of Economics*,38,no.1（November 1923）,108 - 139;另有 Eugene Nelson White,"State-Sponsored Insurance of Bank Deposits in the United States,1907 - 1929", *Journal of Economic History*,41, no.3 （September 1981）, 537 - 557; Golembe, "Deposit Insurance Legislation of 1933",esp. pp.187 - 188;Charles W.Calomiris,"Is Deposit Insurance Necessary? A Historical Perspective", *Journal of Economic History*,50,no.2（June 1990）,esp. 288 - 293; *A Brief History of Deposit Insurance in the United States*（Washington,D.C.：Federal Deposit Insurance Corporation,1998）,pp.12 - 19。

〔129〕 Steagall, *Congressional Record*（House）,73rd Cong.,1st sess.,May 20,1933,p.3835.

〔130〕 Ibid., pp.3839 - 40.

〔131〕 Luce,ibid.,May 22,1933,p.3917.

〔132〕 Steagall,ibid.,May 20,1933,p.3837.

〔133〕 Bacon,ibid.,May 22,1933,p.3959.

〔134〕 Bulkley, *Congressional Record*（Senate）,May 8,1933,p.3008.See also Balcon, *Congressional Record*（House）,May 22,1933,p.3960.

〔135〕 Bacon, *Congressional Record*（House）,May 22,1933,p.3960.

〔136〕 Bulkley, *Congressional Record*（Senate）,May 8,1933,p.3008.另可参见 Carter Glass, 同上,May 19,1933,p.3728;Bacon, *Congressional Record* （House）,May 22,1933, p.3960;Arthur Vandenberg, *Congressional Record* （Senate）,May 26,1933,p.4240。为了预测到不健全银行可能会通过高于正常水平的利率吸引有保险的存款者, 立法的起草者严格限制了银行存款的利率给付水平,从而"消除了存款账户竞争中最不稳健的方法"。Bulkley, *Congressional Record* （Senate）, May 8,1933, p.3008.另可参见 Albert H.Cox,"Regulation of Interest on Deposits：An Historical Overview", *Journal of Finance*,22,no.2（May 1967）,274 - 296。

〔137〕 Bacon, *Congressional Record*（House）,May 22,1933,p.3959.

〔138〕 Glass, *Congressional Record* （Senate）,May 19,1933,p.3728.

〔139〕 Steagall, *Congressional Record*（House）,May 20,1933,p.3838.辩论期间也提出了各州保险计划失败的原因之一是,由于奈特不确定性,银行损失本质上是不可保险的。参见例如 Bacon, *Congressional Record*（House）, May 22,1933,pp.3960 - 61。然而,辩论并没有明确得出这个观点——联邦政府在处理这种不确定性方面是否会比州政府处于更好的位置。

〔140〕 See, e.g., Glass, *Congressional Record*（Senate）, May 19, 1933, pp.3726 – 29.

〔141〕 See, e.g., interchange between Senators King and Glass, Ibid., p.3729.

〔142〕 事实上, 1933 年结束双重责任的原因几乎与 1829 年所给的相同:因为额外的股东责任几乎不会增加债权人损失的补偿,这反而看起来诱使投机者进入银行经营业。有关 1933 年版本的争论,特别参见 Luce, *Congressional Record*（House）, May 22, 1933, p.3917;Bacon,同上,p.3961。

〔143〕 斯蒂格尔(Steagall)众议员感到十分沮丧,因为其他一些众议员认为他的存款保险提案给小的单一银行带来威胁。但他非常有力地(同时非常可信地)辩论称,提议的真实目的恰好相反。"没有人比我更关心保护独立的社区银行,"斯蒂格尔声称,"这个法案将会保护美国独立、双轨制银行体系以提供社区信用、社区服务,并支持建立社区生活。这就是这个法案想要做的,这就是这个法案的目的,这就是这个措施期望实现的东西。"Steagall, *Congressional Record*（House）, May 23, 1933, p.4033.

〔144〕 Keller, Ibid., May 22, 1933, p.3913.

〔145〕 例如在 1829 年, Joshua Forman 宣布因为"银行有能力……如此深刻地影响社区的利率,他们应该被认为和当作公众机构来处理,应该好像对待股东利润那样尽可能为公众利益行事"。*Journal of the Assembly*, 1829, p.176.

〔146〕 尽管实施了这些政策,然而持续的警惕仍然是根本的。20 世纪 80 年代储蓄与贷款协会(S&L)的崩溃验证了特别是在联邦保险存款制度的背景下监管松懈的危险性。

〔147〕 Hastings, *Congressional Record*（House）, May 22, 1933, p.3924.

〔148〕 See esp. Golembe, "Deposit Insurance Legsilation of 1933", pp.189 – 195.

—— 第 **5** 章 ——

破　产

　　像如此多的风险管理政策一样,破产法是在经济危机的背景下创立起来的。在 19 世纪期间,国会通过了四个独立的破产法规——三个临时性的,分别在 1800 年、1841 年和 1867 年通过,而最后一个永久性的,在 1898 年通过。在每一个情况下,联邦法律制定者都是在严重的经济困难时刻采取立法行动,希望将大量破产的债务人从一个坏债的雪崩下解救出来。

　　比如说,1841 年破产法案是在 1837 年恐慌之后的长期萧条期间通过的,就是这次风暴摧毁了约书亚·福尔曼在纽约州的稳定基金制度。1840 年 6 月,一个前纽约市长,菲力普·霍恩(Philip Hone)评论道:"所有种类的商业完全停顿……而且整个国家处于病态和虚弱之中,并且大声疾呼治疗。"[1]一年之后,当威廉·亨利·哈里森(William Henry Harrison)总统请求国会召开一个特别会议时,据称 50 万债务人已经被危机击垮,无法偿还他们的债务。[2]

　　新当选的辉格党人很快利用他们的势头,在 1840 年的选举中击败了民主党。首先提上他们日程的是,一个稳定国家货币供给的联邦银行设立提案,提高收入和促进国内投资的一个更高的关税,以及一个提供救济和促进复苏的联邦破产法。而在整个经济灾难之中,破产法案显得尤其紧迫。当纳撒尼尔·塔尔梅奇(Nathaniel Tallmadge),一个纽约民主党人,在参议院大厅宣称:"先生,要求这个追加议程的目的是实施救助这个国家当前困苦和窘迫状况的措施。有什么措施能够比一个破产法的通过给予更大,而且更加广泛又更加快速的救助呢?"〔3〕一个新的破产法规终于在 8 月 19 日颁布。

1841 年法律的核心是它的债务免除条款(discharge provision),它允许提出破产的债务人,在放弃了他们大多数实物和金融资产之后,从他们的债务中"得到免除"。这经常被称为一个全新的开始——破产免除允许破产的债务人重新开始,摆脱在他们以前的业务经营中击垮他们的财务负担。在法律被废除的 1843 年,已经有 3 万多破产债务人根据其条款获得债务免除。

那个时候,这个法律的许多批评家发现,一个合法免除的观念彻底让人震惊。反对派争辩称,允许个人逃避他们签署了契约的债务会不可避免地激发一个令人震惊的道德风险问题,它会鼓励不顾后果的投机,而且还会破坏个人责任。美国未来的总统,宾夕法尼亚参议员詹姆斯·布坎南(James Buchanan)警告称,这样一个权力将腐蚀"人民的道德",将"刺激投机精神几至疯狂",而且会被当作一个公开的邀请让人们去进行"疯狂和放任的"业务经营。〔4〕

其他批评家宣称,1841 年法律达成的不过是一个对破产的债务人的一个赠品,基于大众感伤情调而不是良好的经济合理性来推行。一个有追溯力的免除,他们强调,将要求废止现行的债务合约,对国家传统的产权承诺来说是一个严重和可能隐伏的偏离。甚至连埃文·丹尼尔·韦伯斯特(Even Daniel Webster),这个新破产法案的一个主要提倡者,也承认它将"损害契约上的义务"〔5〕。

那么,关键的疑问是,为什么这样一个极端的补救方法是必需的。为什么法律制定者感到必须赋予债务人一个不可放弃(而且有追溯力的)的免除权利?过去几十年中,一些学者已经指出,破产法的经济目的基本上与有限责任相同,通过给他们提供应对极端损失的一种保险,鼓励风险厌恶的储蓄者投资于风险性创新项目。债务免除,一个著名的法律学者写道:"使风险投资者能够将他们的损失风险限定于他的现有资产范围内。他不会被迫将他的全部收入用于冒险。通过使风险厌恶者能够将他们的损失风险限定在他们的投资上,有限责任的股份公司化发挥相同的鼓励投资的功能。"[6]另一位学者称:"债务免除可以被看成一种针对个人的有限责任形式——如同公司的有限责任一样,起源于同样愿望,而且服务于同样目的的一个法律建设。"[7]

从一个概念上说,无可怀疑的是,破产法中的免除条款(很像有限责任)创立了一种隐形保险,将风险从债务人转移到债权人。根据美国一位杰出的破产法学者的说法:"一个重新开始的权利……是一种保险。所有的债务人从一开始支付了一个较高的利率,反过来,债权人承担了特定的债务人陷入困难时期出现的部分损失。"[8]可将它类比为保险,这甚至被19世纪一些法律制定者认识到了。来自康涅狄格州的众议员约瑟夫·特朗布尔(Joseph Trumbull)在1841年论述道:"债权人具有一个保险公司的性质。"[9]

尽管如此,重要的是,保险可以服务于两种非常不同的目的。一方面,通过提供一种安全感,保险可以鼓励风险厌恶的个体从事那些原本让他们感觉太冒风险的活动。这可以定性为保险的事前收益,因为无论损失是否发生,这对投保者都是有价值的。另一方面,通过在损失之后提供赔偿,保险也在允许受害者摆脱金融灾难并且继续维持他们的生活方面扮演了一个关键角色。由于显而易见的理由,这可以定性为保险的事后收益。

如同我们看到的,19世纪期间州有限责任法几乎只是基于事前的状况来论证,被当作一种鼓励消极投资者购买有风险的企业股票的一种方式。在这一章我们将弄清楚的是,联邦破产法得到了很不相同的论证——是基于事后,而不是事前的观点。在每一个有关破产的国会辩论中,特别是在1841年和1898年,法律制定者提及的主要目标是解救和使破产企业家(亦即积极投资者)起死回生。听起来很奇怪,试图刺激风险厌恶储蓄者投资于风险项目的思想——有限责任的中心论点——几乎从来没有在涉及破产的情景中提及。

一个债务免除权力的建立就这样构成了一个独特的阶段 I 政策。像有限责任一样,人们是希望它通过将违约风险从债务人转移给债权人增强投资和扩大生产能力,迫使债权人像隐性保险者一样行事来抵御经济风险。但是,有限责任是设计用来在任何破产发生之前增强投资激励的,而创立破产债务免除是为了使企业家绝地重生,并使他们以前的人力资本起死回生的——在紧接着破产之后。一个是事前的政策,另一个是事后的政策。尽管这一点现在大大地被忽略了,这个简单的特征在 19 世纪非常重要,它将破产法塑造成用来支持积极(而不是消极)投资者的一种新型公共风险管理。

1. 美国传统的债务人保护

在我们转到立法辩论本身之前,首先必须认识到,美国破产法不是脱离实际地孕育出来的。即使是在首批联邦破产法规在 1800 年和 1841 年颁布之前,美国人很久以来就已经有宽恕或者挽救破产债务人的癖好,尤其是在经济危机之中。尽管债务人保护的动力和机制在那些年里已经有相当的改进,美国人将违约风险从借款人那里转移出去的传统有特别深厚的历史根源。确实,美国已经长期地将它自身定型为一个特别钟爱债务人的国度。

美国早期对债务人的保护

即使在独立革命战争之前,13 个殖民地就已经进行了一系列广泛的债务人保护制度实验。尽管债务人监狱在大多数地方仍然是一个活生生的事实,但是,在将他们拥有的任何财产转给尚未偿还的债权人的前提下,许多殖民地(如 1755 年的新泽西)允许收监的债务人从监狱得到释放。[10] 几个殖民地(包括马萨诸塞、纽约和南卡罗来纳)也寻求从现存的债务中对共同债务人进行债务免除,尽管这样的条款通常被英国枢密院(British Privy Council)推翻。[11] 当时的观察家通常将相关法律区分为免除债务人的人身拘禁于监狱的法律,以及免除债务本身的法律,前者得到广泛接受,后者则不然。

殖民地时期一些更加有创新性的债务人保护技术包括所谓评估和财物发还法律(valuation and replevin laws)。通过授权资不抵债的债务人将他们的资产由独立的评估人而不是通过拍卖估价,评估法允许债务人避免在经济不振之中以一个快速下跌的价格卖出资产。相反,他们可以大致以账面价值直接将实物资产转给债权人。根据财务发还法律,债务人可以通过发行个人的"财物发还"债券给他们的债权人谋求缓期执行。马萨诸塞州最高法院(General Court of Massachusetts)早在17世纪40年代就采用了价值评估法(在一个快速的衰退期间),而弗吉尼亚从1780年到1817年已经推行了一个财物发还制度。[12]殖民地时代实施的另外两个债务人救助的方法,包括延缓法(stay law)的实施——它暂时阻止了债权人占有债务人的资产,以及通货膨胀政策的采用——它允许债务人以贬值的纸币归还他们的借款。

就在独立之后,在紧接着独立革命战争的严重经济危机期间,18世纪债务人保护政策的高潮到来。中央政府没有能力偿还它的战争债务,加上对英国贸易的断绝,触发了一系列破产的连锁反应。美国财政部长罗伯特·莫里斯(Robert Morris),1782年辞职,承认"我们的政府信用已经消失,……再不会有怀疑"[13]。在战争中战斗并爱国地接受政府债务作为付款的农民受到特别严重的打击。财务上拮据的中央政府不能很好地履行它的战时承诺,许多农民在他们自己的按揭支付方面陷入资金短缺并且承受了失去农场的风险。

在大多数新的独立州,法律制定者迅速采取措施缓和这个痛苦。许多州在18世纪80年代早期实施了延缓法律,并且许多州也进行了通货膨胀政策的实验,以非常巨大的数量发行纸币。[14]遍布全国的——特别是在罗得岛,那里的通货膨胀政策比任何其他地方都推进得更远——债权人控诉他们的财产正在被没收。詹姆斯·麦迪逊(James Madison)赞成这种抗议,警告这种纸币"影响所有权,就像从土地中拿走同等价值一样"[15]。

这个时期通常运用的其他债务人保护措施,包括分期付款(installment)

和商品支付(commodity payment)法。一个弗吉尼亚的分期付款法,颁布于1786年,它允许债务人延迟贷款偿还,提供以3个年度分期付款的支付可能。詹姆斯·麦迪逊再一次感到震惊,这一次是由他自己的州的行动引起的。"在私人契约中法律的这样一个介入,"他在12月给他父亲的一封信中提到,"在我的知识范围内,任何法律原则都难以证明其正当性。"[16]同时,商品支付法律有效地使特定商品(而不是金银铸币)成为法定货币,让债务人能够以官方高估的商品归还他们的贷款。[17]

既然经济状况严峻,而根据《联邦条例》(Articles of Confederation)新的中央政府力量又相对弱小,州的法律制定者担心社会动乱。[18]在马萨诸塞,比起其他大多数州,立法者对债务人救助明显地表现出更少兴趣,一位前独立战争的上尉在1786年8月29日领导了一个2,500人的小规模起义。这位上尉,丹尼尔·谢伊斯(Daniel Shays),试图防止法庭的官员夺取西马萨诸塞欠债未还的农民债务人的财产。传言谢伊斯和他的部下计划推翻州政府,但是这种事情从未发生。尽管谢伊斯的起义次年被镇压下去,但是新当选的马萨诸塞立法者听到了他清晰而洪亮的呼声。州立法者很快通过了一系列各种不同的债务救助措施,包括一个影响深远的债务中止政策。[19]

尽管这些措施给受打击的债务人提供了安慰,人数不断增加的建国者惊奇地将它们看成是他们珍贵的民主实验正在走向崩溃。"我羞愧得难以言表,"独立战争的英雄乔治·华盛顿宣称,"在我们被承认独立的时刻,我们会通过我们的行动证实我们跨大西洋敌人的预言,使我们自己在所有欧洲人的眼中显得愚蠢和卑劣。"[20]联邦政府不能支付它的债务,马萨诸塞的谢伊斯起义,以及私人债务合约上大范围的州政府干预,这些因素结合在一起,在发动1787年的制宪会议(Constitutional Convention of 1787)上扮演了一个关键的角色。[21]许多重要的人物,诸如麦迪逊和华盛顿开始相信,一个更加强大的中央政府确实是必不可少的,必须对各州实施更加严厉的规则,各州已经可悲地表明它们自己不能阻挡对再分配和财产权大规模侵犯的普遍需求。

终于在1789年得到批准的新的美国宪法对许多前十年最极端的债务

救济措施给予了一个直接的回应。第 1 条第 10 节,禁止各州铸造货币,并且阻止他们"损害契约义务"。一位会议代表,南卡罗来纳的查尔斯·科茨沃思·平克尼(Charles Cotesworth Pinckney)乐观地宣称:"在将来我们将摆脱纸币、松林荒地法案(pine barren acts,商品支付法)以及分期付款法引起的忧虑。"[22]但是,让像平克尼那样的联邦主义者产生巨大震惊的是,纸币不久以一种新的形式(州银行券)回归,并且州债务人保护法律表明,超乎几乎任何人已有的预期,它更加普遍并且更加难以取消。

宪法对各州行为的约束明显不像它的缔造者所希望的那样有力。除了批准民间银行拥有权力发行银行券(它不是合法提供的然而却作为货币广泛的流通),各州继续通过延缓法、分期付款法,并且在经济困难期间对现存债务合约进行了许多其他侵犯。宾夕法尼亚在世纪之交执行了一个延缓法,允许欠下不足 100 美元的债务人延迟合法的回收行动到 9 个月。许多其他州(包括北卡罗来纳、佐治亚、弗吉尼亚、罗得岛和佛蒙特)在宪法批准后的那些年里,也允许各种形式的延缓。[23]

纽约甚至走得更远,在 1788 年颁布了一个完备的破产法,在 1801 年又再次颁布。在它的许多条文里,这部纽约州的法规允许债务人在他四分之三的债权人(按价值)同意的前提下,从他的所有债务中得到免除。这意味着在没有债权人同意的情况下,一个债务人高达四分之一的债务可以得到免除,而且这个数字后来在 1813 年提高到三分之一。[24]

美国联邦法院最后废除或者限制了许多州的这些创新。1819 年对纽约破产法规进行裁决,大法官约翰·马歇尔(John Marshall)论证称,一个州的债务免除,追溯地运用到法律通过时已经生效的债务,损害了契约的责任,并且因此"违背了美国宪法"[25]。八年后最高法院(the Supreme Court)判决(现在克服了马歇尔的反对),每一个州被授权执行一个未来的债务免除(prospective discharge),只适用于法律通过之后签订契约的债务。但是,即使在这里,最高法院也实施了一个可怕的限制。一个州的债务免除,法官们总结道,可以合理地保护债务人免受来自同一个州的债权人的索赔,而不是州外的债权人,除了消除被包括在内的过境交易的价值以外。[26]

　　然而,债务人保护法仍然普遍存在并且继续在全国州一级实施。在许多情况下,宪法的警告被抛之云外。这没有比 1837 年灾难性的金融恐慌之后更正确的了。一个当时的观察者悲痛地感到"从每一个地方来的暴动、叛乱、骚乱的谣言一个接着一个"[27]。面对确实绝望的环境,阿拉巴马、伊利诺伊和弗吉尼亚对处境困难的债务人都实行了各种不同的延缓法。而俄亥俄、印第安纳、密歇根、密西西比以及伊利诺伊州通过了估价法(appraisal laws),强制规定尚未偿还的债务人(delinquent debtors)的财产不能以低于它评估价值的一个固定比例(通常是三分之二)的拍卖出售。当 1843 年最高法院取消这个州的估价法时,群情沸腾以至于一些伊利诺伊居民发誓抵抗。[28]最后,最高法院的裁定兑现了,但却很勉强。

　　贯穿 19 世纪中期这些债务人保护措施的部分魅力可能是,它们有助于对一些相当残酷的法律惩罚予以补偿。别忘了,债权人不仅有权占有尚未偿还债务人的个人资产,还有权占有他们的实际人身。被判处入债务人监狱的威胁在这个时期得到了极大放松。在英国,曾实施相似的制度,查尔斯·狄更斯(Charles Dickens)在小说《大卫·科波菲尔》中,写到他自己的父亲因不能偿还他的债务被捕并被投入监狱,使他的这种痛苦经历永传后世。在现实生活中,在整个可怕的 1822 年,幼小的查尔斯和他的家人经常在监狱探访他的父亲。[29]

　　回到美国,到大约 1830 年的时候,据称一年有多达 7.5 万人仍然因为债务被投入监狱。[30]从 1826 年 1 月到 1827 年 11 月,仅仅纽约市关押在监狱的债务人就接近 2,000 名,"既没有食物、燃料,又没有床,除了每 24 小时 1 夸脱汤之外"[31]。尽管这样的描述可能夸大了在美国对债务人关押的严重性,但是,这个制度无疑是残酷的。[32]遭受苦难的债务人,被投入监狱的和被击垮的故事,在 19 世纪早期十分普遍。

　　无可否认,公民们有时候喜欢对不计后果的投机者和欺诈他债权人的债务人进行惩罚。但是,他们经常对"诚实的"债务人(也许就像狄更斯的父亲)表示同情,这些债务人由于自身难以控制的经济状况而被关押。[33]公众对债务人监狱制度日益不满,导致它在内战前的时期逐渐废除。纽约法律制定者终于在 1828 年结束了将女性债务人投入监狱,1831 年结束将男性债务人投入监狱的做法,欺诈的情况除外。在 1857 年,马萨诸塞是最后废除这种臭名昭著的制度的州之一。[34] 然而,即使在废除之前,公众对这种做法的敌意经常如此强烈,以至于"一些借款者宁愿放弃他们占有违约者的权力,而不愿被认为抢夺和不人道。"[35]

尽管在整个 19 世纪中期债务人监狱的存在几乎确实提高了的债务人救济措施的普及,在债务人监狱取消很久以后,州的法律制定者也继续显示出一个对债务人保护的引人注目的投入。写于 20 世纪 30 年代大萧条期间,破产历史学家查尔斯·沃伦(Charles Warren)有一些惊奇地提到,在几乎每一次衰退中,各个州都继续执行延缓法,"尽管宪法禁止法律破坏契约义务"。废除这些延缓法的多次违宪法院判决,似乎"在防止各州再次制定延缓法方面没有什么影响"[36]。美国对债务人的钟爱根深蒂固。而且,尽管这个国家的政治家经常滔滔不绝地辩论债务契约的神圣不可侵犯,但是在经济危机的时代他们就会令人惊奇地很快将它们取消。

除了按照事前的方式通过临时的延缓法律之外——经常仅仅比法庭快一步——州的法律制定者也找出一系列不同的宪法手段来救助他们的债务人。其中包括未来债务免除法,而更加普遍的是宅地豁免(homestead exemptions)。在并入联邦的六年前,得克萨斯共和国于 1839 年通过了第一个宅地豁免。通过从贪心的债权人回收的数字中剔除 50 英亩,家产也剔除 500 美元,豁免对拖欠债务的人提供了一个基本的保护。得克萨斯的豁免仅仅在几年之后就提高到 2,000 英亩和家产至 2,000 美元。[37] 几乎其他每一个州,在接下来的 30 年间都跟着效仿,尽管比起得克萨斯颁布的那些条款来,经常没有那么慷慨。[38] 不同于延缓法的是,这些豁免措施既不是暂时的又不是非宪的,以修正的形式几乎留存到今天的每一个地方。150 多年之后,得克萨斯仍然以它不同寻常的慷慨豁免条例闻名。

在某种程度上,这些 18 和 19 世纪在州一级发明和实施的各种不同的债务人保护措施可以看成阶段 Ⅲ 的风险管理政策的早期鼻祖。他们一般是为所有公民的利益创新出来的,包括消费者,而不是仅为实业家和工人。比如说,延缓法经常以小的债务人为目标,他们在许多情况下仅仅(或者主要)是为了消费目的而借债。还有,宅地豁免和债务免除条款,通常覆盖每一个人,不仅仅是商人或者其他类型的企业家。

但是即使在这些情况下,19 世纪债务人保护政策的支持者通常强有力地提出阶段 I 的理由,声称这种手段对促进贸易和投资是基本的。比如,在 1817 年,部分地基于"相信促进贸易需要它",联邦大法官布罗克霍尔斯特·利文斯顿(Brockholst Livingston)已经签署了一个维持纽约州的破产法[他称之为一个"资不抵债法(insolvent law)"]的裁决。无可否认,他对像延缓法和分期付款法这样的事前债务人救助政策没有表现出耐心,他将它们作为对经济困难时期危险的本能反应而不予考虑。这种政策随意损害契约义务,他坚持认为,导致"商业的崩溃,公共信用的摧毁,以及个人之间信任的几乎完全灭绝"。与此相反,一个永久的破产法,将促进经济活动,"他们的债权人在类似的处境下,也会希望和期望惠及自己的宽容和克制"[39]也惠及债务人。尽管美国最高法院不久对纽约州法律的一个部分(有追溯力的债务免除)的判决与他的判断不同,但是,利文斯顿早期的关于鼓励贸易的观点仍然具有重大意义。

相似的强调经济发展和促进工商业的理由,也运用在支持宅地豁免方面。得克萨斯共和国在 1839 年采用宅地豁免的一个主要原因,是试图吸引临近地区美国的居民。40 年后,再一次以在州内促进创业者活动的计划,得克萨斯法律制定者创立了一个新颖的商业"宅地"豁免。"在得克萨斯(豁免)政策中,发展的目的显著地凸显出来,"专攻这个问题的著名历史学家写道,"得克萨斯人反对保守派这样的看法:宅地豁免削弱了道德力量,溺爱了弱者,欺骗了债权人,破坏了自由市场。"[40]

得克萨斯州最高法院法官阿布纳·利普斯库姆(Abner Lipscomb)在 1852 年评论这种"我们宅地法的深邃智慧",宣称,它让人们"像安提亚斯(Anteus)式的,拥有更新过的经济动力、力量和能力……作为具有更多实践性和有用的社会成员,再次开始"[41]。换句话说,意义深远的债务人保护是从经济的角度来说明其合理性,而不仅仅是基于人道主义立场。利普斯库姆相信,这种宅地豁免通过帮助那些不然就会浪费的人力资本起死回生,将促使整个社会富裕。重要的是,许多国会议员正好提出了同样的观点支持对破产债务人的联邦债务免除,最后这成为他们所有政策之中最强有力的债务人保护政策。

创立联邦破产法,1800—1898 年

如同我们已经看到的,即使在美国建国之前,殖民地法律制定者已经开始进行破产法和债务免除条款的实验。然而,在这些早期的年代,破产对债务人远没有如今变得的那样有利。在美国有记录的首个破产立法,1714 年在殖民地马萨诸塞颁布。它以一个更早的 1705 年实施的英国破产法规为模板,这个法律主要是为债权人的利益来设计的。尽管在破产程序的最后将给予一个债务免除,它主要还是被认为是用来诱导破产债务人披露和移交他们的所有资产的。压倒一切的公共政策目标,是增加回收比率,而不是去救济破产的债务人。[42] 相似的破产条款在其他殖民地颁布,包括 1721 年在南卡来罗纳,1746 年在罗得岛,1749 年在北卡来罗纳,以及 1755 年在纽约。但是,这些法律都是短命的,大多数情况下,它们仅仅几年之后便失效了。[43]

当 1789 年宪法批准的时候,它授权国会“建立……关于破产的全国统一法律”[44]。11 年后国会通过了首部联邦破产法规。就像被模仿的英国法律一样,1800 年破产法特别适用于贸易商人和其他中介。而且它只允许债权人,而不是债务人,发起破产程序。焦点放在贸易商人出于这样的信念:从事商业的人们异乎寻常地依赖信用,而且同时,比起别的行业的人们,诸如农民、制造业者和手工业者,容易遭受更大的风险。[45] 就只有债权人能发起破产程序的规定来说,它可能起源于对债务人行为不端的考虑。大多数法律制定者明显地假定,一个允许债务人自愿起诉破产的法律,将很快变成对欺诈的鼓励。[46] 总之,1800 年法案被广泛地看成一个债权人主导的法规。如同一个众议员在 1799 年论述的,该“法案总体上是考虑了债权人的利益”[47]。

在根本上,与根据各州的法律可能提供的方法相比,联邦破产法被认为是给债权人提供一个回收资金的更好方法。对于那些不得不依赖州条规的债权人来说,存在的一个问题是,法律程序从一个地区到另一个地区出现相

当大的变化。1799 年,众议员哈里森·欧蒂斯(Harrison Otis)表达了他"对几个州不协调和不一致的债务人法律制度的遗憾"。因为"商业是一个受到普遍关注的事情",他主张,统一性是基本的,而且统一性只有通过一个联邦破产法规的颁布才能够实现。[48]

即使不考虑地区差异的问题,在违约出现之后许多州的法律往往产生对债务人资产的非常不平等的分配。尤其是在新英格兰各州,从拖欠债务人那里回收资产按照一个严格的先到先得的方式进行。没有获得还款的债权人有权扣押债务人财产直到还清他们所欠下的数额。但是在实践中,首先采取法律行动的几个债权人经常清空了钱柜,占有了债务人所有的有形资产。这具有一个不幸的结果,剥夺了行动缓慢的债权人能够很好地挽回任何损失的可能,这又反过来鼓励了一个银行挤兑心理,因为担心被弄得两手空空,每一个债权人都想成为第一个采取法律行动的人。

令人悲伤的是,因为暂时的现金短缺一两次没有还款的,其实是很好的一个商业冒险事业,却由于一个担心的债权人的行动承受被彻底关闭的风险。尽管贷款方的一点耐心就可能足够让企业恢复正常,但是在一个挤兑冲击之后,将来的偿还将是完全不可能的,因为几乎所有这家企业的设备、机械以及其他资产都受到影响。州法律中加入的先到先得原则,就这样给债权人创造了一个不通情理的激励,在出现最早不妙迹象的时候,便匆忙寻找出路,可能扼杀可望生存下去的企业,并且在此过程中很可能减少总体的债务偿还。如同众议员欧蒂斯所说:"一个人,在怨恨和嫉妒的冲动下,通过把他的财产拔走一个附件,会摧毁他债务人的根和枝丫,而且为了保证他自己的安全将所有其他债权人置之不顾。"[49]

联邦破产法正是设计来解决这些问题的。一旦一个破产程序启动,所有其他的支付和债权回收行动立即停止。根据 1800 年法,债务人的资产将被转移给破产委员会(bankruptcy commissioners),他们将保护和管理它们,直到能够对债务人财产作出一个公平合理的分配。在程序的最后,债务人有可能获得一个债务免除,但前提是,在三分之二的债权人(按数量和价值)同意这个安排,而且须经破产委员会认定债务人在这个过程的每一个方面都是全面合作的。[50]

因为根据联邦破产法,债权人不再因为有耐心(或者甚至是不经心)而处于不利境地,银行挤兑心理被有效地消除。发现他们自己暂时缺乏现金的健康债务人现在有更好的再生机会,这意味着从长期来看债权人可能有一个更好的得到归还的机会。债权人既不必担心跨越各州的法规变化,也不必担心基于先到先得原则武断地分配资产而导致损失。即使排除这种债务免除条款,那么,破产法也代表了一个重要的风险管理机制,大大地减少了现金匮乏的债务人的运营风险,也减少了债权人从破产企业获得少于他们公平份额的风险。

当然,通过强行将相当严重的下行风险转移给债权人以保护债务人,债务免除本身迟早将成为一个强有力的风险管理策略。但是,这不是从一开始就有的目标。准许一个债务免除的最初目的,尤其是在 18 世纪英国的破产法下,是给债权人的证据发现程序(discovery process)提供条件。知道全面合作将在破产程序的最后获得一个债务免除证书回报的债务人,在披露他们的资产方面更可能是诚实的。债务免除只是一种达到目的的手段。事实上,直到今天,世界上大量的破产法仍然维持着一个强有力的债权人取向。

然而在美国,那里债务人保护的观念获得非同寻常的强有力支持,债务免除本身很快成为很重要的事情。破产的传统逻辑被倒转过来。在 1800 年的法律中,对债权人的关注最为突出。但是,即使在对这个早期法案的国会辩论中,许多法律制定者对救助和复活破产债务人的目的也给予了相当的关注。比如说,南卡罗来纳的众议员托马斯·平克尼(Thomas Pinckney)论述道:"能够理解,没有比起将保护一个不幸但正直的贸易商希望免受永远的打击的一部法律,更理想的措施了,在不幸之手已经触及了他的时候。这将让他重归社会,并且使他能够再一次为他自己,而且也许为一个大家庭提供生活所需。"[51]

1800 年破产法最终在 1803 年被取消,比预定时间早两年。它被反对在很大程度上是因为,这个法律已经被看成对债务人超常有利,特别是对力图寻求在"条款中避难"的"欺诈性的债务人"。[52]尽管债务人打败了这场特定的战役,但是,在更大的战争中,他们的势力似乎正在增强。在下一个联邦破产法于 1841 年颁布的时候,债务人保护已经成为一个主要的目标。它现在至少与债权人保护一样重要,而且甚至更胜一筹。

随着多达 50 万债务人在 1837 年的金融恐慌中及之后被击垮,国会决定伸出一根救生索。较早的 1800 年法规只是覆盖几个选择性阶层的债务人(贸易商、零售商以及金融中介),而这个 1841 年法规却覆盖每一个单个的债务人,不论职业。并且尽管首部法律禁止债务人自愿提起破产起诉,1841 年法律却采纳了对"无论是谁"都可以使用自愿破产。它也限定了债权人发起的非自愿起诉,只限于"欠债不少于 2,000 美元数额"的商人、零售商和金融中介。[53] 这意味着农民、制造业者、工匠和工薪阶层可以自愿地选择破产起诉,但是获得保护,免于由敌意债权人发起的非自愿诉讼程序。最后,1800 年法规规定一个债务人的债务免除取决于他三分之二的债权人的明确批准,而这个 1841 年法规确保债务免除的执行,除非有至少一半债权人提出书面异议。结果在每一个破产程序结束时,进行债务免除几乎都是确定的。由于所有这些原因,1841 年破产法被普遍看成支持债务人的方向,并且后来被定性为美国第一个现代破产法。

然而,不到两年之后,国会再一次取消了这个 1841 年法规。特别是在经济危机已经缓解之后,来自各方的反对似乎都出现了。债权人抱怨该法的过度慷慨,它最后从几乎 4 亿美元的债务中解救了近 33,000 个破产者。许多债务人也是明显地不高兴,因为他们已经失去了在州一级一些对他们有利的豁免和以前可以利用的其他保护措施。确实,取消该法规的投票是压倒性的:在参议院 32 比 13,而在众议院是 140 比 71。[54]

下一个联邦破产法规,颁布于 1867 年,合并了以前两个法规的许多特征。它对债务人比起 1800 年法规要慷慨得多,但是比起 1841 年法规对债务人的友好要少很多。1867 年法规的制定者,再次采纳了自愿和非自愿破产,但是它们排除了欠债少于 300 美元的债务人自愿起诉,并且对希望发起非自愿诉讼程序的债权人的限制缓和了。[55] 1867 年法律比它前面的任何一个都存活得更久,尽管在仅仅 11 年后,它也被取消了。在这种情况下,反对产生于这个法律的极端复杂性,它"难以忍受的费用和拖延"以及对"大量不负责任的毛毡旅行包法官"出现在南方的敌意。[56]

国会终于在世纪末通过了第四个破产法案。几乎在每一个方面,1898年破产法都是所有破产法中对债务人最友好的。一个当时的观察家说:"这个法律的主要目标看起来是要让债务免除容易,不昂贵而且是确定的。"[57]来自得克萨斯的众议员罗伯特·伯克(Robert Burke)抓住了国会讨论的精神——他声明,救济债务人应当是任何一个破产立法首要的优先项目,而且"他们诚实的债权人的正当权利和利益的保留和保护"只是第二位的目标。[58]根据这个新的法律,任何一个有资格的人,不论他债务额的多少,都可以起诉自愿破产。在程序结束时,几乎都保证债务人得到债务免除,即使他们的债权人反对。这个法规也让工薪阶层、农民、州和联邦的银行,以及欠债少于 1,000 美元的任何个人或者合伙人,从债权人发起的非自愿破产程序得到豁免。[59]

总之,1898 年法案为美国 20 世纪的破产法奠定了基础。[60]与前面的三个法规不同,它没有在仅仅几年之后被取消。它只是在几种情况下被修正,并且于 1978 年在技术上被取消和替代。但是,自从 1898 年以来,一个亲债务人的破产制度——可以说是在世界上任何地方最亲债务人的制度——仍然是美国资本主义的一个永久和关键的特征。[61]

2. 破产债务免除何以成立

像大多数在州一级流行的债务人保护措施一样,所有上述四个联邦破产法案——至少部分地——是作为对破产债务人的紧急救助手段来颁布的。每一个都是紧随着一个重大的经济危机通过的。[62]然而,与各州不同,对联邦政府解除具有追溯力的债务人现存契约义务没有宪法制约。宪法明确授权国会制定破产法(第 1 条第 8 款),并且禁止损害契约的条款(第 1 条第 10 款)只适用于各州,而不适用于联邦政府。因此,联邦破产法成为一个特别有力的救助手段。

国会紧随 1792 年和 1797 年的两次金融恐慌之后,通过了 1800 年破产法,这些恐慌让大量的债务人一蹶不振,包括一些十分著名的债务人。纽约的投机家威廉·杜尔(William Duer)确实于 1799 年死于债务人监狱,而资助过美国革命的罗伯特·莫里斯(Robert Morris),18 世纪 90 年代晚期在一家监狱度过了三年之后结束一生。[63] 接下来的三个联邦破产法,每一个都是在类似的情况下颁布的。1841 年破产法紧随 19 世纪 30 年代晚期和 40 年代早期的经济动荡。1867 年法律很大程度上是由美国内战引起的大规模经济混乱激发而成。而 1898 年法律紧随着几个著名的金融恐慌(特别是 1893 年和 1896 年的金融恐慌),还有持续了一代人的通货膨胀。[64] 事实上,在 19 世纪 90 年代,似乎如此好地建立了在危机时期之后颁布破产法规,而很快又取消它们的模式,这让许多国会议员只是期望一部临时法律。[65] 但是在 1898 年,临时计划的提倡者无疑只占少数。

自从 19 世纪早期之后,一批人数不断增加的联邦法律制定者已经开始寻求创立一个持久的破产制度。1841 年参议员塔尔梅奇主张,在一个"商业社会",一个"破产法……是一个政治经济制度中最重要的特征之一"。他预计,这样一个法律将"使整个人民的活动、活力和企业家精神得到持续的利用"。但是要"完成这些目标,它必须是这个国家的永久法律"。[66] 塔尔梅奇的希望于 1841 年被否决,而且于 1867 年被再次否决,最终于 1898 年获得批准,国会成功地制定了具有一个非常自由的债务免除条款的永久性破产法。关键的问题是,这样一个措施除了作为一个救助债务人的永久性手段,是否还能促成其他任何目标。像塔尔梅奇这样的支持者相信它会,将他们的希望寄托在这样的想法上,一个精心设计的破产法也会有助于保护珍贵的人力资本。

破产企业家的再生

至少到 1841 年,在创立永久性债务免除权中,保护人力资本的观念已经作为一个主要的目标之一——也许就是那个主要的目标出现。支持者主张,在破产中债务免除的利用,将保护创业人才(人力资本)免于因令人咋舌的繁重债务而成为弃物,导致浪费。人们的怜悯影响各种各样的救助手段,但是,良好的政治经济学思考也明确要求复兴战略。确实,这个主题出现在 19 世纪所有重大的破产争论之中。尽管这些争论绝不相同,但是,人们还是能够窥探到在债务免除的经济作用上的一个强烈而共同的观点,尤其是在 1841 年和 1898 年法案的审议过程中。

考虑到可预期的产权的重要性,即使一些债务免除的支持者也承认,一个损害了现有债务合约、具有追溯力的法律有可能形成巨大的伤害。"那是真的,确实,先生,像这样一个权力应当是最谨慎地行使,"来自缅因州的众议员威廉·费森登(William Fessenden)在 1841 年承认。"作为一个总体的原则,契约义务是不可亵渎的",但是,有些时候公民个人的权利"必须让位于公共政策更高的考虑"。紧急救助——或者,用费森登的话来说,"对人类苦难的同情"——不是一个充足的正当理由。更确切地说,"这种立法必须建立在更高的视野之上……它关注总体的福利——对全国性的目标"[67]。

联邦一级债务免除的支持者,共同构建了一个有说服力的理由,他们渴望的改革将真正"关注总体福利(general weal)"。他们总的观点,扩散到整个 19 世纪,以一个简单的观察开始,企业破产经常是由于超越个别企业家所能控制的因素和力量造成的。他们主张,因为绝大多数与衰退相关的破产不应归咎于受害者本身,在紧接着严重的经济危机之后,联邦救助行动应得到特别保证。来自科罗拉多的众议员约翰·贝尔(John Bell),一个对不幸的债务人太强硬而在 1898 年反对众议院法案的民粹主义者,以最强有力的形式表达了经济危机时才实施救助的观点:

> 我们许许多多的人民,他们曾经是乐观的、有活力的和富裕的商人,他们的"语言与他们的债券一样好",现在他们承担着无望、无助的债务,除非通过法律救助,他们永远无法期望从那种重负中摆脱出来。在许多情况下,他们不幸的处境不能只是归因于单纯的不顾未来的投机,或是难辞其咎的管理,也不能仅归因于不计后果的鲁莽和没有考虑通常的经营方法,其原因更可能会是由于总体经济环境,价值的严重缩水,反常的货币状况,没有预测到不能回收资金……以及普遍的混乱。[68]

并不令人惊奇,许多法案的支持者都沿着同样的思路来争论,隐晦地援引系统性风险问题来支持永久性破产法案。[69]

　　为了强调恐慌和萧条的不可预测性,许多法律制定者以自然灾害来打比方,这是另一种形式相似的灾害风险。"在 1893 年,"来自内布拉斯加的众议员杰西·斯特罗德(Jesse Strode)论述道,"一个巨大的金融恐慌就像强有力的、大范围的、扩展的而且摧毁性的飓风一样横扫全国,在它之后留下大量诚实、富有活力的且具有企业家精神的人们无望地资不抵债。"[70]斯特罗德在 1898 年支持众议院法案,只是即使是这个法案的许多批评家,也给出了相似的比喻。来自亚拉巴马的众议员奥斯卡·安德伍德(Oscar Underwood),众议院法案的主要反对者,注意到所有以前的联邦破产法都颁布在"恐慌已经掠倒大量的工商人士之后,像一个旋风夷平森林中的树木,并非他们自己有什么过错,只是因为他们发现他们自己面临不可预知的风险,并且没有机会避开"[71]。

　　1898 年,支持者和反对者似乎经常都沿着相似的思路来争论的原因,如同我们看到的,在于他们往往反对的是一个联邦破产法案具有的持续期限,而不是一个破产法本身是否制定。几乎每一个人都同意某种立法性质的复苏措施是必需的,但是这个拟议立法的许多反对者,主要来自高负债的南部和西部各州,他们相信这个法律只应当适用于萧条的受害者。在所有早期的时代,安德伍德回忆道:"只要风暴已经过去并且碎片已经移走……这个(破产)法规就被取消。"[72]南部和西部的反对者明显地担心,永久性法律将使州的各种债务人保护规定失效,允许北方的债权人欺压来自其他地区的债务人。然而,永久性法律的支持者们断然反对这点,并继续强调永久性法律对来自所有地区的债务人的好处。他们主张,永久性破产法是基本的,因为资不抵债——即使是不能归咎于受害者的那些——除了经济衰退之外也经常发生。"不应出现的破产,"来自新泽西的众议员里查德·派克(Richard Parker)声称,"不是偶然的而是经常的。"[73]

　　争论的中心是这样的问题:什么类型的事故不能由债务人合理地预测,或者获得保险。最早的 1800 年破产法案,对象主要限于商人,因为"伴随商业的风险是如此巨大和不可避免,以至于没有人类的谨慎可以防护它们"[74]。当 1818 年一个新的破产法案正在由国会审议的时候,来自马萨诸塞州的众议员伊齐基尔·惠特曼（Ezekiel Whitman）将这一点往前推进了几步,他特别关注不可保险的问题。"商人的每一个努力都被危险包围着,"他提到,"这个他赖以立足的基础,每一个时刻都容易被刮走。先生们已经说过商人会保险……他会为防范海上风险和抢劫保险。但是,这些是商人们容易遭受的所有风险吗?确实它们不是。压垮他们的风险更加经常是而且几乎总是他不可能有保险保护的那些风险。"[75]

在 19 世纪 40 年代早期,一些国会议员仍然声称,鉴于只有商人真正面临超常的风险,只有他们值得特别对待。[76]但是,辩论中绝大多数主流的声音现在坚持,实际上所有企业家都面临这种风险并且因此在破产中都值得保护。来自密西根的众议员雅各布·霍华德（Jacob Howard）直言不讳地问道:"为什么,先生,不是所有人都可能出现不幸?医生、律师、农民,还有商人?一千个急救室等待着每一个阶层、每一个利益团体。"[77]法律制定者为这些不应出现的破产分辨出各种各样的原因,从战争到对经济不明智的政府干预。比如,北卡罗来纳的参议员罗伯特·斯特兰奇（Robert Strange）,充满激情地谈起与纸币相关的可怕风险,它"不可遏止地将每一个人拖进了旋涡……以至于面对那些曾经是贸易商特有的不可预测的事故,现在没有一个人是安全的"[78]。风险是普遍的,它影响了所有类型的企业而且是在任何时候（不仅仅是在萧条期间）,这个观念得到反复强调——即使在美国内战之后,当纸币不再被看成经济领域不稳定的一个主要来源的时候。[79]

对于一个自由破产法的支持者们来说,对无可非议的不幸的强调是至关重要的,因为论证对理应破产的破产债务人进行债务免除和复活的合理性是很困难的。复活"失败者"几乎必然在将来出现对社会资源的浪费。确实,1898 年的一个永久破产法的反对者们,经常引述一个适者生存的观点。由于一个"影响广泛而深远的传染性金融困境"而失败的企业家,应当通过一个临时的破产法获得再生,来自佐治亚州的众议员伊莱贾·刘易斯（Elijah Lewis）指出,但是那些在经济状况好的时期破产的（而且因此值得破产）不应得到特别对待。[80]19 世纪晚期联邦破产法的一个最著名的实业界反对者,马歇尔·费尔德（Marshall Field）在 1895 年论述道,如果没有一个破产法,"债务人可以被驱除出实业界,而且不得再进入"。[81]

在反驳这一论证思路中,永久性法律的支持者一再坚称,绝大多数破产的债务人——无论是在景气的时候还是在不景气的时候——都值得使之复活,而且一个行文恰当的破产法规将释放巨大的创业活力。这个呼声,事实上,构成了他们破产债务免除提案的真正核心。阅读 1840 年纽约商品交易所(New York Merchants' Exchange)的广告信函,一个参议员述说道,一个破产法"被热烈地提倡",并且被看成"唯一的手段,通过它我们大量最值得赞扬的、有才智的而且有创业精神的公民能够从最敏锐的警觉也不可能预见、最严格的谨慎也不可能防范的窘境中摆脱出来"。他继续叙述其广告,一个建设性的破产制度,"通过实业和商业企业再生,也就是再一次促成积极和成功地运用被不幸弄得一蹶不振而且只能依靠这个资源获得援助的那些睿智和勤劳的人潜在的活力、技术以及经验,将极大地发挥国家普遍的优势。"[82]

几乎同样的论据在这个世纪末被引证。对诚实但不幸的债务人进行债务免除,通过允许他重新进入实业界,贡献那些他必须提供的特殊能量和技术,将增进国家的利益。自然,许多资不抵债的债务人在没有一个债务免除的情况下,将不可能再工作,因为他获得的每一个便士将立即被他的债权人占有(根据州债务人—债权人法律)。一个国会众议员,1898 年比起众议院法案更喜欢参议院法案,当他在众议院大厅发言时受到了热烈的鼓掌欢迎,"让我们通过重新焕发受打击的那些人的活力建设我们的国家,而且不应通过扩大对那些对劳动者的资源和身体进行折磨的债权人的政府援助,让它进一步减速。"[83]

在 1841 年和 1898 年,许多众议员都进一步发展这个思想,指出就创业人才而言,许多破产者可能超过非破产者。"许多成为对方的牺牲者的,"1841 年来自佐治亚州的众议员尤金尼斯·尼斯比特(Eugenius Nisbet)声称,"是属于这个国家最高精神境界和自由心灵的人们——这些人建设你们的城市、维持你们的慈善机构、开拓新的贸易渠道,并且在未填充的资本浪潮之前注入渠道。"尼斯比特继续描述帮助建设他所居住的城镇的两个企业家如何在一度变得很富有之后,最后在 19 世纪 30 年代晚期的经济危机中失败。对这些人应当做些什么呢？"从政治经济学的观点来看这个主题，"他回答道，"通过对破产者进行债务免除，公众将是最大的受益者，因为若不如此，你们由此投入到活动中的大量的智力和专业资本将永久失去。"[84]

相似地，众议员费森登在 1841 年论述道，当破产者从"束缚他们的枷锁中获得自由，他们的劳动价值不是以日雇劳动者的普通标准来测算的"。费森登断言他们是"作为一个阶层，在当地社会最富有智力和创业精神"，他宣称，他们是那些"给劳动者提供就业的人，商业和制造业企业中的先锋，在机械和农业事业中也是这样"[85]。在 1898 年，来自纽约的众议员威廉·苏尔泽（William Sulzer）坚持认为："没有这样一个（破产）法律很好地防止欺诈，成千上万这一代最有用的人将不能在工商业中重振他们自己，而这个国家将失去他们的活力、他们的企业、他们的经验和实业活动的好处。"[86]

即使 1898 年永久性法律的一个主要反对者，众议员安德伍德，也沿着基本同样的思路论证一个临时破产法的合理性。

> 我们都认识到将钱投资到债券并剪下他们的赠券那个阶层的人们，不是我们最有用的公民……我们最好的公民是那些人：将他们的钱投资在我们国家资源的发展之中，他们建设铁路，开矿，开设熔炉、工厂，以及铸造厂……这些是那些……让我们成为地球上最强大的国家的……人们……他们是那些人，由于他们的好处，一个破产法应当通过的情绪已经高涨。[87]

有趣的是，安德伍德隐含的胜过消极投资者的对积极投资者的偏爱引起了一个 1898 年永久法律主要的众议院支持者，来自纽约的众议员乔治·雷（George Ray）的共鸣。[88]

关于在破产中提供债务免除的好处的所有这些议论，让人如此震惊的是他们无可争辩的事后视角。每一个辩论中的中心的问题是，一旦债务人已经失败，应该对他做什么。超乎寻常地未得到关注的，是鼓励事前冒险的潜在好处——与有限责任辩论形成鲜明对比，在那里，这是关键的论据。[89]特别是从 1840 年起，国会考虑制定一个债务免除条款，主要围绕对

"那些诚实但不幸的债务人"进行救助和再生的事后理念。当众议员费森登 1841 年在众议院大厅声明："凭借这个法案的通过，主席先生，我们将一个非常巨大数量的同胞公民提升到一个位置，在那里他们的才智和劳动力立即可资利用。对于他们生活的社区，他们积极的服务将得到恢复。这个国家变得富裕的程度，完全与他们的数量成正比。"[90]

破产债务免除和有限责任的比较

奇怪的是，国会的破产债务免除支持者从来没有与有限责任进行明确的比较，尽管两种政策都是设计用来将一定比例的违约风险从债务人转移到债权人的。事实上，如同我们已经看到的，破产债务免除和有限责任最初的立法发起人，运用了完全不同的经济逻辑来解释这两个风险管理措施的合理性。有限责任主要基于事前的观点得以颁布（它会激励消极投资者在任何一个风险产生之前将他的资金运用到有风险的项目），破产债务免除主要基于事后的观点获得通过（它将救助和再生破产之后的企业家）。在经济学论证中，什么能够解释这一显著的分歧？

一个可能的答案是，州立法者更倾向于从事前的视角来看有限责任，因为他们缺乏限制现存契约上的责任的宪法权力。然而，州立法者几乎没有表达过对那时他们不能有追溯力地运用有限责任有什么失望。更能说明问题的是，破产债务免除的联邦发起人——他们确实有权力追溯地制定法律——他们救助和再生的事后逻辑不仅有追溯力地适用于过去（对现存债务人），也适用于前瞻性的将来。确实，这就是为什么如此众多的债务免除的提倡者，尤其是在 1898 年，要求一个永久性法规的制定。他们想让破产债务人的再生成为美国法律的一个永久性特征。就将来的违约而言，支持有限责任的州立法者们可以容易地运用同样的事后逻辑（声称有限责任将"再生"破产公司的股东），但是他们很少那样做。

一个更好的解释源于消极的和积极的投资者之间的区分。如同在第 3 章描述的，州的法律制定者相信，如果他们不给股东提供有限责任保护，许多消极的投资者不会给坐落在他们所在州的制造业公司提供资本。这个对于有限责任的事前方法的潜在逻辑是,止损保护将鼓励消极投资者用他们一部分可用资金去"实验"。就像海上保险的利用促进了商业活动,有限责任的存在通过从消极投资者那里——他们本质上是风险厌恶者——吸引追加的股权资本,将可能鼓励制造业活动。

但是这个强有力的论点几乎从来没有用来支持破产债务免除,也许因为它似乎不能适用于不是消极投资者而是积极投资者的企业家。贯穿 19 世纪的经验表明,在缺乏违约保险和破产保护的情况下,企业家们愿意将他们的金融和人力资本都置于风险之中。确实没有证据,证明人们需要一个债务免除去鼓励这种投资。总之,在缺乏任何个人金融安全网的情况下,企业家看上去几乎过于愿意投资于风险项目了。在一篇 1895 年杂志文章中可以观察到"超过 90% 的从事工商业的人成为破产者,"约翰·海恩斯(John Haynes)总结道,这个统计表明,"当实际损失的可能性超过收益的可能性时,从事工商业的人们所达到的巨大程度。"[91] 类似的统计也偶尔在 19 世纪的国会破产辩论中引用。[92]

也许问题是,企业家在他们的业务运营中易受过度乐观主义的影响。法律学者托马斯·杰克逊(Thomas Jackson)已经观察到,破产中提供债务免除的一个可能的理由,是"不完全启发式(incomplete heuristics)"(它"使人们对未来过度乐观")的存在,以及由谨慎债权人来实行"冲动控制(impulse control)"的要求。[93] 按照这个推理,一个不可放弃的债务免除权的创立,将有效地迫使会对他们的未来前景过度乐观的债务人去买至少最低数量的保险以防止破产的可能性。这种保险将不仅在违约后帮助促进复苏而且鼓励债权人(隐性保险者)一开始在监控他们债务人的企业时对其给予更大的关心。

如同已经表明的,在 19 世纪,永久债务免除权的许多发起人似乎采用了一个相似的看法。尽管他们从来没有明显地谈及"不完全启发式",他们的许多言辞也是彻底家长式的。他们的主要理由是这个思想:企业家自己的过失和不幸必须得到保护——不只是为了他们自己的利益,而是为了他们债权人进而为了作为一个整体的社会的利益。一个债务免除,他们争辩道,正是代表了这样一个保护。

即使在任何一个破产发生之前,债务免除的利用将鼓励债权人方面更好地监控。这是 19 世纪支持债务免除中采纳的唯一的一个事前观点。反对那些宣称这个法律将"鼓励一个疯狂的投机精神"的批评家的来自佐治亚州的参议员约翰·贝里恩(John Berrien)坚持称,"从这个法律的实行中正好引出相反的效果"。因为这个法律将"取消债权人的安全",他说道,"它会增加他的警惕,它将使债权人对他打交道的人,以及他怎样和给谁提供信用更加小心,那不是最明显的吗? ……对我来说这似乎没有显示任何疯狂投机的强烈企图。没有,先生,破产法的本质效果是,减少依赖信用来交易的数量,而这使得那些交易更加安全。"[94]

关于监控的这种观点在大量的场合提出(特别是在 1841 年辩论期间),而更大得多的注意力指向紧接破产之后债务免除的内涵。法律制定者仍然强烈地意识到,在没有债务免除的情况下,在以前的债务中违约的企业家经常不愿意或者不能东山再起。根据大多数州法律,未得到偿还的债权人有权占有他们债务人挣到的几乎任何一项新的收入,对那个不幸的债务人征收一个接近 100% 的有效税率。面对这样一个对新收入没收式的税收,破产的债务人有一个很强的激励去减少他们的(可以觉察到的)劳动成果以至于零。[95]

理想地,一个债务合约的有关各方本身将通过重新协商一个互利互惠的安排克服这种僵局,由此债务人可以保留他未来收入的一些部分,而债权人会得到保证收到剩余的——那就是,一些而不是一无所有。然而,在实践中,这样的安排显得极其难以协商,因为这要求从最大的到最小的每一个单个债权人的同意。在它们取得成果之前,单个债权人方面的策略明显地终止了许多谈判。

改革者相信,一个惊心设计的破产法将帮助解决这个严重的激励问题。人们希望,债务免除权的建立;通过取消对新收入的没收税,提高破产后的工作绩效。支持者主张,债权人不会失去什么(因为他们没有什么好失去),而债务人将回到他们原来的生活中去。"一个开明的公共政策,"1898年来自得克萨斯州的众议员托马斯·鲍尔(Thomas Ball)声称,"需要,一个债务人,卸下不可能归还债务的负担,他的生产活力如此瘫痪以至于他的企业经营在对他自己和债权人都没有收益的情况下运转,应当被允许在交出他的个人财产后,解除债务,开始新的生活征程。"〔**96**〕

一遍又一遍地,联邦法律制定者强调这些破产债务人对于国家经济是多么重要,社会将会从他们的再生中受益很多。"解放这些焦躁和垂头丧气低落的人们,"1841 年众议员尼斯比特敦促道,"让他们再次踏上土地,并横渡海洋——给他们激情的企业添上翅膀——而且,我要说的是,在大多数情况下,他们将归还他们的债务,而且通过创造资本使这个国家富裕。"〔**97**〕半个多世纪以后,永久性债务免除的支持者们,提出的正是同样的观点。"当你环视……这块土地,"1898 年国会议员雷(Ray)呼喊道,"并且数着上千位积极的、有活力和有头脑的人们,他们现在被限制住,被他们永远也不能归还的沉重债务捆住手脚,而且,如果这个法律获得颁布,他们会重新回到第一线并成为当地社会积极的、有活力的而且有用的工商界人士,此时任何一个人要试图阻止它的迅速颁布,在我看来似乎都是不可能的。"〔**98**〕

有限责任都是关于动员消极投资者的金融资本,而破产债务免除能够解放积极投资者珍贵的人力资本。一旦消极投资者失去了他们的金融资本,社会就不再需要他们。在破产之后,他们便没有社会价值。但是积极的投资者,他们在投入金融资本的同时也将人力投入他们的投资项目,即使在失败以后他们仍然是珍贵的。这些企业家,用众议员塔尔梅奇的话来说,是"最富有创业精神、最聪明的、当地社会最活跃"的成员。〔**99**〕在根本上,这就是为什么有限责任主要从事前的立场来解释,而破产债务免除主要从事后的立场来解释。两种政策在他们将影响未来经济结果方面都是朝前看的,但是,一个关注在破产之前动员金融资本,而另一个关注在破产之后解放人力资本。

人力资本、奴隶制和债务免除

在转向其他主题之前,对于在 19 世纪的美国扣人心弦的关于事后破产债务免除的呼吁,我们应当考虑一个最终解释。联邦债务免除的建立,很长时间被支持者看成一个废黜人力资本的商业交易的人道的一步。自然,在这个方向上,美国内战后奴隶制的取消,是最重要的一步。但是,债务奴役的消除——首先通过债务人监狱的取消,而现在通过破产中的债务免除条款——也被看成实现其逻辑结论所必需的政策。一个完整合法的债务免除的创立,将使所有对人力资本的私人请求权失效,包括靠借款者的未来收入为当前的债务作抵押的那些契约。[100]

早在 1819 年,大法官马歇尔已经观察到,在没有破产法时,人力资本会像实物资本一样容易被相关债权人扣押。"勤勉、才能、诚实正直,"他解释道,"构成像财产本身一样肯定地让人十分信赖的一个储备。"债权人通过索取他们债务人的"未来收获物"[101],能够获得这个人力资本。但是,这正是债务奴役的反对者希望终结的做法。如同来自伊利诺伊州的众议员詹姆斯·康纳利(James Connolly)在 1898 年辩论中宣称的,"资不抵债的商人——他不能归还他的债务——对于他欠债的每一个债权人,现在绝对是一个奴隶。他就像任何一个确实完全在监狱铁栅中的人一样。他再也不是一个自由人。"回去聆听林肯的时代,他问道,"如果解放南方奴隶是一个好政策……为什么它不是同样地适合鼓舞白人兄弟,从他身上砍掉枷锁,而且让他在上帝的纯洁之光中作为一个自由人站立起来,并再次开始勇敢地为生存而斗争?"[102]当他敦促他的法律制定者伙伴时,得克萨斯州的众议员伯克在众议院大厅热烈地鼓掌:"让国会……以这个法案的通过来宣布——在这个国家金融奴役将终止。"[103]

即使在 19 世纪 60 年代奴隶制废除之前,破产法的支持者已经认定债务奴役(并因此对人力资本的法律伤害)是对宪法原则的违背。丹尼尔·韦伯斯特缓而慢庄重地说,资不抵债的债务人"发现他们自己是奴隶,因为我们将不执行宪法的命令(颁布一个破产法)。他们是不能偿还债务的奴隶,我们所有的人都知道他们不能偿还,而且那个负债夺去了他们自己维持生计的能力。别的奴隶有主人承担供养和保护的责任。但是,他们的主人既不提供衣服,又不提供食物,也不提供住所。他们只是束缚。"[104]提供比一个全额而全面的债务免除更少的任何东西,都一定会导致对债务奴役的接受,以及对一个人力资本神圣不可侵犯的破坏。[105]那么,同时从经济和道德两个角度来看,人力资本的保护是 19 世纪破产债务免除制定的核心。

3. 结　语

很显然,破产是服务于各种不同目的的一个复杂的制度。然而,它最基本的功能之一,是将一部分违约风险从债务人转移给债权人(通过债务免除条款)。以促进投资和经济增长为目标来设计的 19 世纪的联邦破产法是一个典型的阶段 I 的风险管理政策。

诚然,隐含在破产法中的逻辑是独特的,它是围绕救助和使破产企业家再生的事后恩泽。与有限责任法形成鲜明的对比,破产法是设计用来解放人力——而不是金融——资本的。但是通过风险的重新分配促进经济发展这个更大的目标,对每一个阶段 I 的重大创新——不仅包括破产法,也同样包括有限责任和银行监管——来说是共同的。上述这三个政策都被看成这个国家资本主义经济体系的关键制度支柱,这绝非偶然。

尽管 20 世纪看到了美国风险管理政策中新阶段的曙光,更多地关注工人保障而不是经济增长,但变化也不是那样绝对,或者说不是所有的变化在1899 年 12 月 31 日午夜一到立即出现。里程碑式的诸如有限责任和破产的阶段 I 的政策,在新世纪仍然非常具有生命力,而且法律制定者继续实施了一些具有阶段 I 特征的重要创新,包括 1933 年的联邦存款保险。即使在破产法之中,企业重组的新条款在 1933 年和 1938 年被编入法典,设计用来促进陷入困境的公司复苏,就像早期法规中的债务免除条款用来使陷入困境的企业家再生一样。[106]

无论如何,20 世纪早期风险管理政策的方向和范围上的一个巨大变化,是显而易见的。促进贸易和投资的传统目标(阶段 I)日益受到促进全国工人的安全保障(阶段 II)这个更新的目标的挑战。这一变化在从失业到老年保障一系列广泛的问题上,都可以看到。但是,没有什么地方的变化比在事故法上的变化更令人震惊,在那里将风险从企业转移出去(以鼓励工业投资)的一个由来已久的司法策略,几乎完全被颠倒过来。如同在下一章将厘清的,1910 年至 1920 年间工伤赔偿法的制定,是美国风险管理政策这一显著变化关键的第一步。

注　释 ....

〔 1 〕　Quoted in Samuel Rezneck,"The Social History of an American Depression,1837 –
1843",*American Hisotrical Review*,40,no.4(July 1935),662 – 687.

〔 2 〕　See,e.g.,Milton Brown,*Appendix to the Congressional Globe*(House),27ᵗʰ Cong.,1ˢᵗ
sess.,August 1841,p.482.

〔 3 〕　Tallmadge,*Appendix to the Congressional Globe*(Senate),27ᵗʰ Cong.,1ˢᵗ sess.,July
1841,p.468.

〔 4 〕　Buchanan,*Congressional Globe*(Senate),27ᵗʰ,Cong.,1ˢᵗ sess.,July 24,1841,p.206.

〔 5 〕　Daniel Webster,"A Uniform System of Bankruptcy",U.S.Senate,May 18,1840,re-
printed in *The Great Speeches and Orations of Daniel Webster*(Boston:Little,Brown,
1879),p.471.

〔 6 〕　Richard Posner,"The Rights of Creditors of Affiliated Corporations",*University of
Chicago Law Review*,43(1976),503.

〔 7 〕　Thomas H. Jackson,"The Fresh-Start Policy in Bankruptcy Law",*Harvard Law
Review*,98(May 1985),1400.虽然 Jackson 在分析破产债务免除时将有限责任看
成一个可能有用的类比,但是他并没有将他的分析局限于这一类比。

〔 8 〕　Douglas G.Baird,*The Elements of Bankruptcy*(Westbury,N.Y.:Foundation Press,
1993),p.33.

〔 9 〕　Trumbull,*Congressional Globe*(House),27ᵗʰ Cong.,1ˢᵗ sess.,August 11,1841,p.324.

〔 10 〕　Peter J.Coleman,*Debtors and Creditors in America:Insolvency,Imprisonment for Debt,and
Bankruptcy,1607 – 1900*(Madison:State Historical Society of Wisconsin,1974),p.133.

〔 11 〕　Ibid.,pp.45 – 46,113,179 – 184. See also F. H. Buckley,"The American Fresh
Start",*Southern California Interdisciplinary Law Journal*,4(Fall 1994),94,96.

〔 12 〕　Coleman,*Debtors and Creditors in America*,pp.39 – 40,191 – 192,203 – 205.

〔 13 〕　Quoted in Samuel Eliot Morison,Henry Steele Commager,and William E.Leuchten-
burg,*The Growth of the American Republic*(New York:Oxford University Press,
1969),1:239.

〔 14 〕　Charles Warren,*Bankruptcy in United States History*(Cambridge,Mass.:Harvard Uni-
versity Press,1935),pp.146 – 148;Coleman,*Debtors and Creditors in America*,pp.73,
80 – 81,203 – 205.

〔 15 〕　参见 William G.Anderson,*The Price of Liberty:The Public Debt of the American Revo-
lution*(Charlottesville:University Press of Virginia,1983),pp.3 – 32.Mandison 的话

语引自 James W.Ely,Jr.,*The Guardian of Every Other Right: A Constitutional History of Property Rights*(New York: Oxford University Press,1992),p.37。

〔16〕 Steven R.Boyd,"The Contract Clause and the Evolution of American Federalism,1789 – 1815",*William and Mary Quarterly*,3rd ser.,44,no.3(July 1987),533 – 534.

〔17〕 Ibid.,p.534.

〔18〕 See Warren,*Bankruptcy in United States History*,p.147.

〔19〕 See Bernard Bailyn et al.,*The Great Republic: A History of the American People*(Lexington,Mass.:D.C.Heath and Company,1977),1:329;Ely,*Guardian of Every Other Right*, pp.39 – 40;Coleman,*Debtors and Creditors in America*,p.73.

〔20〕 引自 Morison,Commager,and Leuchtenburg,*Growth of the American Republic*,1:242。关于州债务人保护法产生的"几乎普遍感到愤怒和后悔"的情况,另可参见 *Adams v.Storey*, 1 Federal Cases 141,145 – 146(1817)。

〔21〕 Warren,*Bankruptcy in United States History*,p.146.

〔22〕 Quoted in Boyd,"Contract Clause",p.534.

〔23〕 Ibid.,pp.537 – 540.

〔24〕 Ibid.,pp.540 – 541.

〔25〕 *Sturges v.Crowninshield*,4 Wheat.122,208,17 U.S.122,208(1819).

〔26〕 *Ogden v.Saunders*,12 Wheat.213,25 U.S.213(1827).有关 Sturges 和 Ogden 的情况, 另可参见 Guy C.H.Corliss,"Discharge under State Insolvent Law",*Albany Law Journal*,29(March 8,1884),186 – 189;Charles Jordan Tabb,"The Historical Evolution of the Bankruptcy Discharge",*American Bankruptcy Law Journal*,65(1991),348 – 349。

〔27〕 Quoted in Rezneck,"Social History of an American Depression",p.676.

〔28〕 Ibid.,p.682.

〔29〕 John Forster,*The Life of Charles Dickens*(Boston: Estes and Lauriat Publishers,1890〔?〕),1:24;Robert Langton,*The Childhood and Youth of Charles Dickens* (London: Hutchinson & Co.,1891),p.70. Forster 把 John Dickens 在牢中的年份追溯到 1822 年,而 Langton 将其追溯到 1824 年。关于臭名远扬的马夏尔西(Marshalsea)债务人监狱,可参考 Charles Dickens,*Little Dorrit* (London: Macmillan,1899)。

〔30〕 Warren,*Bankruptcy in United States History*,pp.174 – 175 and n8.

〔31〕 Coleman,*Debtors and Creditors in America*,p.117,quoting Helen L.Sumner.

〔32〕 Edwin T.Randall,"Imprisonment for Debt in America: Fact and Fiction",*Mississippi Valley Historical Review*,39,no.1(June 1952),89 – 102. See also Bruce H Mann, "Tales from the Crypt: Prison,Legal Authority,and the Debtors' Constitution in the Early Republic",*William and Mary Quarterly*,51,no.2(April 1994),183 – 202.

〔33〕 Dickens 写道,他的父亲是"世界上最热心肠和慷慨的人。他的行为让我能记得的每一件事情……是无法用任何赞美之辞描述的……他从未做任何事情、索取或托付,他热心地、凭良心地、正确地和荣耀地不做债务免除。"引自 Forster,*Life of Charles Dickens*,1:18。

〔34〕 Coleman,*Debtors and Creditors in America*,pp.41,44 – 45,51 – 52,119;Warren,

Bankruptcy in United States History,p.52;Rhett Friment,"The Birth of Bankruptcy in the United States",*Commercial Law Journal*,96(191),175.

〔35〕 Coleman,*Debtors and Creditors in America*,p.255.

〔36〕 Warren,*Bankruptcy in United States History*,p.146.

〔37〕 Paul Goodman,"The Emergence of Homestead Exemption in the United States:Accommodation and Resistance to the Market Revolution,1840 – 1880",*Journal of American History*,80,no.2(September 1993),477.

〔38〕 Ibid.,p.472.

〔39〕 *Adams v.Storey*,1 Federal Cases 141,145 – 146,151(1817).See also Boyd,"Contract Clause",p.547.

〔40〕 Goodman,"Emergence of Homestead Exemption",pp.477 – 478.

〔41〕 *Trawick v.Harris*,8 Tex.312,316(1852).也部分引自 Goodman,"Emergence of Homestead Exemption",p.478。

〔42〕 See esp.,Douglas G.Gaird,"A World without Bankruptcy",in Jagdeep S.Bhandari and Lawrence A.Weiss,eds.,*Corporate Bankruptcy:Economic and Legal Perspectives* (Cambridge:Cambridge University Press,1996),p.29.

〔43〕 Coleman,*Debtors and Creditors in America*,pp.45,179,181 – 182,218,109,91 – 94.

〔44〕 Art.1,sec.8.

〔45〕 参见例如 James Bayard,*History of Congress*(House),5th Cong.,3rd sess.,January 1799,pp.2656 – 57。另可参见 *Adams v.Storey*,1 Federal Cases 141,142(1817)。

〔46〕 See,e.g.,Trumbull,*Congressional Globe*(House),27th Cong.,1st sess.,August 11,1841,p.324.

〔47〕 Robert Waln,*History of Congress*(House),5th Cong.,3rd sess.,January 1799,p.2577.

〔48〕 Harrison Otis,*History of Congress*(House),5th Cong.,3rd sess.,January 1799,p.2674.

〔49〕 Ibid.

〔50〕 1800 年破产法案(Bankruptcy Act of 1800),第 6 届第 1 次会议,第 19 章,19 号法令 2(2 Stat.19),36 节。

〔51〕 Pinckney,*History of Congress*(House),5th Cong.3rd sess,January 1799,p.2582.

〔52〕 *History of Congress*(House),8th Cong.,1st sess.,November 1803,p.618.

〔53〕 1841 年 8 月 16 日法案(Act of August 16,1841),第 9 章,第 1 节,440、441—442 法令 5(5 Stat.440,441—442)。

〔54〕 Warren,*Bankruptcy in United States History*,pp.81 – 85.

〔55〕 1867 年 3 月 2 日法案(Act of March 2,1867),第 176 章,11、36、37、38、39 节,517、521—522、534—536 号法令 14(14 Stat.517,521 – 522,534 – 536)。

〔56〕 Warren,*Bankruptcy in United States History*,p.127.

〔57〕 Quoted in Tabb,"The Historical Evolution of the Bankruptcy Discharge",p.365.

〔58〕 Burke,*Congressional Record*(House),55th Cong.,2nd sess.,February 16,1898,p.1801.

〔59〕 1898 年 7 月 1 日法案(Act of July 1,1898),第 541 章,第 4 节,544 号法令 30(30 Stat.544)。

〔60〕 到 1900 年时仍然缺乏的现代破产法最关键的组成部分是公司重组的条款,在 20 世纪最终出现。直到 1933 年和 1934 年对 1898 年法案修正后,77 条 B 款(77B)才将联邦破产法保护之下的公司重组的原则和程序纳入。77B 款后来被 1831 年 Chandler 法案(the Chandler Act of 1938)的第 10 章[后又被重新编写成 1978 年破产法案(the Bankruptcy Act of 1978)的第 11 章]接替。参见 1934 年 6 月 7 日法案(Act of June 7,1934),第 424 章,77—77B 节,912—25 号法令 48(48 Stat. 912‐25);1938 年 6 月 22 日法案(Act of June 22,1938),第 575 章,840 号法令 52(52 Stat.840)及下列等等;1978 年 11 月 6 日法案(Act of November 6,1978)(P.L.95‐598),2549—2644 号法令 92(92 Stat.2549‐2644)(1978)。

〔61〕 Charles Tabb 论述"美国也许拥有世界上最自由的债务免除法律"。参见 Charles Jordan Tabb,"The Historical Evolution of the Bankruptcy Discharge",*American Bankruptcy Law Journal*,65(Spring 1991),325。

〔62〕 See e.g.,Warren,*Bankruptcy in United States History*,p.9.

〔63〕 同上,pp.10‐18;Frimet,"The Birth of Bankruptcy in the United States",pp.166‐169。有关 Duer 和 Morris,另可参见 Stanley Elkins and Eric McKitrick,*The Age of Federalism:The Early American Republic,1788‐1800*(New York:Oxford University Press,1993),pp.272‐276,278,179,and 459。

〔64〕 当时对经济危机特征的描述,参见例如 *Congressional Record*(House),55th Cong.,2nd sess.,February 18,1898,p.1911(Rep.James Lloyd);February 17,1898,pp.1850‐51(Rep.Stephen Sparkman)。

〔65〕 参见例如 Elijah Lewis,*Congressional Record*(House),55th Cong.,2nd sess.,February 18,1898,p.1909。另可参见 February 16,1898,p.1793(Rep.William Terry)。

〔66〕 Tallmadge,*Appendix to the Congressional Globe*(Senate),27th Cong.,1st sess.,July 1841,p.468.

〔67〕 Fessenden,*Appendix to the Congressional Globe*(House),27th Cong.,1st sess.,August 1841,p.468.

〔68〕 Bell,*Congressional Record*(House),55th Cong.,2nd sess.,February 16,1898,p.1797.

〔69〕 另可参见例如 De Alva Stanwood Alexander,同上,February 17,1898,p.1840。

〔70〕 Ibid.,February 18,1898,p.1890.

〔71〕 Ibid.,February 16,1898,p.1793.

〔72〕 Ibid.

〔73〕 Ibid.,February 17,1898,p.1852.

〔74〕 *History of Congress*(House),8th Cong.,1st sess.,November 1803,p.620.

〔75〕 Whitman,同上,15th Cong.,1st sess.,February 181,pp.1017‐18。Whitman 突出强调了对商人特别成为问题的价格风险和政治风险。

〔76〕 See e.g.,Richard Young,*Appendix to the Congressional Globe*(Senate),27th Cong.,2nd sess.,January 1842,p.97.

〔77〕 Howard,*Appendix to the Congressional Globe*(House),27th Cong.,1st sess.,August 1841,p.493. See also Smith,*Appendix to the Congressional Globe*(Senate),26th

Cong.,1ˢᵗ sess.,May 1840,p.837.

〔78〕 Strange,*Appendix to the Congressional Globe*(Senate),26ᵗʰ Cong.,1ˢᵗ sess.,May 1840, p.544.

〔79〕 See, e.g.,remarks of Representative Richard Parker of New Jersey,*Congressional Record*(House),55ᵗʰ Cong.,2ⁿᵈ sess.,February 17,1898,p.1852.

〔80〕 Lewis,Ibid.,February 18,1898,pp.1908 – 9.

〔81〕 Marshall Field to Mr.Lawrence,February 9,1895,引用同上,p.1902. Field 的批评者指责他对联邦破产法的反对完全是出于自私。批评者声称,Marshall Field & Co. 拥有如此发展完备的法律部门,以至于这家公司在债权回收上几乎可以经常根据州的法律胜过任何其他债权人。参见例子,同上,pp.1898 – 1904。

〔82〕 *Appendix to the Congressional Globe*(Senate),26ᵗʰ Cong.,1ˢᵗ sess.,May 1840,p.837. 另可参见例如 Daniel Barnard,*Appendix to the Congressional Globe*(House),27ᵗʰ Cong.,1ˢᵗ sess.,August 1841,p.499。

〔83〕 Robert Burke,*Congressional Record*(House),55ᵗʰ Cong.,2ⁿᵈ sess.,February 16, 1898,p.1802.

〔84〕 Nisbet,*Appendix to the Congressional Globe*(House),27ᵗʰ Cong.,1ˢᵗ sess.,August 1841,p.479.

〔85〕 Fessenden,Ibid.,p.469.

〔86〕 Sulzer,*Congressional Record*(House),55ᵗʰ Cong.,2ⁿᵈ sess.,February 18,1898, p.1890.

〔87〕 Underwood,Ibid.,February 16,1898,p.1793.

〔88〕 See Ray,Ibid.,February 18,1898,p.1914.

〔89〕 在横跨整个 19 世纪国会所有关于破产的辩论中,只有一小部分提出这种观点的论述真正脱颖而出。参见例子同上。

〔90〕 Fessenden,*Appendix to the Congressional Globe*(House),27ᵗʰ Cong.,1ˢᵗ sess.,August 1841,pp.469 – 471.

〔91〕 John Haynes,"Risk as an Economic Factor",*Quarterly Journal of Economics*, 9,no.4 (July 1895),433.另可参见例如 Frank H.Knight,Comments,*American Economic Review*,44,no.2(May 1954),Papers and Proceedings of the Sixty-sixth Annual Meeting of the American Economic Association,63。

〔92〕 See, e.g.,Barnard,*Appendix to the Congressional Globe*(House),27ᵗʰ Cong.,1ˢᵗ sess., August 1841,p.498.

〔93〕 Jackson,"Fresh-Start Policy in Bankruptcy Law",esp.1414.鉴于创业者冒高水平的风险,人们也可以得出他们是风险爱好者的结论。如果是这样,那么设定不可放弃的债务免除权,将从本质上强迫他们从债权人处以更高利率的成本形式购买违约保险,这将减少他们从其他风险事业获得的效用。

〔94〕 参见 *Mr.Berrien, of Georgia on the Bill to Repeal the Bankrupt Law.Delivered in the Senate of the United States, January 26, 1842* (Washington, D. C.: National Intelligencer Office,1842),p.23。说到 1842 年 1 月,参议员 Berrien 企图废止

1841 年破产法案（Bankrupt Act of 1841），另可参见例如 Elisha Hunt Allen, *Appendix to the Congressional Globe*（House），August 1841, p.478。

〔95〕 许多破产的债务人减少他们表面上工作量，而非实际的工作量，以便以假名获得不被债权人发现的新收入。

〔96〕 Ball, *Congressional Record*（House），55th Cong., 2nd sess., February 18, 1898, p.1885. 另可参见 David Henderson, 同上, February 16, 1898, pp.1788 - 89。债务免除的支持者还强调，因为此时破产的不良后果可以被显著减轻，法律上债务免除的承诺可以缓解窘迫的债务人在违约前夕陷入轻率和过激的风险。参见例如 Robert Hayne, *Gales and Seaton's Register of Debates in Congress*, 19th Cong., 1st sess., U.S. Senate, May 1, 1826, p.651。

〔97〕 Nisbet, *Appendix to the Congressional Globe*（House），27th Cong., 1st sess., August 1841, p.479.

〔98〕 Ray, *Congressional Record*（House），55th Cong., 2nd sess., February 18, 1898, p.1914.

〔99〕 Tallmadge, *Appendix to the Congressional Globe*（House），27th Cong., 1st sess., July 1841, p.468.

〔100〕 致使人力资本不可交易的含义，特别参见 David Mayers, "Nonmarketable Assets and Capital Market Equilibrium under Uncertainty", in Michael C.Jensen, ed., *Studies in the Theory of Capital Markets*（New York: Praeger, 1972），pp.223 - 248；Robert C. Merton, "On the Role of Social Security as a Means for Efficient Risk Sharing in an Economy Where Human Capital Is Not Tradable", in Zvi Bodie and John B.Shoven, eds., *Financial Aspects of the United States Pension System*（Chicago: University of Chicago Press, 1983），pp.325 - 358。

〔101〕 *Sturges v.Crowninshield*, 4 Wheat.122, 17 U.S.122（1819）.

〔102〕 Connolly, *Congressional Record*（House），55th Cong., 2nd sess., February 18, 1898, p.1893.

〔103〕 Burke, ibid., February 16, 1898, p.1801.

〔104〕 Quoted by Representative Samuel McCall, ibid., February 17, 1898, p.1847.

〔105〕 20 世纪 30 年代，当政策制定者还在讨论破产法第 13 章内容的时候，债务奴役的问题再次浮现出来。第 13 章在 1938 年生效，允许债务人留存更多自己的资产（与基于传统的第 7 章的破产手续相比），但它也赋予了债权人获得一些债务人未来收益的权利。因为担心如果强制执行第 13 章将被认为与债务奴隶制相近，政策制定者决定选择第 13 章的条款是自愿的（亦即，由债务人决定）。参见 David A. Moss and Gibbs A.Johnson, "The Rise of Consumer Bankruptcy: Evolution, revolution, or Both", *American Bankruptcy Law Journal*, 73（Spring 1999），319 - 320, 320n45。

〔106〕 特别参见 Thomas K.Finletter, *The Law of Bankruptcy Reorganization*（Charlottesville: The Michie Company, 1939）；John Gerdes, "Corporate Reorganization: Changes Effected By Chapter X of the Bankruptcy Act", *Harvard Law Review*, 52（November 1938），1 - 39。另可参见注释 60。

第6章

职工保险

　　随着 19 世纪结束迈入 20 世纪,职工不安全(worker insecurity)很快成为一个重大的政治问题。经济学家约翰·康芒斯在 1894 年论述道:"今天这个贫困问题的严重性,不是有更大数量的穷人……与以前相比,而是更大数量的人持续处于贫困的边缘。"[1]对普通的工人来说,现在几乎完全依靠货币工资生活,即使是收入的一个暂时丧失也可能是灾难性的。

　　每一个美国工人面临的五个主要风险是,事故、疾病、夭折、失业,以及残疾和老年。[2]尽管在世纪之交,这些风险没有一个是新的,但是,越来越多的一群改革者相信,快速的工业化让它们比以前任何时候更加具有破坏性。"(它们)以毁灭性的力量降临到受害家庭,"哥伦比亚大学教授亨利·西格谈道,"而且往往将一个独立和自尊的家庭变为一个丧失尊严和破坏效率的社会累赘。"[3]

　　20 世纪早期,关注改革的社会科学家如康芒斯和西格,开始将政府强制保险作为应对这个愈益恶化的问题最合适的解决方法来捍卫。他们在美国劳动立法协会(American Association for Labor Legislation,以下简称AALL)的同事约翰·安德鲁斯(John Andrews)1915 年宣称,"因为单个工人的努力已经证明无效,现在似乎是国家介入的时候了"。[4]在领导社会保险的全国性运动中,这些改革者——阶段Ⅱ的先驱——最终对这个国家施加了巨大的影响。他们帮助实现的从企业安全到职工安全的重点转移本身就意义重大,与之相伴的政府权威的扩大也意义深远。

到 20 世纪中期,工伤赔偿(workers' compensation)、失业保险(unemployment insurance)以及老年保险(old age insurance)都已经成为美国人生活中永久性的制度安排。政府本身已经成为一个主要的保险者,永远改变了人们对它在社会上的位置和目标的认识。今天,在 21 世纪的开端,美国人在社会保险上的花费比任何其他类型的政府项目包括国防都要多。在工人每一天的生活中,这种程度的政府介入,如今已经被视为理所当然,而在 20 世纪之初这几乎是不可想象的。

至少在整个 20 世纪 30 年代,社会保险仍然具有很大的争议。1916 年面对强制的公共健康保险提案,大东灾害保险公司(the Great Eastern Casualty Company)的总裁敦促在保险行业的每一个人"尽你的全力……与这种有害的非美国的国家保险思想作斗争"[5]。直到大萧条,即使是许多美国劳工运动的高层领导人,诸如塞缪尔·冈珀斯(Samuel Gompers),激烈地反对强制加入的失业和健康保险,认为它们与个人自由和自愿的原则相违背。[6]尽管在 20 世纪 30 年代期间工会最终改变了立场,也并不是每一个人都经历了同样的转向。国会一位直言不讳的成员辛辣地谴责罗斯福 1935 年的社会保障法案,"简直就是朝着将我们独具特色的美国制度苏联化再向前迈进一步,削弱了我们人民的自立和进取心,抵押了我们的未来"[7]。

如同一些眼光更加敏锐的社会保险批评家所指出的,通过保险公司、兄弟会、工会以及雇主,在民间部门已经有一个大范围的保险项目可资利用。具有所有这些民间选择的前提下,他们问道,为什么政府干预是必需的?[8]这是社会保险支持者必须回答的唯一的一个最重要的问题。用安德鲁斯的话来说,他们必须对怀疑的公众解释为什么是到了"国家介入的时候"。事实上,自那时以来,强制健康保险的提倡者正是在与这个同样的问题继续斗争着。

在进步时代期间(大致是 1900 年到 1920 年),主要的改革者通常强调在这个国家民间保险领域的巨大漏洞。在社会保险法颁布之前,大多数工人只不过通过简易人寿保险(industrial life insurance)和兄弟会设法为他们自己的丧葬花费保险。尽管一些工会会员享有更大的保险项目,但是相对来说,真正属于工会的只有少数的美国工人。大多数很少或者没有加入防范工伤事故、疾病、失业以及由于残疾或年老长期丧失收入的保险项目。

甚至更糟糕的是,许多改革者指责,工业风险的成本在民间劳动市场正在被系统性地错误分配。由于有效地与最坏的工业风险隔离开来,他们说雇主对预防措施和商业保险项目的利用都投资不足。用来惩罚雇主带来的非常高的失业率、疾病或者任何其他风险的社会保险法,会帮助将工业风险从工人身上转移到雇主身上。改革者主张,这种法律不仅将保证对受害者充足的补偿,也使雇主的预防激励最大化,因而帮助减少全国工人所面临风险的整体水平。这就是贯穿 20 世纪的第二个十年在社会保险辩论中占重要地位的逻辑。

1. 职工不安全的增加

尽管在早些年代绝不会不为人所知,职工风险诸如事故、疾病以及失业,在 19 世纪晚期和 20 世纪早期开始表现出新的重要性。一个迅速发展的国家经济和一批日益增多的落魄工人之间日渐鲜明的对比,强化了这种意识。"尽管有 19 世纪显著的经济发展,"1907 年亨利·西格哀叹道,"文明世界似乎带着远没有解决的贫困问题进入 20 世纪。"西格,这位美国劳动立法协会后来的会长,很快就将大量工人的一无所有归咎于"拖垮他们的不测事件"[9]。

如同西格所指出的,就在促成国民收入快速增加的同时,快速的工业化似乎加重了工人风险。当数以百万计的工人涌向城市寻求高工资的时候,许多人丢弃了农业生活的传统保障。在困难时期,城镇产业工人再也不能立即从农场获得食物。城市化也打断了关键的家庭接济网络。在农村社会,扩大了的家庭很久以来就已经作为一个关键风险管理制度发挥作用。当一个家庭成员生病或者很长一段时期失去了正常生活能力,其他人经常接济他及其家属。农村的邻居,也经常成为暂时的替补。然而,普通的产业工人已经与家庭和农场分开,完全以他自己的工资为生,这就意味着,收入的一个突然的下降和停止会很容易使他和他的家庭陷入贫穷。[10]

还有,城市化只是职工不安全这个日益严重的问题的一部分。在铁路、矿山以及能源密集型制造企业提高了的工作节奏和强度,急剧增加了工作中的事故风险。铁路工作和开矿是特别危险的。在1910年,就全国整体来说,几乎有5%的劳动力工作在铁路行业,约3%在采矿业,而31%在农业。(见表6.1)而在明尼苏达,这个州在1910年制作了一个非同寻常的详细事故数据,铁路占据26%的致命事故(20%的非致命事故),采矿业24%(43%的非致命事故),而农业仅仅3.5%(0.5%非致命事故)。[11]在加利福尼亚州,1914年的前6个月,13%的死亡事故发生在铁路部门,10%在采矿业和冶炼业,而9%在农业。[12]

表6.1　美国劳动力的变化,1840—1930年

年份	劳动力	所选行业就业人数占全国总劳动力的百分比					
		农业	建筑业	商业	制造业	采矿业	铁路
1840	5,660,000	63.1	5.1	6.2	8.8	0.6	0.1
1880	17,390,000	51.3	5.2	11.1	18.9	1.6	2.4
1910	37,480,000	31.4	5.2	14.2	22.2	2.8	4.9
1930	48,830,000	21.6	4.1	16.6	20.2	2.1	3.4

资料来源:美国商务部、人口普查局,*Historical Statistics of the United States, Colonial Times to 1970* (Washington, D.C.: GPO, 1975), ser.D 167 – 181, p.139.

这里无疑有一个倾向——特别是在改革者之间——夸大了现代工业引起的增高了的风险。铁路的高事故率得到很好的档案记录,但是,工人在车厢之间工作被压致死或者通过低矮的桥梁时被斩首,这些骇人听闻的故事使铁路工作的风险似乎比实际情况甚至更高。来自其他行业令人极其震惊的例子产生了同样的效果。在1915年一位专家警告"我们宣告几乎或者所

有的制造业部门……'特别危险'或者'超级风险'的做法……是明目张胆的托辞"。在农业劳动中的风险事故,他指出,比通常想到的要高很多。[13]

　　然而,重工业可能确实在劳动现场导致了更大程度的事故风险,而且在那时人们广泛相信这是真实的。著名的精算师和社会改革家鲁比诺(I.M. Rubinow)在 1904 年宣布:"年复一年,产业工人将会比农业工人出现一个更大的受伤百分比,而铁道和矿山雇工将比工业活动的任何一个其他的部门有更大的受伤百分比。"[14]同样的观点在职业病方面也被提出来。人们认为产业工人与农业劳动者相比,面临的疾病风险增加。这不仅由于工业过程中诸如铅和磷这种毒素的普遍存在,而且由于更普遍的不健康条件,诸如通风不好,这在美国的工厂和矿山是普遍的。[15]

　　尽管欧洲人和美国人一样快速地进入许多同样的产业,但是,伤害率在美国明显要高得多。一个通常引用的统计是,美国铁路雇用的工人是英国同行业的两倍,而工伤致死的是英国的 4 倍。[16]美国的高事故率通常是由于对工业更加强烈的追求——"美国从业人员无与伦比的活力,他们的不顾后果和无所畏惧,美国商店和工厂相对高的工作强度,加上我们的人民对机械更大规模的使用。"[17]

　　即使撇开工业中的劳动强度,人们认为,更加复杂的工业企业的推进,通过剥夺工人的自主权和使潜在的雇佣关系非个性化,加重了职工不安全。大型工业的出现,劳资关系的官僚主义化,以及工资收入者与生产工具的分离,往往断绝了所有者和工人之间任何个人联系,而且减少个别劳动者对生产过程的控制。在 1913 年 6 月 AALL 的第一次社会保险全美大会上,会长威廉·威洛比(William F.Willoughby)直接将世界范围的社会保险运动归因于快速的工业化让工人孤独且不安全。"他们几乎已经变成名副其实的一个巨大的非人的机械的零部件,"他悲惨地叙述道,"他们与这个机械的关系几乎与使用的那些无生命的零部件没有什么不同。当由于年老或者失去劳动能力而不能工作时,而且当由于企业规模的下降不再被雇佣,他们像其他无用的零部件一样被抛弃。"[18]

　　与这些工业发展密切联系在一起的,是关于过错的观念正在改变。尤其是在工业事故的情况下,过错似乎日益难以进行任何精确的识别和确定。

"稍加思考,就一定清楚,"纽约州劳动部的一位统计学家阿德纳·韦伯(Adna Weber)论述道:"从现代产业界的情况来说,不可能将每一次事故都归咎于某个人的过失。"[19]这一点在 19 世纪晚期和 20 世纪早期,不仅被学者和改革者,而且也被立法者和法官反复强调。[20]最常引用的研究之一是 1907—1908 年的匹兹堡调查(the Pittsburgh Survey)。克里斯特尔·伊斯曼(Crystal Eastman)以匹兹堡数据得出结论称,信息充分可用的 410 个工伤事故致命案例中,责任由雇主部分或者独立负责的为 147 个,领班负责的49 个,同伴工人负责的 56 个,而受害者自己负责的 132 个(其中只有 68 个是由于受害者独自的过失造成)。也许最令人震惊的是,她将 117 个事故,或者总数的 28.5%,归类为不可避免的,因为那里不存在任何根据来确定责任。[21]

对另一个重大风险——失业的原因的假设,已经在向同样的方向发展。将失业归咎于工业制度而不是失业者本身,在 19 世纪晚期开始有一个增加的趋势。"娱乐画报搞笑疲倦的威利和衣衫褴褛的鲁弗斯(Weary Willy and Ragged Rufus),"威廉·哈德(William Hard)在 1911 年 AALL 的第五次年会上评论道,"已经越过了他们的子午线,而现在已经下降到黄昏并沉睡一段时间了。失业在美国已经不再是一个笑话。"相反,"即使在最流行的杂志上,失业也开始被认为是我们称为工业的那种海绵的一个特征……在一个过程里,控制取决于海绵而不是水"[22]。借用英国失业专家威廉·贝弗里奇(William Beveridge)使用的一个名词,在 AALL 的其他人共同将没有工作定义为一个"工业的问题"。[23]在改变失业的公众意见方面这些改革者有多大成功,是一件有一些争议的事情。[24]但是,至少似乎公众已经逐渐开始接受这个可能性——特别是在急剧的经济衰退期间——巨大比例的失业工人在他们自身没有过错的情况下失去了他们的工作。[25]

无可指责的不幸这种观念,帮助我们将社会保险和贫困救济区别开来。只要公众相信单个工人主要因他们自己的事故和失业受到责备,"保险"就会被看成不过是从"好"的工人那里向"坏"的工人那里的一个转移支付。因此,对过错不断改进的态度体现了一个重要的发展。传统家庭安全网的弱化和产业劳动风险的提高相结合,过失(blame)和责任(responsibility)这些公众观念上的变化,极大地增强了覆盖面更广的职工保险的吸引力和明显的可行性。

　　的确,人寿保险的一个初始形态,称为简易人寿保险,在 19 世纪晚期已经开始在美国的工资劳动者之间普及。简易人寿保险起源于 1850 年的英国,由于保诚保险公司(Prudential Insurance Company)的业务扩张,它于 1875 年来到美国。保险覆盖的工人通常每周为价值近 100 美元的保险单支付 5—25 美分。按照精算条款这个保险是十分昂贵的,而平均赔偿支付几乎不足以供养一个家庭很久。但是,许多工人满足于这个想法,丧葬花费将得到满足,而且他们的家庭在他们需要的时候将享有一个小的财务缓解措施。由于反映出对经济保障不断增长的需求,简易人寿保险在它引入美国之后迅速扩散。在 1876 年到 1910 年之间,生效的简易人寿保险的价值从 40 万美元增加到超过 3 亿美元,而保单数量在同期年份,从仅仅 8,416 份爆发式地上升到 2,230 万份。[26]

　　来自 20 世纪早期的家庭收支研究表明,工薪收入者通常花费他们不太高的收入中的 2%—4%用于各种不同类型的保险上。[27]简易人寿保险的保险费吸收了这些花费的最大份额,但是工人也购买其他保险以防范一系列范围广泛的其他风险——从事故到疾病到失业——通过财产保险公司、兄弟会、工会和公司基金。可利用的保单和保险项目的多样化确实令人注目,而且大量试验一直在进行。[28]

　　许多进步的改革者充分意识到了民间部门的这些趋势,仍然相信政府干预是必要的。他们坚持认为,简易人寿保险昂贵得离奇,这在很大程度上是因为每周挨门逐户地收取保费的高成本造成的。在 1904 年,14 家工业人寿保险供应商以 1,560 万份保单收取了 1.1 亿美元的保险费,但是,他们在索赔中只赔付了 3,100 万美元多一点。[29]当"富裕的人们"发现他们为一份保单支付得太多,社会学家查尔斯·里奇满·亨德森(Charles Richmond Henderson)指出:"他们的商业历练让他们能够找到补偿和和纠正的合法手段。但是,绝大多数工薪收入者并不是这样的状况。"[30]因此,简易人寿保险给这些改革者中许多人的印象是它的剥夺性。他们对兄弟会和工会的保险计划也不满意,因为它们大多数建立在极其不稳定的财务基础上。由于准备金短缺,这些基金通常只能提供比保险的参加者所听信的远为更少的安全感。[31]

总之,社会保险的提倡者申明,几乎没有参与民间计划的工人享有预防所有类型工业风险的全面保险项目。民间保险险种参差不齐,而私人赔偿,当他们完全赔付的时候,经常不足以保持被保险家庭免于贫困。如同两位著名的强制健康保险的学者约翰·R.康芒斯(John R.Commons)和亚瑟·J.奥尔特梅耶(Arthur J.Altmeyer)在1919年所写的:"强制健康保险的提倡者相信,现有的自愿保险公司不可能关心这个问题,因为没有足够的人得到保险,而且那些被保险的人通常只能得到承担丧葬费的支用。"[32]亨利·西格斩钉截铁地论述道,"每一个地方的经验都已经表明,自愿保险不会惠及最需要它的那些阶层。"[33]

到了20世纪早期,职工不安全已经明显地成为一个重大的社会问题。工人正为一个他们得以购买的微弱的民间保险支付一大笔钱,对于许多同时代的评论家来说,这已经足够明显。尽管在如何处理这个问题上,美国没有达成政治共识,但是,一小群改革者(包括康芒斯、西格和在AALL的其他人)相信,这个答案就在大西洋的对岸,在那里政府强制保险已经得到广泛采用。他们相信,已经终于到了这个新世界要追赶旧世界的时候了。

2. 作为一个社会保险落伍者的美国

在19世纪晚期,欧洲立法者已经开始为他们的工人建立公共保险。德国率先在1883年到1889年之间采用强制健康保险、工伤赔偿(工作场所事故保险),以及老年和伤残保险(old and invalidity insurance)。英国紧跟其后,在1897年实施工伤赔偿,1908年实施老年津贴,并在1911年实施健康和失业保险。事实上,在新世纪的第一年欧洲几乎每一个国家都已经建立了一种或者多种形式的强制职工保险。[34]"当我们开始研究这个国家劳动保险的地位时,"鲁比诺在1904年哀叹道,"在(与欧洲)比较时,我们不禁感到些许羞愧。"[35]

在制定社会保险法方面美国迟缓的原因,在那时似乎足够清晰。其中最令人震惊的是阿德纳·韦伯(Adna Weber)定义的这个国家"普遍盛行的个人主义哲学"[36]。美国人长期将大政府看成令人反感的和有威胁的东西。流行的标准观点是,不仅大多数公民全部能够照顾他们自己,而且当他们这样做时,总体上处于最佳状态。家长式的公共政策可能有促成鼓励依赖和使接受者意志消沉的危害。尽管社会保险的提倡者们竭力将公共保险与公共救济区别开来,但是,它在美国很难让人接受,特别是在早期年份。[37]

强化这些反集权主义态度的是大量的宪法限制,较之大众舆论它甚至经常更缺乏宽容。在 1915 年,亨利·西格以这个"宪法的岩石"来定义正当程序,据此最为进步的改革在美国落空了。"如果纽约州和其他美国各州,今天在社会和劳动立法领域落后于进步的欧洲国家,"西格坚持称,"那么这主要是因为这个宪法屏障。"[38]所谓的契约自由原则(liberty of contract doctrine)和宪法上禁止以特定阶层为立法对象(class legislation)的规定,也是劳动立法道路上的主要障碍。法院已经取消了大量约束工资、劳动时间和其他工作条件的州法规,也很快撤销了州一级的社会保险法。

1902 年在马里兰颁布的美国首部工伤赔偿法,仅仅在两年之后被宣布违宪,接下来 1910 年在蒙大拿州和纽约州通过的两部法律也一样。[39]对三个中最为全面的纽约法律的裁决,威廉·沃纳(William Werner)法官斩钉截铁地宣称:"列举在我们面前的法规中试图加诸雇主的责任,是一个没有正当法律程序的财产夺取,因此这个法规是无效的。"[40]正当程序又奏响了。尽管社会保险提倡者最终会找到回避这些法律障碍的方法,而法院自身后来也放宽了许多限制,在 20 世纪初期宪法限制还是赫然耸现在那里。

使立法环境仍然进一步复杂化的,是各个州之间相互竞争的现实。州的立法者总是小心翼翼地颁布一些新的劳动立法——包括社会保险——由于担心他们的企业相对干其他州的竞争对手处于一个不利的竞争环境。[41]在制造业者宣称"向他们要求提出的补偿,在与其他州的制造业者竞争中将伤害他们"[42]之后,以 1897 年英国赔偿法(British Compensation Act)为模板的一个马萨诸塞法案在 1904 年失败。正是这个同样的论据也反复用来反对失业和健康保险。"这种立法",贸易杂志《钢铁时代》(*Iron*

Age)一篇 1916 年文章的作者抱怨道,将迫使"制造业者将他们的工厂转移到州外去"。[43]

尽管受到这些障碍打击,许多社会改革者年复一年地孜孜以求,他们完全相信工业风险是一个巨大的社会问题,而社会保险是最好的可能解决它们的办法。与任何一个其他组织和利益集团比起来,美国劳动立法协会都更多地领导了美国 1910 年至 1920 年间的这场运动。主要由社会科学家、社会工作者和一些工商界和劳动领袖组成的美国劳动立法协会,在仔细识别和宣传支持每一种社会保险的最有说服力的观点时,帮助在许多个州,先后确定了立法日程。它的领导层首先将焦点放在工业事故的问题和工伤赔偿法的前景上。[44]

3. 工 伤 赔 偿

在 20 世纪的最初十年期间,每年也许有 15,000 名工人死于工业活动。[45]如同我们看到的,煤炭矿工和铁道雇工是特别容易受到打击的。在 1899 年到 1908 年美国沥青煤矿雇佣的 400 万人中,13,717 人(或者几乎每年 1,400 人)因为工业事故而死亡。在某些阶层的铁道工人之中,死亡率甚至更高。在 1898 年和 1907 年之间,全国 235 万铁路列车员中,17,924 人在工作相关事故中死亡。[46]

尽管在岗受伤工人总是能够为损害赔偿起诉他们的雇主,但是改革者宣称国家的雇主责任制度有严重缺陷。与阶段 I 的风险管理政策的基本逻辑一致,19 世纪的法官已经创立了一系列保护雇主的原则(employer defenses),这使得受伤害的雇员获得任何赔偿都非常困难,除非他们的雇主完全有过错。尽管这些保护可能促进了诸如铁道和采矿这样的风险产业的投资,它们却也让工人在事故之后无法获得赔偿和生活来源。根据一位法律历史学家的说法,雇主责任制度最好定义为"一个不赔偿制度或者一个阻止索赔的制度"[47]。

在 19 世纪三个最重要的雇主抗辩的法律依据是,混合过错(contributory

negligence)、雇员同伴规则(the fellow-servant rule)以及自担风险(assumption of risk)。根据混合过错原则,如果受伤工人自己有任何形式的过失,一个雇主可以避免所有的赔偿。即使法院发现雇员对事故只有 5% 的责任,他也无权得到任何一点赔偿。同时,如果另一个工人而不是雇主本人导致了事故,雇员同伴原则阻止了赔偿的获得。最后,如果一个雇主能够表明受伤的雇工在他就职时已经事先知道与工作相关的风险,即他已经"预知这个风险",那么,这个雇主可以逃脱所有的责任。根据马萨诸塞州首席大法官莱缪尔·肖(Lemuel Shaw)1842 年里程碑式的判决:"受他人雇佣提供特定的义务和服务、获得相应报酬的人,他自己承担与提供这种服务伴随而来的天然和通常的风险以及危险事故的责任。"[48]

在进入 20 世纪的转折时期,大量的州立法机构开始减少这些雇主保护原则。雇员成功地获得赔偿,更多的仍然还是一个例外,而不是一个通例。迟至 1911 年,亨利·西格以"一个完全的失败"来描述雇主责任制度。[49]将这个制度的基础建立在过失之上的整个思想,改革者坚持称,在现代工业时代简直是过时的,因为责任经常不可能按照个别情况来决定,而且苛责很少只能归于单独的一方。面对这个背景,这种混合过错原则给他们留下特别不公平的印象。

改革者也向雇员同伴原则发起挑战,将它定义为主流责任法的一个古怪的和不受欢迎的例外。根据雇主责任原则(doctrine of respondeat superior),委托人通常对他们代理人的过失负责。如果一个配送马车驾驶员不慎撞倒了一个道路上的行人,后者可以为赔偿金起诉配送服务(不仅是驾驶员)的所有者。但是,雇员同伴规则切断了工作场所的这个责任链条。一个工人在岗位上受伤时,他的雇主对他同伴工人的错误行为不负责任。[50]1880 年在纽约上诉法院对一个判决的反对意见中,罗伯特·厄尔(Robert Earl)法官警告称,雇主责任的这个特别限定"没有抽象和本质上的公正根据,而且,如果基于细致和逻辑的分析,不从公共政策寻求根据的其他所有尝试都将表明是不能令人满意的"[51]。到 20 世纪早期,这种批评变得很普遍。曾经被称赞为工业正义和实业促进的牢固根据的雇员同伴原则,现在几乎成了被不断批评的目标。

许多改革者对自担风险原则甚至表达了更多的蔑视。尽管自担风险本身是一个强有力的雇主抗辩，它也经常作为雇员同伴原则的一个理由提出。[52]在1902年,安德纳·韦伯将这个原则作为一个"没有事实基础的法律虚构"[53]不假思索地予以摒弃。1880年讨论自担风险时,厄尔法官也正好使用了同样的词汇,"虚构"。[54]到1910年,很像韦伯和厄尔所说的,发起调查工业事故问题的一个纽约州委员会得出结论:"在现代工业条件下,个体劳动者同意并承担这种风险只是因为在通常情况下他们别无选择。"[55]

即使在这些抗辩保护之外,雇主责任制度也由于在补偿受害者方面的无效受到广泛批评。通过雇主责任保险的保险费筹集的所有资金中,事实上令人惊奇地几乎没有支付什么给受伤工人。在1887年,保险公司收入203,132美元保险费,而赔付损失仅仅32,924美元。到1908年,和保险赔偿额的总数一样,赔付比率有了很大程度的增加。但是,保险商对接近2,800万美元的保费收入,仍然只支付了1,000万美元的损失赔偿。[56]"一般说来,"康芒斯和安德鲁斯评论道,"保险公司在雇主责任法下,就好像他们的义务不是补偿受伤者,而是去挫败他们的索赔那样去行动。"[57]

因此,雇主责任法似乎特别不适合美国工人的需要。这个法律在许多方面对他们都有严重的偏见。然而,这个制度最终既激起了雇主的愤怒,也激起了雇员的愤怒。尽管不普遍,有利于受伤工人的大量法庭判决确实不时出现——这个事实在雇主之间产生了相当大的沮丧情绪。"面临由于一个事故总是可能必须支付沉重赔偿金的不利局面,"克里斯特尔·伊斯曼报告称,"促使(雇主)花钱维持一个特别索赔部和聘请专业律师,尽管他很少对一个裁定支付赔偿金。"[58]一些雇主会给自愿放弃其起诉权力的雇工提供一个事故保险,但是,一旦事故真正发生,这些安排通常在法庭上不会被认定为是有效的。[59]

AALL的改革家坚持道,最好的解决方法是由各州制定工伤赔偿法。这些法律将迫使雇主为他们所有的工人购买和提供事故保险,而且在同时,将极大地排除雇主责任制度。因为受伤工人再也没有权利为赔偿金起诉,巨额裁定赔偿金——这原本已经很少——将彻底消失。同时,每一个受伤的工人,根据一个州所确定的给付金基准(schedule of benefits),将有权获得赔偿,无论有无过错。支持者坚持认为,随着一个工伤赔偿制度的实施,家庭再也不会担心因为工业事故而陷入贫困。

赔偿得到保证也不是这个提案的唯一优势。对社会保险标准的欧洲观点加入一个独具一格的美国式要素,如康芒斯和安德鲁斯这样热心改革的经济学家宣称,结构合理的工伤赔偿法将创立一个强有力的雇主预防激励,极大地减少事故总的数量。[60]将工伤赔偿定义为一种特殊类型的税收,1919 年,康芒斯解释道:"我们对他的事故征税,而雇主竭尽全力去消除事故。"[61]在别的地方,他将工伤赔偿描述为"一种对所有雇主施加的社会压力,以便让他们像致力于产品的制造和销售一样,对事故的预防和从事故中得到迅速复苏给予更多的注意"[62]。

这个预防观点的核心是一个简单的思想:民间市场不能很好地对事故风险进行再分配。大多数主要的改革者相信,负担应当转移到雇主身上,然后最终转移到消费者身上(通过更高的价格),因为雇主和消费者是生产的最终受益人。"生产的运行是为了消费者的利益,"西格说,"而应当让他们出钱——只要这能够用金钱来度量——商品在致残的身体和缩短的寿命上所耗费的和它们在劳动时间和消耗的原材料上所耗费的一样。"[63]然而实际上,事故的成本通常由工人自己承担。这意味着,雇主面临着预防事故的激励不充分,进而使得数以千计的工人不必要地致死或致残。

雇主责任制度确实使这个问题恶化了,因为各种不同的雇主抗辩保护使成功的工人诉讼极其困难。但是,即使工人未曾享有一点获得赔偿的权力,一个功能完善的劳动市场通过补偿工资差别的机制,本来应当将工伤事故的成本转移给雇主(而最终给消费者)。如同亚当·斯密 1776 年在他的《国富论》里所论述的:"劳动工资因工作有难易、有污洁、有尊卑而不同。"[64]斯密的论述建议,在一个像煤矿开采这样非常危险的产业里,工人本应获得比普通工资更高的工资以补偿所包含的额外风险。这样,市场会督促危险行业的雇主投资于安全设备和其他预防措施。减少了事故率的雇主将以更低的工资账单获得回报,因为工人不会再要求这样高的风险溢价了。

按照 1907 年西格在 AALL 首次年度会议演讲中的说法,补偿性工资差异(compensating wage differentials)的理论"是如此受欢迎,以至于要不是它被事实证明是完全错误的,它还是会被接受。然而,工资统计显示,要说高,危险行业的工资也几乎不比相对安全的工作的工资高"。[65]尽管几项最近的学术研究已经对西格的论述提出一些怀疑,也指出了 19 世纪晚期和 20 世纪早期微小的工资差别补偿的存在,那时西格的看法还是得到了广泛接受。[66]关于工业事故,他当然已经说服纽约温莱特委员会(New York's Wainwright Commission),这个委员会的结论是,这个"理论没有发挥作用。在最危险的行业,工资并不是相对高些"[67]。

按照西格的看法,民间市场的这个失败,产生于两个相互关联的问题。就像安德纳·韦伯将自担风险原则当成一个"法律虚构"予以摒弃一样,西格对现实中总是存在着有效的劳动合同表示质疑。"雇主和雇员之间不平等的讨价还价能力,以及由此导致他们之间在劳动条件的决定中,没有自由和自愿的合同,这正越来越为人们所认识",他在 1915 年写道。[68]

第二个问题是,按照西格的说法,即使在这种劳动合同确实存在的时候,许多工人如此低估他们受伤的可能性,以至于不能为有风险的工作提出合适的风险溢价要求。一些工人真的忽视了他们工作中蕴藏的真实风险,而不计其数的其他人似乎几乎不去考虑未来,或者认为他们自己不会受伤,无论他们面临的风险如何。[69]每一个单个的工人,西格在 1907 年指出,"考虑他自己时,都好像如有神佑"。[70]三年之后,他解释道:"普通工人,不管他的工种是什么,都是一个乐观主义者。他会知道每一年他的同伴工人的一定比例可能会死而且一个更大的比例会受伤,但是,他个人既想不到自己会受伤也想不到自己会死亡。"[71]现代心理学家会将这个现象定义为一个乐观偏差(optimistic bias)问题。但是,不管它的称呼是什么,在 20 世纪早期,它肯定极大地弱化了事故预防的市场压力。

为了寻求一个解决方法,许多州的立法机构弱化了传统的雇主抗辩。但是,越来越多的批评家主张,雇主责任法从来不会提供一个预防事故的最优手段,无论它的结构如何严谨或者它对谁有利。作为这个观点的主要提供者之一,约翰·康芒斯机智地将与事故相关的法律责任与事故本身区别开来。他在 1909 年主张,雇主责任法制造了一个让雇主的法律责任最小化的诱因,而不必使事故本身最小化。这个特征意味着,一个雇主会投资于昂贵的法律服务而不是安全设施来规避责任。与此相反,在一个工伤赔偿制度之下,昂贵的法律咨询将几乎没有帮助,因为对事故受害者的自动赔偿将取代过失法。工伤赔偿法的倡导者主张,当面对这个法律时,雇主唯一降低成本的手段,将是降低事故的数量和严重程度以及相关的医疗成本。[72]

同时,强制事故保险可能将事故的残留风险分散到全体员工中,从而减少工人的焦虑并且避免赤贫。尽管工伤赔偿中的保险给付金显然也很重要,但 AALL 的改革者也一贯强调预防甚至是一个更为基本的目标。如同安德鲁斯曾经告诉一位协会的职员,"康芒斯教授和我在我们一起已经做过的所有工作中,在处理这个国家的每一种类型的社会保险时,首先考虑的是预防,而其次才是救助"[73]。

即使在纽约受尽韦纳(Werner)法官的耻辱打击之后,对于他们的观点依然超常自信的进步的改革者继续积极地开展工伤赔偿运动。西格后来回忆称,这个艾维斯(Ives)判决摧毁了纽约 1911 年强制工伤赔偿法,是"双重的失望。我们的法律被割裂和扭曲,以至于法官看到的就是不可接受的东西,而且,尽管有我们的努力,那些法官一致宣判它违宪"[74]。尽管遍布全国的许多法律制定者将艾维斯当成一个信号,他们最好制定一个可选择地加入的(elective)而不是强制性的工伤赔偿法,AALL 的改革者还是决定加倍努力支持强制性立法。[75]如果那个障碍是州宪法,他们争辩称,那么,修正它就是他们"清楚而显而易见的任务"[76]。而这确实是他们正要去做的。

尽管前面的路很长而且很艰难,胜利出现得几乎比任何人已经预想的都要早。工伤赔偿比它显现出来的争议要少,因为大量有影响力的雇主支持立法提案的基本思想,如果不看所有细节的话。[77]AALL 的改革者终于看到了他们的宪法修正得到批准,并且,在 1913 年快要结束的几周内,一个新的强制工伤赔偿法在纽约启动。"由纽约立法机关在 12 月 12 日颁布的《格林(Glynn)工伤赔偿法》,"安德鲁斯在给 AALL 会员的一封信中写道,"标志着这个协会有幸参加的一个长期斗争的结束。"这个纽约法规,他带着明显的自豪记述道,代表了"已经被任何一个美国州通过的最好和最认真提炼的赔偿法"[78]。

奇怪的是,两年后纽约上诉法院在审理这个新法律的合宪性时,判决看上去几乎暗示最初对其从来没有要求过一个宪法修正。法院现在宣布,只要一个必不可少的公共目的包括在内,强制保险是完全合乎宪法的。作为先例,纽约法院援引了最近美国联邦最高法院——真想不到——判定俄克拉荷马州一个强制存款保险法规合宪的意见。"保护危险职业中受伤的工人及其家属不致成为慈善对象的一个强制保险计划,"法院断定,"当然也像一个让银行存款者免受损失的保险一样,直接促进公共福利。"[79]存款保险和职工保险这两种强有力的公共风险管理之间的基本联系,没有比这更清楚的了。

无论如何,如同1911年的违宪判决导致了大量可选择地加入的法律在其他州颁布一样,1913—1915年改革者的成功,加速了强制工伤赔偿法在全国的制定。到1920年,绝大多数州已经颁布了某种形式的工伤赔偿法,而且这些法律许多都是强制性的。七个州排他性授权给州保险基金,但是其他所有的州都允许民间保险公司提供必要的保险项目。[80]尽管很少有州法律像纽约的法律(它包括为完全伤残者设定在工资的三分之二水平的一个赔偿规模)那样慷慨,但是,许多州的法律在接下来的年份里都转向这个方向。[81]美国社会保险的首次重大实验现在看来进展顺利。

4. 强制健康和失业保险

从1914年开始,AALL的领导层将他们的注意力转向强制健康和失业保险。他们仍然沉浸在纽约的宪法修正和立法的胜利喜悦之中,对健康保险制度的建立特别充满自信。"它正在到来,它不可避免。而你们,我敢肯定,会帮助让它诞生。"约翰·安德鲁斯在1916年协会的年会上说道。[82]因为他们的工伤赔偿战略已经如此成功,所以必须做的一切似乎就是再次利用它——也许只是在这里和那里作一些修正。障碍无疑会不时突然出现,但是变化的方向似乎是清晰的。主要的改革者预测,美国工人不久将享有全面社会保险项目的好处。

尽管 AALL 的支持者很快强调了对生病或者被解雇的工人保险后赔偿的好处,他们提出的支持强制健康和失业保险的核心观点,还是再一次主要围绕预防展开。就像工伤赔偿是要为工伤事故的预防创造强有力的激励一样,强制健康和失业保险是要诱导雇主与职业病作斗争并且使解雇最小化。"当有一个充分诱导的时候,企业可以取得的成就令人惊奇",一些年之后康芒斯谈道。一旦财务成本得到合适分配,美国工人面临的最坏风险将大为减少。[83]

早在 1910 年,一个 AALL 职业病委员会估计美国疾病的经济成本每年在 7.73 亿美元,认为其中四分之一(1.93 亿美元)是可以预防的。[84]在当时,AALL 仍然通过直接的风险削减技术而不是通过风险转移和风险分散,竭力与工人面临的危险战斗。比如说,在与火柴工业的磷毒害战斗中,AALL 的改革者通过禁止一个关键毒素白磷的使用,试图减少工人面临的风险。[85]他们抗击铅中毒的战斗,犹如争取工作场所安全的早期运动主要围绕具体的安全基准的颁布一样,也是采用制定削减风险的卫生条例的形式。[86]即使就失业来说,改革者们相信,直接的风险削减不仅可以通过实施公共工程上逆周期的政府支出来实现,而且可以通过采用产业雇用和辞退中的"规则化"程序实现。[87]

然而,领导者在与职工不安全的斗争中日益开始将风险转移(通过社会保险)看成达到同样目的的一个更好的手段。如同安德鲁斯曾经就职业病回忆道:"我们逐渐地认识到,保护工业中健康的最佳方式不是试图去禁止一个不断变化的目录表上的特定行为,而是以某种方式给雇主施加压力以便让他们个人愿意去降低疾病。"[88]安德鲁斯心中的压力就是经验费率(experience-rated)的公共健康保险。

作为 20 世纪早期社会保险理论的中心论点,经验费率法(*experience rating*)要求损失额比通常水平更高的雇主相应地支付更高的保费。一个每100 名工人有一人生病的企业比一个每 200 人有一人生病的企业要支付更多的保险费。一个经验费率的社会保险制度一旦实施,将给雇主提供强有力的货币激励去减少我们所谈到的风险。安德鲁斯在 1915 年年末在寿命延长研究所（Life Extension Institute）对一位朋友评论道："随发病率而变化的保险费率，将提供在事故预防领域由工伤赔偿提供的对预防的同样激励。"[89]

正是在这个同样的焦点上的转变——从直接风险削减（监管）到通过风险转移（经验费率的社会保险）的间接风险削减——最后也推进了 AALL 的失业保险议程。康芒斯和安德鲁斯反复强调，尽管私人雇主处在减少失业的最好位置上，但是，他们只有通过经验费率的失业保险的财务激励，受鼓励去这样做，才可能采用意义深远的规则化程序。如同康芒斯 1919 年在一次招聘经理的会议上论述的，"我们知道，雇主能够预防失业，而且如果他们那样做能够挣钱的话他们就将会去做"。[90]

康芒斯和安德鲁斯在他们写的劳动立法教科书中，将社会保险定义为一种风险分散的方法——"对因不能工作并进而维持生计的那些人所遭受的损失，在一个团体中进行分配的共同行动而确立的一项政策。"但是，他们也强调经验费率社会保险通过转移风险给雇主将间接地减少风险。"它对雇主施加了一种合作的压力，"他们写道，"在消除可以预防的风险之中，这些压力可以有效地得到利用。"[91] 在其开展的所有面向一般公众的社会保险运动中，他们强调预防超过赔偿（因而风险转移胜于风险分散）的决定，最终将引发社会改革者内部严重的分歧。然而，至少在整个进步时代，这种冲突几乎仍然难以察觉。预防作为第一位的头等大事受到广泛的欢迎，尤其在 AALL 更是这样。[92]

就风险本身来说，在进步时代有一个近乎普遍的认识，对工人来说，疾病是比失业远为严重的一个问题。"对于韦伯夫妇（Sidney and Beatrice Webb）'在所有国家，所有年龄层的人，最大部分的赤贫就是直接源于疾病'的研究成果来说，"安德鲁斯曾经写道，"美国也没有什么例外。"[93] 当协会的第一任会长里查德·伊利（Richard T.Ely），在 1909 年被问到什么主题对协会来说是最重要的时，他果断地回答道："没有疑问，产业卫生问题。"[94]

然而，从 1913 年年末到 1915 年，由于短暂但是急剧的经济衰退，失业问题开始具有特别重要的意义。尽管全国的失业统计没有汇总,后来的估计显示,年失业率 1915 年最高达 8.5%。来自全国的工会报告甚至指出了当时一个更加严重的问题。接近 1915 年年中期,马萨诸塞工会报告他们成员中的 17.2% 没有被雇佣,而在纽约州的工会成员中的失业者据信已经达到 32.7%。[95]借此机会,AALL 在 1914 年发布了一个"预防失业操作规程(Practical Program for the Prevention of Unemployment)",在它简短的推荐清单里,将失业保险放在首位。[96]

一群隶属于 AALL 的马萨诸塞州改革者设法在第二年起草了一个模范失业保险法案。这个法案于 1916 年 1 月 14 日被提交给马萨诸塞众议院。这正是在美国任何地方任何一个立法机构第一次被接受的失业保险法案。法案本身细致地模仿 1911 年英国失业保险条款。如同英国的国家保险法(National Insurance Act),马萨诸塞法案保证让特定行业强制加入失业保险,并且对开办自愿计划的行业协会(trade association)提供补助金。为既愿意又能够工作的人积存的强制保险的保险金,将由雇主、雇工以及州三方联合提供资金。为了鼓励对失业的预防,比平均雇佣业绩表现得更好的雇主和雇工,将有权获得特别退款——雇主按年度给付,雇员在 60 岁时一次性退还。[97]

然而,这个法案从未得到更深的突破。随着 1915 年年末经济状况的改善,当对失业保险的关注开始逐渐消失,支持很快就没有了。在下一年,提案在马萨诸塞州的立法机构寂静地成为废案。就像我们在下一章将要看到的,约翰·康芒斯在 1919 年和整个 20 世纪 20 年代在威斯康星州再次引入了失业保险立法,而且,应对失业的保险在大萧条期间最终跃居全国议事日程的首位。但是,对于 1910 年至 1920 年间的剩余时间来说,强制健康保险成为协会立法的最优先选择,这很容易地让失业保险黯然失色。[98]

AALL 的领导者们确信健康保险是工人最需要的一种社会保险,对他们的健康保险运动倾注了大量精力。今天,绝大多数美国的健康保险计划是自愿地从民间机构购买,并且赔偿范围只限定于医疗成本。然而,在进步时代期间,AALL 改革者试图引入立法,让大部分产业劳动者强制加入健康保险,在这个领域排除民间保险公司的参与,而且对生病的工人不仅赔偿医疗费用还赔偿失去的工资。

尽管那时零星分散的民间自愿健康保险已经存在,但主要的改革者对民间保险计划很快将惠及绝大多数工人没有信心。[99] 保险计划未实现标准化,由此产生了相当的困惑,促成了一个容易被滥用的混乱的市场环境。结果许多工人买入几乎不提供赔偿金的保险计划——诸如对臭名昭著但很罕见的个人疾病的赔偿计划。家长式的改革者也担心大多数产业工人缺乏"很好地理解加入保险的好处所需要的足够文化水平",对未来太短视以至于不能获得合适的保险项目,或者甚至没有足够的可支配收入由他们自己购买充足的保险。[100]

现有的保险计划很少覆盖医疗费用和工资损失两方面,但是绝大多数改革者坚持认为,两种保护都是必需的。许多人认为工资补偿(wage replacement)甚至比医疗保险项目更加重要,因为对劳动者的家庭来说,源于疾病的工资损失通常比医疗费用本身对他们的打击更大。如同迈尔斯·道森(Miles Dawson),一个著名的精算师和活跃的 AALL 成员,在 1916 年对马萨诸塞社会保险特别委员会所作的解释:"疾病保险主要的目的,是为了在挣钱养家的人由于疾病不能供养他们的时候维持家庭生计。"[101]

在 1913 年年末,AALL 的社会保险委员会已经开启程序起草一个模范健康保险法案,于两年后,正好是失业保险运动迅速降温的时候,终于完成了它的工作。与它大量从相关的英国法规复制而来的失业保险法案形成鲜明对比的是,委员会的健康保险法案真正是一个原创。比起依赖于在范围上通常是全国性的互助会(friendly society),并且让大型保险公司参与的英国模式,大多数委员会的成员更喜欢依赖于作为保险公司的地方互助基金(local mutual funds)的德国模式。但是,即使是德国模式在委员会也没有完全占据支配地位。[102]

AALL 的模范法案设想了这样一个健康保险制度,它对所有体力劳动者和其他所有每月收入在 100 美元以下的人都是必需的。资金将来自雇主(40%)、雇员(40%),以及州(20%),理论上这三方在预防和承担疾病的费用方面都承担各自的职责。大多数情况下,强制性的缴纳款将支付给地方互助基金,由工人和雇主联合管理。其他类型的基金,包括由工会、兄弟会还有个别企业运营的那些基金,只要它们满足一定的基准,就允许参加这个制度。在所有情况下,经验费率法都得到允许而且受到鼓励。保险覆盖的风险包括没有通过工伤赔偿获得保险的任何疾病、受伤或者死亡。被保险的工人可望获得高达工资三分之二的现金给付、所有家庭成员的医疗和外科手术(包括分娩)费,以及一旦死亡时的丧葬补助金。[103]

1916 年 AALL 在纽约、马萨诸塞以及新泽西州的立法机构提出了它的健康保险法案。经历那一整年并进入第二年,胜利似乎是一定的。反对派提出了他们同样已经在工伤赔偿辩论中采用而没有成功的不利于竞争的观点。在纽约一个立法的听证中,鲁比诺和道森宣称,当雇主们威胁如果颁布一个健康保险法就将离开这个州时,他们明显地是在虚张声势。"先生们,同样的威胁许多年前就针对工伤赔偿法案出现过。"鲁比诺提醒法律制定者,"而我却连一个真要搬走的公司也没有听说过。"[104]在马萨诸塞州,AALL 社会保险委员会的卡罗尔·多顿(Carroll W.Doten)对法案的反对者看上去是"多么温和且多么弱小"感到吃惊,他们什么也没有,他们再也不像他们在反对工伤赔偿运动中所做的那样"谴责他们的对手"。[105]

虽然在全国市民联盟(National Civic Federation)的大企业和大工会的代表(包括拉尔夫·伊斯莱和塞缪尔·冈珀斯),让他们的反对广为人知,但是,全国制造业协会(National Association of Manufacturers)起初似乎令人惊奇地接受了健康保险。[106]即使是美国医疗协会(American Medical Association)表面上也准备合作,临近 1915 年年终,它的一个官员通知安德鲁斯,AALL 的议程"与我们自己的是如此完全地如出一辙,以至于我想给予每一个可能的协助"[107]。

加利福尼亚和马萨诸塞的州立法机构在 1916 年创立了社会保险委员会,并且这两个州的州长在第二年早期正式表示赞同公共健康保险。尽管两个州的委员会都没有明确地支持 AALL 的模范法案,但是结果它们都在不久以后支持了强制健康保险的概念。12 个州立法机构在 1917 年最终接受了健康保险法案。同时,在加利福尼亚州,法律制定者和选民忙于辩论由该州的社会保险委员会提出的一个宪法修正案,这个委员会将要为强制健康保险的制定移开所有的法律障碍。鲁比诺在 1916 年记述道:"我们无疑正处于建设性立法的前夜。"[108]

然而,没过多久,AALL精心策划的健康保险运动开始破裂。在任何地方,问题都开始突出起来,就像一艘腐烂的船上的漏洞一样。一些年后,鲁比诺承认强制健康保险的主要支持者受到了"过度狂热、过度自信的感染……最后但同样重要的是,未能认识到所涉及的不同阶层和集团的利益"。几乎每一个主要的利益集团最后都一致反对它。"那么谁在赞成健康保险制度呢?"他问道,"一个充满活力的、大多数成员都是自封的团体。这个团体在人数上的稀少会由它的热情和文化水平所弥补,而且,它拥有社会工作、一定程度上大学的教学团体、经济和社会科学、甚至社会进步组织等方面的专业人员,但是,在这个狭小圈子之外却没有获得支持。"[109] 当然,他写的正是AALL。

不久全国制造业协会转而反对这个拟议的立法,很大程度上是由于它将太过昂贵,而且它将破坏美国自由契约和志愿主义原则。这个组织的一个代表坚持认为,它的领导们过去总是支持自愿的健康保险,"而直接由法律要求的强制保险的原则,完全是另外一回事"。[110] 1917年,美国医疗协会的态度来了一个近乎180度的大转弯。实际上,原来竭力推进与AALL全面合作的那个官员,现在否认他最初曾经支持强制健康保险。许多医生担心,在一个官方制度下,医生"在职业上就不再是一个个人主义者了,而只会是一个大型医疗机械上的一个齿轮"。[111] 其他人担心,健康保险将像工伤赔偿一样,"它让医生和患者任由保险公司摆布——那是曾经颁布的最不公平的条款"。[112]

发生在1917年对强制健康保险的反对其人群呈现出惊人的多样性,不仅包括制造业者和医生,还包括排在其后的从药剂师到基督教科学派(Christian Scientists)的利益集团。然而到目前为止,最强有力的抵制来自保险业,就如同政治风潮开始转而反对他们的事业,约翰·安德鲁斯估计"十分之九对社会健康保险制度的反对直接来自于那些受雇于民间保险公司的人"。[113] 事实上,保险业界的傀儡组织频繁攻击健康保险和它的支持者,将其扣上"赤色分子"帽子进行政治迫害,特别流行。即使在工伤赔偿运动期间,当AALL一开始开展强制健康保险运动,它最有力的盟友之一,保诚保险公司的弗雷德里克·霍夫曼（Frederick L.Hoffman）也转而严厉地反对协会。[114]

保险业无疑有很好的理由担心协会的模范法案。它不仅会有效地将民间保险公司限制在工人健康保险市场之外，而且它还有可能侵害该行业的一个核心业务——简易人寿保险。在 AALL 的提案中丧葬补助金条款将使得大多数简易人寿保险成为多余，因为工人通常主要买它来确保支付他们自己的丧葬花费。1917 年缴收了近 2.3 亿美元简易人寿保险金，保险业有很强的激励保护这个业务，并且在致力击败 AALL 的提案上它不惜代价。[115]"由于将丧葬费包括在内，"鲁比诺后来承认，"健康保险运动签下了它自己的死亡证。"[116]

真相是 AALL 在强制健康保险问题上几乎没有朋友。即使是工会，在这个问题上也出现了明显的分裂，直到运动很晚的时候都没有对法案的制定起到帮助。就像 AFL 的塞缪尔·冈珀斯一样，许多工会领袖强烈地反对除工伤赔偿外所有种类的强制保险。由于不受欢迎的政府干预，尤其是通过法院进行的，他们已经蒙受多次失败，对在他们的事务中积极的政府干预，已经产生了一种可以理解的反感。[117]也许甚至更加重要的一点，强制健康保险会与工会自身的福利基金制度竞争，这种基金亦保护会员应对各种风险（包括疾病），而且它是工会会员的一种特有的额外津贴。[118]因此，AALL 一提出提案，强制健康保险就成为工会的一个威胁，以致冈珀斯将它改名为"美国劳动立法暗杀协会（American Association for the Assassination of Labor Legislation）"[119]。

自然，并不是所有工会官员都像冈珀斯一样富有敌意。在纽约，在仔细修改他们的模范法案以满足劳动者需要之后，AALL 的代表最后说服了州劳动同盟（State Federal of Labor）在他们 1918 年发起健康保险的倡议上保持一致。[120]尽管冈珀斯和 AFL 继续反对立法，州同盟的支持给 AALL 的运动增添了新的生命力。很明显，感觉到与 AALL 结盟的威胁，一个纽约州北部行业协会在它的官方杂志《监控者》（Monitor）中宣称，如果劳动者在获得法案通过中成功，它"会绝对卡住这个州每一个制造业者、商人或者其他雇主的咽喉，而且可以迫使它们答应任何工会代表希望提出的任何需求"。[121]

那些持续不断的反对——尤其来自雇主、医生以及保险业界的代表——1918 年在纽约立法中,帮助连续第三次击败了健康保险法案。但是 AALL 的改革者,受与州劳动同盟新的结盟的鼓舞,绝不准备放弃。到 1919 年年初,他们也获得了妇女联合立法会议(Women's Joint Legislative Conference,包括五个主要的妇女组织)的支持和州长阿尔弗雷德·史密斯(Alfred E.Smith)的认可。"在工人的家庭生活中没有什么像疾病这样具有灾难性,"元旦这天史密斯州长告诉州立法机构,"工薪劳动者由于疾病失去生活能力是贫困的潜在原因之一。现在工人和他的家庭单独承担这个负担。我极力要促成的一个健康保险法的颁布,将改善这个不公平的状态。"[122]

令几乎每一个人惊奇的是,1919 年 4 月 10 日,当纽约州参议院以 30 比 20 的投票通过这个法案的时候,强制健康保险运动达到一个出乎意料的高潮。这是 AALL 的一个重大胜利——这是美国的立法机构首次通过强制健康保险法案。[123]然而,在州众议院,这个法案甚至从来没有拿来投票。议长萨迪厄斯·斯威特(Thaddeus C.Sweet),他自己是一位州北部制造业者和奥尔巴尼的一个实力雄厚的主要经纪人,说服他的同伴共和党人未曾让它(还有一个更广泛的一揽子改革立法)进入众议院会场。这个健康保险法案休庭期间正式成为废案。根据《监控者》一篇社论的说法:"当 4 月 19 日傍晚,1919 年的议会无限期地休会时,在这个州每一个紧密跟踪事件动向的雇主都如释重负地舒了一口气。"[124]尽管支持者继续抱有最好的希望,但是健康保险运动的条件现在已经终结了。

协会的法案在每一个它被提出过的州立法机构中都失败了,而且加利福尼亚提出的宪法修正,在 1918 年的选举日以 358,324 比 133,858 的投票遭到压倒性的反对。[125]1920 年协会的法案最后一次向纽约立法机构提出,但是它几乎没有受到认真对待。就像一位《监控者》的社论作者在 11 月论述的:"继续谈论强制健康保险,就有点像试图让死者起死回生了。"[126]协会长达五年的运动终于结束了。

5. 结　　语

从一个立法的角度来看,社会保险提倡者在 1910 年至 1920 年间只是部分地胜利了。他们对市场上不应有的风险和工业事故的可怕成本的关注帮助推动了工伤赔偿法在这个国家的几乎每一个州颁布。然而,在接下来的两个社会保险战斗中,他们失败了。1915 年年末的经济复苏让他们失业保险的推进减速。而保险公司、雇主、医生以及许多其他利益集团的共同努力很容易地击败了他们在健康保险战斗中关于健康风险的论断。

这些改革者还是获得了很大成就——也许比他们认识到的还要大——因为这个国家的政策议程在这些年期间已经发生根本变化。风险管理政策的焦点果断地从企业安全向职工安全转变。从阶段 I 向阶段 II 的转换,回想过去,确实是明确无误的。与 19 世纪形成鲜明对比,那时风险管理政策的主要目标是刺激贸易和投资,20 世纪早期看到的是一个对工人和工业风险问题的全新强调。主要的改革者和政策制定者现在不是担心如何最好地在债务人和债权人之间分配违约风险,而是考虑如何最好地分配劳动者的风险。他们筹划多少风险应当在政府管理之下,多少应当在整个劳动者之间分散(通过社会保险),以及多少应该从工人转移到雇主身上(通过经验费率)。从 19 世纪到 20 世纪,风险管理工具的种类仍然惊人地稳定,但是,国家的根本政策目标却肯定不是这样。

如同我们在下一章将看到的,随着大萧条期间美国社会保险运动再次轰轰烈烈地复活起来,进步时代关于风险转移和风险分散的争论又迅速重新出现。失业保险和老年保险经过激烈的辩论而最终在州和联邦一级实施。然而,依然明显没有强制健康保险——对于定义贯穿 20 世纪前半期的阶段 II 的风险管理政策特征的规则来说,这是一个显而易见的例外。

注　释 ....

〔 1 〕　John R. Commons, *Social Reform and the Church* (New York: Thomas Y. Crowell, 1894), pp.37 – 38.本章的部分着重引用了 David A.Moss, *Socializing Security : Progressive-Era Economists and the Orgins of American Social Policy* (Cambridge, Mass. : Harvard University Press, 1996)。

〔 2 〕　See, e.g., Henry R.Seager, "Outline of a Program of Social Legislation with Special Reference to Wage-Earners", in *American Association for Labor Legislation : Proceedings of the First Annual Meeting* (Madison, April 1908), pp.85 – 86.

〔 3 〕　Ibid., p.86.

〔 4 〕　John B. Andrews to Harrington Emerson, November 24, 1915, in *Microfilm Edition of the Papers of the American Association for Labor Legislation, 1905 – 1945* (Glen Rock, N.J. : Microfilming Corporation of America, 1973), reel 15 (hereafter AALL Papers).

〔 5 〕　Louis H. Fibel 的通函, President, Great Eastern Casualty Company, "To Our New York Agents" [copy], January 27, 1916, AALL Papers, reel 16。也见在 Great Eastern 信头中完全相同的通函, February 17, 1916, AALL Papers, reel 16。

〔 6 〕　See, e.g., *Commission to Study Social Insurance and Unemployment*, Hearings before the Committee on Labor, House of Representatives, 64th Cong., 1st sess. [on H.J.Res. 159], April 6 and 11, 1916, p.153 ; Samuel Gompers, "Not Even Compulsory Benevolence Will Do", in *Compulsory Health Insurance*, Annual Meeting Address, National Civic Federation, January 22, 1917 (New York, 1917), pp.9 – 10 ; Samuel Gompers, "Labor vs.Its Barnacles", *American Federationist*, 23, no.4 (April 1916), 268 – 274.

〔 7 〕　*Congressional Record* (House), 74th Cong., 1st sess., April 13, 1935, p.5583.

〔 8 〕　See, e.g., Charles Richmond Henderson, *Industrial Insurance in the United States* (Chicago : University of Chicago Press, 1909), p.41.

〔 9 〕　Henry R.Seager, "Outline of a Program of Social Reform" [February 1907], in *Labor and Other Economic Essays by Henry R.Seager*, ed.Charles A.Gulick, Jr. (New York : Harper and Brothers, 1931), p.79 ; Seager, "Outline of a Program of Social Legislation", p.91.

〔 10 〕　See, e.g., H. Roger Grant, *Insurance Reform : Consumer Action in the Progressive Era* (Ames : Iowa State University Press, 1979), pp. 5 – 6 ; Morton Keller, *The Life Insurance Enterprise, 1885 – 1910* (Cambridge, Mass. : Harvard University Press, 1963), p.9 ; Shepard B.Clough, *A Century of American Life Insurance : A History of the Mutual Life Insurance Company of New York, 1843 – 1943* (New York : Columbia University Press, 1946), pp.3 – 4.

〔 11 〕　Don D.Lescohier, "Industrial Accidents, Employer's Liability, and Wrokmen's Compensation in Minnesota", *Publications of the American Statistical Association*, 12, no.94

（June 1911），648.

〔12〕　Gustavus Myers，"A Study of the Causes of Industrial Accidents"，*Publications of the American Statistical Association*，14，no.111（September 1915），686 – 687.与 1890— 1892 年英格兰和威尔士的农业区相比工业区有更高的死亡率,见 Frederick L. Hoffman，"Problems of Social Statistics and Social Research,"*Publications of the American Statistical Association*，11，no.82（June 1908），128。

〔13〕　Willard C.Fisher，"The Field of Workmen's Compensation in the United States"，*American Economic Review*，5，no.2（June 1915），268.See also Henderson，*Industrial Insurance*，pp.55 – 56.

〔14〕　I. M. Rubinow，"Labor Insurance"，*Journal of Political Economy*，12，no.3（June 1904），370. See also，e.g.，*Report to the Legislature of the State of New York by the Commission Appointed under Chapter 518 of the Laws of 1909 to Inquire into the Question of Empoyers' Liability and Other Matter*，1ˢᵗ report，March 19，1910（Albany：J.B. Lyon Company，1910），p.5（hereafter *First Wainwright Report*）.

〔15〕　See，e.g.，Frederick L.Hoffman，"Industrial Accidents and Industrial Diseases"，*Publications of the American Statistical Association*，11，no.88（December 1909），567 – 603.

〔16〕　Adna F. Weber，"Employers' Liability and Accident Insurance"，*Political Science Quarterly*，17，no.2（June 1902），257.

〔17〕　Ibid.See also Hoffman，"Industrial Accidents and Industrial Diseases"，esp.p.570.

〔18〕　William F. Willoughby，"The Problem of Social Insurance：An Analysis"，*American labor Legislation Review* 3，no.2（June 1913），156 – 157（hereafter ALLR）.也可参见 Henderson，*Industrial Insurance*，pp.44，52。对这一现象的现代历史研究,包括 David Montgomery，*Workers' Control in America：Studies in the History of Work，Technology，and Labor Struggles*（New York：Cambridge University Press，1979）；David Montgomery，*The Fall of the House of Labor：The Workplace，the State，and American Labor Activism，1865 – 1925*（New York：Cambridge University Press，1987）；Herbert G.Gutman，*Work，Culture，and Society in Industrializing America：Essays in American Working-Class and Social History*（New York：Knopf，1976）。

〔19〕　Weber，"Employers' Liability and Accident Insurance"，p.279.

〔20〕　See，e.g.，*New York Central Railroad v.White*，243，U.S.188，197（1917）.

〔21〕　Crystal Eastman，*Work Accidents and the Law*（New York：Charities Publication Committee，1910），pp.86 – 87.确认责任的事故总数超过了事故的总数,因为责任的认定,在一方被发现要么部分,要么单独负有责任时,可能出现重复追责。

〔22〕　William Hard，"Unemployment as a Coming Issue"，*ALLR*，2 no.1（February 1912），95，94.也可参见例如 John B.Andrews，"A Practicl Program for the Prevention of Unemploymnet in America"，1914 年初次以小册子的方式发布,并重印于 *ALLR*，5，no.2（June 1915），173。

〔23〕　See，e.g.，John B.Andrews，"Introductory Note"，*ALLR*，5，no.3（November 1915），469.William H.Beveridge published *Unemployment：A Problem of Industry* in 1909.

〔24〕 See,esp.Irwin Yellowitz,"The Origin of Unemployment Reform in the United States",
Labor History,9,no.3(Fall 1968),360.

〔25〕 Alexander Keyssar,*Out of Work:The First Century of Unemployment in Massachusetts*
(Cambridge:Cambridge University Press,1986),esp.pp.3 - 4 and 262 - 263.See also
Robert H.Bremner,*From the Depths:The Discovery of Poverty in the United States*(New
York:New York University Press,1964),chap.1;Robert Bremner,"'Scientific Phi-
lanthropy',1873 - 93",*Social Service Review*,30,no.2(June 1956),273.

〔26〕 U.S.Department of Commerce,Bureau of the Census,*Historical Statistics of the United
States,Colonial Times to 1970*(Washington,D.C.:GPO,1975),ser.X - 885 and X -
889,pp.1056 - 57;Frederick L.Hoffman,"Problems of Social Statistics and Social Re-
search",*Publications of the American Statistical Association*,11,no.82(June 1908),
127.See also Henderson,*Industrial Enterprise*,esp.pp.149 - 174;C.F.Trenerry,*The
Origin and Early History of Insurance*(London:P.S.King & Son,1926);Keller,*Life
Insurance Enterprise*,pp.9 - 11;*The Documentary History of Insurance*,1000 B.C.-
1875 A.D.(Newark:Prudential Press,1915);Herman E.Kroos and Martin R.Blyn,*A
History of Financial Intermediaries*(New York:Random House,1971),pp.110 - 111.

〔27〕 Louise Bolard More,*Wage-Earners' Budgets:A Study of Standards and Cost of Living
in New York City*(New York:Henry Holt and Company,1907),pp.55,267 - 270;
Robert Coit Chapin,*The Standard of Living among Workingmen's Families in New York
City*(New York:Charities Publication Committee,1909),pp.191 - 197,245 - 250;B.
S.Warren,"Sickness Insurance:A Preventive of Charity Practice",*Journal of the A-
merican Medical Association*,65,no.24(December 11,1915),2057;[New York City]
Bureau of Standards,*Report on the Cost of Living for an Unskilled Laborer's Family in
New York City*(1915),pp.6,11,15,41;Hoffman,"Problems of Social Statistics",
p.125.

〔28〕 Henderson,*Industrial Insurance*,esp.chaps.2 - 8.

〔29〕 Ibid.,p.158.

〔30〕 Ibid.,p.42.

〔31〕 See,e.g.,Rubinow,"Labor Insurance",p.378.

〔32〕 John R.Commons and A.J.Altmeyer,"The Health Insurance Movement in the United
States",in Ohio Health and Old Age Insurance Commission,*Health,Health Insurance,
Old Age Pensions* (Columbus:F.J.Heer Printing Co.,1919),p.295.

〔33〕 Henry R.Seager,"Plan for Health Insurance Act",*ALLR*, 6,no.1(1916),21.

〔34〕 Henderson,*Industrial Insurance*,pp.1 - 40;Weber,"Employers' Liability and Accident
Insurance",esp.pp.267 - 276;Peter A.Köhler and Hans F.Zacher,eds.,*The Evolution
of Social Insurance,1881 - 1981:Studies of Germany,France,Great Britain,Austria,
and Switzerland*(New York:St.Martin's Press,1982).

〔35〕 Rubinow,"Labor Insurance",p.377.

〔36〕 Weber,"Employers' Liability and Accident Insurance",p.258.See also Henderson,*In-*

dustrial Insurance, p.56.

〔37〕 See, e.g., Willoughby, "The Problem of Social Insurance", p.158; Edward T.Devine, "Pensions for Mothers", *ALLR*, 3, no.2(June 1913), 193, 196 – 197; Theda Skocpol and John Ikenberry, "The Political Formation of the American Welfare State in Historical and Comparative Perspective", *Comparative Social Research*, 6(1983), esp.134 – 139.

〔38〕 Henry R.Seager, "The Constitution and Social Progress in the State of New York", reprinted in *Labor and Other Economic Essays*, pp.262, 260.

〔39〕 John R.Commons and John B.Andrews, *Principles of Labor Legislation*, 4th rev. ed. (New York: Augustus M.Kelley Publishers, 1967 [1936, 1916]), pp.236 – 237.

〔40〕 *Ives v.South Buffalo Railway Company*, 201 N.Y.271, 317(1911).

〔41〕 引发的对特定州的竞争不利问题,明显地应当能够通过联邦立法的制定得到解决。但那时人们广泛地相信——至少直到 20 世纪 30 年代——除了从事州际商业的职工、联邦政府职员以及美国边境的劳动者,联邦政府缺乏制定适用于其他任何人的社会保险的宪法权限。

〔42〕 Henderson, *Industrial Insurance*, p.59.也可参见 Moss, *Socializing Security*, esp.pp.10 – 100, 95 – 96, 128 – 129, 156 – 157, 165 – 170。

〔43〕 John Nelson, "New Menace of Higher Manufacturing Costs", *The Iron Age*, 98, no.2 (July 13, 1916), 87.也可参见 Edson S.Lott, "Fallacies of Compulsory Social Insurance", *American Industries*, 17, no.6(January 1917), 18; "Health Insurance Now a Practical Issue", *The Survey*, 35, no.24(March 11, 1916), 691;《社会保险和失业研究委员会》(*Commission to Study Social Insurance and Unemployment*), 众议院劳工委员会听证会(Hearings before the Committee on Labor, House of Representatives), 第 64 届第 1 次会议 [on H.J. Res.159], 1916 年 4 月 6 日和 11 日(Washington, D. C.: GPO, 1918), pp.44 – 45; Joseph L.Cohen, *Insurance against Unemployment*(London: P.S.King & Son, 1921), pp.461 – 462。

〔44〕 有关 AALL 发挥的作用,特别参见 Moss, *Socializing Security*。也可参见 Richard Martin Lyon, "The American Association for Labor Legislation and the Fight for Workmen's Compensation Laws, 1906 – 1942", M.S.thesis(Cornell University, 1952); Lloyd F.Pierce, "The Activities of the American Association for Labor Legislation in Behalf of Social Security and Protective Labor Legislation", Ph.D.diss.(Univerisity of Wisconsin, 1953); Roy Lubove, *The Struggle for Social Security, 1900 – 1935*(Pittsburgh: University of Pittsburgh Press, 1986 [1968]); Daniel Nelson, *Unemployment Insurance: The American Experience, 1915 – 1935*(Madison: University of Wisconsin Press, 1969); Theda Skocpol, *Protecting Soldier and Mothers: The Political Origins of Social Policy in the United States*(Cambridge, Mass.: Harvard University Press, 1992)。

〔45〕 Hoffman, "Industrial Accidents and Industrial Diseases", p.570.

〔46〕 Ibid., p.603, table 19.

〔47〕 Lawrence M.Friedman, "Civil Wrongs: Personal Injury Law in the Late Nineteenth

Century", *American Bar Foundation Research Journal*, 1987, nos.2 and 3(Spring-Summer 1987),369.19 世纪对工人赔偿有利的观点,特别参见 Peter Karsten, *Heart versus Head: Judge-Made Law in Nineteenth-Century America*(Chapel Hill: University of North Carolina Press, 1997)。

〔48〕 *Farewell v. Boston & Worcester Railroad Corporation*(1842),45 Mass.49,p.57.

〔49〕 Henry R.Seager, "The Compensation Amendment to the New York Constitution", in *Labor and Other Economic Essays*, pp.155 – 157.

〔50〕 See Weber, "Employers' Liability and Accident Insurance", pp.259 – 260.

〔51〕 *Crispin v.Babbit*,81 N.Y.516,528(1880). Earl 接着用经典的阶段 I 的术语描述了传统公共政策目标的特征:"如同现代大多数对人类进步和社会福利作出贡献的企业,必须由同一个雇主管理下的大量雇员来运转。这样一来,人们会认为一个雇主必须对职工自己不能防止的事情、同伴劳动者的过失对一个雇员引起的伤害负责,这种对雇主施加的责任太过分。而且,如果雇员自身而不是那些雇主负有注意和警惕义务的话,结果雇员会得到更好的保护。"(pp.528 – 529)

〔52〕 See esp. *Farwell v.Boston & Worcester Railroad Corporation*(1842),45 Mass.49,p.57.

〔53〕 Weber, "Employers' Liability and Accident Insurance", p.258.

〔54〕 *Crispin v. Babbit*,81 N.Y.516,529(1880).

〔55〕 *First Wainwright Report*,p.13.

〔56〕 Hoffman, "Industrial Accidents and Industrial Diseases", p.599,table 13.

〔57〕 Commons and Andrews, *Principles of Labor Legislation*,p.232.

〔58〕 Eastman, *Work-Accidents and the Law*, p.192.See also Seager, "Compensation Amendment to the New York Constitution", p.156; *First Wainwright Report*, pp.19 – 33.

〔59〕 Price V.Fishback and Shawn E.Kantor, "The Adoption of Workers' Compensation in the United States, 1900 – 1930", *Journal of Law and Economics*, 41, no.2, pt.1(October 1998),305 – 341.

〔60〕 关于具有悠久(而且非常具有美国特色的)传统的贫困防止对策,参见 David A. Moss, "The Political Economy of Insecurity: The American Association for Labor Legislation and the Crusade for Social Welfare Reform in the Progressive Era", Ph.D. diss.(Yale University, November 1992),chap.2,pp.54 – 96。

〔61〕 John R.Commons, "Industrial Relations", address delivered at the International Convention of Government Labor Officials, Park Hotel, Madison, June 3, 1919, in *The Wisconsin Progressives: The Papers of John R. Commons* (Teaneck, N. J.: Chadwyck-Healey, 1985), reel 17, fr. 820(hereafter Commons Papers). See also Alpheus H. Snow, "Social Insurance", *University of Pennsylvania Law Review and American Law Register*, 59, no.5(February 1911),288 – 289.

〔62〕 John R.Commons, "Social Insurance and the Medical Profession", *Wisconsin Medical Journal*,13(January 1915),303.

〔63〕 Seager, "Outline of a Program of Social Reform", p.83. See also,e.g.,Henderson, *Industrial Insurance*,pp.243 – 244.

〔64〕　Adam Smith, *An Inquiry into the Nature and Causes of the Wealth of Nations* (Chicago: University of Chicago Press, 1976), bk.1, chap.10, pt.1, p.112.

〔65〕　Henry R.Seager, "Outline of a Program of Social Legislation with Special Reference to Wage Earners", in *American Association for Labor Legislation: Proceedings of the First Annual Meeting*, pp.92 – 93.

〔66〕　关于美国 19 世纪晚期和 20 世纪早期存在的对危险工作和其他令人厌恶的工作的工资差别补偿,参见 Price V.Fishback and Shawn Everett Kantor, "'Square Deal' or Raw Deal? Market Compensation for Workplace Disamenities, 1884 – 1903", *Journal of Economic History*, 52, no.4(December 1992), 826 – 848; Seung-Wook Kim and Price V. Fishback, "Institutional Change, Compensating Differentials, and Accident Risk in American Railroading, 1892 – 1945", *Journal of Economic History*, 53, no.4(December 1993), 796 – 823; Price V.Fishback, "Liability Rules and Accident Prevention in the Workplace: Empirical Evidence from the Early Twentieth Century", *Journal of Legal Studies*, 16, no.2(June 1987), 305 – 328; Price V.Fishback, "Workplace Safety during the Progressive Era: Fatal Accidents in Bituminous Coal Mining, 1912 – 1923", *Explorations in Economic History*, 23, no.3(July 1986), 269 – 298; Timothy J.Hatton and Jeffrey G.Williamson, "Unemployment, Employment Contracts, and Wage Differentials: Michigan in the 1890s", *Journal of Economic History*, 51, no.3(September 1991), 605 – 632。

〔67〕　*First Wainwright Report*, p.7.See also, e.g., Eastman, *Work-Accidents and the Law*, pp. 269 – 270; Eugene Wambaugh, "Workmen's Compensation Acts: Their Theory and Their Constitutionality", *Harvard Law Review*, 25(1911), 129; Edward Ewing Pratt, "Lead Poisoning in New York City", *ALLR*, 2, no.2(June 1912), 275.

〔68〕　Seager, "The Constitution and Social Progress in the State of New York", p.264.See also Samuel Harper, "Workmen's Compensation in Illinois", *Illinois Law Review*, 6 (1911), 181.

〔69〕　Seager, "Outline of a Program of Social Legislation", pp.92 – 93.有关信息不足和短视的问题,也可参见 "Report of Commissioners John R.Commons and Florence J.Harriman", in *Final Report of the Commission on Industrial Relations*(Washington, D.C., 1915), p.391; Commons and Andrews, *Principles of Labor Legislation*, 225; John R. Commons, *Industrial Goodwill* (New York: McGraw-Hill, 1919), p.56; Sumner H.Slichter, review, "*The Worker in Modern Economic Society*", *Journal of Political Economy*, 34, no.1(February 1926), esp.106 – 110。

〔70〕　Henry R.Seager, "Outline of a Program of Social Reform" (1907), in *Labor and Other Economic Essays*, pp.82 – 83.

〔71〕　Henry Rogers Seager, *Social Insurance: A Program of Social Reform* (New York: Macmillan, 1910), p.57.

〔72〕　John R.Commons, discussion at meeting of American Association for Labor Legislation, *City Club Bulletin* (1909), 378, Commons Papers, reel 16, fr.837.

〔73〕　Andrews to Olga Halsey, January 27, 1915, AALL Papers, reel 13; Moss, *Socializing*

Security, chap.4, pp.59 – 76.

〔74〕 Seager, "The Constitution and Social Progress", p.260.

〔75〕 关于 1911 年选择性法律的制定,参见 Moss, *Socializing Security*, pp.125 – 126。华盛顿州是 1911 年唯一制定强制性工伤赔偿法的一个州,这得到了法院的支持。参见 "Employers' Liability, Workmen's Compensation and Insurance", *ALLR*, 1, no.3 (October 1911), 96 – 114。

〔76〕 Seager, "Compensation Amendment to the New York Constitution", p.165.

〔77〕 See Moss, *Socializing Security*, esp.pp.119, 129 – 131; Roy Lubove, "Workmen's Compensation and the Prerogatives of Voluntarism", *Labor History*, 8, no.3 (Fall 1967), 258 – 259.

〔78〕 Andrews, circular letter to New York Members, December 17, 1913, AALL Papers, reel 10.

〔79〕 *Matter of Jensen v. Southern Pacific Co.*, 215 N. Y. 514, 526 (1915). 也可参见 *Mountain Timber Company v. Washington* (1917), 243 U.S.219, esp.244 – 245; *New York Central Railroad Co. V. White*, 243 U.S.188 (1917)。文中存款保险的案件是 *Noble State Bank v. Haskell*, 219 U.S.104 (1911)。

〔80〕 Price V. Fishback and Shawn Everett Kantor, "The Durable Experiment: State Insurance of Workers' Compensation Risk in the Early Twentieth Century", *Journal of Economic History*, 56, no.4 (December 1996), 810.

〔81〕 Lyon, "American Association for Labor Legislation and the Fight for Workmen's Compensation Laws", pp.21, 21a; Lubove, *Struggle for Social Security*, pp.53 – 61; Moss, *Socializing Security*, pp.126 – 129.

〔82〕 "General Discussion", *ALLR*, 7, no.1 (March 1917), 125.

〔83〕 John R. Commons, "Unemployment—Prevention and Insurance", in Lionel D. Edie, ed., *The Stabilization of Business* (New York: Macmillan, 1923), p.190.

〔84〕 "Memorial on Occupational Diseases", *ALLR*, 1, no.1 (January 1911), 127 – 128.

〔85〕 See esp. David A. Moss, "Kindling a Flame under Federalism: Progressive Reformers, Corporate Elites, and the Phosphorous Match Campaign of 1909 – 12", *Business History Review*, 68, no.2 (Summer 1994), 244 – 275; Moss, *Socializing Security*, chap.5, pp.77 – 96.

〔86〕 See "Introductory Note", *ALLR*, 2, no.4 (December 1912), 534; "Prevention of Occupational Diseases with Special Reference to Lead Poisoning", *ALLR*, 2, no.4 (December 1912), 537 – 546.

〔87〕 See esp. John B. Andrews, "A Practical Program for the Prevention of Unemployment in America", *ALLR*, 5, no.2 (June 1915), 175, 182 – 184, 189 – 191; John R. Commons, *Industrial Goodwill* (New York: McGraw-Hill, 1919), p.65.

〔88〕 Andrews to J. Hopkins, September 5, 1918, AALL Papers, reel 18.

〔89〕 Andrews to Eugene L. Fisk, November 16, 1915, AALL Papers, reel 15.

〔90〕 John R. Commons, "Bringing about Industrial Peace", December 13, 1919, Commons

Papers,reel 17,frs.863 – 902,p.14.See also Andrews to William P.Capes,December 4,1915,AALL Papers,reel 15;"Unemployment Survey",*ALLR*,5,no.3(November 1915),582 – 588.

〔91〕 Commons and Andrews,*Principles of Labor Legislation*,pp.225,226.

〔92〕 关于 Commons 偏爱预防胜于赔偿(而且,从内涵上说,偏爱风险转移胜于风险分散),参见 John R.Commons,"Health Programs",address at fifteenth annual meeting of the National Tuberculosis Association,Atlantic City,June 16,1919,Commons Papers,reel 17,frs.842 – 843:"当然,(强制健康保险的实施)也有博爱的考虑,但那个博爱目的真的是次要的。主要的目的还是出于商业的考虑,将疾病预防变得有利可图。"

〔93〕 John B.Andrews,"Social Insurance",n.d.,AALL Papers,reel 62.See also John B.Andrews,"Secretary's Report,1915",*ALLR*,6,no.1(1916),104.

〔94〕 "Report of the General Administrative Council Meeting of the AALL",Chicago,April 10,1909,AALL Papers,reel 61.

〔95〕 *Historical Statistics of the United States*,ser.D – 85,p.135;"Unemployment Survey",*ALLR*,5,no.3(November 1915),479.

〔96〕 Moss,*Socializing Security*,p.226n9.

〔97〕 Ibid.,pp.135 – 136.

〔98〕 Ibid.,p.136.

〔99〕 See Henry R. Seager,"Plan for Health Insurance Act",*ALLR*,6,no.1(1916),21.

〔100〕 I.M.Rubinow,"Standards of Sickness Insurance:I",*Journal of Political Economy*,23,no.3(March 1915),226 – 227;Commons and Andrews,*Principles of Labor Legislation*,p.225;Henderson,*Industrial Insurance*,pp.183 – 189.

〔101〕 "Public Hearing before the 〔Massachusetts〕 Special Commission on Social Insurance",October 3,1916,AALL Papers,reel 62,p.55.See also Paul Starr,*The Social Transformation of American Medicine*(New York:Basic Books,1982),p.236.

〔102〕 Moss,*Socializing Security*,p.138.See also I.M.Rubinow,"Standards of Sickness Insurance:I – III",*Journal of Political Economy*,23,nos.3 – 5(March,April,and May 1915),221 – 251,327 – 364,and 437 – 464;Seager,"Plan for Health Insurance Act",p.24.

〔103〕 "Health Insurance—Tentative Draft of an Act",*ALLR*,6,no.2(June 1916),239 – 268;Seager,"Plan for Health Insurance Act",pp.21 – 25.

〔104〕 纽约州参议院司法委员会(New York State Senate Judiciary Committee)对 Mills 健康保险法案(the Mills Health Insurance Bill)的听证会副本〔参议院第 236 号法案(Senate Bill no.236)〕,1916 年 3 月 14 日,重印于"Hearing on Mills Health Insurance Bill Brings out Much Opposition from Both Employer and Employee",*Monitor*,2,no.10(March 1916),28,32。

〔105〕 "Public Hearing before the 〔Massachusetts〕 Special Commission on Social Insurace",p.120.

〔106〕 Moss, *Socializing Security*, pp.139 – 141.

〔107〕 Frederick R.Green to Andrews, November 11,1915, AALL Papers, reel 15.

〔108〕 I.M.Rubinow, "Health Insurance through Local Mutual Funds", *ALLR*, 7, no.1(March 1917), 70.有关 1916 年和 1917 年的立法进展, 参见 Dorothy Ketcham, "Health Insurance", *American Political Science Review*, 13, no.1(February 1919), 89 – 92; Moss, *Socializing Security*, pp.142 – 144。Ketcham 声称健康保险法案在 1917 年已在 15 个州实施, 但没有列出这些州名。

〔109〕 I.M.Rubinow, *The Quest for Security*(New York:Henry Holt, 1934), pp.210, 214.

〔110〕 纽约州司法委员会(New York State Senate Judiciary Committee) 对 Mills 健康保险法案(the Mills Health Insurance Bill) 的听证会副本[参议院第 365 号法案(Senate Bill no.365)], 1917 年 3 月 7 日, 重印于 "Convincing and Effective Opposition to Health Insurance Bill Takes Proponents off Their Feet", *Monitor*, 3, no.10(March 1917), 16。

〔111〕 纽约州司法委员会(New York State Senate Judiciary Committee) 对 Mills 健康保险法案(the Mills Health Insurance Bill) 的听证会副本, pp.22 – 23。

〔112〕 纽约州司法委员会(New York State Senate Judiciary Committee) 对 Nicoll 参议员健康保险法案(Senator Nicoll's Insurance Bill) 的听证会副本, 1918 年 3 月 26 日, 重印于 "Health Insurance Hearing", *Monitor*, 4, no.11(April 1918), 21。

〔113〕 John B.Andrews, "Progress toward Health Insurance", n.d., AALL Papers, reel 18, p.11.

〔114〕 See Frederick L.Hoffman, *Facts and Fallacies of Compulsory Health Insurance*(Newark: Prudential Press, 1917), p.83.

〔115〕 1917 年只有总的简易人寿保险合同额(而非保费收入) 数据可资利用。然而, 对其间年份全部数据都可资利用的 1876—1904 年来说, 保费收入占保险合同额的比率是 4.53%。由于 1917 年简易人寿保险业合同额是 50.26 亿美元, 因此对于 1917 年保费收入的合理估计应该是这个数字的 4.53%, 即 2.277 亿美元。Henderson, *Industrial Insurance*, p.158; *Historical Statistics of the United States*, ser.X – 885, p.1056。

〔116〕 Rubinow, *Quest for Security*, p.213.

〔117〕 See esp.William E.Forbath, *Law and the Shaping of the American Labor Movement*(Cambridge, Mass.: Harvard University Press, 1991); Henderson, *Industrial Insurance*, p.61.

〔118〕 比起强制保险, 工会更偏爱倾自愿保险, 参见 *Report of Proceedings of the Thirty-sixth Annual Convention of the American Federation of Labor*(Washington, D.C.: Law Reporter Printing Co., 1916), p.145; Gompers, "Labor vs.Its Barnacles", esp.p.270。

〔119〕 "Mr.Gompers Opposes Enemies of Labor Legislation", *Legislative Labor News*, 4, no.86(June 1915), [5]; Milton Fairchild to Henry Seager, ca.June 1915, AALL Papers, reel 14.

〔120〕 "New York Federation of Labor Is Back of Health Insurance Bill to Be Urged at Present Session of the Legislature", *Monitor*, 4, no.9(February 1918), 1 – 3; *Health Insur-*

ance: *Official Endorsement of the New York State Federation of Labor*, *with Report of Its Committee on Health* (New York State Federation of Labor, 1918) , esp. pp. 3 , 5 , 6 , and 16.

[121] "Labor and Health Insurance" , *Monitor* , 4 , no.9 (February 1918) , 10.

[122] Extract of Governor Alfred E.Smith's January 1 , 1919 , message to the New York legislature , reprinted in "Health Insurance Will Conserve Human Life" , *ALLR* , 9 , no. 2 (June 1919) , 225.

[123] "Health Insurance Bill Passes New York State Senate" , *ALLR* , 9 , no.2 (June 1919) , 232 – 237.

[124] "The Legislature" , *Monitor* , 5 , no.11 (April 1919) , 20.

[125] Arthur J.Viseltear , "Compulsory Health Insurance in California , 1915 – 1918" , *Journal of the History of Medicine and Allied Sciences* , 24 , no.2 (April 1969) , 181.

[126] "More Testimony" , *Monitor* , 7 , no.6 (November 1920) , 16.

第 7 章

社 会 保 障

　　1935 年 8 月 14 日,富兰克林 D.罗斯福总统签署社会保障法案为正式法律那一天,美国风险管理政策的第二阶段达到了它的顶峰。社会保障法(the Social Security Act)体现了对职工不安全问题的一个全面回应。它不仅为绝大多数美国工人强制实施联邦老年保险,而且它实际上迫使各州实行强制失业保险。"我们永远不能为百分之百人口的百分之百的风险和人生沉浮提供保险,"罗斯福在签署仪式上说,"但是我们已经努力制定了一个法律,它将为普通公民和他的家庭提供一些保护手段应对失业和贫困缠身的老年时期。"他完全意识到了这个法案的重要性,补充道:"如果参众两院在这个漫长而艰难的会期除了通过这个法案其他什么也没有做,这个会期也应当被看成是永垂青史的。"[1]

　　社会保障背后的动力不是完全不同于 1910 年至 1920 年间推动工伤赔偿的那些动力。社会保险的提倡者继续指责在迈向工业化的征途中出现大范围的职工不安全。罗斯福自己评论道,"惊人的产业变化"已经"越来越让人们的生活趋于不安定"。[2]产业劳动所增加的节奏和强度,经济繁荣和经济萧条的巨大波动,以及传统家庭支持网络的崩溃,都加重了这个问题,让工人处于岌岌可危的安全边缘。"当收入终止,"总统经济保障委员会(President's Committee on Economic Security)的报告总结道,"大部分的人要依靠他人养活的日子就在眼前了。"[3]像他们在进步时代的先辈一样,新政的政策制定者将强制健康保险作为理想的解决办法来宣传。

但是,1910 年至 1920 年和 20 世纪 30 年代社会保险运动的相似之处也不过如此了。大萧条一开始,政治环境就改变了。就像一场强烈的冬季风暴,萧条冷酷无情,几乎影响了政策制定程序的每一个方面。使得进步时代社会保险的支持者如此着迷的风险预防的务实逻辑,在 20 世纪 30 年代很少有号召力,尤其是在失业的关键主题上。来源于经验费率失业保险的一个小的财务激励可以阻止雇主解雇全体工人的思想,在萧条最严重的时期给许多政策制定者以荒谬可笑之至的印象。对民间部门的信任受到严重的损害。即使是大型民间保险公司的存续问题,也再不能认为是理所当然的了。要是在别的时期,热衷于强制实施老年保险的政策制定者,就会像工伤赔偿法所做的那样,可能考虑了由民间保险公司提供有吸引力的保险项目。但是,随着现在全国金融体系支离破碎,对民间金融机构的依赖似乎是无谓的危险。

公共风险管理因此在大萧条期间,显示出新的重要性。在国会大厅,风险前所未有地受到更加公开和更加彻底的对待。民间风险管理的局限,在公司破产、创纪录的失业、家庭积蓄的损失以及大范围生活必需品匮乏的所有骚乱中变得极其明显。以前论述风险的过程中只是看成微妙和细微之处的许多问题,现在它们自身成为紧迫的公共政策问题。在社会保险理论中曾经只有内行才懂得的风险转移和风险分散之间的区别,在 20 世纪 30 年代的失业保险辩论中变得十分关键。而且,以前令人费解的概念如工作持续期风险(work-duration risk)在对老年保险的细节审议中显示出新的重要性。

尽管社会保障法的核心目标仍然相对简单——保护劳动者的家庭避免陷入收入损失的风险——但其选择的手段却并不简单。在 20 世纪 30 年代期间,在美国公共风险管理达到了一个新的成熟水平,而罗斯福总统的新政成员似乎决意成为开路先锋。

1. 失 业 保 险

社会保险运动再次兴起背后的主要动因是失业导致的灾难。年失业率在 1933 年达到 25.5% 的顶峰,意味着近 1,300 万的工人失去工作和忙于找工作。到 1935 年,几乎 1,100 万工人仍然失业,年失业率为 20.3%。[4] 人们已经广泛认识到失业是这个国家所面临的最具毁灭性的问题。并且,在这样的背景之中,公共失业保险开始看起来是绝对必要的。

威斯康星与俄亥俄(风险转移对阵风险分散)

20 世纪 30 年代早期,随着这个问题在华盛顿获得关注,联邦政策制定者自然就以威斯康星州作为案例来参考。威斯康星州仍然是唯一已经颁布失业保险法的州(在 1932 年的早期),并且以拥有这方面的大多数专家为荣。约翰·康芒斯自从 1910 年至 1920 年中期起就已经着手将失业保险理论化,并且他和他的政治盟友早在 1921 年已经开始在威斯康星州立法机构提出模范法案。

随着一年年过去,康芒斯似乎对预防的逻辑越来越痴情。他在进步时代详尽阐述过的最初观点,是经验费率的社会保险通过转移部分风险给雇主,将诱导他们努力预防诸如车间事故、疾病以及失业的工业风险。然而,在 20 世纪 20 年代早期他大大地发展了这个理念,主张经验费率的失业保险通过向过度雇佣劳动者的雇主和借钱给他们的银行家转嫁成本,将真正地熨平经济周期。"信用的过度扩张是失业的根源,"他在 1923 年写道,"并且为了预防信用的过度扩张,你就让实业家承担应对他解雇工人时的保险责任。"[5]

尽管康芒斯的失业保险法案在 20 世纪 20 年代威斯康星议会的每一个会期都失败了,在接下来的十年的开端,他的两个学生哈罗德·格罗夫斯(Harold Groves)和保罗·罗申布什(Paul Raushenbush)又让它复活了。像是被经验费率法的预防威力迷住一样,格罗夫斯和罗申布什将这个思想在逻辑上发展到极致。格罗夫斯—罗申布什(Groves—Raushenbush)法案要求强制设立单个雇主独立的保险准备金账户(individual employer reserve accounts),而不只是要求雇主对一个总的共同保险基金(a general insurance pool)缴纳经验费率的款项。支持者们已经默认这不再是保险,开始用"失业补偿"这个术语来描述他们特殊的分离的雇主储备金制度。[6]

当最终于 1932 年 1 月 28 日颁布时,威斯康星失业补偿法(the Wisconsin Unemployment Compensation Act)要求拥有 10 名或者更多工人的每一个雇主,在他自己在州财政局(the state treasurer's office)的储备金账户上,每年存入工薪总额的 2%,直到它达到每个工人平均 55 美元,在此水平上要求的年缴纳率将下降到仅仅 1%,而且一旦积存的资金达到每一个工人 75 美元,要求的年缴纳率将最终彻底消失。只有在工人被解雇和开始支付给付金时(或者如果新的工人被雇用)进一步的交纳才将成为必须,因为那时雇主的准备金账户余额将下降到要求的每一个工人 75 美元以下。只有在两个星期的等待期之后,给付金才能得到支付,并且设定在周工资的一半,不过它们从来没有超过每星期 10 美元。[7]

格罗夫斯和罗申布什相信,他们的计划将使雇主的预防激励最大化,因为失业救济金的全部成本现在将直接落在违法的雇主们本人身上。[8]康芒斯显然是同意的,几个月之后他自诩称,威斯康星法"对美国资本家的自由放任主义具有吸引力,他们不想承担其他资本家无效率和不幸的重担,并且,它适合一个利用利益驱动来预防失业的资本主义国家的公共政策"[9]。在 1932 年,得到了由纽约州长富兰克林·罗斯福与其他六个东部州的州长建立的组织——失业保险州际委员会(Intersate Commission on Unemployment Insurance)的暗地支持,强制雇主准备金的概念更加走红。[10]

发轫于威斯康星州的个别准备金方法具有明显的优势,给每一个雇主施加压力来稳定就业,而在同时保留他的独立性。然而,这个威斯康星计划也有几个关键的弱点。批评家强调,如果一个失业工人的雇主准备资金不知怎么被耗尽时,按照威斯康星法律他几乎或者根本得不到什么。如果大量的工人突然被解雇，或者甚至情况更坏，如果雇主本人破产因此不能补充资金，这种情况就可能发生。尤其当失业率很高，而且当失业在企业和行业不均匀地分布时，比起一个单一共同的保险基金来，个别准备金账户只能提供更低的平均给付金。[11]

也许最严重的是这个问题：单个的雇主是否能够凭借他们自己预防大量的失业，特别是在一个萧条期间。准备金方法的主要反对者——包括保罗·道格拉斯（Paul Douglas）、亚伯拉罕·爱泼斯坦（Abraham Epstein）、鲁比诺以及威廉·莱瑟逊（William Leiserson）——怀疑一个相当于工资总额2%的激励会有什么重要效果。道格拉斯说，他们"坚决怀疑单个雇主或者甚至是一个完整的行业能够稳定就业的程度，而且他们不相信提出的个别企业准备金制度能激发企业朝着这个方向进行任何有力的推动"。[12]

对威斯康星方法的主要替代方案出现在俄亥俄州——1931年年末，州长乔治·怀特（George White）任命的一个失业特别委员会的成果。在鲁比诺和莱瑟逊的领导下，俄亥俄委员会精心设计了一个创新性的失业保险计划，它在两个关键方面不同于威斯康星的相应计划。首先，它基于共同的而不是个别的准备金来筹集给付金。其次，它为失业工人提供一个更加慷慨的给付金套餐。

俄亥俄计划，如同它后来广为人知的，要求雇主和雇员都为一个单一的州保险基金缴纳款项。工人们有义务缴纳工资的1.5%，而雇主根据他们企业过去的失业记录以及他们行业的失业记录，将交纳工薪总额的1.5%—3.5%。就威斯康星计划来说，给付金应当补足到以前工资的50%，而且将从一个温和的等待期之后开始支付（在俄亥俄是3周，在威斯康星是2周）。但是，俄亥俄计划将它的周最大给付金设定在15美元，比威斯康星的要高50%。而它允许的给付金最高可得到16个周的支付，比它竞争对手允许的要长60%。[13]

俄亥俄委员会给立法机构的报告，在它对威斯康星计划的批评中令人惊奇地直截了当。"没有风险的集中，"委员会就威斯康星计划写道，"没有保险的购买……每一个雇主的准备金将被锁定，可以这么说，每一个雇主能够承担得起以这种方式拨款出来使用的数额太少，以至于不能提供任何像充足给付金这样的东西。"[14]而俄亥俄委员们试图通过经验费率法来鼓励就业稳定(失业保护),他们的主要目标是为失业工人提供足够的补偿,并且通过保持总购买力,在宏观层面击退失业。[15]在美国,这代表了对失业保险的一个全新看法。鲁比诺对委员会所做的如此高兴,他在 1932 年年末幸灾乐祸地通知莱瑟逊,"威斯康星计划死了"。[16]

结果表明,鲁比诺对威斯康星计划下的讣告有一点仓促。在 1933 年,也就是美国劳动总同盟(American Federation of Labor)最终支持强制失业保险之后的那一年,各个州的法律制定者考虑了至少 56 个失业法案。[17]这些法案没有一个真正得到颁布。但是,根据一项研究,其中 18 个以威斯康星计划为基础,而只有 16 个以俄亥俄州计划为蓝本。其他的 7 个涉及产业准备金,6 个提供共同的基金但是没有经验费率,还有 6 个只是以"过急的"法案来定义的。[18]

然而,鲁比诺对威斯康星计划死亡的评论还是准确地反映了两派之间不和的严重性。曾经和谐的社会保险运动,已经分裂为争吵不休的小帮派。不顾 AALL 的约翰·安德鲁斯的强烈反对,鲁比诺和爱泼斯坦(都是安德鲁斯组织的成员)在 1927 年已经创立了美国老年保障协会(the American Association for Old Age Security)。这个团体后来在 1933 年改名为美国社会保障协会(the American Association for Social Security,以下简称 AASS),大概是因为大萧条期间将它新的关注焦点放在了失业保险上。在构建这个组织的过程中,爱泼斯坦和鲁比诺已试图给社会保险运动注入新的活力,他们相信在 AALL 的领导之下这是受压制的。[19]"当然,安德鲁斯博士不喜欢我们,"爱泼斯坦在 1933 年年中给一位新闻记者的信中写道,"但是,多一点恨不会有伤害。"[20]

运动破裂有许多原因。AASS 的领导者们比他们大多数 AALL 的同行更偏向左倾。相应地,他们对民间市场和收入再分配的一个更大承诺没有信心。然而,在概念层面这两个机构之间的核心分歧,事实证明原来出奇地表现在技术上,与风险管理两个不同方法的相对优点有关。AALL 的关键改革者偏爱风险转移,而他们在 AASS 的对手喜欢风险分散。这两个方法之间的内在冲突,在进步时代期间已经暂时顺利地得到掩饰,但是后来,它不能再被掩盖起来了,特别在大萧条期间更不能掩饰了。

要么以个别雇主准备金账户形式,要么是以经验费率法形式,风险转移用来将风险从较差的管理者转移到更好的风险管理者。像康芒斯和安德鲁斯这样的改革者相信,与工人相比雇主属于较好的风险管理者,因为他们一般拥有更大的金融资源,而且因为他们具有很好的优势来防御我们所讨论的工业风险。如同我们已经看到的,威斯康星学派的成员特别关注后面这一点。他们再三宣称从工人到雇主的有效的风险转移将创造强有力的雇主预防激励,最终实现总体风险的减少。

与此相比,风险分散具有完全不同的目的。它是设计用来减轻个人风险的财务影响,而不是为预防创造激励。通过将失业带来的财务风险分散到整个劳动人口,一个基于准备金的集中资金池的失业保险计划将给每一个单个的工人带来相对稳定的收入流,无论他是否失去了工作。另外,与风险转移相比,风险分散具有在任何给定的时候能够及时地让更多的资源用于风险受害者的优势。这是因为风险转移实际上分散了准备金(极端地讲,创造了与雇主相同数量的"保险基金"),而风险分散将准备金集中在一个单一的资金池里,使它免受始料未及的冲击。

风险分散的支持者也提出了另一种更加令人惊奇的风险削减观点。通常,风险分散可以被用来减少个别风险而不是总体风险。比如说,火灾保险,极大减少个别火灾受害者受到的伤害,但是不可能减少火灾的数量或者其所引起的财务损失。毋宁说,如果发生道德风险(诸如被保险的房屋主人更加粗心)的话,风险分散具有一个增加总体风险的倾向。然而,就失业保险来说,俄亥俄学派的主要成员声称,通过维持工人的购买力,风险分散将真正减少总体失业风险(预防失业)。俄亥俄委员会在它 1932 年的报告中已经提出这个观点,而很多经济学家在随后一些年里继续发展了它。[21]

潜在的逻辑是,萧条至少部分是由于未曾预测到的消费支出的突然下降导致的,并且这种下降是由于工人失去工作或者担心将来失去工作的预期。通过增加工人保障和稳定工人的收入,由此失业保险具有预防萧条的潜力。如同在存款保险的情况之下,风险分散使减少总体风险成为可能一样,因为风险本身(失业)而且特别是担忧它的出现(工人无保障)都产生增加风险可能性的行为(减少消费支出)。"有尊严的失业救济金条款,"保罗·道格拉斯(Paul Douglas)在萧条最黑暗日子里的一个经济学会议上解释道,"将减轻在职工人可能会失业的担忧,而且这样就会减少他们在这种恐慌时期疯狂的个人储蓄,并且增加他们花费在消费品上的数额。在支出和储蓄之间将有一个更好的平衡,而且将会产生更少的失业。"[22]

这确实是一个非同寻常的观点。人们几乎难以想象,对诸如火灾或者汽车事故之类其他类型的风险更大的个人安全保障,能够减少这些危险的可能性。失业,看上去是一种非常特别的风险。

所有这些经济学论证的结果是,就像威斯康星派所做的一样,俄亥俄派最后强调的是预防。但是,与威斯康星派突出风险转移在雇主激励上的积极效果不同,俄亥俄派的领导人强调风险分散在个别工人和他们的支出习惯上的有益效果。他们主张,失业很大程度上是一个系统性的问题,超越了个别雇主的控制能力。在大萧条最严重的时候,这似乎再正确不过了。尽管威斯康星计划还没有消亡,它却无疑迅速失去了生命力!

寻求共同基础:联邦解决方案的逻辑

尽管在威斯康星派和俄亥俄派之间有很深的裂痕,由于双方都同意两个基本点,社会保障制度还是可能向前发展的:第一,处理失业问题的民间举措将必然不足;第二,各个州将发现由于州际竞争,它们制定独自的失业保险法非常困难。在民间解决方案的主题上,AALL 和 AASS 的改革者都坚持认为民间失业保险几乎是不可行的。早在 1904 年鲁比诺已经强调,由于保险公司难以区分自愿失业和非自愿失业而引起的一个严重的道德风险问题。[23]他在后来的一篇文章里发展了这一点,鲁比诺写道:"失业经常被说成而且更经常会被说成是个人努力或者努力不够的结果,那会容易冒充的。换句话说⋯⋯那是一个糟糕的'道德风险',而好的保险公司会避免糟糕的道德风险。"[24]沿着同样的思路论证,保罗·道格拉斯在 1932 年记述称,民间保险公司会发现,判断"保险申领者是否是真的被解雇几乎是不可能的"。[25]

与这个观点一致的是,在美国民间失业保险的经验是极其有限的。在芝加哥的一家民间保险公司显然在1897年开始提供这种保险,而在密歇根的另外两家据称在1910年至1920年期间已经以一个非常小的规模进入这个行业。但是几乎不知道他们签发了多少保险单或者最终他们发生了什么。[26]在20世纪20年代期间,大都会人寿保险公司(the Metropolitan Life Insurance Company)的总裁黑利·菲斯克(Haley Fiske),在签发失业保险方面表现出相当的兴趣。然而,由于纽约保险法禁止民间保险公司销售失业保险,他的想法一直受阻没有实现。[27]

至少一个法律学者已经指出,要是没有纽约这样不利的法律的话,民间失业保险本来会自己开花结果。[28]但是,在这一点上历史记录远不清晰。试图修正纽约法律的尝试在1919年、1924年、1926年、1927年和1931年都失败了。[29]该州的保险监督官帮忙阻止了第一次法律修正,警告这种未经检验的保险可能"使保险单持有人的资金陷入危险"。[30]事实上,法律修正的最初支持主要来自铁路公司而不是大的保险公司,尽管菲斯克早在1919年就加入争辩热心引入这种保险,但他似乎没有在保险业内部甚至在他自己企业内部获得很多支持。在大都会人寿的一位执行官,路易斯·都伯林(Louis Dublin)后来回忆道:"公司内部有这方面的专家,他们的研究让他们确信,在健全的精算实践框架内,失业保险不是一个可保险的风险。"[31]当菲斯克在1929年去世时,他的梦想与他一起消失,因为再也没有另外一个民间失业保险运动在大都会人寿或者在任何一个其他大的保险公司出现过。[32]

防范失业的民间保险项目的唯一形式,曾经以工会和公司基金的形式得到初期发展,它们有时候给他们的成员提供失业给付金。与第三方保险公司不同,雇主而且特别是工会已经做好准备监测和惩罚道德风险。鲁比诺曾经提到,在工会运营制度之下,这种"装病的'道德风险'自然减少到最小",部分是因为"一个合理的给付被拒绝,长期保持秘密几乎是不可能的"。[33]到1931年,接近4.5万名工人覆盖在工会保险计划之下,而另外大约5万名工人为公司计划覆盖(尽管这些工人的绝大多数是在同一家企业,通用电气)。[34]一些估计甚至更高。保罗·道格拉斯指出,多达20万名工人应当已参加了这种计划,尽管他甚至将这看成只是一个桶中的一滴水。如果民间失业保险继续按它的历史比率增长,他在 1932 年嘲讽地提到,要实现普遍的覆盖应当要花两千年以上。[35]

道格拉斯的怀疑在 AALL 和 AASS 也都有广泛的市场。康芒斯和安德鲁斯论述道:"人们知道只有几个工会提供失业给付金。单独由工人承担的成本是一个加在他们身上很重的负担,相对来说只有很少的人能够加入保险或者愿意去保险,并且充足的给付金很少得到赔付。"[36]除了所有这些问题之外,这些计划本身通常绝非安全。公司计划会被雇主在任何时候终止。而且,一般来说,工会和公司计划都严重缺乏资金。[37]鲁比诺在 1913 年认识到:"积累充足的资金以应对严重恐慌或者长期萧条期间失业突然增加的问题,很少能成功实现。"[38]基金的投资对象不能广泛地分散到产业部门,只会使它们财务状况的不利局面更加恶化。[39]毫不奇怪,到 20 世纪 30 年代晚期,那种计划的数量由于持续的高失业已经大为缩小了。[40]

由于以上所有这些理由,社会保险的提倡者们同意,通过民间市场来解决失业问题的方法从来是不充分的。他们也同意,使州立法得以推进——无论依据威斯康星还是俄亥俄模式——由于激烈的州与州之间的竞争将面临极大的挑战,许多州的立法者由于担心将雇主们逼走,根本不愿意对他们施加任何特别的负担。相信各州劳动立法中"'州相互间竞争'的论据无疑用得过滥,"尽管如此,哈罗德·格罗夫斯与伊丽莎白·布兰戴斯(Elizabeth Brandeis)在一篇文章中承认,"姑且不管它在经济上的合理性是什么,它在政治上的重要性是相当大的。"[41]确实,改革者在威斯康星州已经能够使一个失业保险法成立,但却是在一个为期十年的艰苦工作和没有休止地对企业界的妥协之后实现的。即使在颁布以后,很大程度上因为焦虑的雇主不断的抵抗,威斯康星法的实施也被推迟了两年多。[42]

奇怪的是,应当运行威斯康星失业补偿制度的人保罗·罗申布什发现他自己由于法律的推迟在 1933 年暂时失去工作了。那个夏天他有空闲的时间,罗申布什决定与他的夫人伊丽莎白和他的岳父,联邦最高法院大法官路易斯·布兰戴斯(Louis Brandeis)一起度假。没有一个其他州跟从威斯康星的带领或者看似倾向于这样做,一天他问布兰戴斯法官在各州相互间竞争障碍之外是否有什么办法。布兰戴斯以一个问题的形式作了回答："你考虑过佛罗里达诉梅隆的案件（*Florida vs. Mellon*）吗？"

布兰戴斯提到的 1926 年联邦最高法院的判决，维持以迫使各州采纳统一继承法为唯一目的而征收的一个联邦税是合乎宪法的。早些年前，佛罗里达州已经彻底取消了它的遗产税，目的是吸引来自其他州富有的老年公民。为了阻止佛罗里达的计划，国会颁布了包含税收抵免特征的一个特别遗产税。联邦法规对所有的公民征收遗产税，但是对交纳州遗产税的公民，允许最高达到联邦税额总数 80% 的扣减。联邦税收抵免计划有效地废止了佛罗里达招惹是非的政策，一举取消了阳光州临终税收免除的诱惑。[43]

1933 年夏天布兰戴斯大法官不太隐晦的问题，据此提醒罗申布什注意，在州的失业保险法运动中，作为一种武器利用联邦征税权的前景。受到激励的兴奋的罗申布什不久与助理律师托马斯·爱略特（Thomas H. Eliot）一起着手开始起草一个模范联邦法规，它在 1934 年 1 月 5 日作为瓦格纳—路易斯法案（Wagner-Lewis bill）提交给国会。[44] 瓦格纳—路易斯法案对全国绝大多数雇主征收一个 5% 的工资税。但是，那些参加了一个符合要求的州失业保险计划的雇主将获得允许从联邦税中扣除向州缴纳的全部数额。如同安德鲁斯在那时论述的："瓦格纳—路易斯法案在为各州引入失业保险制度提供一个激动人心的经济激励的同时，是消除'各州相互间竞争'的州立法障碍的一个精巧方案。"尽管不久这个法案在国会夭折（主要是因为罗斯福总统的支持不力），税收抵免方法的逻辑仍然具有很强的生命力。[45]

总统经济保障委员会

罗斯福总统 1934 年让瓦格纳—路易斯法案消亡的主要原因是，他需要更多的时间来起草他自己的社会保险法案。因此，在 6 月 29 日他下达总统令，创立经济保障委员会（Committee on Economic Security，以下简称 CES），它将"研究与个人的经济保障有关的问题"，并且在 1934 年 12 月 1 日之前报告它的研究成果和建议。[46] 罗斯福选用他的劳动部长弗朗西斯·珀金斯(Frances Perkins)任委员会的主席,而他与财政部长亨利·摩根索(Henry Morgenthau)、农业部长亨利·华莱士(Henry A.Wallace)、联邦紧急救济署行政长官哈里·霍普金斯(Harry L.Hopkins)以及司法部长霍默·卡明斯(Homer Cummings)组成委员会。

　　总统令授权经济保障委员会同时任命一个技术委员会("由选自联邦政府不同部门和代理机构的合格代表组成")和一个执行主任及助理职员("在技术委员会总的指导下……进行应急研究和调查")。[47]委员会任命劳动部第二助理部长亚瑟·奥尔特梅耶(Arthur J.Altmeyer)任技术委员会主任。在来华盛顿与珀金斯共事之前,奥尔特梅耶任威斯康星工业委员会秘书,而且,他在早些年当过约翰·康芒斯的研究助理。[48]威斯康星大学经济系主任爱德温·维特(Edwin Witte)成为这个机构的执行主任。俄亥俄派的成员根本不会高兴看到,两个威斯康星人被提拔到经济保障委员会的最高层,这个委员会现在全面主管罗斯福总统的社会保障创新。但是,他们对此无能为力,因为这个时候,就社会保险而言,经济保障委员会实际上是唯一的选择。

对失业进行保险

　　尽管"社会保障(social security)"这个术语在美国最终几乎将成为老年保险的同义词,但是在20世纪30年代中期还显然不是那样。在那个时候,这个名词几乎可以与"经济保障(economic security)"互换使用。确实,在1935年早期,政府的经济保障法案在众议院筹款委员会(House Ways and Means Committee)变成了社会保障法案。[49]两个名词都是用来描述一个设计来保护工人的宽泛的一揽子政策,其中失业保险在大萧条中期可能是最重要的。根据奥尔特梅耶的说法,"总统和他的委员会都感到失业保险应当具有最优先的位置"。[50]经济保障委员会养老金部门的负责人,芭芭拉·N.阿姆斯特朗(Barbara Nachtrieb Armstrong)后来抱怨感到受冷落,提到"珀金斯不仅从来没有见过我,而且她拒绝见我"。[51]由于1934年全国的失业率仍然超过20%,经济保障委员会不愿意使优先权让位于其他任何事情。如同自北卡罗来纳的众议员罗伯特·道顿(Robert Doughton)次年在众议院大厅所宣称的,

"美国工人今天面临的最大风险,就是失去他的工作"[52]。

自然,经济保障委员会被迫全力处理过去二十年里已经激励和分化过失业保险支持者的许多同样的问题。在联邦主义的关键问题上,委员会为了迫使各州制定失业保险法,最终采用了联邦税制的抵免方法。[53]然而,这一步进行得相当勉强。对于创立一个纯粹的联邦失业保险制度方面,在经济保障委员会的委员和职员中间有着巨大的兴趣,因为一个全国性计划能够以最可能广泛的形式分散失业风险。"我想我们已经一再地表明,"阿姆斯特朗后来回忆道,"试图由与经济单元没有关系、而且没有提供任何公平风险分配的政治单元(各州)来做什么事是荒谬的。"[54]但是在最后,对联邦议会里各州权利拥护者的反对、威斯康星法律制定者的感情以及特别是对联邦最高法院可能给出一个违宪裁决的担忧,起了决定性的作用,联邦一级的制度创设延迟了。[55]

在共同集中准备金对比单个雇主分别设立准备金账户的核心问题上,尽管委员会与威斯康星有很强的联系,绝大多数经济保障委员会委员和职员似乎支持集中准备金。就是康芒斯以前的一个学生爱德温·维特,也老早就承认了他老师逻辑中的缺陷。他早在1921年就已经断言,预防"不是支持实施失业保险的唯一论据……它是一个更好的分配损失的方法。雇佣的波动源于经济状况,我觉得,这大大超出了个别雇主的控制能力。"[56]在大萧条期间,对系统性风险以及个别雇主面对它无能为力的担忧,甚至更加明显。如同珀金斯部长在1935年参议院听证会上的发言所称:"我们已经开始认识到,没有地方政府而且没有个别企业能够为在这种世界性萧条期间逐渐增加的失业负责,那确实是一个他个人不能控制的情况。"[57]经济保障委员会也采用了又是与俄亥俄派的看法相近的维持购买力的观点。[58]

尽管有这些偏好,总统委员会决定不要求各州采用任何特定的失业保险模式。在几乎每一个问题上(包括在集中准备金与个别准备金、经验费率以及雇主、雇员和州的相对缴纳比率中进行选择),委员会直接将它留给州的法律制定者自己去选择。[59]尽管许多经济保障委员会的成员和职员个人支持俄亥俄计划,威斯康星方法的强有力支持者——包括 AALL 的领导层和大企业的代表,诸如通用电气的杰拉德·斯沃普(Gerard Swope)和标准石油的沃尔特·蒂格尔(Walter Teagle)——也不能被忽视。[60]似乎最好的做法是,实施这个税收抵免计划,而后相信各州自己会找到正确答案。

"就业保证(employment assurance)"

经济保障委员会愿意给予各州如此多自由的另一个原因是,州运营的失业保险只构成了该委员会与失业斗争计划的一半。另外一半是指"就业保证"的观念,而且在这里委员会主张维持严厉的联邦控制。尽管很久以来已经被人们遗忘了,但是,就业保证提案可能是经济保障委员会提出的所有提案中最具独创性的一个。其基本的思想是,一旦失业工人的州失业保险给付金用完,通常在仅仅几个月之后,他们应当拥有由联邦政府提供工作的机会。

这个提案背后的推论是,州的失业保险计划将只适合于覆盖短期的失业。当由于严重的经济衰退出现更长期的失业,人们认为那就是联邦政府的责任,因为它拥有最为雄厚的财力。[61]进而另一个假设是,长期的失业将通过工作救助而不是现金给付得到更好的解决。委员会因而建议,在找到工作之前就耗尽他们州失业保险给付金的工人,"应当给予的,不是进一步延长现金给付金,而是一个工作福利——由政府提供的供养他们和他们家庭的一个工作机会"。[62]这是就业保证——保证为长期失业的人由政府提供就业。当听说这种想法,新闻记者沃尔特·李普曼(Walter Lippmann)如此受感动,他立即发了一封信给约翰·梅纳得·凯恩斯,详细描述其提出的"一个工作的权利",并且将它定义为"一个极其有趣的实验"。[63]

但是,这个实验从来没有得到实际开展——至少不是经济保障委员会已经设想的方式。1934 年 12 月末,在收到委员会的初步报告后,罗斯福总统同意他的执行预算局长的观点,就业保证提案应当从经济保障委员会的经济保障法案中分割开来,而合并进哈里·霍普金斯的公共工程计划中。[64]1935 年关于公共工程的立法,名为紧急救援法(Emergency Relief Administration Act),为工作救援预先安排了 48 亿美元,而且通常人们认为它建立了一个"工作权利"保证。但是,事实是它只是一个暂时的措施,不是一个永久性的工作权利法。[65]

这个失败对于经济保障委员会自然是令人失望的。然而,结果显示,就业保证是 CES 的经济保证一揽子提案中唯一没有完整无缺地到达国会山的重要部分。委员会提案的其余部分,包括对失业保险的税收抵免计划,在 1935 年 1 月 17 日都安全地送达国会大厅。[66]

强制失业保险:最终行动

在美国众议院和参议院关于失业保险的听证和辩论,相对来说很少有什么意外之处。一些颇为引人注目的替代方案提交到上下院,包括一个更短的工作周、建立一个合法工作权利,甚至是对新技术征税(一个所谓的技术税)的提案。[67]但是这些提议没有一个得到任何真正的支持。在税收抵免计划的各种细节上产生了大量的争论,而且对计划本身也存在一定数量的彻底批评。而最后,国会在 1935 年夏天通过的失业保险条款与经济保障委员会在 12 月已经提交回来的那些条款几乎一致。[68]

在审议过程中,众议院和参议院的立法支持者只是强调了改革者已经在前些年形成的所有主要观点。他们首先指出提供失业保险的民间尝试已经惨败,并且又指出由于州际竞争,各州的干预效果受到限制。在参议院自豪地提出该法案的罗伯特·瓦格纳(Robert F.wagner)强调联邦强制是必需的,因为"在这个国家只有不到 0.5%的工人由大肆宣传的民间和自愿计划覆盖得到保护。而且,对落后于各州不公平竞争的担心已经使行动如此麻痹,以至于只有威斯康星州敢于通过颁布一个失业保险法以极佳的独立状态推进"。[69]这两个问题都在国会辩论中被反复强调。[70]

国会的支持者也很快强调保险较之救济的优势。众议院的两个共同立法发起人之一罗伯特·道顿,解释称社会保险"不带来对我们国民的士气产生破坏性影响和它被冠以的自尊丧失这种慈善恶名。由社会保险提供的保护作为一种权利惠及工人。"并且因为只有那些有可证实的工作经历的劳动者才会有资格获得给付金,"社会保险绝不会损害自主和创新这种神圣的美国传统"。[71]

与经济保障委员会的委员们一样,国会山失业保险的主要倡导者小心地将补偿和预防两者都看成关键的目标,虽然通常有一点偏向于前者。[72]然而,这个时候,"预防"这个词语不再只是风险转移和雇主激励的威斯康星推论的简略表达形式了。4 月 19 日通过的众议院法案明确地排除了以个别雇主准备金为基础的州失业保险计划。尽管众议员哈里·索特霍夫(Harry Sauthoff)已经抗议,这种排除会迫使威斯康星"抛弃它的失业补偿法",但是众议院拒绝让步。[73]在众议院法案下,经验费率仍然获得准许,但是,许多众议员对购买力扩大——亦即失业预防的宏观而不是微观方法——的预防潜力表现出更大的热情。[74]毫无疑问,在众议院俄亥俄派已经战胜了威斯康星派。

尽管经济保障委员会官方在两派的冲突中仍然保持中立,但是珀金斯部长十分清楚地向参议院财政委员会(Senate Finance Committee)表明,她个人支持俄亥俄模式。"如果我在州立法机构投票的话,我会投票赞成一个共用基金(pooled fund)而不是单个雇主准备金账户(plant reserve funds),"她解释道,"因为我认为它更加安全、更加稳妥、更少麻烦,而且总体上会有更好的结果。"但是,如同她在众议院筹款委员会作证时一样,她还是迅速地补充道,"在一些州全心奉献的公民赞成准备金基金",而且,让州的立法机构自己作出决定是最好的。[75]

在威斯康星的参议员小罗伯特·拉福莱特(Robert M.La Follette,Jr.)的坚持下,参议院财政委员会最后接受了珀金斯的妥协提案。在这个法案的参议院版本中,允许各州采用个别雇主准备金计划的条款得到恢复。[76]当提出的立法到达参议院大厅时,在议事记录中拉福莱特插入了一个很长的陈述,概述威斯康星计划的许多优点,而且强调在给予合适激励的条件下单个雇主预防失业的能力。[77]

拉福莱特当然不是清楚表达风险转移旧的逻辑的唯一参议员。参议员瓦格纳自己提到,因为联邦法案允许和鼓励经验费率法,它"对工商界人士缩小失业规模提供了一个特殊的激励"。[78]大多数参议院主要的支持者(包括瓦格纳)给予更大的关注是,自动补偿对正在努力摆脱贫困的单个工人和美国经济整体两方面的有利效果。[79]这里,俄亥俄方法也处于上风。

参议院全体会议最后在7月19日以一边倒的77对6票(12人未投票)通过了参议院版法案。众议院的投票同样地不平衡(372对33票,2票"出席",25人未投票)。但是,这两个法案是不一致的。众议院和参议院协调人花了一个多月试图弥合他们的分歧。尽管是否允许单个雇主准备金的问题是一个主要的分歧点,但是在愿望清单上实现了一个要求之后众议院的协调人最后让步了,这个要求是:同意建立一个独立的社会保障委员会(social security board)。[80]一旦完成这一步之后,妥协法案便于8月8日在众议院口头表决通过,并且就在第二天在参议院获得通过。

然而,即使在罗斯福总统将法案签署为法律之后,失业保险的战斗也还是没有平静下来,因为社会保障法案(the Social Security Act)真正将战斗推向了各个州。但是,既然有联邦政府新的税收抵免计划的压力,州立法机构就有很好的理由快速推进。在联邦法案就要通过的最后几个月,四个州(纽约、新罕布什尔、加利福尼亚和马萨诸塞)已经采用了失业保险。剩下的所有州在仅仅两年之内也跟从实施了它。伊利诺伊是最后一个这样做的州,它在1937年6月30日颁布了一个强制性失业保险法。[81]

因此,在一个长期的联邦运动之后,在威斯康星派和俄亥俄派之间的长期竞争——在风险转移倡导者和风险分散倡导者之间——正是决定于开始的地方。最初,只有六个已建立的失业保险制度基于共用基金,而且六个中允许单个准备金账户的两个也要求一些集中缴纳充当一种安全网。正好11个州决定反对经验费率法,而且它们之中除了两个之外都要求做进一步的技术调查。很清楚,共用基金和经验费率的组合是最受欢迎的。最终所有的州都向这个标准集中。单个雇主准备金在各个地方逐渐被放弃,即使在威斯康星,经验费率法也得到广泛采用。[82]

信息似乎表明,经验费率(风险转移)通过轻微调整雇主激励可以预防一部分失业,但是,大多数残留的风险应当得到尽可能广泛的分散,以确保对仍然失去工作的那些人足够的补偿。主要的目标是协助值得帮助的工人并维持他们的购买力以帮助稳定宏观经济。俄亥俄计划的基本思想最后获得了胜利。

2. 老 年 保 险

像失业一样,老年赡养在 20 世纪 30 年代期间成为更趋恶化的长期性问题。在这个年代初期有 650 万人在 65 岁以上,占人口的 5.4%。经济保障委员会估计,到 1934 年 30%—50% 的老年公民将依靠别人获得经济支持,而且大约 100 万人正在接受至少一种公共慈善。州的老年年金只能覆盖大约 18 万人,而通过雇主和工会可以利用的民间津贴甚至覆盖得更少,接近 15 万人。[83]

根本没有一个现存的解决办法看上去是充足的。雇主提供的年金受到特别的批评。参议员瓦格纳抱怨到,除了保险对象范围上受到限制外,雇主计划通常给工人一个安全感的错觉:"在许多情况下人们在人生中没有被解雇过,并且从来不领取给付金"。另一个问题是,大多数企业年金在任何时候都可能按照雇主的决定被终止。瓦格纳指出,结果是"只有由这种计划覆盖的约 4% 的工人在退休时确实提取了给付金"。[84] 同时,各个州正是被这个问题的严重性所压倒。"老年的照顾不能不确定地留给仅仅在 33 个州存在的可怜无力的年金法,"瓦格纳警告道。[85]

人们广泛地同意某种形式的联邦应对是必需的,而最大的问题是应当采取什么形式。当罗斯福总统在 1934 年中期任命经济保障委员会的时候,老年保险的采纳绝不是一个预料中的必然结局。尽管保险模式最终获胜,很大程度上吸引了政策制定者和公众,但是,在这场博弈中它确实出现得相当晚。很长时间里,人们选择的政策是老年援助(old age assistance)(而不是保险)。

保险与援助

尽管年老总是被看成一个贫困的主要来源,但是 20 世纪 30 年代之前在美国老年保险没有被作为一个严肃的政策选择来考虑。[86] 即使进步时代的大多数主要的社会保险支持者,也没有对这个想法表现出什么兴趣。在 AALL,这可能是因为对老年甚至老年赡养进行保险的观念与预防的逻辑不一致。[87]尤其是由于跨越州境线的大量劳动力流动,一些社会改革者也担心共同出资的养老保险从行政的角度来看缺乏可行性。[88]

结果是,非共同出资的公共养老金——而不是共同出资的养老保险——在 1910 年至 1930 年期间,成为更受欢迎的老年赡养问题的解决方法。[89]因为这些养老金将从一般财政收入(general revenue)中筹集并且严格地经过收入调查结果而确定(means-tested),所要将其实施的提案要求的是收入再分配,而不是社会保险。到了 1934 年,记录在案的 28 个州拥有养老金法律,它们没有一个是共同出资的。年金给付金大幅度变动,从北达科他州的每个月平均 69 美分到马萨诸塞州每个月的 26 美元。23 个州(28 个州中除了 5 个州)的月平均给付额不到 20 美元,而其中的 13 个州不到 10 美元。[90]

即使在经济保障委员会,尤其是在委员会运营的早期月份里,对纯粹的非共同出资制度也会有一些支持。芭芭拉·N.阿姆斯特朗后来指出,珀金斯部长"肯定不想有一个老年保险。她想要一个老年援助"。[91]然而最后,委员会对保险和援助都作了推荐,却十分清楚地表明它对前者的偏爱。"共同出资年金毫无疑问比非共同出资的养老金更受人偏爱,"经济保障委员会在它给总统的报告中宣称。注意到"援助对接受者极坏的心理打击",报告赞扬共同出资养老保险为"一个自尊的方法,通过它工人们为老年做好自己的生活安排"。[92]遇到"这个问题,数以百万计的年老不能工作或不久将会这样的人,他们没有足够收入维持体面的生活",[93]委员会解释道,一些非共同出资救济的措施也将是必需的。因此,它推荐联邦配套拨款以鼓励各州执行和扩大非共同出资、收入调查为依据的老年年金。[94]但是,毫无疑问,联邦老年保险构成了委员会老年保障总体计划的中心部分。

根据经济保障委员会的提议,这个保险计划将覆盖几乎所有的体力劳动者,以及所有其他收入低于每月 250 美元的人。在一个最初的启动时期之后,覆盖的工人和他们的雇主会被要求缴纳一个相当于工资总额 5% 的特别税,在他们之间等额分配。这些缴款是作为一个社会保险的保险费来考虑的。反过来,当他们到了 65 岁并从有报酬的工作中退休,保险所覆盖的工人将有权获得终身年金。在 65 岁之前,或者在领取他们上缴费用对应的给付金名义价值之前死去的工人的家庭,将有权获得一个一次性的死亡给付金。这样一种制度,经济保障委员会总结说,"将使年轻的工人能够……逐渐建立起在他们老年时获取年金的权利"[95]。这种合约式的保险模式,它将老年年金的给付金从一个特殊待遇转化为一个"权利",是一个主要的卖点。

涉及老年保障的大多数委员会提案,尽管通常以修正过的形式,最终还是都找到了进入社会保障法的渠道。[96] 尽管这个法规广泛地被看成是立法的标志性部分,但法律本身从来没有被当成一件漂亮的事情提起过。托马斯·爱略特(Thomas Eliot),曾起草了法案的政府版本,回忆称"人们将它称呼为一个'大杂烩'"。[97] 也许有关这个法案最奇怪之处是,老年保险计划的给付金和税收方面被写进了不连续的标题,几乎好像在两者之间完全没有联系:标题 II 写着题目"联邦老年年金给付(Federal Old-Age Benefits)",标题 VIII 却带有毫无特征的标签"与雇佣相关的税收(Taxes with Respect to Employment)"。

结果表明,这样做的目的是努力排除来自法院的反对。由于总是担忧,一个联邦老年保险计划将以违背宪法被取消,那些起草立法的人尽全力伪装这个提案。他们小心地避免使用"保险"这个词,并且他们通过在标题上的策略机智地指出,他们对联邦开支和征税权的运用是完全清晰的,并且没有什么新奇之处。当然,联邦社会保险在 1935 年是新奇的事物,而且新政推行者知道这一点。但是,只有在 1937 年联邦最高法院对他们的立法作出合宪判决之后,他们才能最终确认它。他们对白费力气使用这种公开的诡计通常带有一点自责的幽默。"我们本来可以将它称为一个保险制度,"阿姆斯特朗后来承认,"我们本来可以将它称为我们喜欢的任何东西。"[98]

老年保险计划的四个功能支柱

不管将这个计划叫作什么,人们会认为社会保障老年条款的共同出资部分建立在四个功能性支柱上。它们是经济稳定、再分配、强制储蓄以及风险管理。尽管在这里我们最关注的是它们中的最后一个,对其他三个支柱的简要评论也有助于做好铺垫。

首先,经济稳定(economic stabilization),与其他支柱不同,因为它是唯一的一个不直接与老年保障相联系的。尽管这个观点很长时间以来已经失去了它的吸引力,但是老年保险会帮助稳定经济的观念在萧条期间经常被提起。支持者宣称,通过为青年工人腾出工作岗位和增强老年人的购买力,它将减少经济衰退的可能性和严重性。[99]特别关注新增购买力的前景的参议员瓦格纳很有信心地预测称:"大量的给付金支付……对工业稳定的维持将具有不可估量的效果。"[100]

第二个支柱,再分配(redistribution),有时被保险模式相关的契约式言辞模糊化和减弱。但是,尽管如此,再分配——跨代和同代内部都是——仍然是许多政策制定者的一个关键目标。尽管罗斯福本人最终要求在每一个参加者的出资和给付之间有一个极其紧密的关联(像在一个民间年金契约中一样),他的大多数顾问和国会的许多主要倡导者也似乎相信,一定程度的再分配既是必要的也是合适的。如同阿姆斯特朗在她1932年很有影响的社会保险方面的书中所坚持的,许多低收入工人确实没有足够的可支配收入靠他们自己来为退休储蓄。[101]在社会保险专家之间广泛地共同持有这个看法,而且在国会的辩论中经常将其提出来。确实,民粹主义者休伊·朗(Huey Long)在参议院宣称:"非常难以理解,一个在能工作的年份挣得比他用以维持生计的少、处于赤贫状态的人,怎么能为他的老年积累很多。"[102]

大众对老年再分配的支持,可以从汤森计划(Townsend plan)受到广泛欢迎上体现出来,这个计划承诺超过60岁的年龄之后给予每一个公民每月200美元的养老金。尽管社会保障法的起草者们通常将汤森计划看成彻底不负责任的提案而不屑一顾,但是他们的许多提案源于一个同样的灵感。在经济保障委员会有一个广泛的共识,仅仅基于一个工薪税(payroll taxes)的共同出资计划将是不充足的。联邦基金将必须参与进来,而且,出资和给付之间的关联将不得不留有一些灵活性。委员会不仅为已经退休或者行将退休的公民推荐了非共同出资的老年援助,而且它公开承认共同出资计划的更早参加者将必须得到比例较大的给付金。甚至更令人振奋的是,委员会推荐,联邦政府在未来"保证实现出资",补充那些雇主和雇员自己筹集的部分。[103]

罗斯福总统被这个最终提案如此激怒,以至于他要求在报告转送给国会前最后几个小时提案要合格。在财政部的帮助下,通过加速分阶段的工资税并通过增加最终税率,他后来甚至排除了未来联邦出资的可能性。[104]即使如此,老年保险条款仍然保持一个温和的再分配倾向。当最终颁布时,给付金公式根据终身可纳税工资累进计算。也就是说,退休工人有权获得的月度年金给付金等于,他缴纳社会保障税的最初 3,000 美元工资的 1% 的 1/2,加上下一个工资额 4.2 万美元的 1% 的 1/12,加上超过 4.5 万美元工资部分的 1% 的 1/24。[105]这保证了在计划启动后不久退休的老年工人将获得一个相对于他们的出资非常大的回报,而且最低工资的工人比他们的高工资同行将永远获得一个在比例上更大的回报。

经济保障委员会的许多社会保障法的最初起草人是明显失望的。[106]阿姆斯特朗后来抗议道,这个"对最低工资群体的追加数额应当是一个美国政府一般性基金补贴。它不应该出自中等收入工人和更高收入工人所得到的东西"。[107]1939 年的社会保障法修正案减弱了锐气,暂时冻结了预定的增税,提高了最低收入工人和在保障计划的早期年份退休的那些工人的给付金,而且对所抚养的家庭成员实施新的给付金。但是,即使在这些改变之后,该法的许多支持者继续抱怨不充分的再分配。[108]既然在受欢迎的再分配目标和同样受欢迎的社会保险契约模式之间存在内在冲突,这种失望可能是不可避免的。最终,社会保障法能够提供的只是两者之间的一个大致妥协。

契约模式在最后两个支柱中得到了它最完整的表达:强制储蓄(forced savings)和风险管理(risk management)。人们往往将老年保险计划的共同出资部分看作一个民间储蓄计划或者一张保险单的官方类似物。将其比喻为储蓄,特别有吸引力。在众议院筹款委员会的听证中,普林斯顿经济学教授和经济保障委员会老年职员委员会的成员道格拉斯·布朗(J. Douglas

Brown)说:"我们相信,对雇员来说,这个老年保险计划看起来将完全像一个储蓄计划。它,当然,是强制性的。但是,对雇员来说,放在基金中并有雇主匹配的缴纳款项相当于一个储蓄账户。"[109]

尽管比喻为储蓄显然有助于将这个计划推销给公众,但它绝不仅仅是公关。老年保险的许多主要提倡者理所当然地认为,这个国家大量的公民将不能成功地为他们自己的退休充足地储蓄。如同我们已经看到的,这个失败将部分地归咎于低工资,它反过来又证明一定程度的再分配是合理的。但是,问题的另一方面,似乎是工人自身一方缺乏先见之明或自制力。珀金斯部长说,老年保险计划将形成"一个几乎是强制性的每月一小点储蓄的习惯,这在长期以来被认为是理想的,但是,我们大多数人会发现这是非常困难的,除非有某种更加系统化的方式,通过它我们可以迫使自己这样做"。[110]因此,某种程度上,老年保险的缔造者们,将它理解为一个强制储蓄的手段。[111]

与这个逻辑密切相关的是这样的看法——各个工人如果放任自流、不受管束,由于糟糕的投资战略或者仅仅是坏运气,将容易挥霍浪费他们的储蓄。在与参议员朗的交流中,来自内布拉斯加的参议员乔治·诺里斯(George Norris)评论道:"人们会说,作为一个(对一个强制性计划)反对的理由,'如果你让我管理这钱,我一定会充分发挥能力让它增值。'有时那会是真的,但是我们都知道,从我们的经验来看,一般说来,不是这样的。"朗明确同意,当诺里斯继续按照他的思路论证时插话称,"我全部接受"。[112]

支持强制储蓄的观点就这样无缝地嵌入支持公共风险管理的观点中。为某人自己的退休独自进行投资,除了要求长期的相当自律之外,也是一项风险事业。投资失败显然总是可能的。而且,因为不能为退休建立一个足够大储蓄的后果可能是灾难性的,强制老年保险的支持者坚持,这些"储蓄由政府保护"。[113]在这四个支柱中,风险管理可能是最重要的。"我肯定我们都同意,"参议员瓦格纳在国会对社会保障法辩论结束后宣布:"政府的一个基本目标,是对它的人民提供保障。而我认为比起给他们提供老年保障,没有任何更大的资助更能造福于我们的人民。"[114]他的发言令人惊奇地简单,但是,所要管理的风险确实和联邦政府已经面对的任何一个风险一样复杂和棘手。

管理退休风险

在经济保障委员会归类为老年赡养者的大约 300 万公民中,一些人从来没有为他们的老年做一点准备。其他人曾经尝试过而失败了。为一个人的退休储蓄不是一个容易的任务。蕴含的风险很多而且变幻无常。并不是所有这些风险对普通公民都是完全透明的,而且有几种风险在任何情况下都没有为民间市场所覆盖。既然很清楚地意识到了这些困难的风险管理问题,一群人数不断增加的政策制定者得出结论,在退休计划中联邦政府发挥巨大的作用确实是必需的。

长寿风险(Longevity Risk)

要考虑的第一个风险,并且最容易进行民间管理的风险,是长寿风险。因为人们个人不可能确切地知道他们(或者他们的家属)会生存多久,要知道为退休储蓄多少对他们来说简直是不可能的。那些比预期活得长的人会发现,他们储蓄得太少了,而那些在退休之前或者退休不久死去的人又容易储蓄过多。今天大多数人期望好好地生活到 65 岁以上,而在 1935 年的平均寿命只有大约 62 岁,而且如此下来,甚至什么时候算是到了老年本身也具有很大的不确定性。[115]

民间年金提供了一个很好的解决方法,以应对长寿风险提出的挑战。通过购买一个年金,一个人就获得了在他一生的剩余时间一个稳定收入流的权利,无论他活多久。年金就是一种将长寿风险分散到很多人身上的保险产品,而且它们可以充足地从许多保险公司获得。问题是,很少有人真的购买他们。美国劳工部在 1929 年出版的一个出版物提供了两个解释:年金"比普通人寿保险单成本要高得多",并且年轻人往往"贴现未来和延迟办理这种保险"。[116]

经济学家早已指出,年金的高成本可能源于一个逆向选择问题。假设人们比提供年金的保险公司对他们的自己长寿有一个更好的感觉,保险公司会要求远高于普通精算成本收取保费,以控制寿命短的人会选择退出集体保险池的可能性。[117] 然而,在 20 世纪 30 年代,这个观点还不流行。那个时候,社会保险支持者更多地注意缺乏远见和过度自信的问题。如同鲁比诺指出的,有财力和智慧购买年金的"成功的工商界人士",经常认为"在这个无限可能性的国家,由他自己处理他自己的储蓄和投资问题可以做得更好。"同时,这些"普通大众"没有购买或为年金储蓄,因为在他们年轻时老年看上去太"遥远和不确定"。[118]

社会保障法解决了这些问题,通过提供相当于一个联邦年金计划的东西和通过让加入它成为义务。实际上,经济保障委员会在它报告的相关部分列有标题"共同出资年金(Contributory Annuities,强制制度)"。[119] 在法律的 202 节(Section 202)承诺每一个"合格的个人"的月度给付金,在"他 65 岁时开始获得……而在死亡那天截止"。1939 年的修正法案实际上将这个针对个人的年金转化为一个夫妇共同年金(joint-survivorship annuity),保证全部受保险工人的老年遗孀的持续给付金。强制参加不仅克服了工人缺乏远见和过度自信的问题,而且消除了在风险池里的任何选择偏见,因此便避免了成本的逐渐增高。

工作持续期风险(Work-Duration Risk)

最初的老年保险条款同样几乎没有处理的一个密切相关的风险,是工作持续期风险。周密的退休保险计划一开始就必要的主要原因是,大多数人在一定的年龄之后对工作变得极不适应。但是,这个年龄因人而异,而且任何人都难以就自己的情况很早提前准确地作出预测。因此,工作持续期风险产生于不可能准确地知道什么时候一个人的人力资本——产生未来收入流的人的能力——会枯竭。长寿风险可以通过购买年金来覆盖,而工作持续期风险不是这样。除了伤残保险(在 20 世纪 20 年代期间销售),对于一个由于比预期更短的工作持续期所导致的比预期更长的退休这种风险,没有一个民间手段可以覆盖。[120] 其中最有可能的原因在于,几乎不可能核实一个人的人力资本最后被耗尽的确切时刻,因此极有可能出现道德风险。[121]

　　工作持续期风险问题在新政期间当然得到了很好理解。经济保障委员会的老年年金方面的职员解释称："……挣钱能力最后中断的日期和状况，那时一个家庭的户主或者单个人必须面临这样的事实，他再也不能维持生计，对于人们个体而言是不可预测的。"[122]社会保障法的老年年金条款只提供了一个温和的回应，也就是说，拒绝对超过 65 岁仍然受雇佣获取收入的工人支付给付金。根据计划，继续获得生活来源的超过 70 岁的老年人将无权得到给付金，因为他明显没有耗尽他的人力资本。如同道格拉斯·布朗后来解释的："由老年保险覆盖的条件不单是年龄，而且还包括因为年老的缘故从现在的工作中获取的收入不足。"[123]

　　在随后的年份里，法律制定者扩大了社会保障对于工作持续期风险的覆盖范围。1956 年开始，联邦残疾保险合并进入这个计划。1961 年实施提前退休，允许有资格这样选择的工人在 62 岁时开始接受少许打折的给付金。11 年以后，对那些 65 岁以后还受雇工作的工人，国会批准了一个延缓退休积点（delayed retirement credit）条款。从 20 世纪 50 年代到 70 年代所有这些法律的修正，有助于工人更好地管理他们自身的工作持续期风险。[124]

　　然而，在 1935 年，政策制定者对每一个人的工作持续期不可预测的关心，还是让位于平均工作持续期正在下降这个更大的问题。他在国会听证中指出"老年人中就业的趋势已经持续下降了 40 年"，默里·拉蒂默（Murray Latimer）预测称，这种趋势在未来可能持续并且最终不得不在老年到来之前退休。"很可能，"他悲观地指出，"在中年人中间将有一个大量的永久性失业。"[125]与寿命的快速提高一起，工作持续期的缩短意味着平均退休长度的延长，而且因此极大地加重了对老年赡养的威胁。立法者将这解释为持续工业化的一个不幸的但是不可避免的结果。"形势在持续恶化，"参议员瓦格纳说，"由于平均寿命的延长……并且由于技术的变化将老年工人逐出工厂。"[126]

　　在这种环境之下，人们将强制老年保险制度的建立看成是绝对必要的。因为很多工人将在死去之前耗尽他们的人力资本，他们将需要某种财务支持，这正是社会保障要提供的。并且因为供养老年的成本在未来不可避免地要上升(因为工作持续期缩短和寿命提高),计划共同出资的性质将保证它持续的财政可行性。[127]那么,在支持者们看来,对于一个确实巨大的社会问题来说,共同出资老年保险成为一个理想的解决方案。

投资风险

在退休计划中发挥政府的巨大作用有许多理由。但是,一个最重要的理由是,个人仅凭他们自己,从来不能保证他们的投资战略会成功。由于各种不同的投资风险,总是有这样的可能性,退休储蓄——要么放在股票市场、商业银行,甚至要么放在民间年金基金——表现会更差,而且也许比预期的差很多。

自然,所有的投资当然都存在不良表现的可能,但是,在考虑为退休而积蓄的情景下,这个问题尤其令人担忧。这是因为一旦出现严重的财务困境,到了老年的人们再不能依靠他们自己的能力获得收入,因为他们的人力资本很有可能已被耗尽。如同来自纽约州的众议员威廉·西罗维奇(William Sirovich)论述的:"如果,不幸地,他们的收入不允许他们为年老储蓄,或者由于不幸运的投资丧失了他们的钱财,然后由于生命的耗损就像无用的浮木和残骸一样,现代工业将他们扔回社区。因此,我们看见我们的工资收入者从一群充满希望、独立的公民变成一个无助的贫困阶层。"[128]因为老年人再也不能持有金融资产和人力资本两方面都包括在内的多样化资产组合,他们发现自己面对金融市场的波动时异常脆弱。[129]

考虑到这一点,法律制定者区分了影响退休的几种不同类型的投资问题。一个就是个人储蓄者方面糟糕的判断——或者也许是不负责任。参议员诺里斯指出,工人们经常损失资金"在一些他们期望借此挣大钱的计划中",而众议员西罗维奇在众议院提醒他的同事:"不幸的实业投资、诱人的广告、强迫购买的销售人员已经让许多老年父母倾家荡产。"[130]一个相关的问题是,不计其数的公民"不熟悉货币和金融的运行机制"[131]。参议员瓦格纳一度论述道,普通的工人"不是精算师。他不是数学家。他就是一个平凡的工人"[132]。

但是,即使在个人明智地负责任地投资时,也许按照专家的建议,也仍

然没有保证。就像在 1929 年出现的情况一样,市场可能崩溃。雇主养老金
计划会失败,或者如同在 20 世纪 30 年代普遍存在的那样,直接被雇主莫名
其妙地终止。就像在 1933 年金融恐慌中得到证实的那样,即使银行和保险
公司也会难以预料地破产。来自纽约的参议员罗亚尔·科普兰(Royal
Copeland)对数以千计家庭的艰难困苦感到悲哀:"我猜想数以百万的人,认
为他们已经未雨绸缪,但是由于萧条及其相关的环境,他们几乎贫困得和许
多由于恐慌一出生就陷入一生贫困的人一样的境况。"[133]个人储蓄者财
务困境骇人听闻的后果一再被强调——不仅在国会辩论中而且在委员会的
听证之中,在经济保障委员会的工作之中,以及大多数主要的社会保险学术
研究工作之中。[134]在这种形势下十分容易理解,投资风险被看成一个严
重的令人烦恼的问题,很容易使每一个可接受的民间解决方案无效。

因此,政府运营的老年保险作为一个理想的制度性治理方案被提出。
与民间企业和个人不同,联邦政府本质上是不受市场和违约风险影响的。
这种深刻的认识,在众议院联邦筹款委员会的听证会上表达得特别清楚。
"我们将联邦政府的信用作为真实的根本准备,"珀金斯部长在她的证词中
解释说,"那就是提供这个稳定性的东西。"按照道格拉斯·布朗的说法,这
个保险提案"为老年进行储蓄赋予了一种能力,由政府自己提供,它将避免
银行破产的危险,证券和房地产或者其他投资手段或贮藏的损失"。经济
保障委员会的一个精算顾问,威廉姆森(W.R.Williamson)补充道:"政府希
望自身是一个无限持续经营的存在(a going concern)。"[135]

公共风险管理对阵民间风险管理

与上述公共风险管理的逻辑相悖的,是产生于参议院要在社会保障制
度内让民间年金保险项目占有一席之地的一个提案。来自密苏里州的参议
员乔尔·克拉克(Joel Clark)建议,提供满足一定的最低标准而且承诺至少
与政府计划一样有利的给付金的年金计划的雇主,应当免除公共计划。认
证、监控和取消这些民间计划的责任将属于社会保障委员会(Social Security
Board)本身。最后,如果一个民间年金计划的参加者由于任何原因(或者因
为计划被终止,或者这个工人换了工作)结束了他的参与,那么这个雇主将

被要求缴纳所有的工资税加上 3% 的利息给联邦政府,而这个工人将获得公共计划下的全额保险。[136]

克拉克与他的盟友主张,对于预防政府资助的养老保险的过度集中、对于鼓励民间创新,以及对于避免不经意地关闭那些已经提供了比政府准备提供的慷慨得多的给付金的民间计划,这个豁免是必要的。[137]尽管在参议院以 51 比 35 的投票通过了这个修正案,但是,它在众议院特别不受欢迎,而且,从来没有让它成为最终法案。克拉克修正案也激起了包括参议员瓦格纳、众议员道顿和罗斯福总统本人在内的每一个社会保障法案的主要发起人的激烈反对。[138]

这种敌意有许多原因。除了相信这个国家的民间养老金制度已经陷于绝境,大多数强制养老保险的主要支持者担心,一个民间基金退出条款将最终伤害他们正在努力建立的公共制度。批评家一再反复地强调逆向选择的问题。"唯一被民间计划覆盖的人,"众议员道顿预测道,"会是年轻工人。因此,留给政府计划的将是所有的'坏风险',而各个有实力的出资者都会免除。不久政府基金将会资不抵债,而整个保险规则将会受到摧毁。"[139]克拉克修正案的反对者也担心,由于强调社会保障法中税收和给付条款的联系,它会增加因违宪判决取消立法的可能性。[140]

也许最为引人入胜的是,对克拉克修正案的辩论在最可能迅速的救助中,将担心投向了违约风险。来自密西西比的参议员帕特·哈里森(Pat Harrison)警告:"如果有一个拥有民间年金制度的民间工业组织,而且它行将破产……这个责任将落到政府身上,并且政府会不得不支付年金而不是民间机构,因为那个机构什么也没有留下了。"[141]来自明尼苏达的参议员亨利克·希普斯特德(Henrik Shipstead)也有哈里森同样的担心,他提醒他的同事们,民间计划过去经常不能很好地兑现承诺。"在最近一些年里,我已经接到来自人们的抱怨,他们以为他们是民间退休制度的受益人,"他说,"但是,他们发现投资用来履行退休计划的准备金基金已经被用来如此糟糕地投资,以至于到了他们希望按年度领取预定的给付金的时候,基金的状况却是这样的——在许多情况下,他们领取到的数量是微乎其微的。"[142]

尽管克拉克和他的盟友坚持称,这种失败将是极不可能的,因为修正案授权社会保障委员会必要时监控民间计划,但是批评家宣称,这种监控将不可避免地是不充分的。"对于这个基金正如何被管理着的,一个(联邦官员)不可能每周或者每一个月都被派去做一个调查,"参议员瓦格纳反对道。当克拉克提醒瓦格纳他的修正案正是会允许这种检查,瓦格纳回击道:"我是在说我自己在体力上就不可能去做这件事。"[143] 民间基金的完美监控,他相信,对政府来说简直就是一个不可能完成的任务,指出违约风险这个纠缠不休问题的最好解决办法,是实施一个没有任何民间参与的纯粹的公共项目。如果不管怎样政府都将承担所有的风险,那么它也应该自己运行这个项目。

不能走的道路?

在最初联邦老年保险的辩论中,风险管理的各种思想就这样扮演了一个至关重要的角色。即使是一个民间固定收益年金计划(defined-benefit pension plan)——通过承诺整个退休期间一个稳定的收益,旨在既管理长寿风险又管理市场风险——亦会由于违约风险而容易失败。支持者们指出,只有政府可以提供一个完全安心的固定收益计划,因为人们只预期它"是一个无限期地持续经营的存在"。联邦政府因此作为终极风险管理者被推向前台。

在本来会提出来支持老年保险的所有貌似合理的风险管理论点中,还是有几个明显缺乏讨论。也许从一个现代的视角来看,最令人震惊的是缺乏代与代之间风险分散的任何可持续安排。那些有过大萧条生活经历的人,确实意识到由于经济衰退和其他灾难,某些年代的人遭受的打击比其他年代的人严重。"这十年的老年人,"一位国会议员悲伤地宣称,"不仅劳动成果的应得份额被剥夺,而且工作也被剥夺。由于多年不好的经济状况,由于横扫我们国家的投机风暴和随之而来的银行、建筑和贷款协会以及家族组织的倒闭,他们的储蓄已经被剥夺。"[144] 这种忧虑几乎是普遍的。几乎每一个人都想要帮助那些足够不幸的在萧条期间就到了老年的人。然而,强制老年保险的支持者没有将这个计划描绘成在多个世代之间分散超级

（系统性的）风险的手段。[145]

经济保障委员会确实承认，对在计划的早期年份就退休的工人一个相对较大的给付，将意味着"创立一个债务，未来的各代人将不得不每年对它支付大量的数额"。但是这被描绘为一个一次性的代际间转移，而不是作为一个应对未来危机的先例来援用。如同委员会继续解释的："我们提倡的这个计划意味着让每一代人为赡养那些那时还活着的老年人付款。"[146]没有特别条款写进法案，来准许特别不幸的世代比正常税收缴纳得更少，或者比正常给付金领取得更多。事实上，罗斯福总统坚持朝另外一个方向来推进这个计划，在早期年份提高税收并削减给付金以便人们更加忠实于保险契约模型。直到1939年的社会保障修正案，现收现付（pay as you go）原则才生效。而且即使在那时，代际风险分散的可能性充其量也只是模糊地触及。[147]

在建立联邦老年保险制度中唯一几乎没有言及的另一个风险，与通货膨胀有关。每月退休津贴（无论公共的或者民间的）的真实价值，由于不可预测的消费物价水平的提高，会很容易被侵蚀。因为没有应对通货膨胀风险（意思是没有让人们能够对通货膨胀进行保险和对冲的金融商品销售）的民间市场，在管理这种风险方面政府可能扮演一个特殊的角色。[148]尽管几个学者，大量经济保障委员会的职员成员，以及一些国会议员明确地认识到这个问题，但是，却难得将注意力投向针对消费物价指数的使月度给付金指数化的思想。[149]十有八九，这是因为大多数政策制定者在20世纪30年代期间更多地关注通货紧缩而不是通货膨胀。当通货膨胀在美国的经济生活中（几十年之后）确实以一个严重的问题出现，作为1972年社会保障法修正案的一部分，国会很快就批准老年保险领取者自动的生活费用调整。

一个最后的风险，它在社会保障政策的最初表述中几乎没有扮演什么角色，是没有预见到的平均生活水准的变化。即使没有消费物价的上涨，如果实际人均收入比预期更大地提高的话，将损害原本稳定的月度年金给付的感知价值。这是因为，通常个人衡量他们的生活标准既按相对的方式，又按绝对的方式。然而，这个问题在新政期间被极大地忽视了。除了月度津贴将以一生可纳税收入的一个百分比来计算，在1935年的社会保障法中，没有一个有意义的尝试来处理相对生活水准风险。

在接下来的几十年里,国会通过批准超过生活费用调整的临时的给付金提高,最终多多少少覆盖了这个风险。尤其是自从 1960 年起,社会保障的平均年退休给付金与人均 GDP 的比率仍然显著地稳定在接近 30% 的水平。[150]那么,如同应对通货膨胀风险一样,老年保险计划成为一个甚至比它的许多起草人原来设想的意义更加深远的风险管理工具。很显然,退休风险的公共管理已经具有重大的经济和政治意义。

3. 结　　语

在为将成为社会保障法的文本做修辞准备的工作中,罗斯福总统宣称:"人民想要一些保障,以防范在我们这个人为的世界里难以完全消除的不幸。"[151]经济保障委员会在回复给总统的报告中第一句就引用这段话,然后让它更精炼,指出"必须提供保护的大多数风险,类似于一个收入损失的风险"[152]。这个思想——工人的收入必须得到保护以应对各种风险——处于委员会提案和社会保障法本身的核心位置。它也非常简明地归纳了在阶段 Ⅱ 下美国风险管理政策的主要目标。

社会保障法解决了几乎每一个工人面对的两个主要的风险:失业和老年收入不足。具体地说,它创设了联邦一级及各州(federal-state)的失业保险和老年援助制度,以及一个严格的联邦老年保险制度。它也为许多其他目的拨付资金,包括援助需要抚养的孩子(它后来最终改进到 AFDC:Aid to Families with Dependent Children),各种妇女和儿童福利项目,一系列的公共卫生服务,并且援助盲人。但是,这两个保险计划是这个法案最为重要的特征,主导着在国会的辩论,并且很快激发了美国人民的想象力。

然而,法案远不完全——即使从一个风险管理的角度来看。[153]不仅失业和退休风险的某些方面仍然没有覆盖,而且其他几个重要的工人风险也全部被排除在外。亚瑟·梅耶后来以社会保障法保险项目的"巨大缺口"来描述强制健康和伤残保险的缺乏。[154]早在 1935 年,就在社会保法的最终计划得到签署和批准的时候,大多数立法规划师已经精明地意识到这个结构上的缺陷。

令人惊奇的是,强制健康保险离成为罗斯福 1935 年提交给国会的立法草案的一部分确实只有一步之遥。[155]在经济保障委员会的成员之间,对这个思想有相当的支持。而且,即使是罗斯福本人也在几个场合指出,经济保障任何全面的计划最终都必须包括健康保险。[156]尽管委员会在它提交给总统的第一份报告中避免在这个主题上进行任何坚决的推荐,但是在得到它的关键医疗顾问们的支持后,它最后认可了强制健康保险。一个提交总统的报告草案很快在 3 月草拟,呼吁一个联邦和州一级制度的建立,它同时覆盖了疾病引起的工资损失和基本的医疗费用。但是,这个程序由于医生们特别是美国医疗协会(American Medical Association)的激烈反对不久就被中断。由于担心将强制健康保险包括进去"将让整个法案趋于失败,"罗斯福和他的高级顾问不情愿地放弃了它。委员会关于健康保险的报告淹没于了公众的视野,而且它正式转交给总统的时间被延迟到 11 月,那时社会保障法案早已经颁布成为法律。[157]

尽管所有接下来使强制健康保险复活的努力都付诸东流,但是防范相关风险——伤残的保险项目最终合并进开始于 20 世纪 50 年代的社会保障计划。1956 年的社会保障修正法案,建立了 50 岁到 65 岁之间完全和永久伤残的工人的月度给付金。伤残给付金,开始于一个 6 个月的等待期以后,旨在用来替代一部分失去的收入——这正好与阶段 II 的逻辑一致。1960年的修正案将计划扩大到所有年龄的工人,而 1965 年的修正案允许给付金支付给伤残不会持续 12 个月以上,能回到岗位的那些工人。1965 年修正案也创立了医疗保健(Medicare),它本身就是另一个里程碑式的社会保险计划,它为老年人提供了公共健康保险,一些年以后,也将其提供给残疾人。[158]

然而,到这个时候,阶段 II 的全盛期已经随时间而逝。职工保障仍然是一个重要的政策目标,1974 年通过的《职工退休收入保障法》(Employee Retirement Income Security Act,简称 ERISA)就是一个例子。《职工退休收入保障法》授权对民间年金基金进行全面监管,并要求固定收益计划从新近创立的养老金担保公司(Pension Benefit Guaranty Corporation)购买政府保险。[159]但是,这种收入保障措施现在更多的是一个例外而非一个规则。如同我们在后面两章会看到的,1960 年后采纳的许多新的风险管理政策,不再关注意外的工资损失问题。相反,它们好像在处理不断扩大的一系列风险,这些风险威胁到消费者、房主、行人——事实上,几乎每一个可想到的角色和面貌的公民。公共风险管理的阶段Ⅲ已经到来。

注 释

〔 1 〕 Presidential statement signing the Social Security Act, August 14, 1935.

〔 2 〕 同上。另可参见 Doughton, *Congressional Record* (House), 74th Cong., 1st sess., April 11 1935, p.5468; Wanger, *Congressional Record* (Senate), 74th Cong., 1st sess., June 14, 1935, p.9283; Sirovich, *Congressional Record* (House), April 16, 1935, p.5790 ("工业向大城市密集集中以前,家宅得到保留,而且火炉旁边总是有祖父祖母生活的房间")。

〔 3 〕 *Report to the President of the Committee on Economic Security* (Washington, D.C.: GPO, 1935), p. 2. See also Henry R. Seager, "Outline of a Program of Social Legislation with Special Reference to Wage-Earners", in *American Association for Labor Legislation: Proceedings of the First Annual Meeting* (Madison, April 1908), pp. 85 – 103; Henry Rogers Seager, *Social Insurance: A Program of Social Reform* (New York: Macmillan, 1910).

〔 4 〕 U.S.Department of Commerce, Bureau of the Census, *Historical Statistics of the United States, Colonial Times to 1970* (Washington, D.C.: GPO, 1975), pt.1 ser.D – 8 and D – 9, p.126.

〔 5 〕 John R. Commons, "Unemployment—Prevention and Insurance", in Lionel D. Edie, ed., *The Stabilization of Business* (New York: Macmillan, 1923), p.181. See also "To Prevent Unemployment", *New York Times*, October 10, 1921, Commons Papers, reel 19, fr.246.

〔 6 〕 John R. Commons and John B. Andrews, *Principles of Labor Legislation*, 4th rev. ed. (New York: Augustus M.Kelley Publishers, 1967 [1936, 1916]), p.293n101.

〔 7 〕 Daniel Nelson, *Unemployment Insurance: The American Experience, 1915 – 1935* (Madison: University of Wisconsin Press, 1969), pp.118 – 128; Saul J.Blaustein, *Unemployment Insurance in the United States* (Kalamazoo, Mich.: W.E.Upjohn Institute for Employment Research, 1993), pp.117 – 118; Commons and Andrews, *Principles of Labor*

Legislation, pp.308 – 309; "Wisconsin Unemployment Compensation Act of 1931", reprinted in Paul H.Douglas, *Standards of Unemployment Insurance*(Chicago: University of Chicago Press, 1932), app.A, pp.200 – 218.

〔 8 〕 Groves-Raushenbush 计划精神上的支持, 参见 Harold M.Groves and Elizabeth Brandeis, "Economic Bases of the Wisconsin Unemployment Reserves Act", *American Economic Review*, 24, no.1(March 1934), 38 – 52。

〔 9 〕 John R.Commons, "Unemployment Insurance", Economic Series Lecture no.24, 通过国家广播公司(National Broadcasting Company)的全国性网络于 1932 年 4 月 9 日发出, 并重印于 Commons Papers, reel 21, frs.490 – 491。也可参见另外几篇 *American Labor Legislation Review* 〔*ALLR*〕, 22, no.1 (March 1932) 的文章: Harold M. Groves, "Compensation for Idle Labor in Wisconsin", 7; John R. Commons, "The Groves Unemployment Reserves Law", 8 – 10; Paul A.Raushenbush, "Wisconsin's Unemployment Compensation Act", 11 – 18。

〔 10 〕 Paul H.Douglas, *Social Security in the United States: An Analysis and Appraisal of the Federal Social Security Act*(New York: Whittlesey House, 1936), pp.15 – 16.See also Report of the Interstate Commission on Unemployment Insurance, reprinted in Douglas, *Standards of Unemployment Insurance*, app.B, p.220.

〔 11 〕 See Paul H.Douglas, "Two Problems of Unemployment Insurance", *Journal of the American Statistical Association*, 30, no.189(March 1935), esp.215 – 217; Walter A. Morton, "The Aims of Unemployment Insurance with Especial Reference to the Wisconsin Act", *American Economic Review*, 23, no.3(September 1933), esp.409 – 410; Abraham Epstein, *Insecurity: A Challenge to America*, 2nd rev.ed.(New York: Agathon Press, 1968 〔1938, 1933〕, esp.p.312; Paul H.Douglas, reviews of Abraham Epstein, *Insecurity: A Challenge to America* and John B. Ewing's *Job Insurance*, *American Political Science Review*, 27, no.5(October 1933), 835 – 836.即便 Andrews 也曾经表示对个别储备方案收益太低的担忧。参见 John Andrews to Paul Raushenbush, January 15, 1931, AALL Papers, reel 43, 也引自 Roy Lubove, *The Struggle for Social Security, 1900 – 1935*(Pittsburgh: University of Pittsburgh Press, 1986 〔1968〕), pp. 169 and 267n92。

〔 12 〕 Douglas, *Social Security*, pp.13 – 14.See also Nelson, *Unemployment Insurance*, p.149.

〔 13 〕 Blaustein, *Unemployment Insurance*, p.119; Nelson, *Unemployment Insurance*, p.184 and apps.1 and 2, pp.225 – 236; Douglas, *Social Security*, p.17; Carter Goodrich, "An Analysis of American Plans for State Unemployment Insurance", *American Economic Review*, 21, no.3(September 1931), 399 – 415.俄亥俄州委员会的模范法案重印于 Dougls, *Standards of Unemployment Insurance*, app.C, pp.226 – 242。

〔 14 〕 Nelson, *Unemployment Insurance*, app.2(Excerpts from the Report of the Ohio Commission, 1932"), p.232.

〔 15 〕 Ibid., p.184.

〔 16 〕 Quoted ibid.

〔17〕 Douglas, *Social Security*, pp.17 – 18; Nelson, *Unemployment Insurance*, p.189.

〔18〕 Donald M.Smith, "A Comparison of State Unemployment Insurance Measures, 1930 – 1935", M. A. thesis (University of Chicago, 1935), p. 4, cited in Douglas, *Social Security*, p.18.关于稍有不同的预测,参见 Katherine Baicker, Claudia Goldin, and Lawrence Katz, "A Distinctive System: Origins and Impact of U. S. Unemployment Compensation", in Michael D.Bordo, Claudia Goldin, and Eugene N.White, eds., *The Defining Moment: The Great Depression and the American Economy in the Twentieth Century* (Chicago: University of Chicago Press, 1998), p.238。

〔19〕 David A.Moss, *Socializing Security: Progressive-Era Economists and the Origins of American Social Policy* (Cambridge, Mass.: Harvard University Press, 1996), pp.160 – 161; Lubove, *The Struggle for Social Security*, pp.138 – 143; Nelson, *Unemployment Insurance*, pp.152, 194 – 196; Leotto Louis, "Abraham Epstein and the Movement for Old Age Security", *Labor History*, 16, no.3 (1975), 359 – 377.

〔20〕 Quoted in Nelson, *Unemployment Insurance*, p.195.

〔21〕 Ibid., p.184.See also Paul H.Douglas, "Discussion", *American Economic Review*, 23, no.1 (March 1933), Papers and Proceedings, 52 – 54; E.M.Burns, "The Economics of Unemployment Relief", *American Economic Review*, 23, no.1 (March 1933), Papers and Proceedings, 31 – 43.

〔22〕 Douglas, "Discussion", p.53.

〔23〕 I. M. Rubinow, "Labor Insurance", *Journal of Political Economy*, 12, no.3 (June 1904), 374 – 375.

〔24〕 I.M.Rubinow, "Subsidized Unemployment Insurance", *Journal of Political Economy*, 21, no.5 (May 1913), 413.

〔25〕 Paul H.Douglas, *Standards of Unemployment Insurance* (Chicago: University of Chicago Press, 1932), p.164.

〔26〕 参见 Michael Rappaport, "The Private Provision of Unemployment Insurance", *Wisconsin Law Review*, 61 (January-February 1992), 65n8; Paul Monroe, "Insurance against Non-Employment", *American Journal of Sociology*, 2, no.6 (May 1897), 771 – 785; Marquis James, *The Metropolitan Life: A Study in Business Growth* (New York: Viking Press, 1947), p.432n41.关于密歇根民间失业保险的法律宽容,参见 Bryce M.Stewart, *Unemployment Benefits in the United States: The Plans and Their Settings* (New York: Industrial Relations Counselors, 1930), pp.98, 573。

〔27〕 James, *Metropolitan Life*, pp.201, 226 – 231, 336 – 337; Rappaport, "Private Provision of Unemployment Insurance", pp.66 – 68.

〔28〕 关于民间失业保险可行性的反事实观点由 Rappaport 提出, "Private Provision of Unemployment Insurance", esp.pp.62 – 72。

〔29〕 同上, pp.67 – 68.由于急切地要对创纪录的失业做点什么,纽约州议会最终在 1931 年通过了等待已久的授权法案。但是罗斯福州长还在等待他的州际委员会在失业保险上的结论,于是立即否决了这项法案。Nelson, *Unemployment Insurance*, p.166.罗斯福的否决,也可参见 Bernard Bellush, *Franklin D. Roosevelt as Governor of New York* (New York: AMS Press, 1968), pp. 187 – 188; Franklin D. Roosevelt, veto message regarding Assembly bill, Int.no.2096, Pr.No.2421, "An Act to amend the insurance law, in relation to unemployment insurance corporations", April 14, 1931 in *Public Papers of Franklin D.Roosevlet, Forty-eighth Governor of the State of New York, Second Term, 1931* (Albany, J.B.Lyon Company, 1937), pp.237 – 238。

〔30〕 Quoted in Rappaport, "Private Provision of Unemployment Insurace", p.67.

〔31〕 Louis I.Dublin, *A Family of Thirty Million: The Story of the Metropolitan Life Insurance Company* (New York: Metropolitan Life Insurance Company, 1943), p.93.

〔32〕 See esp. Roderic Olzendam, *Memorandum Presented by Roderic Olzendam, Social Insurance Research Director of the Metropolitan Life Insurance Company, at the Invitation of the Joint Legislative Committee on Unemployment of the State of New York*, pamphlet (New York, December 1 , 1932).在 1932 年失业联合议会委员会面前,大都会人寿的 Olzendam 断言:"就我所知,今天没有保险公司会支持允许它们进行失业保险试验的任何法律变革。就我们自己公司而言,基于过去两年间我们的研究,我们已经肯定地作出结论,我们并不愿意进行这种试验。"(p.4)

〔33〕 Rubinow, "Subsidized Unemployment Insurance", p.416.

〔34〕 Harry Malisoff, "The Emergence of Unemployment Compensation, I", *Political Sceince Quarterly*, 54, no.2(June 1939) , 239n4, 240n8.

〔35〕 Douglas, *Standards of Unemployment Insurance*, p.33.

〔36〕 Commons and Andrews, *Principles of Labor Legislation*, p.293.有关一个几乎一样的衰败迹象,参见 Epstein, *Insecurity*, p.349。

〔37〕 See esp.Industrial Relations Counselors, *An Historical Basis for Unemployment Insurance* (Minneapolis: University of Minnesota Press, 1934), pp. 68, 240 – 247; Douglas, *Standards of Unemployment Insurance*, p.38.

〔38〕 Rubinow, "Subsidized Unemployment Insurace", p.418.

〔39〕 Rappaport, "Private Provision of Unemployment Insurance", pp.65 – 66.

〔40〕 Malisoff, "Emergence of Unemployment Compensation, I", pp.239n5, 240n8.

〔41〕 Groves and Brandeis, "Economic Bases of the Wisconsin Unemployment Reserves Act", p.45n6.

〔42〕 Lubove, *Struggle for Social Security*, p.169; Malisoff, "Emergence of Unemployment Compensation, I", p.247.

〔43〕 Paul A.Raushenbush and Elizabeth Brandeis Raushenbush, *Our "U.C." Story, 1930 – 1967* (Madison, Wisc., 1979), pp.38 – 39; *Florida v. Mellon*, 273 U.S.12(1927).有关 1926 年国会创立税收抵免计划的意图,参见 Thomas H.Eliot's discussion in Katie Louchheim, ed., *The Making of the New Deal: The Insiders Speak* (Cambridge, Mass.: Harvard University Press, 1983), pp.160 – 161。

〔44〕 Statement of Thomas H.Eliot in Louchheim, *Making of the New Deal*, pp.160 – 161; Raushenbush and Raushenbush, *Our "U.C." Story*, pp.38 – 39.See also Wilbur J.Cohen, "The Development of the Social Security Act of 1935: Reflections Some Fifty Years Later", *Minnesota Law Review*, 68, no.2 (December 1983), 401 – 402; Nelson, *Unemployment Insurance*, p.199.

〔 45 〕 Nelson, *Unemployment Insurance*, pp.134 – 135, 198 – 204; "New Federal Plan for Unemployment Compensation Legislation", *ALLR*, 24, no. 1 (March 1934), 7 – 8; John B. Andrews, "A National Challenge", *ALLR*, 24, no.1 (March 1934), 3; "Administration Job Insurance Bill 'Side-Tracked' at Washington", *ALLR*, 24, no.2 (June 1934), 53 – 56.

〔 46 〕 "The Initiation of Studies to Achieve a Program of National Social and Economic Security", Executive Order no.6757, June 29, 1934, reprinted in *The Report of the Committee on Economic Security of 1935, and Other Basic Documents Relating to the Development of the Social Security Act*, Fiftieth Anniversary ed. (Washington, D.C.: National Conference on Social Welfare, 1985), p.140.

〔 47 〕 Ibid.

〔 48 〕 Arthur J. Altmeyer, *The Formative Years of Social Security* (Madison: University of Wisconsin Press, 1968), p.viii.

〔 49 〕 Edwin Witte, "What to Expect of Social Security", *American Economic Review*, 34, no.1 (March 1944), 214. Witte 还记述道: "社会保险这个词在现在使用的含义上, 似乎不能追溯到 1933 年以前, 那时已故的 Abraham Epstein 博士还将其老年保障协会扩大为社会保障协会。"

〔 50 〕 Altmeyer, *Formative Years*, p.13. See also J. Douglas Brown, *An American Philosophy of Social Security: Evolutions and Issues* (Princeton: Princeton University Press, 1972), pp.8 – 9; Ann Shola Orloff, *The Politics of Pensions: A Comparative Analysis of Britain, Canada, and the United States, 1880 – 1940* (Madison: University of Wisonsin Press, 1993), p.291.

〔 51 〕 Interview with Barbara Nachtrieb Armstrong, conducted December 19, 20, and 22, 1965, by Peter A. Corning, Social Security Administration Project, Oral Hisotry Research Office, Columbia University, pp.31, 183 – 184 (here after Armstrong oral history interview). 关于阿姆斯特朗 (Armstrong) 的担忧, 即珀金斯 (Perkins) 和维特 (Witte) 对州一级失业保险的通过分分关注, 而对老年保险基本不感兴趣, 可参见该份访谈的第 54、78 和 85 页。

〔 52 〕 *Congressional Record* (House), April 11, 1935, p.5476.

〔 53 〕 Committee on Economic Security, *The Report to the President of the Committee on Economic Security* (Washington, D.C.: GPO, 1935), pp.37 – 40.

〔 54 〕 Armstrong oral history interview, p.215. See also Edwin E. Witte, *The Development of the Social Security Act* (Madison: Univeirsity of Wisconsin Press, 1963), p. 112; Blaustcin, *Unemployment Insurance*, p.135.

〔 55 〕 Frances Perkins, *The Roosevelt I Knew* (New York: Viking, 1946), pp.291 – 292; Douglas, *Social Security*, pp.33 – 34. 另可参见 Altmeyer, *Formative Years*, pp.14 – 15; Willbur J. Cohen, "The Development of the Social Security Act of 1935:

Reflections Some Fifty Years Later", *Minnesota Law Review*, 68, no.2 (December 1983), 399。当珀金斯部长 1934 年向哈伦·菲斯克·斯通(Harlan Fiske Stone)法官征求意见,询问如何在建立一个失业保险制度方面让法院最满意时,这位伯父式的法官告诉她:"联邦政府的征税权力,我亲爱的,你想要和需要的每一样东西都可以通过征税权力获得。"Perkins, *The Roosevlet I Knew*, p.286.

〔56〕 Quoted in Nelson, *Unemployment Insurance*, p.206.

〔57〕 Frances Perkins, *Economic Security Act: Hearings before the Committee on Finance on S.1130*(Senate), 74th Cong., 1st sess., p.101.然而,她的确承认"一定程度的季节性失业、技术进步引起的失业,以及由于保留大批工人部分附着于工业以备高峰期或者高负荷时之用的产业界的做法引起的失业,这些都是由于雇主对他面前问题的社会概念不足造成的"。

〔58〕 Committee on Economic Security, *Report to the President*, p.14.另可参见 Perkins, *The Roosevelt I Knew*, p.285。关于维持购买力观点和共享准备金账户的关联,参见 Douglas, "Discussion", p.52。

〔59〕 Committee on Economic Security, *Report to the President*, pp.15 – 23.

〔60〕 企业对威斯康星计划的支持,特别参见 Nelson, *Unemployment Insurance*, p.208。

〔61〕 Committee on Economic Security, *Report to the President*, pp.7 – 10; Perkins, *Economic Security Act: Hearings before the Committee on Finance*(Senate), pp.119 – 120.

〔62〕 Committee on Economic Security, *Report to the President*, pp.7, 10.

〔63〕 Walter Lippmann to J.M.Keynes, January 9, 1935, Walter Lippmann Collection, Yale University, Group 326, ser.3, box 82, folder 1217.

〔64〕 Witte, *Development of the Social Security Act*, p.77.

〔65〕 Donald S.Howard, *The WPA and Federal Relief Policy*(New York: Russell Sage Foundation, 1943), pp.563 – 565.

〔66〕 Cohen, "Development of the Social Security Act", p.380n4.

〔67〕 关于更短工作周的提案,特别参见 Truax, *Congressional Record*(House), April 15, 1935, p.5691; Barkley, *Congressional Record*(Senate), June 19, 1935, p.9626.关于工作的法律权利,参见 Lewis, *Congressional Record*(House), April 15, 1935, p.5687; Keller, *Congressional Record*(House), April 12, 1935, p.5551.值得注意的是,康芒斯(John R.Commons)首先在 19 世纪 90 年代提出了工作的法律权利,但是后来未能坚持这个想法。参见 John R.Commons, *The Distribution of Wealth*(New York: Macmillan, 1893), pp.80, 82 – 83; John R.Commons, "The Right to Work", *Arena*, 21, no.2(February 1899), 131 – 142.关于"技术税",参见 Hoeppel, *Congressional Record*(House), April 13, 1935, pp.5589 – 90, April 19, 1935, pp.6054 – 55。CES(经济保障委员会, Committee on Economic Security)明显考虑了一个类似的提案,但决定反对它。参见 Frances Perkins, *Economic Security Act: Hearings before the Committee on Ways and Means on H.R.4120*(House), 74th Cong., 1st sess., p.205。

〔68〕 社会保障法(Social Security Act), 1935 年 8 月 14 日,第 271 号公共法(Public Law no.271),第 74 届国会,标题 3、8、9。

〔69〕 《国会记录(参议院)》[*Congressional Record*(Senate)],1935 年 6 月 14 日,第 9283 页。

〔70〕 只要社会保障法(Social Security Act)及其衍生出的各州失业法律的合宪性受到挑战,法院就会再次强调这个同样的问题。特别参见 *W. H. H. Chamberlin, Inc. v. Andrews*,159 Misc.124,145,286 N.Y.S.242,270(1936);*Stewart Mach. Co. V. Davis*,301 U.S.548,588(1937).

〔71〕 《国会记录(众议院)》[*Congressional Record*(house)],1935 年 4 月 11 日,第 5468 页。也可参见经济保障委员会(Committee on Economic Security)的《致总统报告》(*Report to the President*),第 15 页("失业保险已经……在所有国家提供了一种自我尊重方法的支持,远比需要救援的要好")。

〔72〕 根据 CES(经济保障委员会,Committee on Economic Security),"失业赔偿金的最初目的是让失业引起的损失社会化,但它也应该服务于减少而不是增加失业的目的"。经济保障委员会(Committee on Economic Security)的《致总统报告》(*Report to the President*),第 22 页。作为国会中这些论述的回应,Doughton 众议员主张,"社会保障计划……是一个减轻和预防我们工业经济如此频繁引发的不幸和痛苦的努力"。《国会记录(众议院)》[*Congressional Record*(House)],1935 年 4 月 11 日,第 5468 页。

〔73〕 参见《国会记录(众议院)》[*Congressional Record*(House)],1935 年 4 月 19 日,第 6059—60 页。

〔74〕 参见 Doughton,同上,1935 年 4 月 11 日,第 5476、5468 页。Healey,同上,1935 年 4 月 16 日,第 5813 页。

〔75〕 Perkins,*Economic Security Act: Hearings before the Committee on Finance*(Senate),p.115.See also Perkins,*Economic Security Act: Hearings before the Committee on Ways and Means*(House),pp.184 – 185.

〔76〕 Nelson,*Unemployment Insurance*,p.218.

〔77〕 《国会记录(参议院)》[*Congressional Record*(Senate)],1935 年 6 月 15 日,第 9359—61 页。

〔78〕 同上,1935 年 6 月 14 日,第 9284 页。

〔79〕 参见 Harrison,同上,第 9271 页;Wagner,同上,第 9284 页。

〔80〕 Nelson,*Unemployment Insurance*,p.218.

〔81〕 Malisoff,"Emergence of Unemployment Compensation,I",p.252.

〔82〕 Blaustein,*Unemployment Insurance*,pp.160 – 161. See also William Haber and Merrill G.Murray,*Unemployment Insurance in the American Economy*(Homewood,Ill.: Richard D.Irwin,1966),p.120.

〔83〕 经济保障委员会(Committee on Economic Security)的《致总统报告》(*Report to the President*),第 23—24 页。也可参见 *Social Security in America: The Factual Background of the Social Security Act as Summarized from Staff Reports to the Committee on Economic Security*(Washington,D.C.: GPO,1937),pp.139 – 142,149 – 154.

〔84〕 《国会记录(参议院)》[*Congressional Record (Senate)*],1935 年 6 月 14 日,第

9288—90、9285—86 页。也可参见 Social Security in America, pp.167 – 178。

〔85〕 《国会记录（参议院）》[*Congressional Record*(Senate)]，1935 年 6 月 14 日，第 9285 页。

〔86〕 一个特例是面向联邦雇员的强制老年保险计划，它于 1920 年制定。全国第一个 适用于民间的职工强制性分担计划，于 1934 年国会通过铁路退休法（the Railroad Retirement Act）时诞生。参见 Commons and Andrews, *Principles of Labor Legislation*, pp.283 – 284。

〔87〕 简单地说，老龄化和老龄赡养都不是雇主可以合理预防的风险。无论通过经验 费率保险的保费将多少负担转移给雇主，他们都不可能"阻止"他们的员工变 老。雇主可以信服地继续在更长的一段时间内雇佣年龄较大的员工，从而延缓 了收益的终止和赡养的开始。但是要说服雇主这么做将是异常艰难的，因为年 龄较大的员工通常都会被认为生产能力低。特别参见，Moss, *Socializing Security*, p.170。也可参见 Eveline M. Burns, "Social Insurance in Evolution", *American Economic Review*, 34, no.1(March 1944), Papers and Proceedings, p.210。

〔88〕 Commons and Andrews, *Principles of Labor Legislation*, p.285.

〔89〕 See Henry Seager, "Old Age Pensions" (1908), reprinted in *Labor and Other Economic Essays by Henry R.Seager*, ed. Charles A.Gulick, Jr.(New York: Harper and Brothers Publishers, 1931), pp.149 – 154.See also Frederick L.Hoffman, "State Pensions and Annuities in Old Age", *Publications of the American Statistical Association*, 11, no.85(March 1909), esp.371.

〔90〕 Commons and Andrews, *Principles of Labor Legislation*, pp.278, 284 – 285; Lubove, *Struggle for Social Security*, pp.135 – 137; Mark H.Leff, "Taxing the 'Forgotten Man': The Politics of Social Security Finance in the New Deal", *Journal of American History*, 70, no.2(September 1983), 360.也可参见 Social Security in America, pp.156 – 167。

〔91〕 Armstrong oral history interview, p.31.

〔92〕 经济保障委员会（Committee on Economic Security）的《致总统报告》(*Report to the President*)，第 25、33 页。这个观点还在国会辩论期间频繁得到强调。参见 Wagner, *Congressional Record*(Senate), June 14, 1935, pp.9285, 9286。关于 CES 的意 见明显地向对保险方案集中的原因，参见 Armstrong oral history interview, pp.81 – 83, 154 – 155; Brown, *American Philosophy of Social Security*, p.21。

〔93〕 经济保障委员会（Committee on Economic Security）的《致总统报告》(*Report to the President*)，第 25 页。

〔94〕 Ibid., pp.26 – 29.

〔95〕 同上，第 25 页。关于将工薪税当成保费收入的观念，参见 Perkins, *Economic Security Act: Hearings before the Committee on Finance*(Senate), p.106。

〔96〕 这些修改大多数是比较细微的，但也有几个重要的修改。例如，最终版本的法律 将农业工人和家庭雇员从保险计划（社会保障法 210b 款）中排除，取消了针对 非体力劳动者每月 250 美元收益的减免（210 条），并将工人和雇主合计交纳的 工资税率设定在 6% 而非 5%（社会保障法，第 801 条）。最终版本也取消了 CES

让联邦政府基于自愿原则向公众出售补充年金的提案。经济保障委员会(Committee on Economic Security)的《致总统报告》(*Report to the President*), 第34—35页。关于对农业和家庭雇工排除在外的争论,特别参见 Perkins, *The Roosevelt I Knew*, pp.297 – 298; Armstrong oral history interview, pp.129 – 130。

〔97〕 See Witte, *Development of the Social Security Act*, pp.76 – 79; Thomas H. Eliot, "The Legal Background of the Social Security Act", address delivered at a general staff meeting at Social Security Administration headquarters, Baltimore, February 3, 1961.

〔98〕 社会保障法(Social Security Act), 1935 年 8 月 14 日, 第 271 号公共法(Public Law no. 271), 第 74 届国会, 标题 2、8。*Helvering v. Davis*, 301 U.S. 619(1937); Eliot, "Legal Background of the Social Security Act"; Armstrong oral history interview, pp.131 – 133.

〔99〕 关于这两个观点,特别参见 *Social Security in America*, p.137; Armstrong oral history interview, pp.255 – 256, 261 – 262; Wilbur J. Cohen, *Retirement Policies under Social Security*(Berkeley: University of California Press, 1957), p.19; Wagner, *Congressional Record*(Senate), June 14, 1935, p.9286; Murray Latimer, *Economic Security Act: Hearings before the Committee on Ways and Means*(House), pp.220 – 225; Perkins, *Economics Security Act: Hearings before the Committee on Ways and Means*(House), p.180。有关将老年工人从劳动力群体中剔除的看法,参见 William Graebner, *A History of Retirement: The Meaning and Function of an American Institution, 1885 – 1978*(New Haven: Yale University Press, 1980), esp. pp.18 – 53, 181 – 214。

〔100〕《国会记录(参议院)》[*Congressional Record*(Senate)], 1935 年 6 月 14 日, 第 9286 页。

〔101〕 Barbara Nachtrieb Amrstrong, *Insuring the Essential: Minimum Wage Plus Social Insurance—A Living Wage Program*(New York: Macmillan, 1932), p.381.

〔102〕《国会记录(参议院)》[*Congressional Record*(Senate)], 1935 年 6 月 14 日, 第 9292 页。也可参见 Wagner, 同上, p.9285; Sirovich, *Congressional Record*(House), April 16, 1935, p.5790。

〔103〕 经济保障委员会(Committee on Economic Security)的《致总统报告》(*Report to the President*), 第 31、30 页。

〔104〕 Leff, "Taxing the 'Forgotten Man'", pp.368 – 370.

〔105〕 社会保障法案(Social Security Act), 1935 年 8 月 14 日, 第 271 号公共法(Public Law no.271), 第 74 届国会, 第 202、801、804 节。

〔106〕 Leff, "Taxing the 'Forgotten Man'", p.369.

〔107〕 Armstrong oral history interview, p.264. See also Epstein, *Insecurity*, p.780, 783.

〔108〕 特别参见社会保障法修正案(Social Security Act Amendment), 1939 年 8 月 10 日, 第 379 号公共法(Public Law no.379), 第 76 届国会会议, 第 202、203、601、604 节; Robert M. Ball, "The 1939 Amendments to the Social Security Act and What Followed", in *Report of the Committee on Economic Security of 1935*, pp.165 – 167。根据 Leff 的说法, 1939 年修正案显著地破坏了总统的"严格保险模型(strict insurance model)"。"Taxing the 'Forgotten Man'", p.371. 关于计划声称的再分配不

足问题，特别参见 Jerry R. Cates, *Insuring Inequality : Administrative Leadership in Social Security, 1935 – 54* (Ann Arbor: University of Michigan Press, 1983), chap.1, pp.5 – 21。

〔109〕 J.Douglas Brown, *Economic Security Act : Hearings before the Committee on Ways and Means* (House), pp.245 – 246.

〔110〕 同上, p.203。另可参见 Henry Morgenthau, 同上, p.900。

〔111〕 关于将社会保障法的老年保险计划看成"终生强制储蓄框架", 参见 Alicia H. Munnell, *The Future of Social Security* (Washington, D. C. : Brookings Institution, 1977), pp.92 – 93。

〔112〕《国会记录（参议院）》[*Congressional Record* (Senate)], 1935 年 6 月 14 日, 第 9292 页。

〔113〕 *Social Security in America*, p.138.

〔114〕《国会记录（参议院）》[*Congressional Record* (Senate)], 1935 年 6 月 18 日, 第 9526 页。

〔115〕 *Historical Statistics of the United States*, pt.1, ser.B – 107.

〔116〕 U.S. Department of Labor, *Care of Aged Persons in the United States*, Bulletin of the United States Bureau of Labor Statistics no. 489 (Washington, D. C. : GPO, October 1929), p.296.关于短视决策问题的早期解决以及政府在解决它的过程中的可能角色, 参见 A.C.Pigou, *The Economics of Welfare* (London: Macmillan, 1932), pp.23 – 30。

〔117〕 Benjamin M.Friedman and Mark J.Warshawsky, "The Cost of Annuities : Implications for Saving Behavior and Bequests", *Quarterly Journal of Economics*, 105, no. 1 (February 1990), 136, 140.

〔118〕 Rubinow, *Quest for Security*, p.293.

〔119〕 经济保障委员会（Committee on Economic Security）的《致总统报告》(*Report to the President*), 第 29 页。

〔120〕 虽然在 20 世纪 20 年代出售了大量伤残保险, 但是这种保险由于赔付过大 20 世纪 30 年代在民间保险公司之中失宠了。很明显, 很多已失业的投保工人在大萧条期间成功地以伤残为名申领了保险金。参见 Edward Berkowitz and Kim McQuaid, "Businessman and Bureaucrat : The Evolution of the American Social Welfare System, 1900 – 1940", *Journal of Economic History*, 38, no.1 (March 1978), 137 – 138。

〔121〕 有关工作持续期风险（work-duration risk）, 特别参见 Peter A.Diamond, "A Framework for Social Security Analysis", *Journal of Public Economics*, 8, no.3 (December 1977), 280 – 281。

〔122〕 *Social Security in America*, p.139.

〔123〕 Brown, *American Philosophy of Social Security*, p.125.

〔124〕 有关立法的变化, 特别参见 Geoffrey Kollmann, "Summary of Major Changes in the Social Security Cash Benefits Program, 1935 – 1996", *CRS Report for Congress* (Congressional Research Service, Library of Congress, December 20, 1996), pp.1, 6 – 7, 8, 12。有关工作持续期风险（work-duration risk）的含义, 参见 Diamond, "Framework for Social Security Analysis", pp.276 - 277, 280 - 281。

〔125〕 *Economic Security Act: Hearings before the Committee on Ways and Means* (House),
p.220.

〔126〕 《国会记录（参议院）》[*Congressional Record* (Senate)], 1935 年 6 月 14 日, 第
9285 页。

〔127〕 参见经济保障委员会（Committee on Economic Security）的《致总统报告》(*Report
to the President*), 第 29 页。

〔128〕 《国会记录（众议院）》[*Congressional Record* (House)], 1935 年 4 月 16 日, 第
5789 页。

〔129〕 特别参见 Robert C. Merton, "On the Role of Social Security as a Means for Efficient
Risk Sharing in an Economy Where Human Capital Is Not Tradable", in Zvi Bodie
and John B. Shoven, eds., *Financial Aspects of the U. S. Pension System* (Chicago: Uni-
versity of Chicago Press, 1983), pp.325 - 358. Merton 主张, 公共老年保险的一个可
能的正当理由是, 它将人力资本（通过工资税）从青年人（在他们的资产组合中
通常拥有太多的人力资本）重新分配给老年人（在他们的资产组合中通常人力
资本太少）。这种资产组合的多样化不可能由民间部门来完成, 因为宪法对奴
隶制的禁止和破产时债务免除的运用使得人力资本不能在市场上合法地交易。

〔130〕 《国会记录（参议院）》[*Congressional Record* (Senate)], 1935 年 6 月 14 日, 第
9292 页。《国会记录（众议院）》[*Congressional Record* (House)], 1935 年 4 月 16
日, 第 5790 页。

〔131〕 Beiter, *Congressional Record* (house), June 18, 1935, p.9525.

〔132〕 《国会记录（参议院）》[*Congressional Record* (Senate)], 1935 年 6 月 18 日, 第
9525 页。

〔133〕 Iibd., p.9520.

〔134〕 See, e.g., in *Congressional Record* (House), Crawford, April 15, 1935, pp.5708 - 9;
Beiter, April 16, 1935, p. 5768; Colden, April 16, 1935, p. 5804; Young, April 13,
1935, p. 5594; Sirovich, April 16, 1935, p. 5789; Fuller, April 17, 1935, p. 5858;
Kenney, April 13, 1935, p. 5605; also Latimer, *Economic Security Act: Hearings before
the Committee on Ways and Means* (House), p. 221; Brown, Ibid., p. 241; *Social
Security in America*, p.153; Rubinow, *Quest for Security*, esp. pp.33, 230, 235, 237.

〔135〕 *Economic Security Act: Hearings before the Committee on Ways and Means* (House), pp.
179, 241, 1011.

〔136〕 《国会记录（参议院）》[*Congressional Record* (Senate)], 1935 年 6 月 17 日, 第
9242 页; 以及 1935 年 6 月 18 日, 第 9510—12 页。

〔137〕 参见同上, 1935 年 6 月 18 日, 第 9511、9515、9516、9518、9527、9531 页。也可参
见 Douglas, *Social Security*, pp.121 - 122。

〔138〕 Ann Shola Orloff, *The Politics of Pensions: A Comparative Analysis of Britain, Canada,
and the United States, 1880 - 1940* (Madison: University of Winconsin Press, 1993),
p.293; Douglas, *Social Security*, pp.124 - 125.

〔139〕 《国会记录(众议院)》[*Congressional Record*(house)],1935 年 6 月 17 日,第 11342 页。也可参见 Wagner,*Congressional Record*(Senate),June 18,1935,p.9525("我非常坚定地相信,如果这个修正案得到采纳,我们应该发现只有政府为老年人负责了");Harrison,*Congressional Record*(Senate),June 18,1935,pp.9521 – 23.

〔140〕 Brown,*American Philosophy of Social Security*,p.65.另可参见 Harrison,*Congressional Record* (Senate),June 18,1935,pp.9521 – 33.

〔141〕 《国会记录(参议院)》[*Congressional Record*(Senate)],1935 年 6 月 18 日,第 9521 页。

〔142〕 Shipstead,同上,p.9523.也可参见同上,1935 年 7 月 17 日,第 1136—37 页(Hill),11341 页(Sauthoff),11342 页(Dockweiler)。

〔143〕 同上,1935 年 6 月 18 日,第 9525 页。

〔144〕 Colden,*Congressional Record*(House),April 16,1935,p.5804.

〔145〕 关于代际间风险分散的概念,参见 J.E.Stiglitz,"On the Relevance or Irrelevance of Public Financial Policy:Indexation,Price Rigidities,and Optimal Monetary Policies",in Rudiger Dornbush and Mario Henrique Simonsen,eds.,*Inflation*,*Debt and Indexation*(Cambridge,Mass.:MIT Press,1983),esp.pp.183,186;Stanley Fischer,"Welfare Aspects of Government Issue of Indexed Bonds",同上,esp. pp. 229 – 230,233。

〔146〕 经济保障委员会(Committee on Economic Security)的《致总统报告》(*Report to the President*), 第 32 页。

〔147〕 财政部一些经济学家的确寻求建立"适应经济周期变化的养老金",也就是在萧条时提高给付金,而在膨胀繁荣时期将其削减。但即使在这里,代际风险分散的逻辑似乎也没有明确得到应用。参见 Altmeyer,*Formative Years*,pp.109 – 110。

〔148〕 即便在今天,通货膨胀的风险还是很难管理的,除了通过购买 1997 年首次实施的通胀指数政府债券(inflation-indexed government bonds)。

〔149〕 关于通货膨胀风险的问题,特别参见 Armstrong,*Insuring the Essentials*,pp.385 – 386;*Social Security in America*,p.153;Dirksen,*Congressional Record*(House),April 16,1935,p.5812:"农业部告诉我们,食品的零售价格自 1933 年以来已上涨了 29%……换句话说,1933 年的 50 美元养老金在 1935 年只值 35 美元……如果我们将保持一致应对 1 美元只有 50 美分价值的问题,我们就必须在计算养老金时对贬值的情况进行适当补贴"。Dirksen 似乎在提议养老金给付指数化,但是这个想法在 1935 年没有得到支持。

〔150〕 这个比率 1940 年是 36.1%,1950 年是 21.3%,1960 年是 33.7%,1970 年是 29.4%,1980 年是 35.3%,1990 年是 29.2%,1996 年是 29.7%。引人注目的是,年均社会保障退休金给付总额已经剧烈上升,与产出和非管理岗工人的年均收益的比例从 1960 年的 23.4%上升到 1996 年的 40.2%。参见 *Social Security Bulletin:Annual Statistical Supplement*(1997),table 6.A2;*Historical Statistics of the United States*,ser.F – 2;*Economic Report of the President* (1997),tables B – 29 and B – 45。

〔151〕 President Franklin D.Roosevelt,Message to Congress Reviewing the Broad Objectives and Accomplishments of the Administration, June 8, 1934. 当然, 也有人反对这个方案。Charles Eaton 众议员在国会社会保障法案辩论期间说道: "这是个疯狂的想法, 正如这个(罗斯福)新政法律在许多地方表达的, 而且为我们越来越多的人民所接受: 在某种程度上……美国政府让任何一个公民不可能和不必要面对任何困难、承担任何风险……这样的事情绝对是荒诞的。"《国会记录(众议院)》[*Congressional Record* (House)], 1935 年 4 月 13 日, 第 5580 页。

〔152〕 经济保障委员会(Committee on Economic Security)的《致总统报告》(*Report to the President*), 第 1—2 页。也可参见 Perkins, *Economic Security Act : Hearings before the Committee on Finance* (Senate), pp.102 - 103。

〔153〕 该法在其他方面, 也是不完整的。或许最为重要的是, 建立社会保障法下的强制保险计划十分明显地将好几类的员工, 特别是农业劳工和家庭雇工排除在外。他们一起构成美国大部分的美国黑人劳动者。

〔154〕 Altmeyer, *Formative Years*, p.267. See also Arthur J. Altmeyer, Statement before the Senate Special Committee on Old Age Security, July 21, 1941, Social Security Administration Historical Archives, www. ssa. gov/history/aja741. html; Arthur J. Altmeyer, "Desirability of Expanding the Social Insurance Program Now", *Social Security Bulletin*, 5, no.11 (November 1942), 5 - 9.

〔155〕 See esp. Witte, *Development of the Social Security Act*, p.181.

〔156〕 Perkins, *The Roosevelt I Knew*, p.289; Witte, *Development of the Social Security Act*, p. 174; Arthur Altmeyer, oral history interview with Peter A. Coming, Social Security Administration Project, Oral History Research Office, Columbia University, interview no. 2, March 23, 1966; President Franklin D. Roosevelt, Address to the Advisory Council of the Committee on Economic Security of the Problems of Economic and Social Security, November 14, 1934.

〔157〕 Witte, *Development of the Social Security Act*, pp.187 - 189. See also "Report to the President of the Committee on Economic Security : Final Report on Risks to Economic Security Arising Out of Ill Health", preliminary draft, March 7, 1935, Social Security Administration Historical Archives; "Letter of Transmittal and Summary of Major Recommendations on Health Insurance from the Committee on Economic Security to the President", November 6, 1935, reprinted in Witte, *Development of the Social Security Act*, app.3, pp.205 - 210.

〔158〕 Kollmann, "Summary of Major Changes in the Social Security Cash Benefits Program: 1935 - 1996", pp.6 - 10, 12.

〔159〕 引人注目的是, 雇员退休收入保障法(Employee Retirement Income Security Act, 即 ERISA)的颁布意味着, Clark 修正案(the Clark Amendment)最初的反对之———政府担保的民间养老金计划的公共监控从来不会奏效——最终已被抛弃。关于 ERISA 的起源, 参见 James A. Wooten, "Regulating the 'Unseen Revolution': A Political History of the Employee Retirement Income Security Act of 1974", draft Ph.D. diss. (Yale University, 2001)。

第 *8* 章

产品责任法

第三阶段的美国风险管理政策重新塑造了政府活动和责任的范围。公共风险管理的主要受益人不再是工商界人士和工人。对普通公民的保障很快成为主要的社会优先问题。从诸如公共灾害救济（public disaster relief）、保险担保（insurance guaranties）以及环境政策（environmental policy）等许多不同领域，可以看到阶段Ⅲ的曙光。但是，也许没有哪个方面的变化比产品责任法（product liability law）的转型更加明显。

开始于 20 世纪 60 年代的消费者保护和生产者责任的新思想像浪潮一样横扫法院，推翻了这个主题上的许多传统法律准则。制造业者和他们的保险公司惊讶地发现，仅仅在一个很短的时间内，熟悉的买主负责（caveat emptor，买主各自小心）的观念已经让位于卖主负责（caveat venditor，卖主各自小心）。似乎几乎处处都是保护生产者的责任法的旧有逻辑，一段时间以来已经是批评和改革的目标。但是，相当突然的是，现在它已经被彻底推翻了。

在许多方面，这个故事与 20 世纪之初（阶段Ⅱ）工伤赔偿的情况相似。再一次，关键的问题回到如何最好地分散事故风险。正如工伤赔偿的早期支持者相信现存法律对受害的工人有偏见一样,产品责任改革的早期支持者相信,现存的法律对受伤害的消费者有偏见。在两种情况下,关心改革的学者都扮演了关键的角色。而且,在两种情况下,改革的主要倡导者都主张,事故风险的恰当分配将产生良好的效果,不仅承诺对受害者进行补偿,而且在一开始就切实预防了大量事故的发生。

然而,对于这些相似之处来说,两次运动的区别也同样显著。学术界帮助彻底改造产品责任法的是法律学者,而不是经济学家。并且他们的焦点在消费者,而不是工人。既然选择责任法作为他们的中心风险管理工具,他们便主要向法官呼吁而不是向立法者呼吁。因为那时他们很理解,他们的政策工具的选择是极其重要的。与社会保险不同,责任法主要是一个转移风险的手段,而不是分散风险的手段。它也是一个远比社会保险———个法律大锤迟钝得多的手段,它可以将那项工作完成但不会不留下一些粗糙的痕迹。

触发产品责任法转型的基本观点是,是生产者而不是消费者处于管理产品伤害风险的最好位置。这就是为什么改革的提倡者坚持事故风险应当极力主动地转移到他们肩上。改革的提倡者主张,通过让生产者对消费者伤害严格负责,法院会诱导制造商生产更加安全的产品,进而减少整体伤害比率。他们也相信,生产者处于分散剩余风险(remaining risk)的理想位置,因为他们可能以稍微高一点价格的形式,将伤害的费用传导给他们所有的消费者。

较之工伤赔偿和社会保障早期的支持者,捍卫消费者产品严格责任(strict liability)的法律学者和法官更加精通风险管理的语言和逻辑。比如说,一篇有巨大影响的文章,是奎多·卡拉布雷西的《关于风险分散和侵权行为法的一些思想》("Some Thoughts on Risk Distribution and the Law of Torts"),它于1961年发表于《耶鲁法学杂志》(Yale Law Joural)。最优风险管理的思想绝对是整个论文的中心。然而同时,严格责任的运动也提出了一系列新的社会优先问题,尽管它们经常以设计更加有效的风险分配手段的面貌出现。从经济增长和个人保障之间存在一个权衡这个意义来说,比起他们在19世纪和20世纪早期的先辈来,严格责任的提倡者似乎更加强调个人保障。

那么,这一章的目的,就是探讨推动一个真正关键的风险管理政策,也就是产品责任法转型的逻辑和热情。产品责任改革的支持者真正要解决的是什么问题,而且他们期望他们提出的解决方案如何切实发挥作用? 因为当放到一个恰当的历史情景中,这些问题的答案就特别清晰了,本章打算从简略地全面考察贯穿 19 世纪和 20 世纪早期的产品责任法开始。然后,回到在一些年后呈现为阶段Ⅲ的一部分的惊人变化。总的来说,出现了一个"责任法方面的革命"[1]。这里的目的是理解如何以及为什么出现这样的情况。

1. 产品责任法的早期历史

生产者保护与追求增长

在 19 世纪,产品责任法显示出一个强有力的维护生产者取向。人们可能认为这个故事开始于温特博特姆起诉赖特案(*Winterbottom v. Wright*),1842 年的一个英国判例,这个判例很快成为大西洋两岸国家的先例。[2]案例中的原告温特博特姆(Winterbottom),在驾驶一辆邮政马车时由于它结构上的缺陷导致马车坍塌致其受伤,他起诉邮政马车的制造商和维修人赖特(Wright),此人与邮政局总局长订立了对邮政马车保持良好维修状况的合同。如同那时的普遍情况,诉讼提出了违反保证(breach of warranty)的理由。这样一个案件在今天几乎肯定会按照侵权法来处理,但是当事各方涉及商业交易的诉讼在 19 世纪几乎总是按照合同法来处理。温特博特姆因此指控赖特破坏了他保养邮政马车的合同。

尽管邮政马车坍塌时当然处于不良状态,而且温特博特姆由此受伤是最明确的,但是,财务法院(the Court of the Exchequer)引用在马车夫和修理员之间不存在直接的合同关系(privity of contract,合同相对性),判决原告诉讼理由不成立。温特博特姆受雇于一个独立的签约者,而不是受雇于总局长本人,并且赖特已经唯一地与邮政总局长签约。如同财务大臣阿宾格爵士(Lord Abinger)宣称的:"在这两方之间不存在合同相对性。而且,如果原告可以诉讼,每一个乘客甚至沿着这条路经过的任何一个人,由于这辆车的翻倒受伤,都将提起类似的诉讼。除非我们将这种契约的有效性限定在参与合同的各方,那么最荒谬和无法容忍的结果——对此我能看到的是无止境的——将接着发生。"奥尔德逊男爵(Baron Alderson)在一个协同意见(concurring opinion)中补充道:"唯一的安全原则是,将获得赔偿的权利限定在参与这个合同的那些人:如果我们超过这个原则往前走一步,就没有理由不会走五十步。"自然,没有人会否认"没有一个补救方法的话,对原告是会带来困苦"。但是,就像罗尔夫男爵(Baron Rolfe)在另一个协同意见中所说:"我们不应当受那种考虑的影响。如同人们经常看到的,棘手的案件往往产生冷酷无情的法律。"[3]

在美国,阿宾格爵士在温特博特姆案件中明确表达的强有力的法律原则,在法院一次又一次得到确认,而且,它的应用当然不限于驿站马车事故。[4]因为几乎所有的制造商品都通过中介销售,合同相对性原则有效地将制造商与绝大多数缺陷产品诉讼隔离开来。"那是一个历史悠久的一般性原则,"直到晚近的 1921 年,一个马萨诸塞法院还解释称,"一个物品的制造商对那些与他自己没有合同关系的人由于产品制造中的过失而受伤是没有责任的。"[5]

如同我们在前一章讨论过的,19 世纪期间受伤害的工人在从雇主获得赔偿过程中也面临大量的障碍,即使是在雇主本人或者他的一个代理被发现有过失的时候。阿宾格爵士再一次扮演了关键角色,在温特博特姆案件五年前的普里斯特利诉福勒(Priestly v. Fowler)案中,写下了有说服力的判决。这个案件涉及一个肉店的服务员,他在一辆超载运肉车突然解体时严重受伤。很像在温特博特姆案件中同样保守的口气,阿宾格断言:"在这个诉讼中如果肉店老板对这个佣人有责任的话,那么人们会发现责任原则将让我们扩大到一个惊人的程度。"[6]仅仅在几年之后,在里程碑式的法韦尔起诉波士顿和伍斯特铁路公司(Farwell v. Boston Worcester Railroad Corporation)案件中,马萨诸塞高等法院的主审法官莱缪尔·肖(Lemuel Shaw)定义的自担风险（assumption of risk）原则和雇员同伴规则（the fellow-servant rule），进一步明晰了面对工人诉讼保护雇主的法律逻辑。[7]在19世纪，面对受伤工人的索赔，混合过失（contributory negligence）不久成为另一个强有力的雇主抗辩依据。[8]

基于不同法律基本原理，美国法庭对消费者和工人都严格限制获得事故相关的伤害赔偿。奇怪的是，消费者由于合同上与过失的制造商距离太远被禁止获得赔偿，而工人以他们自身已经承担了工作相关的风险，与过失的雇主或者同伴工人离得太近被封堵获得赔偿。然而，在两种情况之下，最终结果都是一样的。如同小奥利弗·温德尔·霍姆斯（Oliver Wendell Holmes）大法官在1881年宣称："我们法律的一般原则是，事故导致的损失必然存在于产生它的地方。"[9]在那以前的1842年首席法官肖在法韦尔案件的判决中也正好作了几乎同样的评论，而且它仍然是整个19世纪美国法律的支柱之一。[10]

规则的例外

自然，随着时间的流逝，尤其在对于消费者的处理中，出现了大量的例外。纽约高等法院1852年在托马斯诉温彻斯特（*Thomas v.Winchester*）一案中判决，在涉及到本身就危险的商品诸如毒药时，对于从过失的生产者那里获得赔偿来说，合同相对性不是必须的。在托马斯诉讼案中，被告的确在毒药上贴错标签为药品，以致法庭坚持让他对损失负责，尽管不存在直接的合同关系。[11]近25年以后，宾夕法尼亚最高法院相似地决定，即使产品已经由许多中介过手，一个制造商仍然对危险灯油的使用所引起的伤害负有责任。销售了这种"致命液体"的制造商，法庭宣称："对一个人们相互信赖的社会故意犯下了可怕的错误行为，没有任何辩解的余地。"[12]

在像这些极端的环境之下，即使缺乏合同关系，19世纪的法官们经常认定了受伤害消费者的索赔。他们认为，在这些案件中的制造商已经违反了一些基本的注意义务（duty of care），并且因此依据过失法而不是合同法来判决。就像密苏里州的法官弗朗西斯·布赖克（Francis Black）在1892年所说，这个挑战就是"在义务与合同始终相联系的那些案件，与合同无关法律也要求对第三者负有义务的那些案件之间确定分界线"[13]。

一位联邦法官沃尔特·H.桑伯恩(Walter H.Sanborn),在 1903 年试图明确说明这种界限,确定对合同相对性原则的三大类例外。第一类指本身就危险的商品或者设计来"保护、破坏或者影响人类生命的"商品引起的伤害。这些商品包括毒药、武器、某些易燃物、毒品以及食品。第二类例外(而且这是唯一不典型地影响消费者的),是源于应业主的要求使用诸如坏的脚手架或者装载输送链条这类缺陷装备引起的伤害。最后,第三类例外是指,销售者没有对可能导致重大损害的已知危险或缺陷作出警告引起的伤害。比如说,一位加利福尼亚的妇女,在使用由她的房东购买的有缺陷的折叠床时折断了胳膊,获准从家具经销商那里获得赔偿,尽管没有直接合同关系。但是,这唯一的理由是因为这个经销商"知道这个折叠床有缺陷和不安全,在没有告诉他这个事实的情况下将它销售给了阿珀森(Apperson)先生(房东)。"[14]

对于合同相对性规则既然有这些范围广泛的例外,许多法律学者已经基本上否定了在 19 世纪伤害法律中对生产者偏爱的存在,主张消费者获得赔偿的障碍在实践中总体上是轻微的。加里·史华兹(Gary Schwartz)已经指出,19 世纪"侵权责任法显示了一种对受害者保障金强烈的忧虑,"而彼得·卡斯滕(Peter Karsten)总结称:"在 18 和 19 世纪的英国和美国,那些由于产品缺陷受伤的人们,通常已经能够根据法律获得损失赔偿。"[15]

即使在 19 世纪,无疑也有大量的消费者成功获得赔偿的案件。卡斯滕的话可以解释为,法官经常不仅用他们的头脑,还会用他们的心来判决。像史华兹和卡斯滕强调的那些例外,包括在这里提出的风险管理政策的三个阶段,显示了对历史进行简单分类的局限。它们也揭示了不是所有的 19 世纪的政策制定者,对工人和消费者的需求、对他们面临的许多风险都视而不见。但是说到底,人们必须注意,不要对各种不同的例外那样着迷以至于忽视了它们都围绕着的原则。

阶段 I 美国责任法的严苛逻辑

事实是,在 19 世纪的大多数时间和进入 20 世纪的时候,产品伤害法的基本原则仍然是严重地偏向支持生产者。判决这些案件的法官——包括那些最后给予受伤害原告损失赔偿的法官——很容易将例外和原则本身区分开来。如同桑伯恩法官在区分例外的三个基本类别时解释所称："（合同相对性的）一般原则是一个合同方、制造商或者销售商对第三方不负责任，这个第三方对他经办的建筑、制造或者物品销售中的过失与他没有合同关系……但是，当这个一般规则既建立也确定下来，如同通常的情形一样，就有相对于它的例外像规则本身一样很好地得到定义和确定。"[16]

许多19世纪和20世纪早期的法官，对于隐藏在合同相对性一般原则后面的阶段Ⅰ的逻辑是同样地直言不讳。1891年宾夕法尼亚高等法院警告，没有合同相对性原则的话，"对于签约者或制造商来说，便难以度量他所负责任的程度，而且没有一个谨慎的人在这种条件之下会从事这种职业。将这种责任确定到直接相关的各方是更加安全和更加明智的"。[17]

与此类似，马萨诸塞州最高（司法）法院（the Supreme Judicial Court）在1907年预测：

> 如果责任范围扩大到当事人之间不存在合同关系的地方，……作为一个阶层的制造业者受到范围如此广泛的后果的影响，给工商业的一般开展带来严重的障碍。在通常的销售贸易过程中，当物品脱离了制造者的所有权和控制权，人们就应当认为这些权力终止了，他的责任也就最后结束了。[18]

阿宾格爵士自己已经在温特博特姆案中推测，如果没有一个合同相对性原则（the privity rule），"那么最荒谬和无法容忍的后果——对此我能看到的是无止境的——将接着发生"。约60年之后，桑伯恩法官首先将合同相对性准则归因于坚持"明智的和保守的公共政策"的立场，这种政策要求"对于制造商和销售商的过失责任，必须有一个固定的和明确的限定"。[19]

在像史华兹和卡斯滕那样的修正主义者开始提出他们的批评之前，法律史学家之间的共同看法是，19世纪的法官已经尽最大努力支持企业。维拉德·赫斯特（Willard Hurst）写到了"通过减少风险来鼓励创业"的愿望，提到法庭在侵权责任的判决中"特别是19世纪前半期新的产业勃兴期间，明确地……警告了会产生承担无限的赔偿责任的风险"。[20]相似地,劳伦斯·弗里德曼(Lawrence Friedman)在一部开拓性的美国法历史中论述道,绝对责任在 19 世纪是遭到反对的——"更加准确地说,从来没有得到人们的考虑"——基于这样的理念,"它肯定会彻底抑制经济"。当时人们所担心的是:"如果铁路以及企业总体上,不得不对'由事故'造成的所有损失给予赔偿,诉讼可能抽干它们的经济血液……资本必须花费到必要的工作上面。"[21]他后来补充了几页:"填鸭式的企业理念,经济增长的盲目愿望,对大量 19 世纪的冷酷无情负有责任。"[22]莫顿·霍维茨(Morton Horwitz)提炼了这个观点并将它进一步扩展,在他对早期美国法律史的考察中宣称:"普通法准则(在内战前的时期)发生变化,对参与经济发展计划的那些人创立原则免除法律责任,并进而提供充足的补贴。"[23]

像赫斯特、弗里德曼和霍维茨这样的历史学家,可能过于夸大了 19 世纪事故法支持企业的偏见,而且毫无疑问他们忽视了许多支持消费者的例外,这些例外在立法上留下了印记[24]。温特博特姆案件的影响对受伤害消费者是如此非同寻常地残酷,以至于许多法官寻找办法来摆脱阿宾格爵士施加在他们身上的理论束缚。即使这样,在执行温特博特姆案件中建立起来的一般原则时他们也是坚决的。经济的迫切追求确实很突出。[25]与三个雇主抗辩(用一个批评家的话说,是"普通法辩护有害的三位一体")一起,对消费者诉讼的合同相对性抗辩强有力地支持了生产者。除非人们几乎都只关注那些例外,摆脱这样的印象是很难的:19 世纪的法官确实让产业界至少部分地与它以损害事故的形式施加于社会的负担中隔离开来。

也许这个结论的最强有力的证据,表现在产品责任保险显著的发展缓慢上。在 1666 年伦敦大火灾之后火灾保险就产生了,而不同形式的责任保险出现得相当晚[26]。只是在 1880 年严格限制同伴责任抗辩的雇主责任法通过之后,雇主责任保险才在英国形成了一个市场。相似地,在美国,接近世纪之末在许多州的立法机构开始逐步减少雇主抗辩的"有害的三位一体"时,采用了雇主责任保险[27]。与此对比,产品责任保险直到 20 世纪初期还没有出现,而且直到第二次世界大战以后对它都几乎没有需求。尽管一个调查者发现,到 20 世纪 20 年代"大多数制造商正在履行雇主责任,并且许多履行一般公共责任(保险)",绝大多数公司也还是拒绝对"购买者和经纪人对产品保险的诉求"让步。1939年当问到产品责任保险项目的时候,一位保险公司的代表承认,"产品责任保险还没有进入许多公司的视野",采访者将这个招认描述为"一个巧妙的轻描淡写"。[28]

生产者保护墙的破裂

当然,在20世纪20年代"足够的产品责任保险首先开始得以签署",[29]不是巧合。不久以前在1916年纽约上诉法院作出里程碑式的麦克弗森诉别克汽车公司(*MacPherson v. Buick Motor Company*)案判决的时候,[30]建立在温特博特姆案件中的原则刚刚遭到它首次重大的失败。案件本身是一个有趣的案件。一个车轮的木辐条突然裂成碎片,唐纳德·麦克弗森(Donald C.MacPherson)从他的车中摔出去之后受伤。辐条后来被确定为是有缺陷的。尽管别克是从另一个制造商那里买的辐条,但是有证据显示,这个缺陷"可以(通过别克的)合理检查得以发现,而这个检查被省略了"。这个案件的关键问题是,麦克弗森是否具有起诉别克的权利,因为他是通过零售商而不是直接从别克购买的汽车。[31]

作为多数意见,本杰明·卡多佐(Benjamin Cardozo)法官行文中认定了建立在温特博特姆中的原则,但是他婉转地指出"从驿站马车运送的那个时代援引判例,不适合今天运送的条件"。因此,他自始至终谨慎地围绕合同相对性准则从事他的工作。明确表达对产品责任诉讼的一个新检验,他写道:

> 如果一个东西的性质是这样的,当疏忽地制造时按常理便将人们的生命和肢体置于危险之中是确定的话,那么它就是一件危险的东西。基于它的性质发出后果的警告是人们所期待的。如果对危险的因素有这种追加的了解,也就是这件东西将被其他人而不是购买者使用,而且它没有接受新的检查就被使用,那么,不考虑合同因素,这件危险东西的制造商有提醒注意的义务。

在一个以强硬的言辞所作的反对意见中,维拉德·巴特利特(Willard

Bartlett)法官抱怨道,多数意见判决(the majority's decision)(与它核准的下级法庭的判决一起)"比这个法庭迄今判决的任何一个案件都进一步扩大了一个制造品销售商的责任"。事实上,卡多佐自己承认,多数意见判决体现了一个重大的偏离,以一个侵权法的对象而不是以一个合同问题来处理商业交易引起的伤害。"我们已经将这个观念抛开,"他带有明显的感情写道,"当过失的后果可以预测时,保护生命和肢体的责任取决于合同而不是任何其他东西。我们已经将义务的来源置于它本来应在的地方。我们已经将它的来源放在法律之下。"[32]

很明显麦克弗森案件是一个关键的判决,极大地扩展了最初在托马斯诉温彻斯特(1852)案件中创立的例外,不仅适用于本身就存在危险的物品,而且适用于在有过失地制造时就有风险的所有事物。大约 60 年之后,阿拉巴马高等法院的理查德·琼斯(Richard Jones)法官就麦克弗森案件记述道:"这个例外[终于]成了规则。"[33]

然而,事实证明,合同相对性原则(the rule of privity)不是立即全面废弃的。在麦克弗森案件中创立的新判例原则,在其他的司法管辖区域扩散得相当慢。而合同相对性原则仍然在许多相关的领域适用,包括默示保证法(the law of implied warranty)[34]。由于麦克弗森案件,作为对制造商进行产品责任诉讼的适用法律,侵权责任法确实日益替代了合同法。但是,即使这样,在大多数案件中获得赔偿仍然困难,因为需要证明过失。琼斯法官论述道:"麦克弗森案件在消费者保护方面是一个重大的进步,而难以证明制造商缺乏应有的注意……仍然困扰着原告。"[35]为什么即使在 20 世纪20 年代许多商业保险公司开始提供这种保险之后,在制造商中间对产品责任保险仍然只有很小的需求,这很可能就是它的理由。即使麦克弗森案件之后,产品伤害案件中制造商的责任在未来的许多年里仍然表明相对较低。

对工伤事故中受伤害工人处理的变化,为我们提供了一个鲜明的对比。在 1916 年麦克弗森案件得到判决的同一时刻,大量州立法机构正颁布工伤赔偿法,它强制实施岗位事故的无过失保险。按照这些法规,即使在雇主不存在过失的情况下,受伤的工人也有权获得赔偿。车间伤害这时已很快置于一个严格责任的标准之下,而消费者仍然不得不根据过失法裁决产品相关的伤害。要害不是事故的性质和严重程度,而是受害者的身份地位。阶段Ⅱ根本的维护工人的取向再清晰不过了。

产品伤害法相应转变的首个信号——也就是,在消费者案件中向严格责任的变化——来得相当晚。对当时著名的1944年爱丝科拉诉可口可乐瓶装公司(*Escola v. Coca Cola*)案件,加利福尼亚高等法院的罗杰·特雷诺(Roger Traynor)法官首先将严格责任的思想添加进一个协同意见的司法记录。加利福尼亚法院判决,一个因一瓶可口可乐在她的手上爆裂而受伤的女佣,可以从装瓶公司获得赔偿金,因为装瓶公司的行为存在过失。但是,特雷诺坚持认为过失的证据原本不是获得赔偿所必需的。他写道:

> 我同意判决,但是,我相信在像现在这个案件的那些案件中,制造商的过失不应被再单列出来作为一个原告赔偿请求权的基础。就我的意见而言,人们应当认识到,当一个制造商对投放市场的一件物品,知道它将在没有检查的情况下使用,表明它对人们具有引起伤害的缺陷,这个制造商应承担完全的责任,……即使没有过失……进入市场的缺陷产品固有的对生命和健康所具有的风险出现的情况下,公共政策要求责任固定在它将最有效地减少那种风险的地方。显然,制造商可以预期某些风险并且防止其他风险的复发,而公众不可能那样做……伤害的风险可以由制造商保险并且作为经营成本在公众之间分配……面对这种风险,应当有一个一般的和持续的保护,而且制造商最适合担负起这种保护。[36]

这个关于无过失责任的强有力观点,并不具有法律效力,因为它是以一个协同意见而不是一个多数意见来表达的。但是,事实是,关于过失的传统观念在全国的主要法学院已经处于守势。而且不久严格责任原则也会很快传遍各家法院。

2. 象牙塔的新生

在20世纪20年代和30年代,学术界对严格责任前景的关注开始上升,在 50 年代和 60 年代早期开花,而随后的二十年里在法院最终结果。在这些学术和司法发展背后,是两个坚实的概念基础。一个是历史的。严格责任的主要支持者,尤其是在耶鲁法学院,宣称要么基于合同相对性原则,要么基于过失的产品伤害法律体系在 20 世纪已经不再合适。他们确信,在 19 世纪对生产者的特别保护对维持新兴的工业化应当是很有必要的,但是现在产业经济已经成熟,已经十分不合时宜了。

另一个概念基础,从历史的基础中分支出来,本质上是更富有哲学意味的。这里的核心思想是,在责任判定中风险的概念高于过失。几个全国最有名和最勇敢的法律学者相信这一点,试图塑造产品伤害法律的一个全新分析框架。这一个——未来的法律体系——将尽可能有效和人道地分配风险。

约翰·梅纳德·凯恩斯曾经指出:"既得利益(影响公共政策)之势力,未免被人过分夸大,实在远不如思想的渐进侵蚀力之大。"[37]尽管凯恩斯主要是就经济政策而写的,但是他的论述也适合用来概括美国侵权法发展的特征——尤其是在 20 世纪下半期。在 1960 年后法院采用严格责任方面,法律学者的思想是关键的。事实上,在书写他们的意见时,许多法官很快承认他们在智力上得益于诸如弗莱明·詹姆斯(Fleming James,耶鲁法学院)、弗里德里希·凯斯勒(Friedrich Kessler,耶鲁法学院)、威廉·普罗塞(William Prosser,伯克利法学院)和盖多·卡拉布雷西(Guido Calabresi,耶鲁法学院)等学术权威。到了 20 世纪 60 年代晚期,在产品责任法的领域里,法律实践肯定已经开始从学问中获得启示。

塑造"已定型工业社会"的规则

美国责任法的主要权威容易解释现存基于过失的制度的起源。他们认为,那是 19 世纪自由放任个人主义的自然结果。既然当时大量强调个人责任,那么,自然地,19 世纪的法官们应当选择以过失为基础分配责任,并且在不能唯一或者肯定归罪于被告的时候,允许损失在哪里出现就由哪里负责。[38]

严格责任的支持者也主张,现存的责任法律体系——基于合同相对性原则,也基于过失原则——在 19 世纪作为促进工业化的手段已经得到自觉的理解。早在 1905 年,法律学者弗朗西斯·博伦(Francis Bohlen)开始追问,美国责任法维护生产者的取向或许是否太极端。"通过免除保护公众的所有责任和激励去鼓励商业和工业,"他写道,"是为了商业贪欲招致个人权利的普遍牺牲……为产业发展支付的这个代价是不是太高,而且从开办企业获利的那些人是不是至少承担尽其合理的能力和注意的责任,这些已经是到了该考虑的最佳时机了。"[39]

在 20 世纪的前半期这个观点被反复强调,而且在 50 年代和 60 年代甚至获得更大的认可。弗吉尼亚大学法学院的查尔斯·格里高利(Charles Gregory)在 1951 年写道,19 世纪的法官们"相信只要偶然的因素让企业家暴露在没有某种过失、纯粹事故的后果形成的责任风险之下,在一个民间企业制度下这个年轻国家的发展就会被阻碍和延缓"。进一步更具体地谈及在雇主责任法方面的标准辩护,格里高利补充道:"这种对年轻企业的法律补贴,消除了来自投资者经济上的压力,并且没有在受伤雇员提起的法律诉讼中失去其准备金风险的条件下,给早期的工业提供一个机会去实验低成本运营。这样一个政策看上去无疑是残酷无情的,但是在很小的程度上它可能帮助建立工业,而这反过来对于一个如同肖(Shaw)所描绘的好的社会是不可少的。"[40]格里高利单独提出马萨诸塞最高法院的首席法官莱缪尔·肖,就是因为早在 1842 年,他便成为清楚地论述自担风险原则和同伴原则的第一个美国法官。[41]

在他们于 1856 年出版的影响深远的侵权法文献中,福勒·哈珀(Fowler Harper)和弗莱明·詹姆斯(两人都是耶鲁法学院的)敏锐地论述道:"对特定的阶层给予优待的行动是危险的。在一个工业时代,这也许是特别真实的。……只要活动是法律允许的并且履行了合理的注意,赋予创业者让(其他人)付出这个代价的特权,这正是过失原则的要意。"因此,"(过失原则的)这一发展与工业革命同时发生"不是偶然的。全国基于过失的责任法律体系的起源,哈珀和詹姆斯坚持认为,深深地植根于 19 世纪经济上的迫切要求[42]。

　　尽管关于 19 世纪责任法的增长取向的这个观点,通常以更加一般的形式来表达,但是耶鲁大学一个年轻的助理教授 1961 年更加具体地进行了补充,并且将它建立在更加坚实的经济理论基础之上。盖多·卡拉布雷西——他最终升为耶鲁法学院的院长,并且后来成为联邦法官——记述道,在"工业革命的早期日子里,许多产业都是在一个成本递减的条件下运营业务的"。这表明"如果一个产业可以充分地扩大,它的成本将因这个扩大而降低",并且因此"对那个产业的一个补助(会)可能帮助,而不是阻碍资源的合理分配"。卡拉布雷西推测,由于美国法官让经营者"免于支付事故的潜在成本"来补贴工业,因此在 19 世纪它应当是有效的。他也提到,由于这个道理,"资源分配理论可以在 19 世纪对我们今天会认为是无法容忍的一个结果作出合理解释"。亦即,受伤害的工人和消费者应当通过自己承担事故的成本来"补贴工业扩张"[43]。

　　严格责任的提倡者对隐含在 19 世纪责任法中支持增长(阶段Ⅰ)的逻辑如此强调的原因,是他们希望表明它在 20 世纪已经过时。比如说,罗杰·特雷诺法官强调了"从一个工业革命向一个稳定的工业社会转型"。[44]在这个过程中的某个阶段,通过将事故成本推托给消费者以促进工业发展的思想已经明显失去了它的号召力。许多法律学者坚持认为,经济的超常复杂性已经将合同相对性和过失原则转化为获得赔偿的不合理障碍。实际上,大规模生产本身的激增,已经使得过失在许多案件中几乎不可能得到证明。[45]

　　然而,在各种各样的议论中最为重要的观点,就是随着美国工业经济的成熟,消费者保护已经日益作为一个关键的社会优先问题出现。"比起维多利亚时代的社会良知来,今天'人道主义'的社会良知,明显地更加关注由于现代设备而受到伤害的可怜的人们," 在 1930 年,里斯特·菲泽尔(Lester Feezer)就制造商责任的状况写道,"这样一来,将什么作为法律的终点或目标的社会观念似乎正在变化。"菲泽尔继续就这个变化的特征概括为:"部分地是对代议制政府、更加广泛普及的教育以及一般繁荣的反应……有一个普遍安适愉快的感情和一个豁朗的精神,要与其他同伴分享总体的繁荣,而不是在一起事故之后让他无助地留在那里。"[46]

在随后的三十年中,在产品责任改革的运动中这个观点成为一个主要内容——首先是作为过失标准的各个例外和免除合同相对性原则必要条件的理由,而最后是作为在所有产品伤害案件中全面采用严格责任的理由。在 1956 年,哈珀和詹姆斯写到了"持续增强的要求消费者保护的压力"。四年之后,伯克利法学院院长威廉·普罗塞在他曾经写的一篇最有影响的法律评论文章中,宣称"'感情的驱动'以及由此产生的公众要求已经向消费者集中"。[47]旧的法律体系是过时的——与 20 世纪的社会优先问题不一致而落后于时代——已经完全明白了。现在更加棘手的问题,是如何塑造并且论证一个新的法律制度。

正在兴起的严格责任的逻辑

回首过往,似乎是清楚的,包括詹姆斯和普罗塞在内的少数几个法学教授,帮助组织了一个无声的政变以便抛弃全国范围内基于过失的责任法律体系。这个运动主要在主流的法律杂志和其他的法律出版物中展开,对大量的公众而且可能对绝大多数当选官员来说基本上都是看不见的。但是,尽管如此,它表明是一个重大的政变。过失作为美国事故法统一原则的统治地位被推翻,而有效风险管理这种更加技术性的观念取代了它的位置。

哥伦比亚大学法学院的卡尔·卢埃林(Karl Llewellyn)早在 1925 年的《美国经济评论》中就论述道,律师"在考虑法律的性质和功能的时候,已经转向经济学寻求光明"。美国法学所谓现实主义学派的领导人之一卢埃林指出,"法律制度确定和保证经济秩序依存的各种根据",而且,这个"法律机制正在日益推进披露被忽视的生产成本,而且进而改变交易的全部基础"。在一篇涉及范围更广的文章中,他花了一页以上的篇幅来论述"买主责任的废止"和"不考虑过错的损失责任"的新奇观念。尽管生产者严格责任在那之后许多年还没有成为一般原则,卢埃林也相信已经能够看得见在这个方向上的一个趋势。并且他似乎已经竭尽全力帮助逐渐推进它。间接提到麦克弗森案件,卢埃林强调:"如果是像汽车这样不合适地制造就会产生危险的物品,让它的制造商承担一个保险公司的责任,在普通法中这种趋势正在增强。"他也强调"劳动者、旁观者或者消费者对一个产业的依赖,作为个人是不能应付这个产业的"。揭示了一个早期的风险管理视角,他赞同地论述了这个"法律趋向,首先让可以将风险作为成本来支付的产业界负担工业文明的风险"。[48]

卢埃林在哥伦比亚大学的一位以前的同事,威廉·道格拉斯(William O.Douglas)在 1929 年一篇题为《替代责任(Vicarious Liability)和风险管理》的文章中大大推进了这个分析。这位未来的最高法院法官,在与哥伦比亚大学校长尼古拉斯·默里·巴特勒发生激烈的冲突之后,不久前刚刚加入了耶鲁法学院的教职员工队伍。作为一个学术异端,在决定一个分配责任的合适基础中,道格拉斯明确地关注风险(而不是过失)。事实上,甚至在他的文章中几乎没有提到传统的过失观念。[49]

道格拉斯将风险管理分为四类:规避、预防、转移和分配。一个经济主体通过彻底杜绝诱发风险的活动可以"规避"风险。甚至在从事活动时通过将更多的资源投向安全和防范措施,他还可以"预防"风险。通过给承担风险的其他人(比如一个保险公司)付费,他还可以"转移"风险。而且通过将经济活动有关的伤害成本包含在他销售的产品价格中,他可以"再分配"风险,这样,将它分散到大量的消费者身上。[50]

道格拉斯指出,分派法律责任的一个关键问题,是哪一方能够以可能最低的成本实现风险管理的这四个方面。如果 A 和 B 方都同样地适合规避、转移和再分配一个特定的风险,但 B 可以更廉价地预防它,那么将责任指派给 B 似乎就是合理的。道格拉斯隐晦地承认,在不能明确断定的案件中,决定是否将"风险预防看得比风险分散更重要、更不重要或者相等"是一个困难的问题。至少"问题将得到明确的表述,不当的强调会消失,包含在判决中的社会和经济因素将得到慎重考虑,而表达将更加确定和清晰"。[51]

毫不奇怪,提出这个逻辑的人经常谈到它与社会保险的类似性。如同在 1910 年至 1920 年间的工伤赔偿运动和 20 世纪 20 年代、30 年代的失业保险运动中一样,严格责任运动围绕着两个关键的问题:什么类型的责任制度会促成最有效的风险预防追求?什么制度将以最广泛的形式再分配残留风险(the remaining risk)? 如同詹姆斯在 1957 年解释的:"事故问题要求两个东西:(1)减少事故的步骤,(2)使损失给个人和社会带来的负担最小化的损失管理。"[52]尽管为严格责任而战斗的法学家们,与 20 世纪早期为社会保险而战斗的经济学家相比,最后依赖的是一个非常不同的政策机制(common law liability 判例法责任),但是,这两组学者应用的论证显示出惊人的相似。[53]

通过有效的风险转移预防事故

就像美国劳动立法协会的经济学家所坚持的经验费率的社会保险将鼓励雇主预防工业风险那样,大多数争取严格责任的法律教授假定,它会为事故预防提供条件。比如说,卢埃林在 1930 年指出,法律应当"让施加最大的压力来降低未来损失的地方负担损失"。[54]仅仅只是在四分之一世纪多之后,詹姆斯宣称:"制造业者处于改进他的产品安全的一个特殊战略位置,这样一来,如果事故预防由侵权责任法推进的话,严格责任的压力就几乎不可能很好地发挥作用。"[55]奎多·卡拉布雷西和乔恩·赫肖夫(Jon Hirschoff)后来提炼了这个思想并将它普及,建议法官"在事故成本和事故规避成本之间进行成本收益分析并基于那个判断采取行动方面,决断事故的哪一方处在最好的位置上。法院的问题简化为寻找最小成本规避者(the cheapest cost avoider)"。[56]

尽管"最小成本规避者"这个术语是新的(而且注定要在未来的法律学者和社会科学家之间特别流行),运用责任法使事故成本最小化的思想根源却可以追溯到很久以前。早在 1842 年,在里程碑式的法韦尔(*Farwell*)案判决中,首席法官莱缪尔·肖已经强调了"让最能防范风险的那些人负担这种风险的权宜之计"。[57]然而,莱缪尔·肖已经确信,受伤的铁路雇工(这个案件中的受害者)和他的同伴铁路工人比起他们的雇主,处于更好的位置来预防工伤事故。与此形成对比,20 世纪早期工伤赔偿法的颁布正好是基于相反的假设:在防范事故方面雇主比起他们的工人处于更好的位置。类似地,20 世纪在产品伤害案件中严格责任的支持者觉得生产者应当为事故的成本负责是确定的,因为比起他们的消费者,在促进预防方面他们可能会更加有效。

20 世纪看法的核心是,企业对他们赢利活动的所有结果应当负责这样的企业责任的概念。一个法律学者在 1916 年的著述中将企业责任的特征描述为,一个"从他的企业产生的损害的全部责任让企业主承担的原则"。[58]经过许多年的逐渐提炼,到 20 世纪 50 年代中期,这个思想在学术界内部已经得到广泛接受。[59]这个概念从许多不同的角度证明了其合理性,尽管如此,预防肯定在各种看法中得到了体现。被迫承担(或者内在化)伤害成本的生产者将致力于预防事故,因为每当那样做就会节省成本。如同卢埃林在 1925 年就已经解释的,"这个合法的风险转移"的效果是,"被忽视的真实成本……通过投资者的钱包……引起他的注意"。[60]因此,企业责任的观念是与通过成本内在化的事故预防的逻辑不可分离的。

为了进一步强化他们的地位,大量严格责任的支持者强调对"事故频发倾向(accident proneness)"的当前研究,这与基于过失的责任将必然阻止危险行为的传统看法相矛盾。在他们 1956 年关于侵权责任法的专题论文中,哈珀和詹姆斯引用了大量的研究,这些研究指出一些人确实比起其他人更有事故频发倾向。他们解释称,这个研究的效果"已经降低了作为引起事故因素的个人道德缺陷的重要性"。哈珀和詹姆斯将有关事故频发倾向的研究解读为,形成另外一个推翻基于过失的责任的因素。因为"个人对预防一些他自身产生事故的行为会是相当无能的……期望以他对支付损失赔偿金的恐惧来阻止它,将完全没有意义"。与此对比,一个严格责任的法律体系,往往会"向我们已经看到将做得最好的大型集团和企业增加事故预防的压力,而不是将压力施加在相对来说会做得不那么好的个人身上"。[61]

将风险分散给所有消费者

尽管改进的事故预防的良好前景成为在产品伤害法中采用严格责任的一个重要根据,然而在许多支持者的心目中,它还是远比不上风险分散的目标。大多数为严格责任而战斗的主要法律学者,对后一个目标更加注意。而且,包括弗莱明·詹姆斯在内的几个学者,明确将基于广泛的风险分散作为他们最重要的优先目标。

卢埃林在 1930 年断定,责任法应当"将一个工业社会的生命危险的紧迫负担从个人身上剥离出去,并转移到一个能够分散损失的群体"。[62]毫不奇怪,工商企业被认为是完成这个任务特别有用的机构,因为它们能够以提高一点价格的形式,将事故成本分散给它们所有的消费者。"通过工业来承担负担,"格里高利 1951 年论述道,"这个成本以小额缴费的形式分散到整个社会。"[63]九年之后,普罗塞不仅赞美"'风险分散'论",而且比起他认为"怀疑和没有说服力"而不予理会的支持预防的理由来,坚持认为风险分散论"理应受到更大的尊重"。[64]

许多这样的学者只是理所当然地认为大范围的风险分散将对社会是有益的。然而,詹姆斯仔细地说明了建立在风险厌恶(risk aversion)概念基础上的基本逻辑。"那是真实的,"他在 1941 年承认,"(一个)事故的全部成本……不会由于它的分散而减少。"但是,如同他进一步解释的:"尽管如此,由于对一个更大的团体将损失持续地分配下去……以一个确定的可以计算的成本代替了个人蒙受的倾家荡产的损失这个不确定风险,这样便产生了社会效益。更有甚者,这种对风险和不确定性的解除,消除了阻碍人们所期盼的创新能力、活动以及进步的担忧。"[65]事实上,詹姆斯对风险分散的好处印象如此深刻,以至于仅仅作为一个走向对所有事故的普遍社会保险道路上的一个中间步骤,他似乎就支持产品伤害案件中的严格责任。"分散的全部好处,"他在他 1941 年的文章中写道,"能够最好地由全面的社会保险所获得。"[66]

转移与分散的比较:威斯康星—俄亥俄争论的再检讨

卡拉布雷西二十年后对分配论进行全新的审视,承认"主要关心风险分散或者'丰厚的财源'的像詹姆斯这样的学者,往往将企业责任充其量看成通向社会保险道路上的一个中间点"。[67]确实,通过责任法的风险转移将产生相当大的二次风险分散(通过更高的消费价格),而一个严格责任制度将永远不会像一个真正的社会保险计划那样有效或完全地分配风险。[68]如果风险分散是唯一的目标,卡拉布雷西指出,"最理想的计划将是通过税收覆盖所有人口的某种政府事故救助计划"。[69]

然而,事实是卡拉布雷西将风险分散看成只不过是几个重大目标中的一个——而且绝不是那几个中最重要的一个。他明确警告,强制加入的事故保险,如果从一般岁入中出资的话,会扭曲人们的激励而且只是确保一个次优的资源分配。这种计划通过将制造商与伤害成本的任何变动隔离开来,将不可避免地鼓励特别危险的产品的生产者去大量制造和销售。[70]如同卡拉布雷西熟知的,问题是最优资源分配要求将风险转移给生产者,而最优风险分散要求风险通过一个共享保险基金以最可能广泛的形式得到分散。这两个目标之间的冲突,确实不可避免。[71]

确实,这正好像是一些年前将失业保险运动分裂为势不两立的两派的紧张局势。一方面,有威斯康星学派,它支持雇主准备金(风险转移)作为实现最优资源分配的手段。在另一方面,有俄亥俄学派,它支持集中保险(风险分散)作为实现风险最优分散的手段。俄亥俄学派最终在失业辩论中获胜,但都只是在一个长期而艰苦的战斗之后。

也许毫无疑问,正是同样的冲突——在风险分配(risk allocation)和风险分散(risk distribution)之间——最终也将法律学者分开,因为正是在这点上卡拉布雷西与詹姆斯分道扬镳。"基于这篇文章所作的讨论,"卡拉布雷西口气很像一位老的威斯康星学派成员,总结道,"企业责任优于社会保险,因为它促进资源的合理分配。"[72]进而这位年轻教授又补充道,企业责任的概念与美国的自由企业制度是充分一致的,而且其结果,它"在走向社会保险的道路上不可能下降为一个权宜之计"。[73]无论何种解释,卡拉布雷西的预测至今已经被证明当然是准确的。严格责任最终在法院得到采用,而詹姆斯普遍的事故保险的梦想甚至从来没有成为这个国家的公共话题,更不用说纳入国家的公共政策。

弱势的消费者、弱势的市场

在这个逻辑链中用以支持严格责任的最后联结点,与民间市场失灵的问题相关。尽管这个问题通常没有得到详细讨论,但是从概念的角度来看,是至关重要的。毕竟,如果民间市场自身完美地发挥作用,而且消费者总是理性地行动,采用严格责任如果说有什么效果的话也应当是微乎其微的。无论责任制度如何,通过要求对危险产品适当的降价,消费者自己理论上可以将事故成本转移到生产者身上,因此确保一个资源的最优分配。而且,他们通过购买充足的和精算公平的事故保险,也应当保证了一个风险的最优分散。如同卡拉布雷西正确地论述的:"在完善市场这种经济学家的世界里,(法律制度)将一个伤害成本(放在一方或者是另一方)通常没有什么差别。"[74]

然而,就民间事故保险来说,许多法学家强调,消费者自身经常不能购买足够的保险。"这些损失许多会得到保护——理论上——由受伤害的人自己办理的一种或另外一种保险,"詹姆斯记述道,"事故保险、蓝十字(一种美国民间医疗保险——译者注)以及医疗保险都可以用于这个目的。但是研究表明,事实上很少有事故受害者得到对这种损失具有任何实质意义的保护。还有,受害者越是贫穷,他越是不可能得到保险。"[75]

尽管这个事实得到了广泛的认识,但是,对于危险产品进行补偿的价格差的存在或者缺乏,几乎没有得到关注。弗里德里奇·凯斯勒(Fridrich Kessler)很早已经指出,标准化合同的增加已经日益削弱消费者的谈判地位,让他们处于劣势地位,而且否定了他们提出任何更多要求的机会。[76]卡拉布雷西接下来思考许多其他潜在问题,包括很高的信息成本。"在现实世界,并不是所有各方都平等地评估损失。"他在1961年写道,暗示并不是每一个人都有相同的风险信息通道,或者能够同等地处理可利用的信息。[77]

卡拉布雷西也强调了可能存在一个类似于乐观偏差(optimistic bias)的问题。首先聚焦于工作场所伤害问题,他认定,在采用工伤赔偿法之前,"单个工人确实没有按伤害风险实际具有的那样大的程度进行评估。他凭运气……结果——撇开一些个人悲剧——是在某些行业的工资和价格根本没有反映那些行业所引起的损失。"[78]这正是亨利·西格早在1907年用来论证制定工伤赔偿法合理性时所提出的同样逻辑。单个工人,西格坚持认为,不能提出一个用来补偿的充足工资差额的要求,因为他"认为他自己过得有如神佑,即使遇到艰险总能逢凶化吉"。[79]

重要的是,卡拉布雷西最终也将这个分析扩大到消费者身上。在他1970 年的书《事故的成本》(*The Cost of Accidents*)中,他指出,即使消费者"拥有评估潜在危险产品风险的足够数据",他们也会在"心理上不能这样去做"。极端地,人们会得出结论:"人们不能合理地推测他们遭受死亡和灾难性伤害的可能性。这种事情总是发生在'别的人'身上,而且没有统计信息的数字能够说服一个人,它们可能发生在他身上。"[80]卡拉布雷西也强调,不同种类的高交易成本会削弱自由市场上资源的最优分配,这表明在产品伤害案件中适用严格责任还有更多潜在的理由。[81]

所有这些问题的中心要点,就是不能总是指望民间市场将风险移送给最优风险承担者——这在很大程度上是由于消费者方面各种不同的弱势。因此,责任法产生了现实的重要影响。不过卡拉布雷西在对待这些问题上,比起他的大多数先行者更加准确,市场不完善的基本观念在他们大量的早期著作中还是隐晦的。他们坚持主张,采用严格责任将最终让市场运转得更好,进而通过事故风险的更加有效分配和分散提高总体社会福利。

探寻回归严格责任之路

对于学术界强调的所有新奇和变化来说,严格责任本身在 20 世纪并不是一个新的概念。它实际上是第一次工业革命以前分配事故损失的标准规则。"(那时的)观念,"哈珀和詹姆斯解释道,"是……其行为得到确认直接引起伤害的人,通常应当对它进行赔付。"[82]甚至,即使在 19 世纪基于过失的制度出现之后,还是有一些著名的例外,在没有过失的情况下责任得到确定。最为明显的一个是工伤赔偿,它通过法规对车间事故实施严格责任。但这对过错原则来说,既不是唯一的也不是最早的例外。

在判例法里,最有名的例外产生于 1868 年英国的一个案件,赖兰兹诉弗莱彻案(*Rylands v Fletcher*)。[83]在赖兰兹一案中,虽然这个事故不是被告过失导致的结果,在他们的地产上拦蓄的水意外地流出并冲毁了邻居的地产后,被告也被强迫支付损失赔偿。一个下级法院确实以被告没有过失的理由作出了有利于被告的判决[84]。但是,两个上级法院却得出了正好相反的结论。在解释对原告的最终裁决时,卡恩斯勋爵(Lord Cairns)强调,在一个废弃的煤矿竖井上修建一个蓄水池,构成了对土地的"非自然使用"。"在我看来,"他总结道,"被告正在做的那件事,是拿他们自己在冒风险。并且在那样做的过程中产生灾难的话⋯⋯那么对于那样做的结果,我的意见是,被告应当负责。"[85]

在 19 世纪的剩余时间以及进入 20 世纪以后,在包括烈性炸药、危险动物、有毒喷剂等等的案件中,美国法官断断续续地运用了赖兰兹案的严格责任原则。[86]在 1931 年的一个案件中,涉及一个被告,他将甘油炸药存放在离另一户人家不远的地方,奥古斯都·汉德(Augustus N. Hand)法官判决称,甘油炸药"是具有这类要素的东西,将它在这种地方或者在这样的环境之下保管和使用的人,导致给他人带来风险的可能,这个人必须对保管和使用负责。他是保险人,而且如果给第三者带来损失须完全对其承担责任"。[87]

赖兰兹案件提供了回避标准过失原则的一个有趣(要是颇有争议的话)的手段,但是它不是唯一的技巧。另一个中意的手段是更新的默示保证(implied warranty)思想。在这个作为合同法而不是侵权法的一个部分得到发展的原则下,销售者由于他们卖出的产品中存在引起伤害的缺陷,对他们最近的顾客将严格地承担责任。对于一个要求获得赔偿的受伤害原告,既不要求过失,也不要求明示保证。[88]

同等重要的,是 20 世纪前半期得到日益经常使用的事实自证原则(res ipsa loquitur)。在伤害的案件中,事故通常不会在缺乏被告过失的情况下发生,这个原则允许原告不必实际证明这种过失。"因此,在咀嚼烟草中发现一个人的脚趾,或者在一瓶苏打中发现一个蠕虫的时候,"哈珀和詹姆斯写道,"制造商或罐装商对使用的制造工序的某个地方出现的过失负有责任,那么要逃脱责任实际上是很困难的。"通过建立一个可予驳回的过错推定,事实自证原则因此在许多案件中降低了获取赔偿上的障碍。[89]

对改革者来说问题是,尽管有这些不同的技巧,对于大部分的产品伤害受害者,获得赔偿仍然远不确定。因为默示保证是合同法的部分,由于要求直接的合同关系,大多数制造商仍然有效地隔离了这种诉讼。默示保证理论确实允许受伤害的消费者让零售商严格对缺陷产品负责,但是,这些零售商通常囊中羞涩。"这里的困难是,"这个学科的一位专家解释道,"从消费者的观点来看,就是如果零售商在财务上不能满足判决的要求,对零售商的起诉就是一个空洞的权利。"[90] 同时,事实自证原则只可以适用于据推测有过失的被告。让事情更糟的是,即使在一个事故的本质允许一个过失的推断的时候,原告通常也发现识别一个可能的过失方是困难的。在风险分散链条上,是归咎于最初的制造商还是其他什么人——一个批发商、零工或者零售商?除非原告能够对法院满意地回答这个问题,否则不考虑事实自证原则,赔款要求将被否定。[91]

为了弥补这些漏洞——而且因此为了在产品伤害案件中建立一个真正的严格责任制度,一个更受欢迎的学术提案是从默示保证理论中消除直接合同关系的要件。这种方式将使一个风险分散链条所有各方——从制造商到批发商到零售商——对他们所售出产品中的缺陷严格负责。默示保证"作为一个社会政策工具由法律赋予,"哈珀和詹姆斯坚持认为,"只要相关社会政策提出要求,法院就应当将它们的适用范围扩大。对消费者保护的关注,要求实际经营那种商品的制造者提供保证,以保护通常为了预期目的而使用不合适商品可能受到伤害的所有人们。"[92] 在其他地方,詹姆斯呼吁:"基于默示保证,对制造商一方要求严格责任,因为不合理的危险隐藏在任何种类的产品中。由合同相对性原则施加的所有限制都应当取消。"[93]

然而,在 1960 年的论文中,普罗塞断然反对这个方法。他也试图在产品伤害案件中建立严格责任。但是,他认为它依赖于一个具有可疑起源的法律框架默示保证思想,几近离奇怪异。"这个特别措施的采用,"他提醒他的读者,"是由保证责任——诞生于侵权法和合同法不正当交往的一个奇怪的混杂物——的奇特的和不确定的性质和特征所促成的。"[94] 他继续这个讨论,指出,"作为严格责任的合理性论证的一个手段",默示保证"以不受欢迎的复杂性承受过大负担,并且正带领我们走上一条充满荆棘的道路"。为什么要依靠来自合同法的一个令人怀疑的概念?他问道。"如果在侵权法里会有严格责任,就让侵权法里有严格责任,要坦率地表达出来,不要戴上一个虚幻的合同面具。"[95]

通过默示保证实施严格责任的观念以前就受到过批评，但是，从来没有像普罗塞于 1960 年发表在《耶鲁法学杂志》（*Yale Law Journal*）的文章那样强有力和具有说服力。[96]他的提议——通过取消产品责任案件中的过失标准在侵权中建立严格责任——构成最直接的进攻路线。生动地，他将他文章的标题定为"对堡垒的进攻（The Assault upon the Citadel）"（对消费者的严格责任），不久就会引起法院的注意。事实上，在产品伤害案件中全面抛弃过失标准已经在进行之中。

3. 从理论到实践

严格标准的采用：汉宁森（Henningsen）与格林曼（Greenman）

几乎与普罗塞的文章出版同时（但当然是它到达全国的法律图书馆和法律办公室前），新泽西高等法院在 1960 年 5 月 9 日实施了一个里程碑式的严格责任的判决。[97]这个案件中的原告之一，克劳斯·汉宁森（Claus Henningsen），在 1955 年 5 月 7 日从布洛姆菲尔德汽车公司（Bloomfield Motors）购买了一辆普利茅斯（Plymouth）汽车。显而易见，克劳斯买这辆车是作为给另一个原告、他的妻子海伦（Helen）的母亲节礼物。不幸的是，海伦 5 月 19 日开车去阿斯伯里公园（Asbury Park）时车失去了控制，受到严重伤害。尽管专家相信，事故可能由转向轮中的一个缺陷引起，技工不能确定地决定这点，因为汽车头部几乎已经被全部损坏。汉宁森后来对销售商和制造商克莱斯勒（Chrysler）都提出了起诉，宣称其违反保证，也有过失。最后，审判法院（the trial court）抛弃了过失罪名，只是以违背默示保证的理由将这个案件提交给陪审团。陪审团支持原告而驳回两个被告的主张。[98]

在对这个不可避免的上诉的判决中，新泽西最高法院一致维持审判法院的裁决。高等法院大量地引用哈珀和詹姆斯（同时也引用许多其他论述严格责任的著名学者)的理论,宣布在默示保证案件中,当事人直接合同关系再也不会成为获得赔偿的一个障碍。[99] 这个意见不仅在产品伤害诉讼中建立了一个严格责任的新标准,而且公开强调隐藏在后面的风险管理逻辑。从制造商一直到零售商都实施严格责任,会将风险转移给那些既能最好地保证安全,也能最好地分散不能预防的事故成本的相关各方。如同约翰·弗朗西斯(John Francis)法官为法院所写的:

> 因此,哪里售出的商品如果有缺陷地制造,它们对生命和身体将是危险的,那么只能通过取消制造商和他的经销商与被合理预测的最终消费者之间的直接合同关系要件让社会的利益得到保护。在那样的方式下,缺陷产品的使用导致的损失负担,由那些处于一个既控制着危险又在损失真的发生时能够公平合理地分担损失的地位的那些人承担。如同哈珀和詹姆斯所说:"对消费者保护的关注,要求实际经营那种商品的制造者提供保证,以保护通常为了预期目的而使用不合适商品可能受到伤害的所有的人。"[100]

几年之后,普罗塞胜利地宣称:"(在产品责任中)当事人直接合同关系的要塞陷落的日子必然会确定下来。那就是1960年5月9日,新泽西最高法院宣布汉宁森诉布洛姆菲尔德汽车公司(*Henningsen v. Bloomfield Motors, Inc.*)案判决的时候。"[101]

然而,普罗塞不会对汉宁森案完全满意。尽管新泽西高等法院创立了一个既不要求过失也不要求当事人直接合同关系的责任标准,但是,它还是依赖于普罗塞早就以一个"奇怪的杂种"为由而不予考虑的默示保证理论。但是,这个问题在1963年也得到了纠正,当时加利福尼亚最高法院在产品伤害案中不仅建立了一个严格责任原则,而且在侵权法里给它建立了坚实的基础。在为格林曼诉尤巴发动机制造公司(*Greenman v. Yuba Power Products, Inc.*)案起草的法院一致意见中,罗杰·特雷诺(Roger Traynor)法官斩钉截铁地宣称:"制造商知道他投放市场的一个产品人们将会在没有对其缺陷进行检查的情况下使用,同时被证明具有对人引起伤害的缺陷时,制造商在侵权上承担严格责任。"[102]

这个案件中的原告威廉·B.格林曼(William B.Greenman),他妻子为他圣诞节购买的 Shopsmith 电动工具与他后来买的附件突然失灵,从中飞出一片木块击中了他的前额使他受伤。即使格林曼没能按法律要求那样快地给制造商发出违反保证的通知,法庭的结论也是,违反保证是不相关的问题。这个"责任不是按合同保证的法律来处理的,而是按侵权中的严格责任的法律来处理的"。[103] 还有,过失不再是一个获得赔偿的要件。"要建立制造商的责任,"特雷诺宣称,"原告证明当按照认为应当采用的使用方式来使用 Shopsmith 电动工具,由于设计和制造中的一个缺陷,原告没有意识到由于原来设想的使用使得它不安全,那就足够了。"[104]

重要的是,特雷诺宣称,"再去详细讨论对制造商施加严格责任的理由"是不必要的。他坚持认为这些理由已经得到很好的理解,并直接引用哈珀和詹姆斯 1956 年的论文、普罗塞 1960 年的文章《对堡垒的进攻》和他自己在爱丝科拉案件中的协同意见书。[105] 特雷诺在 1944 年已经如此雄辩地表达过的严格责任的逻辑,现在终于在加利福尼亚成为法律。

第 402 条 A 款(Section 402A)和严格责任的扩散

恰好在 1963 年特雷诺正在起草格林曼判决的时候,普罗塞在辛勤地工作,精心构建美国法律研究院(the American Law Institute)的《第二次侵权法重述(second Restatements of Torts)》的产品责任部分(402A)。像这一个重述,允许法律学者在特定领域创造一个法律的当前表述,并且提出将要出现的趋势。尽管它们是在民间背景下起草的并且没有法律效力,但它们通常在法律专业领域和司法界具有巨大的影响。《第一次侵权法重述》起草于 20 世纪 30 年代早期,在产品伤害法专题上显示出极大的混乱。大约三十年之后,普罗塞希望通过将严格责任的范围特定化,让它更加清晰。在 1961 年完成的一个原始草稿中,他只认可在食品案件中有严格责任。接着,在写于 1962 年的第二稿中,他宣称,它适用于设计用来"贴身使用"的任何产品。最后,他将严格责任的适用范围扩大到所有产品。[106]

普罗塞的最终稿,于 1964 年由美国法律研究院批准,无论有无过失或者有无与当事人的直接合同关系,让所有制造商和经销商对他们售出的任何缺陷产品引起的伤害承担严格责任。根据这个重述：

> 公共政策要求，打算用来消费的产品引起的事故伤害负担，应该落在那些让它们进入市场的人身上，并且将获得责任保险的必要成本当成一个生产成本来对待。而且，这种产品的消费者有权从某个人那里获得最大化的保护，而且能够支付起它的合适的人，是那些让产品走上市场的人。

这个文件强调，提出的规则将"不会排除基于销售者过失这个备用理由的责任"，但是，它将允许"即使在产品的准备和销售中，销售者已经履行了所有可能的注意"，也让他承担责任。[107]

最终在 1965 年发布，《第二次重述》的 402A 款在促进全国各地接受严格责任过程中，扮演了一个非常重要的角色。[108]普罗塞在 1966 年报告，已经有 18 个州通过高等法院判决采用了严格责任，还有 6 个州根据法规这样做，而且许多其他的州也已经开始朝着这个方向行动。[109]在 1971 年普罗塞去世的时候，28 个州已经采用严格责任，而到了 1976 年，41 个州已经这样做。[110]在美国，产品责任法转型的速度，简直是令人震惊的。学术界"对堡垒的进攻"已经以胜利告终。

法律原理革命（Doctrinal Revolution）的影响

也许毫不奇怪，产品责任案件不久开始逐渐上升。在 1974 年和 1985年期间，在联邦法院登记在案的产品责任案件数量，从 1,579 件猛增到 13,554 件——这是一个超过 750% 的增长。在同一时期，在联邦法院登记在案的所有其他侵权责任案件仅仅增长了 25%（从 22,652 件到 28,610件），而在联邦法院的整个民事卷宗大约增长了 140%。[111]尽管产品责任保险的成本作为销售额的一个百分比，在 20 世纪 60 年代晚期和 70 年代早期仍然相对稳定，但是在 70 年代中期突然增长——1975 年以 40%，而在 1976 年以 27% 的速度增长。这个专题的一位学者将这些定义为"追赶型增长"。[112]

总之，要避免这个结论是困难的，开始于 20 世纪 60 年代早期的法律原理革命产生了一些非常重要的效果。乔治·普里斯特(George Priest)在 1985 年的一篇有影响的文章中总结道,由于产品责任法(他将时间主要定在 1960—1964 年这几年)里的"概念革命","制造商产品相关损失的责任被大为增加了,而消费者的义务大为减少了"。[113]可资利用的证据表明,他是正确的。

将严格责任扩大到设计和警告上的缺陷

然而,如同普里斯特本人充分意识到的,让制造商对产品缺陷严格负责的最初的法律原理上的改变,不是导致制造商责任剧烈扩大的唯一新发展。后来严格责任扩大到处理设计和警告上存在缺陷的案件,它们至少一样重要,并且或许更胜一筹。[114]由于这些扩大,即使所谈的缺陷不是一个制造错误的结果,诸如一个非常软的插销或者一个坏的合叶,一个受伤害的原告也经常能够获得赔偿。

比如说,在一个 1967 年的案件中,一个儿童被一个蒸汽加湿器的电线绊倒后被烧伤。这个特定的加湿器没有被有缺陷地生产,但是,无论如何明尼苏达高等法院进行了不利于制造商的判决,声称产品设计具有内在缺陷(顶部原本不应该这么松),而且,公司没有就这种小事故的可能性警告消费者。[115]著名的福特平托(Ford Pinto)案件提供了另一个很好的例子,那里福特公司被发现对一个有缺陷设计的油箱负有责任。[116]

严格责任的早期学界支持者是否打算将他们法律原理上的改变应用于制造缺陷之外的任何情况,仍然存在一些疑问。[117]但是,不管以前的学者是否设想过最终将设计上和警告上的缺陷包括在内,它当然是诸如卢埃林、詹姆斯和普罗塞那样的学者已经提出的原创思想的一个合乎逻辑的延伸。而且,它再一次从风险的最优分配和分散的角度得到合理性论证。[118]

惩罚性损害赔偿金激增了吗?

然而,自从 20 世纪 60 年代起,对制造商责任扩大起作用的另一个因素,是惩罚性损害赔偿金的上升。大量评论家和批评家,已经将陪审团提高收取惩罚性损害赔偿金的意愿定性为,激发产品伤害案件中责任的一个事实上的激增,给实业界或者整个经济带来巨大的负担。桑德拉·戴·奥康纳(Sandra Day O'Connor)大法官在一个 1989 年以来被广泛引用的反对意见中正好论述了这个问题。"就像十年前这么近的年份,在一个产品责任案件中由一个上诉法院确认的惩罚性损害赔偿金的最大裁定赔偿额是 25 万美元……自那时起,高达超过 30 倍的裁定赔偿额已经在诉讼中得到支持……对如此巨大的裁定赔偿的恐惧对新产品的研发具有不利的影响。"[119]

当然,惩罚性损害赔偿金本身也不是一个新的现象。在美国,第一个惩罚性损害赔偿案件可以追溯到 1784 年(其实践甚至可以更进一步追溯到英国)。在美国历史上,取消惩罚性损害赔偿的公众运动并不是没有先例的。比如说,哈佛法学院的西蒙·葛林尼夫(Simon Greenleaf)在 19 世纪就发起了这样一个运动,主张损害赔偿金"应当准确地与伤害相称,既不多也不少"[120]。

惩罚性损害赔偿金的使用在 20 世纪当然扩大了,但是,这个变化不像体现在严格责任采用中的法律原理改变那样丰富和深远。19 世纪的惩罚性损害赔偿,几乎只作为对恶意行为的惩罚进行赔偿裁定,而它们在 20 世纪也逐渐用来惩罚极端的过失行为。尽管 1960 年以后在产品伤害案件中严格责任成为裁定补偿性赔偿金的标准,但是,它从来没有成为评估惩罚性损害赔偿金的标准——这个事实甚至在今天仍然是真实的。[121]

结果,产品伤害案件中有关惩罚性损害赔偿金可利用的数据表明,这个措施利用的增加,远没有通常人们认为的那样巨大。可以肯定的是,有大量令人难以置信的故事发生了——一位女性在一个免下车餐馆将烫咖啡泼洒在她自己身上后,被裁定获得麦当劳提供的 270 万美元的惩罚性损害赔偿金,或者一位男士对未经允许秘密重新喷涂的汽车不满意,使宝马公司耗费了 4,000 美元补偿性赔偿金,外加 400 万美元的惩罚性损害赔偿金。[122]既然陪审团像这样裁定赔偿金,人们广泛认为产品责任诉讼中的惩罚性损害赔偿金正在失控,就不足为怪了。

　　但是,事实是这种案件非常稀少。考察 1965 年到 1990 年之间的产品责任诉讼,迈克尔·拉斯塔德(Michael Rustad)能够确认的,总计只有 355个案件陪审团裁定了惩罚性损害赔偿金。这些案件中的 95 个涉及石棉相关的伤害。尽管惩罚性赔偿裁定的数字随着时间增加(从 1965—1970 年期间的仅仅 7 件,到 1986—1990 年期间的 151 件),但总数从来就不是很大。还有,在非石棉产品责任案件中惩罚性赔偿裁定,在 20 世纪 80 年代中期确实显示出已经达到它的顶峰,在 1986—1990 年下降到 78 件之前,在 1981—1985 年达到了 119 件。[123]

　　确实,在全国法院的绝大多数惩罚性赔偿裁定,不是出现于产品责任案件,而是出现于蓄意的侵权和工商合同案件,诸如里程碑式的佩恩索亚—德克萨科(*Penzoil-Texaco*)案件(它涉及一个 30 亿美元的惩罚性赔偿裁定)。根据兰德民事司法研究所(RAND institute for Civil Justice)进行的一项研究,产品伤害案件中惩罚性赔偿裁定只占所有惩罚性赔偿裁定的4.4%。[124] 如同已经指出的,一个相关的事实是,惩罚性损害赔偿裁定在产品伤害案件只占一个非常小的比例。推测在变化,但是最为经验性的研究表明,原告在法庭审判的几乎一半的案件中获胜,而只有约 2%—10%的胜诉原告最终获得惩罚性损害赔偿金。[125]

　　在司法部(Justice Department)1992 年进行的关于侵权案件的一个详细研究(见表 8.1)中,美国最大的 75 个县的陪审团接受了 360 个产品责任案件。这些案件中的 142 个,他们的判决支持了原告,但是,仅仅在 3 个案件中裁定了惩罚性损害赔偿金。换句话说,惩罚性损害赔偿金只占胜诉的产品责任诉讼的 2.1%——远低于通常在几乎其他任何类型的侵权诉讼中的数字。在全部的司法部样本中,4%的胜诉侵权原告得到了惩罚性损害赔偿金裁定。即使以这个更高的比例,惩罚性损害赔偿金(按美元)还是只占裁定的全部赔偿金的 5%。在有毒物质的案件中,惩罚性的比例占全部赔偿金的比例相当地高(25%),但是在非有毒物质产品责任案件中特别地低(0.04%)。[126] 如同在大量其他的研究中一样,惩罚性损害赔偿金在产品责任领域的总体影响非常有限。[127]

表 8.1 民事案件中的惩罚性赔偿金(1992 年)

案件类别	民事诉讼(件)	陪审团审判(件)	原告胜诉	惩罚性赔偿裁定	惩罚性赔偿裁定额占原告胜诉案件的比率(%)	裁定的总赔偿金额(美元)	惩罚性赔偿占总赔偿金额比率(%)
侵权案件(Tort cases)	377,421	9,532	4,584	190	4.1	1,869,699,000	4.89
产品责任(Product liability)	12,763	360	142	3	2.1	103,346,000	0.04
有毒物质(Toxic substance)	6,045	287	202	13	6.4	106,306,000	24.85
汽车(Automobile)	227,087	3,915	2,280	55	2.4	502,602,000	7.07
营业场所责任(Premises Liability)	65,372	1,991	845	15	1.8	196,207,000	0.65
医疗事故(Medical Malpractice)	18,396	1,370	403	13	3.2	598,148,000	0.52
故意侵权(Intentional tort)	10,879	448	199	38	19.1	105,466,000	10.36
职业损害(Professional malpractice)	6,827	187	92	15	16.3	97,308,000	6.25
口头或文字的诽谤(Slander/libel)	3,159	66	27	8	29.6	6,284,000	21.34
其他侵权(Other tort)	26,891	909	393	30	7.6	154,032,000	4.38
合同案件(Contract cases)	365,263	2,217	1,322	169	12.8	820,098,000	20.67
卖方原告(Seller plaintiff)	188,761	610	417	24	5.8	88,368,000	1.38
买方原告(Buyer plaintiff)	44,592	593	363	47	12.9	173,965,000	15.78
欺诈(Fraud)	15,917	317	173	38	22.0	117,209,000	6.26
雇用(Employment)	8,064	311	170	46	27.1	249,206,000	53.27

续表

案件类别	民事诉讼（件）	陪审团审判（件）	原告胜诉	惩罚性赔偿裁定	惩罚性赔偿裁定额占原告胜诉案件的比率（%）	裁定的总赔偿金额（美元）	惩罚性赔偿占总赔偿金额比率（%）
租赁（Rental/lease）	20,587	133	85	11	12.9	159,734,000	0.25
其他（Other contract）	87,342	252	113	2	1.8	31,616,000	1.15
不动产案件（Real property cases）	19,235	277	43	5	11.6	13,886,000	49.50
民事案件总数	761,919	12,026	5,949	364	6.1	2,703,683,000	9.91

资料来源：美国司法部，司法项目办公室，"Civil Jury Cases and Verdicts in Large Counties"（Civil Justice Survey of State Courts,1992）,*Bureau of Justice Statistics Special Report*（七月 1995），表 1,2,6 和 8。

注：本表基于 1992 年美国各州法院受理的 75 个最大县的民事案件数据。没有进行陪审团审判的案件，最后处理要么以协议和解（460,000）、缺席判决（108,000）、驳回诉讼（82,000）、移交（29,000），即决审判（28,000），要么以（无陪审团）法官审判，仲裁程序或者直接裁决（33,000）的形式。

　　进而,与普遍的看法相比,民事案件中,在惩罚性和补偿性赔偿金之间似乎有一个很紧密的关联,表明惩罚性损害赔偿裁定的大小不是像彩票那样随机决定的。即使在陪审团确实似乎忘乎所以的时候,他们的惩罚性赔偿裁定也经常在上诉中被撤销或者减少。[128]确实,一个法官后来在麦当劳烫咖啡案中将惩罚性损害赔偿金从 270 万美元减少到 48 万美元。遭受了大约 20 万美元实际损失的原告,后来以大约 60 万美元与麦当劳和解。甚至更令人震惊的是,在著名的重新喷涂案中,阿拉巴马最高法院最终将宝马的惩罚性损害赔偿金从 400 万美元减少到 5 万美元。[129]总之,证据表明产品责任案件中惩罚性赔偿裁定在 20 世纪 60 年代中期之后确实增加了,而且它们确实对加重制造商责任产生了影响。[130]但是,当巨额惩罚性赔偿裁定的可能性在全国的董事会会议室几乎不可能被忽视时,事实是,在所有的产品责任案件中惩罚性损害赔偿金似乎只有不到全部赔偿金的10%。那么,从一个企业经营的立场来看,较之经常讨论的惩罚性赔偿裁定的“激增”,产品伤害法中更广泛的法律原理上的改变看来已经是一个远为更重要的责任决定因素。

4. 结　　语

　　如同我们看到的,基于强有力的风险管理逻辑,20 世纪 60 年代发起了向严格责任的全面转换。尽管法律改革本身最终在全国法院和几个州的立法机关得到实施,但是变化的真正动力是一小群法律学者,他们寻求在产品伤害诉讼裁决中用一个更加新颖的风险理论代替传统的过错原则。

　　严格责任的采用在法律思想和企业经营实践两方面都已经被定性为一个标志性的革命,而且在许多方面这无疑是一个准确的描述。然而,还需要进行一些补充说明。首先要提的这一点很重要,即使根据新的法律体系,制造商不会对所有的产品相关伤害负责。我们来回忆一个詹姆斯喜欢的例子,“有意识地在一段很长的黑暗楼梯顶端放置一本书”,肯定会成为“一个严重伤害的重要因素”。但是,没有法官或者陪审团会认为书的制造商对引起的任何伤害负责,因为"那种产品的质量或者状态,对于那种产品按人们的常识来使用,或者引起被告注意的一些特殊用法,都(不是)不合情理地危险"。[131]类似地,就像特雷诺后来论述的,"(一把)刀的制造商在使用者用其生产的一把刀砍伤了自己时是没有责任的。当伤害绝不是一个缺陷所致时,就不存在严格责任的根据"。[132]

要补充说明的第二条涉及对制造商影响的严重程度。毫无疑问,对达尔康宫内避孕器(Dalkon Shield)、硅酮乳房填充物(silicone breast implants)以及石棉隔垫(asbestos insulation)之类大量的各种不同产品的生产者来说,严格责任的出现表明是破坏性的。由于产品责任诉讼,单是石棉制造商就面临了许多数十亿美元的损失赔偿,而且至少一家大的石棉生产商(琼斯-曼斯维里 Johns-Mansville)被迫破产。[133]然而,对绝大多数制造商来说,产品责任损失赔偿金的风险并不是近乎破坏性的。尽管在严格责任实施之后保险费率确实趋于上升(并且偶尔增加还很猛烈),几种特别风险产品除外,商业保险项目没有中断地也仍然可以利用——即使经过 20 世纪 80 年代中期的所谓责任保险危机。[134]

重要的是,政策制定者在破坏产生的几个领域转向限制责任。因为所有输血治疗中的一定比例必然和不可避免地是"有缺陷的"(血液中带有不可检测的疾病),在 48 个州的法律制定者公开颁布立法,在涉及血液的案件中,将医院和血库与严格责任隔离开来。在大多数司法管辖区中,被血液感染的患者在医院存在过失的时候还仍然能够提起诉讼,但在不存在过失的时候不能。[135]同样,在 1994 年,国会对非商用飞机制造商的责任设定了一个 18 年的限制,显然是帮助让这个产业生存下去。[136]

关于严格责任革命的第三条补充说明是,产品相关伤害的补偿仍然绝不是自动进行的。与工伤赔偿制度形成鲜明的对比,在那里赔偿得到完全保证,而且对一个范围很广的可能发生的事故很好地界定了给付金水平,而这个新的产品责任制度仍然要求受伤害的消费者为损失赔偿金在法院提起诉讼。这意味着,一方面,由于很高的交易成本,许多受害者将不能进行他们的索赔(或者得到比实际损失远为低的赔偿)。而且,另一方面,陪审团裁定的损失赔偿金即使在大致可以比较的案件中,也可能会出现很大的变动。相对于最优风险管理和有效资源分配讨论中他们所表现的精确无误来说,严格责任的支持者最终借助于一个极其低效的法律手段。

最后要补充说明的一条是,尽管在大多数产品责任诉讼中,根据新的法律制度,原告不必再去证明过失,对过失的考虑也肯定没有彻底消失。如同我们已经看到的,过失(确实,严重的过失)的调查结果在计算惩罚性损害赔偿金中仍然特别重要。同等重要的是比较和连带过失(comparative and contributory negligence)原则,在所有 50 个州以一种或者另一种形式继续存在。[137]比如说,在麦当劳烫咖啡事件中,发现受害者由于严重烫伤遭受了 20 万美元的实际损失。尽管陪审团最初给她裁定了所有 20 万美元的补偿赔偿金(连同 270 万美元的惩罚性损害赔偿金),鉴于受害者本人对事故有 20%的过错,补偿部分后来减少到 16 万美元。[138]更为普遍地,司法部 1992 年的民事案件研究发现,成功诉讼中的 13%由于原告的过失,补偿赔偿金被减少。[139]关键是,在产品伤害案件中,尽管远没有严格责任出现之前那么重要,过失通常仍然是一个紧密相关的问题。

也许理解事故法转型的最好方式,是以首席法官莱缪尔·肖曾经描述为一个"纯粹事故"的形式,在那里既不是原告,也不是被告要明确地对伤害负责。[140]在 19 世纪,对纯粹事故的责任几乎总是落在受害者身上。如同莱缪尔·肖所说的,"它必须停留在最初降临的地方"。[141]过失标准、合同相对性法理以及雇主保护的"邪恶的三位一体"合并在一起,使事故法成为一个经典的阶段 I 的风险管理政策,比起个人安全来,更加保护企业并且明显地支持经济增长。

然而,在 20 世纪早期,莱缪尔·肖的原则向有利于美国工人的方向颠倒过来。随着 1910 年至 1920 年间工伤赔偿法的颁布,发生在工作场所的大多数纯粹事故(而且,实际上,几乎所有事故)的责任被转移给雇主,并最终转移给他们的保险公司。经济负担不再停留在"它首先降临的地方"——至少,不只是就工人们而言要承担责任。阶段 II 的风险管理已经来临。

终于,随着 20 世纪 60 年代和 70 年代产品伤害法的转型,由缺陷产品引起的纯粹事故的责任现在可以从消费者转移到制造商身上(而且通常也转移到批发商和零售商身上)。在一方或者另一方存在明显过失的地方,裁定的赔偿金就会提高或者降低。但是,在产生于缺陷产品中的纯粹事故案件中,只要他们愿意起诉,受害的消费者通常可以期望获得补偿性损失赔偿金。这是产品责任革命的精髓。如同对个人安全日益增强的社会重视程度所反映的,这个革命不仅改变了事故法,而且帮助美国风险管理政策关键的第三阶段的黎明到来打上标记。

注 释 ···

〔 1 〕 Peter W.Huber, *Liability : The Legal Revolution and Its Consequences*(New York : Basic Books , 1990) , p.ix.

〔 2 〕 *Winterbottom v.Wright* , 10 M.& W.109(1842) ,关于英国的这一判决对美国法律的深远影响,参见 W.Page Keeton et al., *Products Liability and Safety : Cases and Materials* (Westbury , N.Y. : Foundation Press , 1989) ,第 40 页。

〔 3 〕 *Winterbottom v.Wright* , 10 M.& W.109 , 114 , 115 , 116 - 117(1842) .

〔 4 〕 参见 *Roddy v.Missouri Pacific Railway Co.* , 104 Mo.234(1891) : "对于订立合同的当事双方之间违反合同产生的伤害第三方提起诉讼的权利,在美国的州、联邦法院以及英国法院,均以压倒多数的比率被否决。"(p.245)

〔 5 〕 *Lester Tompkins v.Quaker Oats Co.* , 239 Mass.147 , 149(1921).在大多数案件中,调解人自身也同样地被隔离开了。参见 *Pitman v.Lynn Gas & Electric Co.* , 241 Mass.322(1922) , esp.325。

〔 6 〕 *Preistly v.Fowler* , 3 M.& W.1 , 150 Reprint 1030 , 1032(1837) .

〔 7 〕 *Farwell v.Boston & Worcester Railroad Corporation* , 4 Metc.49(1842) , esp.57.

〔 8 〕 Lawrence M.Friedman, *History of American Law* , 2nd ed.(New York : Simon and Schuster , 1985) , p.302.

〔 9 〕 Oliver Wendell Holmes, *The Common Law* (Boston : Little , Brown , 1963 [1881]) , p.76. Holmes 继续思索,"州可以令人信服地让它自身成为一家应对事故的互助保险公司,并且可以将它的公民因灾难形成的负担在它的所有会员之间进行分配"。但是他对任何这种发展都保持警觉,主张州只有在能够预期到一个"清晰的好处"时才应当进行干预。"如果人们渴求综合保险(Universal Insurance) ,那么就可以由民间企业更好地而且更廉价地实现。"他写道。(p.77)

〔 10 〕 *Farwell v.Boston & Worcester Railroad Corporation* , 4 Metc.49(1842) : "与事故原因引起的类似损失一样,(这个损失)也必须依存于其产生的地方。"(p.59)

〔 11 〕 *Thomas v.Winchester* , 6 N.Y.397(1852) .

〔12〕　*Elkins, Bly & Co.v.McKean*, 79 Pa.493(1876), esp.502,503.

〔13〕　*Heizer v.Kingsland & Douglass Mfr.Co.*, 110 Mo.605,612(1892).

〔14〕　*Huset v.J.I.Case Threshing Mach.Co.*, 120 F.865(1903), esp.870 – 872.引用的加利福尼亚州案件源于 *Lewis v.Terry*, 111 Cal.39(1896)。注意在 *Huset* 中提及 *Lewis* 时,错误地将原告描述为 Apperson 先生之妻而不是他的房客。然而,不管怎样,如果不是她自己买了那张床,受害者将缺乏直接合同关系。有关 Sanborn 推论的批评,参见 Francis H.Bohlen, "Liability of Manufacturers to Persons Other than Their Immediate Vendees", *Law Quarterly Review*, 45(July 1929), esp.353 – 360。

〔15〕　Gary T.Schwartz, "Tort Law and the Economy in Nineteenth-Century America: A Re-interpretation", *Yale Law Review*, 90(July 1981), 1720; Peter Karsten, *Heart vs.Head: Judge-Made Law in Nineteenth-Century America* (Chapel Hill: Univerisity of North Carolina Press, 1997), p.95.See also William Novak, *The People's Welfare: Law Regulation in Nineteenth-Century America* (Chapel Hill: University of North Carolina Press, 1996); Nathan Honson, "Iowa Tort History, 1839 – 1869: Subsidization of Enterprise or Equitable Allocation of Liability", *Iowa Law Review*, 81(March 1996), 811 – 832.

〔16〕　*Huset v.J.I.Case Threshing Mach.Co.*, 120 F.865,867 – 870(1903).

〔17〕　*Curtin v.Somerset*, 140 Pa.70,80(1891).

〔18〕　*Lebourdrais v.Vitrified Wheel Co.*, 194 Mass.341,343(1907).在 1873 年,纽约州最高上诉法院的 Robert Earl 法官在陈述阶段 I 逻辑的过程中,甚至超越直接合同关系的限制,宣称:"我们必须拥有工厂、机械、大坝、运河和铁路。有各种欲望的人都需要它们,而且它们构成我们文明的全部基础。如果在我的土地上我拥有任何一样这种东西,而它们又并不是一个滋扰行为或者不是被管理成那样的,那么我就不对它们偶然和不可避免地对我的邻居造成的损失负责。邻居将通过共享的一般物品以及在土地上可以放置同样东西的权利会获得对这种损失的补偿。"*Losee v.Buchanan et al.*, 51 N.Y. 476,484 – 485(1873).

〔19〕　*Huset v.J.I.Case Threshing Mach, Co.*, 120 F.865,867(1903).

〔20〕　Willard Hurst, *Law and the Conditions of Freedom in the Nineteenth-Century United States* (Madison: Univerisity of Wisconsin Press, 1956), p.20.

〔21〕　Firedman, *History of American Law*, pp.468 – 469.

〔22〕　Ibid., p.473.

〔23〕　Morton J.Horwitz, *The Transformation of American Law, 1780 – 1860* (Cambridge, Mass.: Harvard University Press, 1977), pp.99 – 100. Schwartz 和其他人将 Horwitz 的表达描述为"津贴理论"。参见 Gary T.Schwartz, "The Character of Early American Tort Law", *UCLA Law Review*, 36(1989), esp.641 – 642。

〔24〕　然而,Friedman 比其他人似乎更关注例外事项。他指出在某一点上,"侵权法从来没有它的正式规则应当让它表现出来的那样严酷和不可通融。几乎从一开始,陪审员、法官和立法机关就用他们的左手拿走了他们右手建立起来的一些东西"。Friedman, *History of American Law*, p.302n47.

〔25〕　直接合同关系原则的支配地位不仅体现在司法判决中,而且体现在当时时代表性

的专题论文中。参见 Thomas G.Shearman and Amasa A.Redfield, *Treatise on the Law of Negligence*(New York:Baker,Voorhis,and Co.,1870),pp.64 – 65。

〔26〕 William O.Douglas,"Vicarious Liability and Administration of Risk I", *Yale Law Journal*, 38,no.5(March 1929),591.

〔27〕 Roy Lubove, *The Struggle for Social Security*, *1900 – 1935*(Pittsburgh:University of Pittsburgh Press,1986〔1986〕),p.51.

〔28〕 Mary Coate Houtz,"The Insurance Response to a Shifting Caveat", in American Bar Association, *Report of the Proceedings of the Section of Insurance Law*(September 1944),304.

〔29〕 同上。另可参见 p.303:"几乎在生产者责任总体扩大的同时,保险公司开始承保产品责任保险"。

〔30〕 *MacPherson v.Buick Motor Company*,217 N.Y.382(1916).

〔31〕 Ibid.,382,385.

〔32〕 Ibid.,382,391,389,396,390.

〔33〕 *Atkins v.American Motors Corp.*, 335 So.2d 134,138(1976).相似地,根据 *Carter v. Yardley* 的判决,"麦克弗森(MacPherson)案件导致了一种例外——吞噬了此前主张的无责任的一般规则,进而那些规则得以运行的基础消失了"。319 Mass. 92,103(1946)。另可参见 Eugene Wollan and Robert L.horkitz,"Products Liability in the United States", *Best's Review*(Property-Casualty Insurance ed.), 85(July 1984),48(在这里,作者将麦克弗森案件描述为"美国产品责任法的源头",并指出它标志着一个"新时代"的到来)。

〔34〕 例如直到 1946 年,马萨诸塞州最高法院(the Supreme Court of Massachusetts)才明确地抛弃了合同相对性原则。参见 *Carter v.Yardley*, 319 Mass.92(1946):"我们认识到〔没有直接合同关系就没有责任的〕以前宣称的一般规则不再存在的时候已经到来。原则上迄今为止的看法是有缺陷的。它往往产生不公平的后果。它在别处具有影响力的政府当局之下被抛弃了。现在我们在这个州抛弃它。"(p.104)

〔35〕 *Atkins v.American Motors Corp.*,335 So.2d 134,138(1976).

〔36〕 *Escola v.Coca Cola Bottling Company*,24 Cal.2d 453,461 – 462(1944).

〔37〕 John Maynard Keynes, *The General Theory of Employment*, *Interest*, *and Money*(New York:Harcourt Brace Jovanovich,1964〔1936〕),p.383.

〔38〕 See,e.g., L.W.Feezer,"Capacity to Bear Loss as a Factor in the Decision of Certain Types of Tort Cases", *University of Pennsylvania Law Review*,78,no.7(May 1930), 813;Fowler V.Harper and Fleming James,Jr., *The Law of Torts*(Boston:Little,Brown, 1956),2:751 – 752;Dix W.Noel,"Manufacturers of Products:The Drift toward Strict Liability", *Tennessee Law Review*,24,no.7(Spring 1957),1011;Fleming James,Jr., "Tort Law in Midstream:Its Challenge to the Jucidial Process", *Buffalo Law Review*,8 (1959),316 – 317.

〔39〕 Francis H.Bohlen,"The Basis of Affirmative Obligations in the Law of Tort", *American law Register*,44〔54 o.s.〕,no.6(June 1905),355.

〔40〕　Charles O.Gregory,"Trespass to Negligence to Absolute Liability",*Virginia Law Review*,37,no.3(April 1951),365,368.

〔41〕　*Farwell v.Boston & Worcester Railroad Corporation*, 4 Metc.49(1842).

〔42〕　Harper and James,*Law of Torts*,p.752.为了迎合公认权威,他们引用了 Oliver Wendell Holmes 撰写的 *The Common Law* 一书的句子:"公众一般从个别活动中获取收益。由于诉讼不可避免,而且往往与公共利益相关,明显没有政策将可取的并且不可避免的风险投向行为者身上。"

〔43〕　Guido Calabresi,"Some Thoughts on Risk Distribution and the Law of Torts",*Yale Law Journal*,70,no.4(March 1961),517.虽然引用文章的上下文没有讨论工人和消费者的伤害,而是讨论工人的伤害,但是卡拉布雷西(Calabresi)在一个较长的脚注中明确地强调了这种逻辑同时适用于工人与消费者两者的伤害。(p.515n43)

〔44〕　Roger J.Traynor,"The Ways and Meanings of Defective Products and Strict Liability",*Tennessee Law Review*,32,no.3(Spring 1965),363.

〔45〕　See, e.g., Noel, "Manufactures of Products", p.1009 - 10;Cornelius W.Gillam,"Products Liability in a Nutshell",*Oregon Law Review*,37,no.2(February 1958),146 - 147.

〔46〕　Feezer,"Capacity to Bear Loss",p.808(包括 p.808n4)。

〔47〕　Harper and James,*Law of Torts*,p.1535;William L.Prosser,"The Assault upon the Citadel(Strict Liability to the Consumer)",*Yale Law Journal*,69,no.7(June 1960),1142.*Yale Law Journal* 创刊以来到 1991 年,Prosser 的文章在引用频率最高的文章中排第二位。Calabresi 的论文"Some Thoughts on Risk Distribution and the Law of Torts"排第七位。参见 Fred R.Shapiro,"The Most-Cited Articles from *The Yale Law Journal*",*The Yale Law Journal*,100(March 1991),table 1.

〔48〕　K.N.Llewelln,"The Effect of Legal Institutions upon Economics",*American Economic Review*,15,no.4(December 1925),665,678,680.

〔49〕　Douglas, "Vicarious Liability and Administration of Risk I", 584 - 604; "Vicarious Liability and Administration of Risk II",*Yale Law Journal*,38,no.6(April 1929),720 - 745.

〔50〕　Douglas,"Vicarious Liability and Administration of Risk, I",pp.587 - 588.

〔51〕　Ibid.,pp.598 - 602,603 - 604.

〔52〕　Fleming James,Jr.,"General Products—Should Manufacturers Be Liable without Negligence?"*Tennessee Law Review*,24(1957),923.

〔53〕　将严格责任扩大到工作场所伤害之外的许多强有力观点,最终帮助重新塑造了产品伤害法,尤其是 20 世纪 20 年代在机动车事故责任法领域首先得到详述。参见 David A.Moss and Michael R.Fein,"'Pure Accidents' and the Evolving Bias of American Liability Law",mimeographed,December 29,2000:"到 20 世纪中期,强制的、无过失机动车事故保险的支持者成功地将严格赔偿责任的经济学逻辑引入法律界。在 *Escola* 案件之后,这些经济观点在法律学者之间还得到了更大的普

及。"(p.41)

〔54〕 Quoted in Noel, "Manufacturers of Products", p.1010.See also John B.Clutterbuck, "Karl N.Llewellyn and the Intellectual Foundations of Enterprise Liability", *Yale Law Journal*, 97(1988), esp.1138, 1132.

〔55〕 James, "General Products", p.923.

〔56〕 Guido Calabresi and Jon T.Hirshoff, "Toward a Test for Strict Liability in Torts", *Yale Law Journal*, 81, no.6(May 1972), 1060.

〔57〕 *Farwell v.Boston & Worcester Railroad Corporation*, 4 Metc.49, 59(1842).

〔58〕 Ezra Ripley Thayer, "Liability without Fault", *Harvard Law Review*, 29, no.8(June 1916), 802.

〔59〕 George L.Priest, "The Invention of Enterprise Liability" A Critical History of the Intellectual Foundations of Modern Tort Law", *Journal of Legal Studies*, 14(December 1985).463.

〔60〕 Llewellyn, "Effect of Legal Institutions upon Economics", p.681.

〔61〕 Harper and James, *Law of Torts*, pp.753, 756.关于"大集团和企业"预防事故的能力,学者主张"近期的研究强调的是,大型单位(例如运输公司、政府、保险公司及类似组织)在减少事故中在多大的程度上处于战略地位"(p.756)。另可参见 James, "Tort Law in Midstream", pp.330 - 331;Fleming James, Jr., and John J.Dickinson, "Accident Proneness and Accident Law", *Harvard Law Review*, 63(1950), 769 - 795。

〔62〕 Quoted in Noel, "Manufacturers of Products", p.1010.

〔63〕 Gregory, "Trespass to Negligence to Absolute Liability", pp.383 - 384.

〔64〕 Prosser, "Assault upon the Citadel", pp.1120, 1119.

〔65〕 Fleming James, Jr., "Contribution among Joint Tortfeasors:A Pragmatic Criticism", *Harvard Law Review*, 54(1941), 1156.

〔66〕 Ibid., p.1157. See also James, "General Products", pp.923 - 924;Fleming James, Jr., "Accident Liability Reconsidered:The Impact of Liability Insurance", *Yale Law Journal*, 57(1948), 550;Harper and James, *Law of Torts*, pp.762 - 763;Preist, "Invention of Enterprise Liability", pp.470 - 483.

〔67〕 Calabresi, "Some Thoughts on Risk Distribution", p.530.

〔68〕 Ibid., pp.518 - 519.

〔69〕 Ibid., p.518.

〔70〕 See ibid, e.g., pp.502, 514.

〔71〕 Ibid., p.518.关于风险分配与风险分散之间固有的紧张关系,另可参见 Douglas, "Vicarious Liability", p.603。

〔72〕 Calabresi, "Some Thoughts on Risk Distribution", p.530.

〔73〕 Ibid., p.531.

〔74〕 同上,p.505.法律赔偿责任原则在经济上"无关紧要",参见 R.H.Coase, "The Problem of Social Cost", *Journal of Law and Economics*, 3(October 1960), esp.10, 13。

〔75〕 James,"Tort Law in Midstream",pp.329 – 330.另可参见 Gregory,"Trespass to Neg-
ligence to Absolute Liability",p.384。另可参见 Calabresi,"Some Thoughts on Risk
Distribution",p.506。在这里,Calabresi 认为个人保险不充分的部分原因可能是,
事故保险对于个人来说较之对于企业确实要更加昂贵。

〔76〕 Friedrich Kessler,"Contracts of Adhesion:Some Thoughts about Freedom of Contract",
Columbia Law Review, 43 (1943), esp. 632 – 633. See also Priest, "Invention of
Enterprise Liability",pp.494 – 496.

〔77〕 Calabresi, "Some Thoughts on Risk Distribution", p. 506. 另可参见 Harper and
James,*Law of Torts*,esp.p.1545。沿着类似的思路辩论,Traynor 法官在他为 *Escola*
案件所做的著名的协同意见中主张:"消费者再也没有足够的手段或技能为他
们自身调查产品的可靠程度……消费者再也不谨慎地接近产品,而是依赖生产
者或者商标的声誉作出评判,凭信任接受它们。"*Escola v.Coca Cola Bottling Com-
pany*,24 Cal.2d 453,467(1944)。

〔78〕 Calabresi,"Some Thoughts on Risk Distribution",p.506.

〔79〕 Henry R.Seager,"Outline of a Program of Social Reform",in *Labor and Other Eco-
nomic Essays by Henry R. Seager*, ed. Charles A. Gulick, Jr. (New York: Harper and
Brothers,1931),82 – 83.

〔80〕 Guido Calabresi, *The Costs of Accidents : A Legal and Economic Analysis*(New Haven:
Yale University Press,1970),esp.pp.56 – 57.另可参见 pp.148 – 149,206 – 208,以
及 Guido Calabresi, "Fault, Accidents, and the Wonderful World of Blum and
Kalven",*Yale Law Journal*,75(1965),224。几乎相同的观点——亦即,关于产品
相关事故总是发生在"其他人身上"的普遍观念——可以在这一时期产品安全
的许多讨论中发现。参见 National Commisssion on Product Safety,*Hearings*(New
York:Law-Arts Publisher,1970),7:176(comments of Arnold B.Elkind,chairman of
the National Commission on Product Safety, reprinted from National Association of
Manufacturers meeting transcript,October 9,1969),以及 pp.212 – 241(Statement of
Virginia Knauer,Special Assitant to the President for Consumer Affairs,October 1,
1969)。对消费者低估产品风险明显趋势更近期的研究总结,参见 Jon D.Hanson
and Douglas A.Kysar,"Taking Behavioralism Seriously" The Problem of Market Ma-
nipulation",*New York University Law Review*,74(June 1999),696 – 704。过度高估
的相反问题,参见 pp.704 – 714。该问题的一个早期理论视角,参见 Michael
Spence, "Consumer Misperceptions, Product Failure and Producer Liability", *Review
of Economic Studies*,44,no.3(October 1977),561 – 572。

〔81〕 Calabresi,*Costs of Accidents*,pp.135 – 140,144 – 150.

〔82〕 Harper and James,*Law of Torts*,p.747.

〔83〕 *Rylands v.Fletcher*,L.R.3 H.L.330(1868).

〔84〕 *Rylands v.Fletcher*, 3 Hurl.& C.774(1865).

〔85〕 *Rylands v.Fletcher*,L.R.3 H.L.330,341(1868).

〔86〕 Harper and James,*Law of Torts*,pp.788,795 – 870.成文法有时也施加严格责任。

例如,一部 1804 年的马萨诸塞州法律规定,收费公路公司"对交纳通行费的人产生的所有损害、桥梁的缺陷或者收费公路修理不足引起的损害等,负有赔偿的责任"。根据法官 Shaw 的说法,这部法规是"在周到的考虑下制定的。那就是,由于通行费是对想定风险的充足补偿,而且由事前拥有最好手段预防风险的人来承担风险,公众便拥有应对实际损害和损失的最大保障"。参见 *Yale v.Hampden & Berkshire Turnpike Corp.* 35 Mass.357,359(1836)。

〔87〕 *Exner v.Sherman Power Const.Co.*,54 F.2d 510,510 − 513(1931),emphasis added. See also Gregory,"Trespass to Negligence to Absolute Liability",pp.391 − 395.

〔88〕 See esp.William L.Prosser,"The Implied Warranty of Merchantable Quality",*Minnesota Law Review*,27,no.2(January 1943),117 − 168;Harper and James,*Law of Torts*,pp.1569 − 70,1599 − 1601.

〔89〕 Harper and James,*Law of Torts*,pp.1078,1075 − 1107;Prosser,"Assault upon the Citadel",pp.1114 − 15;G.Edward White,*Tort Law in America" An Intellectual History* (New York:Oxford University Press,1985),p.171.

〔90〕 Gillam,"Products Liability in a Nutshell",p.147.See also Harper and James,*Law of Torts*,pp.1570 − 71,1606;Prosser,"Assault upon the Citadel",pp.1117 − 18.

〔91〕 Prosser,"Assault upon the Citadel:,pp.1115 − 17;White,*Tort Law in America*,p.171.

〔92〕 Harper and James,*Law of Torts*,pp.1571 − 72,See also pp.1605 − 6.

〔93〕 James,"General Products",p.925.

〔94〕 Prosser,"Assault upon the Citadel",p.1126.

〔95〕 Ibid.,pp.1133 − 34.

〔96〕 对默示保证责任方案的一个更早的批评,参见 Gregory,"Trespass to Negligence to Absolute Liability",pp.384 − 385,395。

〔97〕 *Henningsen v.Bloomfield Motors,Inc.*,32 N.J.358(1960).有关 Prosser 文章发行和到达时间,参见 Priest,"Invention of Enterprise Liability",p.506n292。

〔98〕 *Henningsen v.Bloomfield Motors,Inc.*,32 N.J.358,364 − 369(1960).

〔99〕 Ibid.有关 Harper 和 James 的引文例子,参见 pp.373,380,381,383,391,400,415。有关其他包括 Feezer,Kessler 和 Prosser(然而不是他 1960 年的文章,因为这篇文章还没出现)等在内的著名法律学者的引文,参见 pp.379,381,389,391,400,407。

〔100〕 Ibid.,379 − 380.

〔101〕 William L.Prosser,"The Fall of the Citadel(Strict Liability to the Consumer)",*Yale Law Journal*,50(1966),791.

〔102〕 *Greenman v.Yuba Power Products,Inc.*,59 Cal.2d 57,62(1963).

〔103〕 Ibid.,63.

〔104〕 Ibid.,64.

〔105〕 Ibid.,63.

〔106〕 关于 402A 条文草案的演变,参见 *Putnam v.Erie City Mfg.Co.*,338 F.2d 911,918 − 919(5ᵗʰ Cir.1964);Priest,"Invention of Enterprise Liability",pp.512 − 514。

〔107〕　美国法律研究院(American Law Institute),侵权法重述(第二次)(1965)〔Restate-
　　　　ment(Second)of Torts(1965)〕,402A 条,产品销售者对用户或消费者造成身体伤
　　　　害的特别责任(Special Liability of Seller of Product for Physical Harm to User or
　　　　Consumer)。

〔108〕　Priest,"Invention of Enterprise Liability",p.512.或许这点不是太令人惊讶,Prosser
　　　　在准备 402A 条的时候,采纳了 Fleming James,Roger Traynor,以及其他著名法律
　　　　学者的建议。

〔109〕　Prosser,"Fall of the Citadel",pp.794 – 797.

〔110〕　Priest,"Invention of Enterprise Liability",p.518.

〔111〕　Marc Galanter,"The Day after the Litigation Explosion",*Maryland Law Review*,46
　　　　(Fall 1986),23,table 3;Theodore Eisenberg and James A.Henderson,Jr.,"Inside
　　　　the Quiet Revolution in Products Liability",*UCLA Law Review*,39(April 1992),798,
　　　　table A – 3.所有民事卷宗上的数据是 1975 至 1985 年间的。在那段时期,民事案
　　　　件卷宗从 112,308 例上升至 273,670 例(144%的增长)。

〔112〕　Gary T.Schiwartz,"New Products,Old Products,Evolving Law,Retroactive Law",
　　　　New York Universty Law Review,58(October 1983),812.

〔113〕　Priest,"Invention of Enterprise Liability",pp.461,462.

〔114〕　See esp.George L.Priest,"Strict Products Liability:The Original Intent",*Cardozo Law
　　　　Review*,10(1989),2304;W.Kip Viscusi,"Product and Occupational Liability",
　　　　Journal of Economic Perspectives,5,no.3(Summer 1991),74 – 75.

〔115〕　*McCormack v.Hankscraft Co.*,278 Minn.322(1967);Priest,"Invention of Enterprise
　　　　Liability",p.524.

〔116〕　*Grimshaw v.Ford Motor Co.*,119 Cal.App.3d 757(1981).关于定义"缺陷产品"含义
　　　　的困难的一般讨论,特别参见 Traynor,"Ways and Meanings of Defective Products
　　　　and Strict Liability",pp.363 – 376。

〔117〕　Priest,"Strict Products Liability:The Original Intent",pp.2301 – 27.关于设计缺陷的
　　　　早期讨论,特别参见 Harper and James,*Law of Torts*,pp.1540 – 57。另可参见
　　　　Traynor,"Ways and Meanings of Defective Products and Strict Liability",pp.368,372
　　　　– 373。

〔118〕　Priest,"Strict Products Liability:The Original Intent",pp.2326 – 27:"在设计和警告
　　　　相关案件中标准的演进受到风险分散和成本内部化概念的强烈影响。"

〔119〕　*Browning-Ferris Industries v.Kelco,Inc.*,492 U.S.257,282(1989).

〔120〕　Michael Rustad and Thomas Koenig,"Historical Continuity of Punitive Damage
　　　　Awards:Reforming the Tort Reformers",*American University Law Review*,42(1993),
　　　　1287 – 90,1299 – 1300(Quoting Greenleaf).

〔121〕　Rustad and Koenig,"Historical Continuity of Punitive Damage Awards",1302 – 7,
　　　　1309,1328 – 30.为论证惩罚性损害赔偿的合理性,被告的行为必须受到谴责的
　　　　法律原则,另可参见 A.Mitchell Polinsky and Steven Shavell,"Punitive Damages:An
　　　　Economic Analysis",*Harvard Law Review*,111,no.4(February 1998),905;*BMW of*

North America, *Inc. v. Gore*, 517 U.S.559, 575 – 576(1996)。

〔122〕 *Liebeck v. McDonald's Restaurants*, No. CV – 93—2419, 1995 WL 360309(N. M. Dist 1994);*BMW of North America*, *Inc. v. Gore*, 517 U.S.559(1996).

〔123〕 Michael Rustad, "In Defense of Punitive Damages in Products Liability: Testing Tort Anecdotes with Empirical Data", *Iowa Law Review*, 78(October 1992),38, table 3.对惩罚性损害赔偿(以及更一般地说侵权体系)的误解,参见 Marc Galanter, "Real World Torts: An Antidote to Anecdote:, *Maryland Law Review*, 55, no. 4(October 1996), esp.1126 – 40。

〔124〕 Michael L. Rustad, "Unraveling Punitive Damages: Current Data and Further Inquiry", *Wisconsin Law Review*(1998),20,37,67,38. See also *Penzoil Co. v. Texaco Inc.*, 481 U.S.1(1987).

〔125〕 Rustad, "Unraveling Punitive Damages", pp. 20 – 23, 25, 28 – 30, 39 – 40; Theodore Eisenberg et al., "The Predictability of Punitive Damages", *Journal of Legal Studies*, 26(June 1997),634 – 635 and table 1.

〔126〕 U.S. Department of Justice, Office of Justice Programs, "Civil Jury Cases and Verdicts in Large Counties"(Civil Justice Survey of State Courts, 1992), *Bureau of Justice Statistics Special Report*, July 1995, tables 1, 2, 6, and 8.

〔127〕 See Rustad, "Unraveling Punitive Damages", pp.17 – 56.

〔128〕 Esisenberg et al., "Predictability of Punitive Damages", esp. pp. 637 – 639; Rustad, "Unraveling Punitive Damges", pp. 22 – 23, 31, 40 – 44. See also Evan Osborne, "Courts as Casinos? An Empirical Investigation of Randomness and Efficiency in Civil Litigation", *Journal of Legal Studies*, 28, no.1(January 1999),187 – 203.

〔129〕 Frank Swoboda and Caroline E. Mayer, "A $4.9 Billion Message: Jury Hits GM with Historic Crash Verdict", *Washington Post*, July 10, 1999, p.A1; William Glaberson, "The $2.9 Million Cup of Coffee: When the Verdict Is Just a Fantasy", *New York Times*, June 6, 1999, sec.4, p.1; Andrea A. Curcio, "Painful Publicity: An Alternative Punitive Damage Sanction", *DePaul Law Review*, 45(Winter 1996),385 – 386; Polinsky and Shavell, "Punitive Damges", p.901.

〔130〕 Rustad, "In Defense of Punitive Damages in Products Liability", esp. pp.38 – 39; Rustad, "Unraveling Punitive Damages", pp.23, 30.

〔131〕 James, "General Products", pp.926 – 927.

〔132〕 Traynor, "Ways and Meanings of Defective Products and Strict Liability", p.367.

〔133〕 See, e.g., Barnaby J. Feder, "Asbestos Injury Suits Mount, with Severe Business Impact", *New York Times*, July 3, 1981, p.A1; "Victim Compensation", *Chemical Week*, March 9, 1983, pp.32 – 38; Barnaby J. Feder, "Dow Corning in Bankruptcy over Lawsuits", *New York Times*, May 16, 1995, p.A1.

〔134〕 See esp. United States General Accounting Office, *Liaiblity Insurance: Effects of Recent Crisis on Business and Other Organizations*(Washington, D.C., July 1988); Ralph A. Winter, "The Liability Insurance Market", *Journal of Economics Perspectives*, 5, no.3

(Summer 1991),115-136.

〔135〕 Michael J.Miller,"Strict Liability,Negligence,and the Standard of Care for Transfusion-Transmitted Disease",*Arizona Law Review*,36(Summer 1994),488-494。此外,即使在这些法规生效之前,大多数州的法院已经找到方法将血液提供者从严格责任中剔除。(pp.482-488)在新泽西州,也就是两个没有通过任何法律的其中一个州(另一个是佛蒙特州),新泽西最高法院"规定血液提供者不受严格责任约束"。(p.490n117)

〔136〕 See,e.g., Stacy Shapiro,"Tort Costs Hurt Aircraft Manufacturers",*Business Insurance*, June 10, 1991, pp.34-35;Patrick J.Shea, "Solving America's General Aviation Crisis:The Advantages of Federal Preemption over Tort Reform",*Cornell Law Review*, 80(March 1995), esp.765-768;General Avation Revitalization Act of 1994,Pub.L. no.103-298,108 Stat.1552.See also Edward H.Philips,"GA Rebounding after Liability Reform", *Aviation Week and Space Technology*, 151, no.11 (September 13, 1999),40.

〔137〕 关于 50 个州各种不同规则的描述,特别参见 U.S.Department of Justice,"Civil Jury Cases",p.6。到 20 世纪 90 年代中期,27 个州拥有"改进的比较过失"规则,如果原告比被告有更多(或者,在 9 个州内,至少原告和被告同样的过失)的过失,便禁止原告获得赔偿。13 个州拥有纯粹的比较过失规则,在那里原告对实际损害的赔偿获取是根据他自身的过失程度成比例地减少。6 个州拥有纯粹的共同过失规则,也就是原告的过失在任何时候以任何形式对伤害起了作用,便彻底禁止原告获取损害赔偿。最后,4 个州拥有混合规则。

〔138〕 See S.Reed Morgan,"McDonald's Burned Itself",*Legal Times*,September 19,1994, p.26.

〔139〕 U.S.Department of Justice,"Civil Jury Cases",p.6.

〔140〕 *Farwell v.Boston & Worcester Railroad Corporation*,4 Metc.49,59(1842).See esp. Moss and Fein,"Pure Accidents' and the Evolving Bias of American Liability Law".

〔141〕 *Farwell v.Boston & Worcester Railroad Corporation*,4 Metc.49,59(1842).See also Holmes,*Common Law*,pp.76-77.

───── 第 *9* 章 ─────

对所有人进行保障

当亨利·费尔利（Henry Fairlie）在 1989 年的《新共和》杂志中写到"对一个无风险社会的渴望，是使今天的美国衰弱的最恶劣影响之一"的时候，他批评的对象，不仅是一个思想框架，而且还包括设计来实现它的一系列正在膨胀的公共政策。[1]产品伤害的严格责任确实是这样一个政策，但是，还有其他许多政策，从信用卡负债上限额到消费者安全立法。1960 年以后，这些政策绝大多数已经得到实施或者得到重大拓展，而且会归属于阶段 Ⅲ 的整体来考虑。在每一个案件中，至少一个重要的目标是减轻个人面临的风险。尽管工商界人士和工人有时候也是受益者，但是，他们不再是特别的或者甚至不是主要的受益者。对消费者和普通老年公民的保障如今在美国已经成为占主导的社会优先事项。

这一章将考察阶段 Ⅲ 的政策制定的三个独特表现：联邦灾害救济（federal disaster relief）的上升、州级保险担保基金（state-level insurance guaranty funds）的创立和环境责任（environmental liability）的急剧扩大。尽管这三个领域绝没有涵盖这个时期的全部风险管理政策，它们也确实从运用的政策目标和风险管理工具两个方面反映了阶段 Ⅲ 之下政策变化的广度。后面我们将厘清,在所有这些政策后面并没有一个总体规划。但是,将风险从个人转移开去并且转移给企业和政府的基本观念,引导着所有这些领域的立法者,还引导着其他许多领域的立法者。确实,这个观念处于阶段Ⅲ的核心位置。

1. 联邦灾害政策

联邦灾难政策的转型,提供了一个引人入胜的案例研究。[2]就像自然灾害总是美国历史的一部分一样,联邦灾难救济也是如此。但是,直到 20 世纪的中期,国会还只是偶尔在事后提供这种救济。1950 年国会授权创立一个永久性的灾难救济基金时,第一个重大的立法变化到来了。然而,即使在那时,联邦资源只是特别储备来修复地方政府的设施。只是后来——尤其在 20 世纪 60 年代和 70 年代——联邦灾难政策才被扩大到救助民间市民遭受的损失。明显地反映了向阶段Ⅲ的转变,联邦政府现在以一个巨灾风险的关键管理者出现——不仅仅是为主要的机构和地方政府,而是为遍布全国的个人。

走向自然灾害的隐形公共保险

联邦灾害救济第一个著名的例子可以回溯到 1803 年,国会批准了新罕布什尔朴次茅斯一场火灾的受害者,延期偿还海关债券。在 1803 年和 1947 年期间,各种各样的洪水、地震、火灾以及其他灾害至少促成了 128 次特别法案提供事后救助。在大多数情况下,法案授权救援物资及医疗品的购买和分配。[3]

尽管常常有这种立法,但是,政策制定者通常没有将灾害救济看成一个持续的联邦责任。多半时候,联邦政府在紧接着巨大灾害之后没有提供援助。[4]比如说,在 19 世纪 80 年代中期,总统格罗弗·克里夫兰(Grover Cleveland)否决了一个法案,那个法案将拨款 1 万美元给得克萨斯严重干旱的受害者以分配种子。"我不能在宪法中为这样一个拨款找到依据,"他解释道,"而且我不相信,中央政府的权利和责任应当被扩展到与公共服务和利益没有任何形式的真正关联的个人苦难的救济。"他补充道:"尽管人们支持政府,但是政府不应当支持人民……联邦援助(在不幸的情况下)鼓励了对政府方面的家长式照顾的期待而且削弱了我们国民的顽强性格。"[5]

1905年国会批准美国全国红十字会(American National Red Cross)作为联邦政府在提供基本灾害援助方面的官方代理机构时,它从总统格罗弗·克里夫兰的名言迈出了一小步。自从1881年它建立以来,红十字会就已经开展了筹集和分配民间基金以援助灾害受害者的工作。但是,现在这些服务成了机构的法律责任。尽管国会没有拨出新的资金,但是它已经通过正式让这个自愿协会承担集中民间资金并将它们分配给需要的人们的任务,开始了灾害救济的组织化进程。[6]

在美国随后的几十年里,红十字会保持了对灾害救济的主要职责。但是,政府一民间的平衡在20世纪30年代已经开始变化。在大萧条期间出现的几次巨大灾害之后,联邦救济管理局(Federal Relief Administration)和联邦土木工程管理局(Federal Civil Works Administration)从富兰克林·罗斯福总统那里获得授权,将联邦政府的剩余物资分配给各州和地方政府,并且修复损坏的道路和桥梁。国会在1947年通过首个一般灾害救济法案时,将这种措施纳入法律正式确定下来。一旦遇到灾害,地方政府可以转向战争资产管理局(War Assets Administration)或者联邦工程管理局(Federal Works Administration)获得更多必要的帮助。三年之后,国会通过了1950年联邦灾害法案(Federal Disaster Act),创立了一个永久性的救济基金,并且赋予总统广泛的便宜行事的权力以决定什么是符合联邦援助要求的灾害。红十字会继续管理对一般市民和企业的救济分配,而联邦政府现在承担了修复地方政府设施的责任。[7]

从20世纪50年代到20世纪60年代早期,联邦政府扩大和改进了1950年法律的框架——在大多数情况下,几乎没有辩论和争议。1951年堪萨斯和密苏里水灾激发国会授权为灾害受害者提供紧急住房。随后的几年里,农村社区、非自治镇以及州的设施也符合联邦援助的要求了,如同关岛(Guam)、美属萨摩亚群岛(American Samoa)以及太平洋岛屿托管领土(Trust Territory of the Pacific Islands)那样。1964 年和 1965 年的救济法案,是在回应几个州的重大灾害中通过的,增加了对高速公路的联邦投入,并扩大了联邦贷款项目,诸如小企业管理局(Small Business Administration,以下简称 SBA)和农民住房管理局(Farmers Home Administration,以下简称 Fm-HA)所实施的那些项目。[8]通过这种方式,一步一步地,联邦政府在灾害救济中的地位极大地扩大了。1953 年红十字会在灾害方面的援助还以 1.6∶1 的比例超过联邦支出,而到 1965 年联邦灾害援助便以接近 8∶1 的比例超过红十字会在灾害方面的花费。[9]

联邦灾害政策的节奏在 20 世纪 60 年代晚期和 70 年代早期甚至更为猛烈地加速着。"随着我们进入了一个新的十年,"1970 年尼克松总统在一个关于灾害救济的发言中宣布,"国家重大的目标之一是,恢复一个遭到严重破坏的环境,但是当自然失控并伤害我们的公民时,我们必须做好准备有效地作出反应。"[10]1969 年国家经历了 29 个重大的灾害,要求从总统灾害救助基金提出约 1.5 亿美元的款项。尽管这是 19 年前通过联邦灾害法案以来最大的灾害救济拨款,但是,与其说是这一年的特殊情况,不如说它标志着一个新的趋势。[11]

特别是以卡米尔飓风(Hurricane Camille)为契机,1969 年它在南方 5 个州导致 248 人死亡并且遭受 15 亿美元的损失,国会在 1970 年通过了一个新的灾害救济法案。[12]这个标志性的立法建立了一个对公共和民间损失都予以覆盖的永久性和全面的联邦援助计划。整个 20 世纪 60 年代,联邦灾害救济已经逐渐扩大到包括为受损的高等教育设施的修复、私人房产上废弃物的移除,以及失业补偿和处于困境的灾害受害者的食物券提供资金。联邦政府也已经扩大 SBA 和 FmHA 灾害贷款的利用范围。1970 年法案不仅使这些多样化的灾害立法法典化,而且也开拓了新的领域。特别强调对个人受害者的救济,它规定为临时住房和法律服务拨款。后来的修正案,特别是在 1974 年,对公共和民间灾害受害者进一步扩大援助的利用范围。[13]

确实,到了 20 世纪 70 年代中期,一个全新的联邦灾害救济模式正在迅速成型。大量重要的政策创新仍然留待未来,包括 1978 年联邦紧急事务管理局(Federal Emergency Management Agency,即 FEMA)的建立。[14]但是,新制度体系的基本特征——对自然巨灾损失提供属于隐形公共保险的东西——已经清晰。尽管民间财产保险在覆盖一些最大的灾害相关风险方面继续充当关键的角色,联邦政府通过对侵袭公共机构、企业以及(最引人注目的)个体公民的一个大范围的未保险和不能保险的风险提供有限的补偿,也已经逐渐成为一个"最后的保险提供者"。如同关于 1970 年法案的一个参议院委员会报告中所作的解释:"不仅私人个体,他们突然并全部被剥夺了给他们自己提供基本生活必需品的手段,要求紧急援助——食物、衣服、避难所和医疗——而且对这种个体、他们就业的资源和他们生活的社区,必须提供长期的复苏援助。"[15]一位众议院的关键发起人,来自加利福尼亚的众议员哈罗德·约翰逊(Harold T.Johnson)补充道,在美国尽管邻居总是试图帮助灾害受害者,在"一个像我们现在所生活的复杂的 20 世纪里",联邦灾害救济实现同样的目标是必要的。[16]自从格罗弗·克里夫兰那个时代以来,联邦灾害政策的思想肯定已经有了很大发展。

明确灾害救济中联邦政府的角色:
1927 年与 1993 年比较

通过直接比较美国两次最具破坏性的重大自然灾害——1927 年和 1993 年密西西比大水灾,这个变化的全貌就可以看明白了。1927 年这条河流扩大到约 60 英里宽,在密西西比流域下游的 170 个县淹没了 1,650 万英亩地域(约相当于爱尔兰的陆地面积)。那年几百个人失去了他们的生命,超过 50 万人一时无家可归,而且损失估计在当年的 3 亿美元,或者以 1993 年(通货膨胀调整后)美元计算的 30 亿美元。[17]66 年之后,沿着密西西比河上游又发生了一场估计淹没了 2,000 万英亩的洪灾,以致土壤保护服务机构(Soil Conservation Service)宣称:"那就像一个第六大湖,以北艾奥瓦为中心,已经迅速出现在中西部。"1993 水灾比起 1927 年的水灾来造成的人间悲剧要少得多。38 人失去了生命,还有 5.5 万人失去家园。然而,1993年水灾的经济影响甚至要大得多,全部损失估计在 120 亿到 160 亿美元之间,包括 25 亿美元的农业损失。[18]

　　尽管灾害本身相似,但是政府官员管理两次危机的方式表现出显著的不同,在公共政策和公共期望方面都表现出极大的变化。在当时的美国历史上,1927 年联邦政府和美国全国红十字会组织了最大规模的灾害援助。按照惯例,总统卡尔文·柯立芝(Calvin Coolidge),也是美国全国红十字会的会长。在 1927 年 4 月 22 日,他宣布:

　　　　政府正在它的权力范围内提供援助。动员政府的船只,救出那些处于危险中的人们,并将难民运到安全地点。战争部正在给红十字会提供帐篷以供难民居住。国民警卫队(National Guard)、州和地方当局正在援助。但是,照顾无家可归者的责任由政府批准来在灾害中提供救济的机构——美国全国红十字会承担。对于这样一个巨大的任务来说,它必须迅速获得追加资金。

　　　　因此,我作为美国总统和美国红十字会主席的责任,就是将我们人民的同情直接传达给他们数以千计困苦的同胞公民,并督促慷慨的捐款立即到位以免除他们的苦难。[19]

　　如同柯立芝所指出的,在救济行动中,联邦政府和红十字会一起工作,但是,后者承担大多数财务负担。联邦援助仍然主要局限于借出政府装备和人力资源,并且利用总统的号召力(天字第一号讲坛"bully pulpit")来进行民间筹款活动。

　　尽管柯立芝总统拒绝按照来自受灾各州的众议员的要求召开一个国会特别会议,但是,他的确指示他的商务部长,赫伯特·胡佛(Herbert Hoover),帮助实施救济行动,并且命令他的其他内阁成员必要时进行协助。通过各种不同的机构,联邦政府在救济上花费了约 1,000 万美元(或者全部损失的3.3%)。与此相比,红十字会筹集了 1,750 万美元的现金捐款,还有 600 万美元的实物捐助。它也在 14 个月期间,对 60 多万洪灾灾民提供了包括食物和住所在内的紧急服务。[20]

　　胡佛认为 1927 年红十字会的工作取得了巨大成功。按照今天的标准,补偿的比率很小。各州、联邦政府和红十字会加在一起,才补偿整个损失的约13%。但是,按照那时的标准,这项工作是十分艰巨的。胡佛宣称红十字会已经"成为美国人民的一个担保,在灾难中生命的失去应该得到预防,而且人们蒙受的损失应当得到最大程度的减轻"。[21]他在十年后写的回忆录中,对民间资源在1927年提供了所有援助中的大部分表示特别自豪。"那样的时代,"胡佛深情地回忆道,"公民们还期望在灾害来临时相互照顾,而且他们还没有想到联邦政府应该做这件事。"[22]

然而到了1993年,那样的时代确实过去了,因为现在每一个人都期望,联邦政府会帮助资助那年密西西比大水灾的受害者。克林顿总统迅速宣布艾奥瓦州全境和其他8个中西部州的许多县为联邦灾害地区,并请求国会批准一个数额巨大的紧急补充拨款。在众议院或者参议院对大规模的联邦救济行动都没有强烈反对的情况下,国会山最可能引起争议的问题,是应当如何筹集援助资金。[23]

少数法律制定者提出更深刻的问题。参议院拨款委员会主席罗伯特·伯德(Robert Byrd),反复警告他的同事抵制财政超支,断言"灾害不应是财政支出的时机"。[24]其他人抱怨条件反射式的联邦救济政策助长了个人的不负责任。如同艾奥瓦的众议员弗雷德·格兰迪(Fred Grandy)所论述的:"我们起码在告诉人们,'我们要你买保险,但是如果你没有买,我们无论如何也会资助你'。"[25]按照这个逻辑,联邦政府正在制造一个潜在的巨大的道德风险问题。

但是,来自受灾各州的政治家对这种预测没有表现出什么耐心。"这不是辩论长期政策优点的时候,"密苏里州的州长梅尔·卡纳汉(Mel Carnahan)气愤地叫道,"我们已经在其他灾害中采取过行动,无论是飓风,无论是地震还是别的洪灾。我们甚至采取行动帮助库尔德斯坦和储蓄贷款协会。"他坚持主张,密西西比洪灾的受害者应当得到同样的援助。[26]为呼应这种看法,伊利诺伊州州长吉姆·埃德加(Jim Edgar)断言,这个巨大的洪灾"对国家而言是像战争一样严重的问题。我认为任何人都不会期待100%的补偿,但是补偿必须是足够的"。[27]

最后,对财政扩张和道德风险的警告,敌不过大灾害之中的救济政治。

一个国会议员说:"如果你问一个正在划船到他的起居室或者看着他的企业变得非常糟糕的中西部美国人,他是想要我们今天坐在这里并进行一个预算讨论呢,还是想要我们通过一个灾害援助? 我想他会说,'我需要灾害援助'。"[28]果然,大规模的拨款在众参两院获得压倒性多数通过。尽管最终的一揽子计划已经从克林顿总统最初 25 亿美元的要求扩大到 63 亿美元,但是在让总统签署拨款时他没有丝毫的犹豫。[29]

　　话说回来,很清楚,联邦灾害政策在 1927 年到 1993 年之间已经经历了巨大的变化。图 9.1 准确地显示了这个变化的时间。灾害损失的联邦赔偿金在 20 世纪 60 年代之前已经开始逐渐上升,但是最激烈的上升出现在 20 世纪 60 年代晚期和 70 年代早期,这正好是国会开始对受灾的个人承担经常性援助责任的时候。[30]由于缺乏这个主题上的长时期的民意调查,在有关灾害期间对政府应当履行的职责的公众期望变化方面,不可能提供一个经验证据。但是,似乎清楚的是,公众的期望已经大大地增加了。联邦政府在 1927 年密西西比洪灾之后赔偿了全部损失的 3.3%,在 1955 年的"黛安"(Diane)飓风之后赔偿了损失的 6.2%,1964 年太平洋西北洪灾(the Pacific Northwest Floods)之后赔偿了损失的 12.8%,1972 年的热带风暴"安妮"(Agnes)之后赔偿了损失的 48.3%。[31]尽管联邦法律制定者后来缩减了对民间个人和企业(尽管不是对农民)的几次最慷慨形式的救济,对州和地方政府的联邦灾害援助还是继续增加。[32]总之,从 1977 年到 1993 年,联邦灾害花费每年平均 70 亿美元(以 1993 年的美元计算),而紧接着 1993 年密西西比大洪灾的联邦支出覆盖了总的估计损失的一半。毫无疑问,联邦政府已经在自然重大灾害风险的总体管理中承担了关键的职责。[33]

迈向显性公共灾害保险的时断时续的步骤

　　在故事中最后一个转折涉及一个关于灾害救济与显性的(契约的)公共巨灾保险孰优孰劣的持续辩论。如同我们看到的,法律制定者几乎将联邦灾害政策当成一个隐性的保险形式,强调它对一个不可避免的自然风险提供有限的赔偿。众议员威廉·克莱默(William Cramer)在 1966 年记述

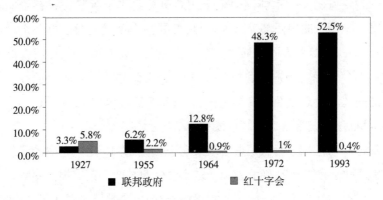

图 9.1　五次重大灾害的近似补偿率,联邦政府和红十字会。补偿率是灾害支出与估计总损失的百分比。资料来源于 David A.Moss and Julie Rosenbaum,*The Great Mississippi Flood of 1993*,case no.9－797－097(波士顿:哈佛商学院,1997),exhibit 3。官方允许重印。用来制作此图的资料也在 David A.Moss 论文 "Courting Disaster? The Transformation of Federal Disaster Policy since 1803",(in Kenneth A.Froot.ed.*The Financing of Catastrophe Risk* 芝加哥:芝加哥大学出版社,1999)图 8.2 中描述过。

道:"没有一个人知道在什么时候、什么地方一个全国性的灾害会爆发。没有人知道谁的家或者谁的收入会被摧毁,或者谁的生命将被一个大自然的活动伤害。"因为每一个人在每时每刻都暴露在灾害风险之下,他总结道:"它给我的感觉是……这是合乎情理的,在美国的所有人出于同一的理由,应当享有同样的联邦政府救济。"[34]

　　但是,如果隐性保险是好的,显性保险难道不会更好吗? 这个方法的支持者声称,显性公共保险将更加准确地反映灾害风险在这个国家不同部分的变化水平,并以一个更加公平和合理的形式将风险进行分配。罗斯福总统在 20 世纪 30 年代晚期已经发起了一个联邦农作物保险(federal crop insurance)。但是,这只覆盖农民,而且一开始只是覆盖选定的县的选定农作物。[35]在走向联邦灾害保险道路上更大的一步,是联邦水灾保险计划的建立,它首先在 20 世纪 50 年代早期提出,最终在近二十年后成为现实。

　　政策制定者特别关注洪灾保险,因为民间保险公司通常从他们的财产保险单中排除了水灾损失赔偿。这是一个艰苦经历的结果。水灾保险的民间实验在 19 世纪 90 年代已经失败,而且在 20 世纪 20 年代再次失败。在后一种情况下,1927 年异乎寻常的水灾是特别具有破坏性的。根据当时的一个报告,"损失积聚到一个难以置信的总数,由于在最暴露给水灾风险的那些地方大范围普遍地办理了这个保险,这种情况加重了……到 1928 年末,每一个尽责的公司都停止了销售这个保险"。[36] 了解到个人水灾风险在特定地区通常有很高的关联性,保险公司明确决定,灾难性水灾的后果使得这种特定的风险是不可保险的。1955 年这个问题的两位专家写道,水灾"几乎是现在不可以由房主和工厂主购买保险的唯一自然风险,出于一个简单的理由,出售水灾保险的民间企业过去的经历,肯定是不愉快的"。[37]

在这个背景下,杜鲁门总统在 1951 年和 1952 年向全国水灾保险发起挑战。1951 年的堪萨斯—密苏里大水灾造成的损失没有得到什么民间的保险,他感到沮丧,断定联邦解决方案是必需的。然而,国会反对这种思想,直到 1956 年艾森豪威尔总统推出一个联邦水灾保险计划,它都处于暂停状态。尽管那年颁布了艾森豪威尔法案,但是这个计划本身处于夭折状态,因为国会从来没有批准必需的资金。在两次法案废弃的事件中,来自保险业的反对都在阻止这个思想中发挥了重要的作用。[38]

12 年之后联邦水灾保险最终变成了现实,这一次有来自保险业一些关键的支持。支持者宣称,通过将水灾风险分散到全国并且提供必要的资金支持,在民间保险公司已经失败的地方,一个联邦支持的保险计划将会成功。他们也希望联邦政府会终止昂贵的追加救济拨款,这项拨款现在不可避免地似乎紧随自然灾害而来。同等重要的是,他们相信,一个真正的保险计划将向联邦灾害政策增添一个更大程度的个人责任,要求公民面对巨大灾害提前购买保险,而不只是后来期望政府的施舍。如同一个参议院委员会报告描述的:"对龙卷风和其他自然灾害引起的破坏风险的保险保护通常可以利用,但是,它不可利用来防护水灾损失……这些事实强调了对一个计划的需求,这个计划让对水灾损失的保险可以利用,鼓励人们意识到占用河漫滩地的风险,并且减少正在增加的灾害救济援助的联邦支出。"[39]

1968 年《国家水灾保险法》为居民和企业财产提供了保险项目。通过使保险项目只向那些制定和实施了诸如土地用途管制规则和建筑法规那样合适的风险缓解措施的河漫滩地社区发展,它也强调预防。最重要的是,保险费要覆盖预期成本。然而,对一个地区确认为一个水灾区域之前建造起来的建筑物,已经作为例外,适用补贴性的低保险费率。[40] 尽管最初的计划设想了一个官方—民间的合伙制(它有助于赢得更多必要的保险业界同意),然而,一旦实施起来,联邦政府却最终主导了这个计划,而且事实上承担了所有风险。[41]

即使在法案通过之前,许多学者和政策制定者发现公共保险的思想如此引人入胜,以至于他们已经准备透过水灾更一般地将灾害纳入视野。两位专家道格拉斯·达西(Douglas Dacy)和霍华德·昆鲁斯(Howard Kun-reuther)在那时写道:"我们的希望是,水灾保险法案在国会将得到快速通过并且最终扩展至覆盖其他的自然风险,使联邦政府能够从对民间部门的家长式干涉中抽出身来。"[42] 尽管参加全国水灾保险计划的热情比预期低,这种热情在法规颁布后继续着。1974 年参议员昆廷·博迪克(Quentin Bur-dick)坚持:"对开发所有种类重大灾害的全国性、全面的保险的可能性……具有相当的兴趣。大多数提案设想了一个部分由联邦政府提供补贴的覆盖全面风险的保险,对所有自然灾害导致的损失提供补偿。"他指出,支持者相信,比起在一个大灾害之后"靠领取可能的公共或者民间的援助为生",大多数公民将更愿意购买这种保险。[43]

然而最后,这样的计划从来没有得到执行。如同参议员博迪克在 1974 年叙述的,第 93 次国会看到了至少有一打法案在众议院提出,有两个在参议院提出。它们是设计来"建立一个全国性的重大灾害保险制度,但是仍然没有付诸任何行动"。[44] 这个思想继续一次接着一次显露出来,在 20 世纪 90 年代早期的几次巨大灾害之后,形成了一个特别强劲的势头。[45] 但是,不管公共灾害保险的支持者怎么抱怨现存方法的运转不灵和成本高,他们的改革提案一直不能获得通过。[46]

尽管作为一个风险管理措施它不免粗疏,单方面的灾害援助已经以一个极受欢迎的阶段Ⅲ的政策出现。确实,在紧接着一个大灾难之后,就在这个国家的政治家正对这个问题关注最密切的时候,它总是看上去得到了它最为辉煌的大众支持。那么,像许多其他阶段Ⅲ的政策一样,当 20 世纪结束的时候,联邦灾害救济已经出人意料地牢固确立起来。

2. 州担保基金的兴起

　　向阶段Ⅲ转换的一个不太显眼但是同等重要的方面,是州担保基金的兴起,它建立了针对民间保险公司资不抵债的公共保险制度。在创立这些基金时,法律制定者再一次作为一个最后保险提供者履行职责。然而,与联邦灾害政策不同,州担保法设立了显性的(而不是隐性的)公共保险。目标是即使民间保险公司破产了,也将保证保险单持有人的索赔能够得到赔付,实质上就是对保险进行保险。尽管几个担保基金在 1960 年之前便已经面世(主要是在纽约州),但是,绝大多数是在 20 世纪 60 年代晚期开始出现的——几乎正是在同一时间,全国的法院正在产品伤害案件中采用严格责任,而华盛顿的法律制定者正急剧地扩大联邦灾害救济。

　　为民间保险单提供担保的观念有时与存款保险联系在一起,因为它们的基本思想都是补偿破产金融机构的顾客债权人。但是,这个类比却从来没有起太大的作用,因为尽管有一些明显的相似之处,两者的区别却甚至更为重要。与 1933 年罗斯福总统作为新政的一部分建立起来的国家的存款保险制度不同,担保基金是按州的法律而不是联邦级别来实施。还有,担保基金通常不是以事前征收保险费的方式获得资金,而是按事后评估筹集资金。银行必须年复一年给联邦存款保险公司缴纳保险费,而保险公司只有在一个或者更多在这个州开办业务的保险公司确实破产后,才必须给他们的州担保基金付款。因此,与联邦存款保险公司(FDIC)形成对比,州的担保基金经常是空的。也许最为重要的是,创立担保基金的核心目标,不是保卫货币供给或金融体系(如同在存款保险的情况下),而只是保护消费者。担保基金是地地道道的阶段Ⅲ的风险管理政策。

　　重要的是,主要负责起草州的模范担保基金立法的人,斯宾塞·金伯尔(Spencer Kimball)后来指出,催生了这些法律的对消费者保障的超乎寻常的重视,20 世纪 60 年代以前是不可想象的。"像今天这样的安全意识只是最近才逐渐出现的一个社会,以前不可能……感觉到通过最近出现的担保基金来'对保险进行保险'的必要性,"他在 1986 年写道,"显然,只是最近几十年里,无风险的生活才成为一个消费者个人和社会的目标。"[47]这里,以简化的形式准确地论证了,在 1960 年以后从这样多新的方向推动了美国风险管理政策——包括对保险进行保险的业务。

对保险业中破产的处理

对美国政策制定者来说,保险公司破产的不祥之兆总是他们关心的一个重大事情。从它一诞生起,保险业就受到最谨慎的监管——在最大的程度上,因为它被看成服务于一个关键的公共目的。在内战前的时期,监管当局主要是通过准入限制来实施监管。在接近 19 世纪中期的时候,直接的行政检查开始在一些州出现,而 20 世纪中期在其他所有地方坚定地实施。在每一个阶段,对破产的关注都是关键的。[48]

自然,美国保险监管的这个长期传统与风险管理政策的历史直接联系在一起。美国法律制定者为了处理风险相关的问题,历史上已经显示出对经济干预特别投入,这让人们强烈地加深了这个印象。按照一个熟悉保险监管的权威专家的说法,长期以来政府干预的合理性是基于保险单持有人"缺乏便利通道获得与保险公司未来偿付能力相关的信息",并且即使在这种信息"可以充分而且自由利用"的时候,往往也"作出非理性的决定"。[49]无可否认,对保险监管的合理性还有许多其他理由,包括这样的看法:这个产业的规模经济将会抑制竞争并且引起保险公司和它们的顾客之间议价能力的巨大不平等。[50]但是,这里对消费者个人不能理解复杂的风险分配契约特别关注,因为它作为政府干预的一个严肃论点已经出现于各种不同的其他政策情景中。因此,通过了解保险监管的历史,对公共风险管理更加全面的内容可以获得明确的认识。

但是,它也提出了一个问题,因为保险监管很早就强调消费者保护,似乎打破了我们在此前论述的风险管理政策的阶段Ⅲ的起始时间。总之,从 1960 年之前很久起,法律制定者已经开始致力于在保险业中减少消费者风险。到 19 世纪中期的时候,小的保单持有人已经是一个立法行动的重要受益人。[51]毫无疑问,消费者保护只是保险监管的理由之一。对保险公司的偿付能力的监管强调,也服务于强有力的发展目标,尤其是因为当时大部分的保险是为商业而不是个人顾客签署的,而且因为大的保险公司积累了巨额珍贵的投资资本。如同金伯尔曾经评论的:"这些'信托基金'一体化的保护成了公共政策的一个重大的问题,因为如此巨额的金钱诱发了唯利是图、野心和愚昧。"[52]毫无疑问,19 世纪保险监管不仅仍然由标准的阶段 I 的政策目标推动,而且也由新兴的阶段Ⅲ的目标推动。

不管情况如何,现在已经清楚的是,这些对消费者保护的早期冲动在 20 世纪尤其是在 1960 年以后,达到了一个全新水平的强度。(因此,尽管不完美,三个阶段划分的框架仍然是有效的。)在这方面最令人震惊的发展,是直接补偿保险公司资不抵债的受害者的思想,这在 1935 年于纽约州第一次被写进法律。那一年,奥尔巴尼的立法者颁布了《劳工赔偿保障基金法》(Workmen's Compensation Security Funds Law),它保证每一个受伤害的工人将获得适当的给付金,即使在他雇主的保险公司破产的情况下。这个措施的资金筹措,是基于所有保险公司在这个州的任何地方签署的工伤赔偿保险单来测算的强制性保险费。1933 年两家州外保险公司的破产,剥夺了大量受伤害工人按照州内的工伤赔偿法有权获得的给付金,这成了两年后全国首个担保基金法颁布的主要动因。[53]

1935 年法案本身没有对我们三个阶段的时代划分提出问题,因为它清晰地设计来推进职工保障,并且因此正好适合阶段Ⅱ的特征。然而,接下来的 12 年里在纽约颁布三个担保基金法(guaranty fund laws),就不能说是职工保障了。其中第一个是公共机动车责任保障基金(Public Motor Vehicle Liability Security Fund)。这个基金建立于 1939 年,对出租车和其他公共交通的责任保险提供担保。[54]其次,在 1941 年,纽约法律制定者创立了人寿保险担保公司(Life Insurance Guaranty Corporation),旨在支付顾客对破产人寿保险公司的索赔。[55]最后,州立法机构在 1947 年通过了《机动车责任保险基金法》(Motor Vehicle Liability Security Fund Act),将早先对出租车责任保险的担保扩大到所有的汽车责任保险。[56]

在1960年以前,只有屈指可数的几个州颁布了与纽约州类似的法律。

表 9.1　保险担保基金的扩展

年份	建立财产保险担保基金的州	建立人寿和健康保险担保基金的州
1941		纽约
1969	加利福尼亚、密歇根、纽约、威斯康星	威斯康星
1970	阿拉斯加、特拉华、佛罗里达、佐治亚、爱达荷、艾奥瓦、堪萨斯、路易斯安那、缅因、密西西比、俄亥俄、宾夕法尼亚、罗得岛、南达科他、佛蒙特、弗吉尼亚、西弗吉尼亚	
1971	科罗拉多、康涅狄格、夏威夷、伊利诺伊、马里兰、马萨诸塞、明尼苏达、密苏里、蒙大拿、内布拉斯加、内华达、北卡罗来纳、北达科他、俄勒冈、南卡罗来纳、田纳西、德克萨斯、犹他、华盛顿、怀俄明	马里兰、新罕布什尔、华盛顿
1972	印第安纳、肯塔基	康涅狄格、堪萨斯、南卡罗来纳、佛蒙特
1973	哥伦比亚特区、新墨西哥	内华达、德克萨斯
1974	新泽西、波多黎各	蒙大拿、北卡罗来纳、波多黎各
1975	—	内布拉斯加、新墨西哥、俄勒冈
1976	—	弗吉尼亚
1977	亚利桑那、阿肯色	亚利桑那、爱达荷、明尼苏达、西弗吉尼亚
1978	—	印第安纳、肯塔基
1979	—	佛罗里达、夏威夷、宾夕法尼亚、犹他
1980	俄克拉荷马	伊利诺伊
1981	阿拉巴马	佐治亚、俄克拉荷马
1982—1986	—	特拉华、密歇根、阿拉巴马、北达科他、缅因、密西西比、罗得岛、马萨诸塞
1987—1991	—	艾奥瓦、密苏里、阿肯色、俄亥俄、南达科他、田纳西、阿拉斯加、怀俄明、加利福尼亚、科罗拉多、路易斯安那、新泽西
1992	—	哥伦比亚特区

　　资料来源:《标普保险公司偿付能力评论》[*Standard and Poor's Insurer Solvency Review*, Property/Casualty ed.(1996-97),pp.xxxvi-xxxix];《标普保险公司偿付能力评论》[Life/Health ed.(1997-98),pp.xxxvi-xxxix]。

并且这些法律中只有一个(新泽西州 1952 年的《机动车责任保险基金法》)限定运用于工伤赔偿保险(workers' compensation insurance)。[57]最为重要的是,即使在担保基金立法的领域也抱有这样的想法,在 1900 年和 1960 年之间实施的风险管理政策往往将焦点放在工人而不是消费者身上。在 20 世纪 40 年代和 50 年代纽约和新泽西汽车责任保险的保险项目,特别是 1941 年纽约的人寿保险的保险项目,是唯一真正的规则外特例。

事实上,如同表 9.1 十分清楚地表明的,超越工伤赔偿的担保基金的扩大,就像在阶段 Ⅲ 下人们原本期望的那样,从 20 世纪 60 年代晚期开始,以超常的速度进行。在 1969 年和 1981 年之间,所有 50 个州都创立了基金以支付财产保险合同,而且到 1991 年,所有 50 个州已经为人寿和健康保险创立了类似基金。消费者取向风险管理政策的独具特色的原理和时间定位再一次显而易见了。

对保险担保法迅速颁布的解释

州担保立法攻势的主要动力,是 20 世纪 60 年代后半期联邦动向的威胁。自从 1945 年国会通过麦卡伦—弗格森法案(McCarran-Ferguson Act)时起,联邦政府已经承诺将保险监管留给各州,只是再次确认至少从 19 世纪中期以来已经得到立法机构和法院充分认可的关于保险的权力分配。[58]但是到了 20 世纪 60 年代,情况表明国会的一些议员对这个安排日益感到不快。

对许多车主——而且尤其是美国市中心的那些车主——被强迫从高风险的保险公司购买保险的状况感到不满,参议员托马斯·多德(Thomas Dodd)在 1966 年发起了一个法案,要创立一个联邦担保基金,支付客户对资不抵债的汽车保险公司的索赔。提出立法的契机是,关于这个主题的参议院听证会,以及由于保险公司的破产交通事故受害者不能获得合法保险金的悲惨困境之类大量的新闻报道。[59]多德指责道:在这种情况之下,"知道他们遭受的苦难会没有补偿,而且他们的家庭会没有保障,公民不可能有一个平静的心"。[60]

随着要求联邦行动的压力迅速上升，全国保险监督官协会（National Association of Insurance Commissioners，以下简称 NAIC）与行业领导一起工作，通过所谓"未保险汽车驾驶员"追加条款（"uninsured motorist" endorsement）适用范围的迅速扩大，来减缓危机。在肇事车主自己没有被保险或者他自己的保险公司在可以支付他的索赔前破产的情况下，在许多州成为强制性的这种追加条款，保证每一个潜在的事故受害者自己加入的保险公司将赔偿他的损失。[61]但是，这明显只是部分的解决方法。对于投保驾驶员应对保险公司的破产来说，它没有起什么作用，并且它只适用于汽车保单。

意识到这些问题，1969 年参议员沃伦·马格努森（Warren Magnuson）呼吁创建一个全面的联邦保险担保公司（Federal Insurance Guaranty Corporation）。尽管他和他在国会的几个盟友一再主张，他们对篡夺州对保险业的监管权力没有兴趣，但是几乎没有人看上去相信他们。[62]明显受到威胁的 NAIC 开始火热地工作以确保在州一级担保基金立法的迅速颁布，再一次希望阻止联邦行动。在一个日期为 1969 年 12 月 31 日的给会员的备忘录中，NAIC 执行秘书乔恩·汉森（Jon Hanson）断言，州担保基金法的及时通过可能是避免联邦干预的唯一办法。"据预测，到春天早些时候，法案 S. 2236 将到达参议院大厅付诸投票，"他在备忘录中写道，"很强的迹象表明，在即将到来的州立法会议中，如果没有模范（或者类似的）州破产立法迅速而广泛颁布，这样一个联邦法案将会通过。"[63]

在 1969 年的早些时候，威斯康星的法律制定者已经创立了第一个全面的担保基金，它覆盖了除去可变年金和可变寿险的所有种类的保险。除了提供几乎普遍的保险项目之外，威斯康星法采用事后评估筹集资金也是独具特色的。这以前的担保基金法只提供了一个范围狭小的保险项目（处理独立的保险产品线，诸如工伤赔偿或者汽车保险），并且通常通过定期的保险金缴纳获得事前筹资。因此，威斯康星州法标志着不同于以前实验的一个重大变化。这个州法律由金伯尔起草，但它很快就被 NAIC 采用，作为它的新模范担保基金法案的基础。[64]

NAIC 的模范法案只是在一个主要的方面不同于威斯康星法：它主要限

定于财产保险。另外,它的关键条款与金伯尔最初为威斯康星起草的条款很相似。销售州内指定保险产品的所有公司,都要求加入一个保险担保协会(insurance guaranty association)。成员有权选举协会的董事会,但是所有这些人员的任命必须获得州保险监督官的批准。重要的是,除非而且直到一个成员保险公司确实破产了,才要求向协会缴费。一旦出现一个资不抵债的公司,每一个未破产的成员为了支付破产公司的未付款索赔,那时将被征收指定种类保险最高到年 2% 的保险费。保险对象中工伤赔偿保险总是按保险合同额全额支付,其他保险对每个索赔者设定一个 30 万美元的上限,而未满期保险费(unearned premium)的退还每份保单以 1 万美元为上限。重要的是,模范法允许成员公司通过后续的保险费增加收回所有的核定付款额。[65]

在接下来的几年里,这个模范法案的变种以惊人的速度在各州成为法律。到 1969 年年底,4 个州已经创立了财产保险担保基金。到 1971 年年末,除了 8 个州以外所有的州都这样做了。而且剩下的那些州——加上哥伦比亚特区和波多尼各——在接下来的十年里都加入同一行列(见表 9.1)。同时,1970 年 NAIC 已经为人寿和健康保险合同提出了另一个模范担保基金法案。尽管保险业界大多反对这个新的创举(也许因为再也没有国会行动的任何迫在眉睫的威胁),业界代表们在形成这个模范法案中仍然是有影响力的。最后,与财产保险提案的主要区别是,如今十分强调的不仅是保险对象索赔的支付保证,还有保险合同的持续性,正是持续性被看成在人寿和健康保险种类中确保个人安全最基本的东西。[66]如同表 9.1 所显示的,到 1974 年年末,13 个州(加上波多尼各)建立了人寿和健康担保基金,而且,到那个十年结束时,这个数字达到 28 个州。新泽西州在 1991 年成为最后一个开始采用这种基金的州,并且,哥伦比亚特区终于在次年进入这个名单。

保险公司的保险:一种特殊的风险管理

从一个风险管理的视觉来看,所有这些立法的主要目标,是通过尽可能广泛地分散保险破产风险来保护个人保单持有人。NAIC 的下属担保基金委员会在 1970 年总结道:"破产基金立法的制定……不应看成促成了健全的保险公司补贴不健全的保险公司。"这个下属委员会指出,不如说,这些法律应当被看成提供"一个机制,通过它每一个保单持有人,通过一个很小的成本增加,为他自己购买应对他的保险公司资不抵债的保护。这是另一种形式的风险分散"。[67]

确实,这正是为什么 NAIC 的模范财产保险法案允许保险公司通过保险费的微小增加收回核定赔偿金的理由。许多州最终也允许保险公司通过税收抵免收回核定赔偿金。两个方式中的任何一个,目标都是更广范围地分散风险——一种情况是分散给大众消费者,而另一种情况是分散给大众纳税人。NAIC 下属委员会承认,一个替代的方法应当是通过极其严格的监管,力求减少或者甚至消除破产风险。但是,它总结道,这样一个战略"非常繁杂,在我们的自由竞争企业制度下是不可接受的。因此,存在而且将继续存在一个破产基金立法的需求"。[68]

尽管广泛的风险分散的努力无疑是强有力的,但是还不足以强大到压倒对一个州级解决方案的需求。没有人会否认联邦政府能够比单个州更广泛地分散风险,但是,联邦方法的反对者主张,各州的基金将得到更加有效的管理,而且比起一个统一的联邦基金来,它们对保险公司和监管者都将提供更强的预防激励。[69]总之,相对来说,州的基金面对大规模灾害的内在脆弱性没有得到关注。比起对任何一个给定州的系统性破产的远期威胁来,NAIC 的官员似乎对单个保险公司独自出现破产的可能性给予了更大的关心。[70]

尤其在国会里,激起相当多辩论的一个相关问题是,联邦存款保险公司是否是担保保险合同的一个好的模范。参议员马格努森和他的盟友坚持认为它是的,而保险业代表和保险监督官断然主张它不是。同时,尼克松政府确立了一个调解人的立场。当局官员支持州级监管、州担保计划的建立(而不是马格努森的联邦保险担保基金),以及事后评估筹资的思想。但是,他们也赞成某种联邦机构的创立,这个机构会在事后核定赔偿金之外得到特别资助,而且如果当各州自身不能管理特定的保险破产时,可以作为一个后盾来发挥作用。[71]

在 1970 年早些时候的参议院听证会上，政府发言人主张，事后核定赔偿金资助——无论是在州还是在联邦一级——将为控制道德风险提供最强有力的可能激励。他们坚持认为，一个事前的筹资，即联邦存款保险公司式的制度，由于使保险救助看上去相对没有痛苦，将招致监管松弛。但是，"通过对破产公司所在州从事业务的那些公司征收一个破产后核定赔偿金，对他们不断要求在那个州不仅有好的保险法律，而且那个法律理应得到很好执行，将有一个非常巨大的激励。"当一个吃惊的参议院职员问是否政府期望"受监管的行业凭它自身将推进更好的监管"时，来自交通部的一个高级官员，保罗·切林顿（Paul Cherington）肯定地给予回答。"是的，先生。"他说，暗示让谨慎确定对象的风险转移具有预防效果的旧的威斯康星学派观点复活。[72]

结果，对道德风险的关心是如此之大，以至于许多政策制定者不仅支持事后核定赔偿（名义上是让保险公司和监管者保持警惕），而且支持禁言规则（a gag rule）以减少消费者在选择保险公司中的自满。NAIC 的模范财产保险法案在一个"总评论"部分指出，州的法律制定者应当考虑"插入一个条款，来规定允许或者禁止言及成为保险担保协会保护对象的会员保险公司所做的广告宣传"。[73]大型保险公司试图防止更弱小的保险公司将州担保协会的一个强制性会员资格转化为一个竞争优势的资源，通常支持全面禁止这种广告宣传。对来自业界压力的敏感，以及由于知道保险担保的存在，人们会担心消费者对保险公司的监管会进一步懈怠，NAIC 后来在它的模范人寿和健康保险法案中几乎全面禁止宣传。就他们而言，大多数州立法者在他们相应的担保法律中最终采用了类似的禁言规则。[74]

所有这些表明，建立担保基金的最终政策目标不是保护金融体系（像存款保险的情形那样），而是在尽可能少地引发道德风险的同时，在保险公司破产后保护消费者。支持者有时主张，担保基金的存在会强化整个保险体系——它将增强"公众信心，并进而提高保险机构的价值，这些保险机构是满足公众在出现风险时处于安全状态或者没有风险忧虑的愿望和需求而存在的"。[75]但是，比起保护保险业或者稳定更大范围的金融体系来，政策制定者通常更加强调保护个人消费者的思想。当然,禁言规则的加入显示出,建立公众信心不是一个中心目标。

在 1970 年早些时候的参议院听证会期间,与存款保险的不同变得非常鲜明。参议员菲利普·哈特(Philip Hart)对尼克松政府有关州基金、联邦后援以及事后核定赔偿的模糊提案感到不满,直言不讳地问商业部的哈罗德·帕塞(Harold Passer),他是否将为担保银行存款推荐同样支离破碎的制度。"如果我们没有银行存款的联邦保险,而你们现在又来到这里建议我们怎么对由于银行破产引起损失这个曾经非常严重的问题作出反应,你们会按照你们正在推荐的构建保险担保基金的方法,推荐银行存款保险制度的结构安排吗? 如果你们能够重新制定存款保险制度的话,你们会以你们力主我们组织保险基金结构安排的形式来构建存款保险吗?"[76]

承认这是一个"非常需要盘根问底的问题",帕塞认真地解释道,担保银行存款的理由根本不同于担保保险合同的理由。他坚持认为,银行是"美国货币供给制度中的供给者和参与者,而且它是经济命脉的一部分,而不仅仅是满足特殊需求的一个业务。因此,我认为存在一些基本的东西让我们将存款担保看成一种特殊情况"。为了使他的论点被人理解,帕塞补充道:"我认为,在一个创造货币的制度中你所要求的信赖度,其重要程度与其他任何一种普通的经营服务制度完全不同。"[77]

明显没有被说服的参议员哈特继续追究证人。哈特问道,如果帕塞承认 FDIC 方法促成更大的公众信赖,为什么不像运用到存款上一样将它运用到保险上呢? 帕塞平静地回答道,因为公众信赖在保险的场合没有那么重要。"我们不是在谈支付手段……我们在谈论一个服务。有许多许多服务,而且它们都十分重要,这又是许多服务中的一种,而货币供给是独特的。"[78]

换句话说,存款保险是一个设计来保护和推进经济中的一个战略部门——货币体系的阶段I的风险管理政策。为了维持公众对支付手段——"商业活动命脉的组成部分"的信心,广泛宣传的消费者保护是最基本的。与此形成对比,保险担保构成了一个阶段Ⅲ的风险管理政策,在那里,消费者保护本身就是目的。确实,如同在下一部分将厘清的,消费者保护作为保险担保基金存在的理由经常被宣传。因此,与存款保险的类比很快就不成立了。

聚焦消费者

保险担保思想的消费者取向在政策制定过程的每一步都是十分明显的。即使是参议员马格努森，他也许是与 FDIC 类比的最强有力支持者，在1969 年年末举行的他的委员会听证会的开头，也强调了绝对有必要在保险业中追加消费者保护。"好，我们将开始对法案 S.2236 进行听证，"他说，"我们希望，这个法案……（将）对美国国民提供应对财产保险公司破产的消费者保护。考虑到这些破产给美国保单持有人和索赔者带来的困苦，委员会提供一个对美国消费者予以保险的手段以应对他们的保险损失是必要的。"[79]

自然，美国消费者联盟（Consumer Federation of America）的首任执行理事厄玛·安茹（Erma Angevine）宣称："美国消费者与受这个法案影响的产业具有重大的厉害关系。"[80]尽管代表尼克松政府的哈洛德·帕塞正式公开发表意见反对这个正在审议的法案，但是，他也是持这种看法。在帕塞概述了政府的替代提案之后，参议员弗兰克·莫斯（Frank Moss）问道："我从你的证言能够了解到，你相信消费者的保护应当是判断是一个什么样的联邦法案、主要目的是什么的试金石？"帕塞有力地回答道："是的，参议员。我们当然同意在这个领域消费者需要得到全面完整的保护。如你提到的，我们完全同意，为了确保这个保护真正落实，联邦立法是必要的。"[81]

州一级的政策制定者一贯强调的也正是同样的目的。NAIC 的担保基金立法下属委员会在 1970 年终记述道，自从"1969 年会议以后……保险监督官们为了保护全国的消费者免受财产和责任保险公司破产带来损失，已经对制定一个模范法案抱有更大的兴趣了"。[82]事实上，作为 NAIC 的模范法案基础的威斯康星法本身也被非正式地称呼为"1969 年保险消费者保护法（Insurance Consumer Protection Act of 1969）"。[83]

人们认为消费者要求特殊保护的原因，不仅因为他们财务上的极端脆弱性（容易受到不支付保险金的毁灭性打击），还因为他们不可能凭他们自身评价保险公司的破产风险。按照 NAIC 的说法，个体消费者"有权得到保护"，因为他们"相信保险业界能够完整而诚实地履行契约上的义务并据此购买了保险"。[84]换句话说，州政府有义务保护这些易于轻信的人。

也许毫不奇怪，由于这个逻辑，具有极强判断力的保险索赔者受到的对待不同。NAIC 的模范财产保险法案明确排除保险公司和再保险公司的索赔，基于"不应将保险对象扩大到知道或理应知道各家公司财务状况的保险业界的成员"。[85]如同金伯尔论述的，"保险公司特别能够保护它们自己"。[86]由于这同样的推理，金伯尔和 NAIC 随后寻求从担保基金对象中排除大的商业保单持有者，因为规模大的公司想必在没有政府协助的情况下也能够评价和监管保险公司。[87]

因此，担保基金主要是为了保护单纯的、没有评价能力的或者只是不走运的保单持有人免受保险公司破产风险而创立的。20 世纪 60 年代中期保险公司破产一连串地出现，这成为形成一个联邦提案的催化剂，并且反过来又激发了州一级的行动。如同一个保险专家解释的，"20 世纪 60 年代发生的资不抵债影响了保单持有者，人们相信他们不能保护他们自己免受财务状况不佳的保险公司的影响，因为他们没有能力比较可供选择的保险公司的财务状况"。[88]

当然，保险公司资不抵债不是 20 世纪 60 年代的新现象。仅限在人寿保险业范围内，1840 年到 1900 年之间就有 57 家公司破产，给全国毫无戒备的保单持有者造成巨大的伤害。[89]然而，这些早期破产的受害者，没有得到州的特别援助。区别在于，在 19 世纪，消费者保护还没有作为一个占优势地位的社会优先事项出现。一旦消费者保护在 20 世纪 60 年代晚期成为社会头等大事，保险公司破产数量的一个很小的上升现在都能促成一个强烈的立法反应。[90]无疑，州担保基金的兴起构成了阶段 Ⅲ 政策制定付诸实施的一个令人印象深刻的展示。

3. 环境责任的激增

如果对美国工商业界 1960 年以后开始面临的环境责任的极大增加没

有一个至少是简要的审视,阶段 Ⅲ 的考察就不会完整。尽管生产者对环境破坏总是在法庭上可能负有责任,但是,在 20 世纪的下半期,许多普通法的发展逐渐扩大了那个责任。更令人震惊的,仍然是重大环境法规的颁布——尤其在州一级——让企业对一个大范围的环境风险承担新的巨大责任。变化如此极其巨大,以至于在 20 世纪 70 年代大多数保险公司开始限制环境责任保险对象,而且许多公司在 20 世纪 80 年代彻底取消了它。

最大的环境责任法是《综合环境反应、补偿与责任法》(Comprehensive Environmental Response, Compensation, and Liability Act,以下简称 CERCLA),首先于 1980 年通过,并且通常称为超级基金(Superfund)法。这个立法多大程度构成纯粹的风险管理政策,是容易受到怀疑的,因为在润色它的责任条款中,比起事前风险转移,它的起草人对事后成本分配显得更加关注。但是,对法律制定者正试图达成什么目标没有疑问。他们的目标是让美国企业承担不可避免的成本——而且风险时,改进所有公民的环境安全和保障。如同我们将厘清的,这些环境政策制定者确实在考验阶段 Ⅲ 的风险管理政策的边界。

普通法(Common Law)中的环境责任

即使在 19 世纪,生产者已经面临了一个不算太大的环境责任。这是因为环境破坏的受害者可以寻求各种不同的普通法解决方式。如同我们在上一章所看到的,财产损失有时是由于环境事故导致的,诸如从一个破损储存罐或者改造过的矿井突然流出水。在这些案件中,受害者有权根据事故法提起诉讼。尽管原告通常不得不证明足以获取赔偿的被告过失,著名的1868 年莱兰兹(*Rylands*)案判决已经说明,即使在被告没有过失的情况下获得赔偿有时候也是可能的。包含着不正常的危险条件或者程序的地方,被告对其所引起的任何伤害通常都承担严格的责任。[91]

然而,事故绝不是环境破坏的唯一源泉。许多企业在他们常规的业务过程中污染空气和水。当引起对另一方的伤害时,根据其中包含的特殊条件,过失或者严格责任仍然会构成获取赔偿金的根据。然而,原告最有可能根据妨害法(nuisance law)寻求救助。深深地植根于英国历史的是,早在13世纪妨害行为的法律已经用来判决涉及石灰矿烟尘和其他普通烦心事的纠纷。[92]如同18世纪著名的法律评论家威廉·布莱克斯通(William Blackstone)所解释的,"如果一个人做任何其他事,它本身是合法的,而从那样的立场去做往往必然造成对另一个人财产的损害,那它就是有妨害的:因为他有责任找到某个其他地方去做那种活动,在那里将不会令人不快"。[93]妨害行为的判决不要求有过失的证据。

与布莱克斯通的表述一致,造成妨害的人将不得不"找到某个其他的地方做那种活动",妨害法允许受害者通过强制令(injunction)获得救助替代(或者另外加上)补偿。因此,一个成功的原告能够迫使一个被告完全终止他的伤害活动,即使这意味着迫使这个原告退出业务。然而,准确地说,由于这种解决方式如此极端,20世纪早期美国法官判决货币赔偿以替代强制性救济日益普遍,尤其在人们认为较之它所保护的强制性救济解决方法要摧毁更多社会价值的时候。[94]

比如1904年田纳西最高法院的一个判决。在这个案件里,几个小农场主请求对两个排烟的铜厂作业实施禁令性救济(injunctive relief)。煤烟不仅给一个原告配偶的健康带来损害,而且严重地破坏了所有原告的木材和庄稼,同时又总体上妨碍他们"像这些企业开办前那样使用和享用他们的农场和房屋"。承认这些农场主的伤害是真实的和令人不安的,不过田纳西法院得出结论,禁令性救济的成本将远远超过它的好处。被追究的铜厂在当地雇佣了一千多工人,而一个强制令会可能强迫他们关掉企业;驱使"数以千计的人……跑到别的地方寻找避难所和工作"。在这种情况之下,法院决定唯一公正的结果将是让被告对他们妨害的成本负责,但不是禁止他们继续从事他们的生产活动。[95]

尽管在19世纪和20世纪早期的环境案件中,妨害可能是最为经常的诉讼原因,在20世纪60年代之前,不法侵害法(law of trespass)还是创立了另一个环境责任的根据。尽管通常适用于个人侵害另一人财产的时候,但不法侵害不必包括被告的身体。"通过将某些物品废弃在别人的土地上,通过排水、煤烟或者碳物质,通过让煤气或者石油从地下流入别人的土地",

一个人可能很轻易地构成不法侵害。[96]宾夕法尼亚最高法院在 1901 年作出判决,从煤矿漂浮出来而且最终破坏了下游面粉工厂工作的煤污,构成了一个"持续的侵害"。根据法院的说法,这个判断不仅论证了让煤矿所有者支付补偿性赔偿金(compensatory damages)的正当性,而且让法院发出一个永久性禁止令以防止他"污染潘瑟小溪(Panther creek)的水"。[97]

如同这最后一个案件说明的,标准的普通法解决方法有时候成为令人惊奇的强有力的环境责任追究手段。默顿·霍维茨(Morton Horwitz)特别聚焦于 19 世纪的妨害法,承认"当其他法律领域适应美国工业的增长正在改变时,不法妨害法最长时间地保持着一个工业化以前时期的纯朴和纯粹的思想"。[98]然而,在实践中,通过这些普通法手段可以得到控制的环境风险的范围相当有限,尤其在全国的法院设置一个接着一个的障碍来阻止环境上诉的情况下。

到了 19 世纪下半期,从事政府授权工程的开发商享有大多数妨害诉讼的豁免。[99]纽约上诉法院在 1850 年解释称,尽管不法妨害的一个严格解释(既适用于政府工程也适用于民间工程)很久以来对本州的法官们都具有吸引力,但是它已经不再站得住脚,因为它将不可避免地束缚经济发展。"一个城市从来不会按照这样一个原则建立起来",法院作出结论称。[100]与此相关的障碍限制了民间人士从公害(public nuisance)中获得救济。与对一个个人财产持有者造成不利影响的民间妨害(private nuisance)不同,公害以大致相同的方式影响大量的人群。在大多数情况下,只有公务员能够对公害提起诉讼,而他们通常拒绝这样做。霍维茨强调,在后来的 19 世纪,铁道业特别极大地受益于这个不法妨害上的公共—民间区分。[101]

成为诉讼重大障碍的法院措施不仅仅这些。包含在打官司中高昂的交易成本无疑使环境风险的大量受害者——特别是那些只是蒙受轻微伤害的人——丧失了首先选择打官司的信心。更重大的障碍是,法官在决定所有这些确实要审判的不法妨害案件时,保持相当的慎重。在大多数情况下,被告会取胜,除非法院认定他以一个"不合理"的方式使用了他的财产,而且认定由此形成的伤害是"相当严重的"——当然这是两个主观性很强的判断。[102]

也许最为重要的是,由于环境风险蒙受个人伤害的人,在法院通常很难获得救助。尤其是在20世纪的下半期以前,不仅引起疾病的环境原因很难得到理解,而且在特定的案件中二者的因果关系通常难以或者不可能得到证明。对潜在的原告同样成为问题的是,在一个受害者正好意识到一个伤害或者它在环境方面的原因之前,严厉的诉讼时效法规(statutes of limitations)通常阻止了诉讼赔偿。[103]因此在19世纪和20世纪早期之间,大多数成功的环境风险诉讼主要围绕财产损失而不是个人伤害。

20世纪60年代起法官和立法者终于开始消除各种不同的障碍。尽管环境责任法这个时候没有像让产品责任法转型的原理革命(doctrinal revolution)那样的经历,一系列更小的变化确实可能产生了一个环境风险的普通法责任的温和扩大。以前对无数受害者是一个重大障碍的不法妨害法的公私区别,在20世纪70年代得到极大的缓解。[104]大约在同一时候,集体诉讼(class action suit)逐渐被接受,让原本不可能凭他们自己提起诉讼的大量原告组成同一个阵营。比如说,在1979年,在阿拉巴马一个超过1,000居民的镇,诉讼奥林公司(Olin Corporation)泄漏DDT,据称多年前公司已经开始将其倾倒进田纳西河(Tennessee River)。在1981年实现一个解决办法后(按照这个办法每一个原告获得1万美元),这个地区周围另外约1.3万居民不久加入了集体诉讼,最终以1,500万美元获得解决。[105]

然而,促进了环境伤害诉讼的另外一个因素,是在法定诉讼时效处理上的一个重大变化。传统的提起诉讼的起始时间是从被告实施他的损害行为那一时刻开始计算,而在20世纪60年代,大量的法院(审判管辖区)开始采用一个所谓发现规则(discovery rule),按照这个规则,只是在原告发现了他受到的损害以后才开始计算起诉时效的时间。尤其是由于相关的法定诉讼时效通常都是很短的期限(通常在5年以下),这个变化对癌症和慢慢显露出来的其他疾病在内的潜在环境伤害的受害者具有重大意义。到20世纪80年代早期,39个州已经采用了发现规则(大多数是通过司法活动),而国会最终在1986年将这个规则联邦化。[106]

在环境破坏诉讼中,这些各种各样的变化合在一起,提高了原告的地位。也许更为根本地,人们对环境风险意识的增强,认为自己本身是环境污染受害者的人数增加,可能使法官对此有更深刻的关切。比如说,人们对 DDT 危险性的关切,在蕾切尔·卡逊(Rachel Carson)出版了她 1962 年的畅销书《寂静的春天》(*Silent Spring*)之后,突然出乎意料地迸发出来。[107]

现在,不可能确定在 1960 年后的那些年里环境风险的普通法律责任增加的确切程度——或者甚至它是否是增加了。一些学者已经声称,"环境侵权诉讼显示出急剧增加"的态势而其他人仍然怀疑。[108]他们所有人似乎都同意的一点是,普通法(common law)上的环境责任的扩大——不管它的程度怎样——已经由于我们接下来要转而讨论的主题——成文法上的责任(statutory liability)上一个远为特别的上升显得相形见绌。

成文法上环境责任的革命性扩大

贯穿 20 世纪,但主要在 1960 年之后,联邦法律制定者展开了应对环境风险的一个持续运动。截至 1990 年,立法方面主要的标志性事件如表 9.2 所示。大多数情况下,立法的目的是通过直接监管减少环境风险。比如说,1976 年的《有毒物质控制法》(The Toxic Substance Control Act),授权环境保护局(Environmental Protection Agency,以下简称 EPA)采取所有必要的行动——甚至包括禁止在内,以控制"给健康或者环境带来损害的不合理风险"的化学物质的生产和流通。[109]毫不奇怪,这些风险减少措施对于相关企业具有很高的成本。即使在 1990 年《大气净化法修正案》(Clean Air Act Amendments)通过之前,EPA 估计,为遵守联邦环境监管要求的年度成本约900 亿美元——其中因遵守大气净化法和水质净化法(Clear Water Act),各占总成本的 1/3。[110]到这个十年结束时,行政管理和预算局(Office of Management and Budget)估计联邦环境监管的总体"货币化"成本每年在1,200 亿美元至 1,700 亿美元之间。[111]

表 9.2 重大联邦环境立法,1899—1990 年

年份	立法
1899	垃圾法(Refuse Act)
1924	石油污染法(Oil Pollution Act)
1947	联邦杀虫剂、杀菌剂及灭鼠剂法案(Federal Insecticide,Fungicide,and Rodenticide Act,FIFRA)
1948	联邦水污染控制法(Federal Water Pollution Control Act)
1963	大气净化法(Clear Air Act)
1965	水质法(Water Quality Act)
1965	固体废弃物处置法(Solid Waste Disposal Act)
1970	据总统令设立的环境保护署(Environmental Protection Agency,EPA)
1970	国家环境政策法(National Environmental Policy Act,NEPA)
1970	水质改善法(Water Quality Improvement Act)
1970	大气净化法修正案(Clean Air Act Amendments)
1972	联邦水污染控制法(Federal Water Pollution Control Act),或水质净化法(Clear Water Act,CWA)
1972	联邦杀虫剂、杀菌剂及灭鼠剂法修正案(Federal Insecticide,Fungicide,and Rodenticide Act Amendments)
1974	安全饮用水法(Safe Drinking Water Act)
1975	危险物品运输法(Hazardous Materials Transportation Act)
1976	有毒物质控制法(Toxic Substances Control Act,TOSCA)
1976	资源保护与恢复法(Resource Conservation and Recovery Act,RCRA)
1977	大气净化修正案(Clean Air Act Amendments)
1977	水质净化修正案(Clear Water Act Amendments)
1978	危险物品运输法修正案(Hazardous Materials Transportation Act Amendments)
1980	综合环境反应、补偿与责任法(Comprehensive Environmental Response,Compensation,and Liability Act,CERCLA)
1984	资源保护与恢复法修正案(Resource Conservation and Recovery Act,Amendments)
1986	超级基金修正和再授权法(Superfund Amendments and Reauthorization Act,SARA)
1987	水质法修正案(Water Quality Act Amendments)
1988	联邦杀虫剂、杀菌剂及灭鼠剂法修正案(Federal Insecticide,Fungicide,and Rodenticide Act Amendments)
1990	大气净化法修正案(Clean Air Act Amendments)
1990	石油污染法(Oil Pollution Act)
1990	污染预防法(Pollution Prevention Act)

资料来源:Richard H.K.Vietor,Forest Reinhardt,and Jackie Prince Roberts,*Note on Contingent Environmental Liabilities*,no.9 - 794 - 098(波士顿:哈佛商学院,1994),pp.18 - 20;Kevin Madonna,"Federal Environmental Statutes",*Pace Environmental Law Review*,13(Spring 1996),1171 - 1206。

尽管减少风险的监管在 1960 年后迅速猛增,但这不是联邦法律制定者运用的环境风险管理的唯一方法。许多重要的法律创新通过让环境违法者承担重大责任,也利用了风险转移的功能。在某种意义上,几乎所有的环境立法都扩大了美国企业的法律责任。这是因为成文法上的这些违法行为通常构成普通法上的"自身的"的过失,而且因为这些违法行为通常适用于成文法中特定的民事和刑事罚则。[112]然而,这些法律之中,有目的和积极地将责任认定作为一个环境风险管理的工具来运用的,只是少数。其中最著名的例子是 1980 年《综合环境反应、补偿与责任法》,但是也有许多早期的例子。[113]

1970 年国会在通过《水质改善法》(Water Quality Improvement Act)时,启动了风险转移战略。这个法律授权联邦政府收回在可通航水域中清理石油泄露的成本。尽管根据成文法,责任方承担严格责任,但是除了有意识的过失和错误操作的情况,他们的责任有明确的上限。轮船责任额的上限为每注册毛重 1 吨 100 美元或者总额 1,400 万美元,二者数额都很少,并且每一个岸上设施的责任额上限设定在 800 万美元。对这种政府诉讼的合法的辩护,仅仅包括不可抗力的天灾、战争行动、政府失职以及第三方的行动和不作为造成的环境污染。两年之后,《联邦水污染控制法》(Federal Water Pollution Control Act)扩大了这个责任体系,不仅包括石油而且包括所有种类的风险性物质。接下来 1977 年的修正案提高轮船责任上限到每毛重 1 吨 150 美元,完全取消了总额 1,400 万美元的轮船责任上限,而且将岸上设施的责任限额从 800 万美元提高到 5,000 万美元。[114]

整个 20 世纪 70 年代,国会继续进行环境风险转移的实验。1973 年的《纵贯阿拉斯加管道授权法》(The Tran-Alaska Pipeline Authorization Act),1974 年的《深水港法》(Deepwater Port Act)以及 1978 年的《外大陆架土地法修正案》(Outer Continental Shelf Lands Act Amendment)都在特定的区域对石油泄露施加严格责任。[115]然而,在石油泄露问题之外,直到这个年代的末期国会主要依靠标准风险减少(命令—管制)手段来实施环境政策。1976 年的《有毒物质控制法案》、1976 年的《资源保护与恢复法》(Resource Conservation and Recovery Act)以及 1977 年的《大气净化修正案》都是这个传统模式的例子。即使是 1977 年的《水质净化修正案》（Clean Water Amendments）——提高了在全国水域中危险物泄漏和排放的责任额——但仍然主要以监管问题和凭借 EPA 的监管权力来处理。[116]

随着 1980 年 CERCLA 的通过，赔偿责任最终开始在联邦环境政策中占据了一个战略重心的地位。这年末卡特总统已经在与罗纳德·里根竞选中落选之后将其签署成为法律，CERCLA 为有害废弃物的清理创立了一个基金（通常称为超级基金 Superfund）。国会批准了一个 16 亿美元的首次拨款，主要通过对石油和某些化学品征收新税来筹资。但是，关于这个新法律最引人注目之处是，它让以任何方式与有害物质的运输、加工或者排放有联系的每一个人对所有必要的清理成本和自然资源损害承担连带责任。责任的范围不仅扩大到涉事财产的当前所有者，而且扩大到以前的资产所有者，即包括在资产为他们所有时知道那些废弃物被储藏在那里的资产所有者。而且因为责任是连带的，联邦官员可以向任何一方或者所有各方追究全部的清理成本。成文法涉及的范围简直惊人。[117]

早在四年前（1976 年），国会已经通过了《资源保护与恢复法》（Resource Conservation and Recovery Act，以下简称 RCRA），建立一个精心设计的许可证制度和"从摇篮到坟墓"的危险废弃物全程跟踪。但是，RCRA 只是设计来处理现存和将来的废弃物场所，而不是那些已关闭的废弃物场所。在 1978 年，臭名昭著的腊夫运河（Love Canal）事件曝光，暴露出 RCRA 在具体细节上的缺陷，并且帮助激发联邦法律制定者制定一个新的政策来处理废弃和闲置的废弃物场所。[118]其结果便是超级基金。如同众议院州际和对外贸易委员会（House Committee on Interstate and foreign Commerce）在关于 1980 年即将成立的 CERCLA 法律的一份报告中所作的解释："RCRA 的缺陷已经留下了重要的监管漏洞……[RCRA]是前瞻性的法律，而且只适用于立即会招致危险的过去的废弃物场所。……发起和建立一个全面的应对和筹资机制以减少和控制废弃和闲置的有害废弃物排放场所这个重大问题，是委员会在这个立法[超级基金]中的意图。"[119]

法案的责任条款，确实是它最引人注目的特征。在理论上，早在二十年前曾经帮助运送仅仅一辆卡车载重量的危险废弃物到一个场所的公司，可能被强迫为这个废弃场所的全部清理付款,成本达数千万甚至数亿美元。非清理赔偿金上限确定在 5,000 万美元,而清理成本的责任仍然是无限的。[120]法律制定者认为对于收回清理成本,以及对于惩罚那些其不当行为(即使没有参与)导致可怕后果、与危险废弃物有关的当事人,这些条款构成了一个极其有力的工具。事实上,这个法案最初的参议院草案(S.1480)本来会作更广泛的责任规定,迫使责任各方不仅为清理成本和自然资源损失及损害付款,而且补偿那些由于接触有害物质受伤害的人。尽管对人身伤害的这个追加责任最后被从法案中剔除出来,但是至少可以这么说,余下的责任条款仍然是难以对付的。[121]

在超级基金创立之后,基于赔偿责任的环境政策继续改进,在州一级和联邦一级都是这样。许多州颁布他们自己的废弃物法律,一些甚至比相应的联邦成文法规还严厉。[122]国会也扩展了许多既存法律。1976 年最初的 RCRA 立法已经允许 EPA 基于"获得证据……危险废弃物对健康和环境正显示出一个迫在眉睫的严重危害",提起妨害救济诉讼。[123]但是,在 1984 年国会扩充 RCRA 以后,法官们现在将法规解释为既允许 EPA 也允许民间公民对那些废弃物场所的清理成本提起诉讼。[124]1986 年的《超级基金修正和再授权法案》(Superfund Amendments and Reauthorization Act,即 SARA),不仅大幅增加了超级基金的拨款,而且适度扩大了初始法案的责任条款,同时,明确允许公民诉讼。[125]最后,为了应对 1989 年埃克森—瓦尔迪兹(Exxon Valdez)号油轮漏油大灾难,国会通过了石油泄露的新的责任立法。1990 年的《石油污染法》(The Oil Pollution Act)使责任各方对可航运水域和邻接海岸线的所有泄露承担严格责任。法律的责任条款,不仅为清理费用付款,而且为补偿自然资源、不动产和私有财产、生活保障用度、财政收入、利润和收入能力以及公共服务的损失付款。[126]然而,即使在进行了这些不同的扩充之后,超级基金法仍然是美国环境责任规定最大的单一来源。

超级基金:考验阶段Ⅲ政策的极限

超级基金当然具备了阶段Ⅲ的风险管理政策的所有特征。在将大量的

（并且高得难以预测的）成本转移到生产者身上时，它处理了所有公民面临的一系列风险。将所有的公民作为保护对象与风险转移的这种组合，在 19 世纪或者 20 世纪早期几乎是不可想象的。即使在 1980 年，这个法案的两个愤怒的批评家，众议员托马斯·吕弗勒（Thomas Loeffler）和大卫·斯托克曼（David Stockman），也将它定性为包含"一个反工业的、零排放的心态"。他们坚持认为，这个目标不是"公共安全防护的传统理念，而是一个零排放、零风险的理想化目标"。[127]

的确，追求的是对公民的"零风险"。然而，企业风险不久却急剧上升。事实上，环境责任在整个 20 世纪 80 年代前半期增加如此迅速，以至于绝大多数保险公司不久加强了他们削减环境责任保险的持续努力。他们从公开取消因政府征收清理费用而提供了保障的保险项目开始，并且在 1986 年从他们的普通综合责任（comprehensive general liability）保险单中取消了全部污染保险项目。[128]尽管几家保险公司引入了一些特别的环境保险来填补空白，但是大多保险公司决定从环境责任市场彻底退出。其结果是，大多数涉及危险废弃物的公司现在发现，获得足够的保险项目即使并非不可能，那也是相当困难的。[129]因此，他们的环境责任风险比 CERCLA 的起草者们原来预计的还要严重。

官方强制性风险转移的传统理由之一是，它会鼓励责任各方努力去预防（或者至少是减少）潜在风险，而且这个观点当然在超级基金法制定的论争中发挥了作用。来自田纳西州的众议员艾伯特·戈尔（Albert Gore, Jr.）在众议院委员会报告中评论道，尽管"媒体和公众已经主要将焦点放在法案的'超级基金'条款，而在处理现存问题和创立新的激励以确保危险废弃物的未来制造者、搬运者和处理者维持一个高标准的注意方面，责任部分的损害赔偿规定也是重要的"。[130]类似地，该法案的众议院提案人，来自新泽西州的詹姆斯·弗罗里奥（James Florio）强调，法案的责任条款将不仅会确保成本"由那些责任方承担"，而且会因此充实政府基金，并创立"责任各方对［危险物］排放的预防和排放物的自愿清理两方面的一个强有力的激励"。[131]在参议院，来自佛蒙特州的罗伯特·斯塔福德（Robert T. Stafford）强调，他和他的同事已经花了三年时间准备了一个法案，"将应对化学毒品引起的紧急情况,而且……能设法阻止这些化学品排放到环境中去"。[132]

CERCLA 起草时曾经担任参议院环境与公共工程委员会(Senate Committee on Environment and Public Works)首席顾问的菲利普·卡明斯(Philip Cummings),后来主张,"基于损害赔偿责任的威慑"是其中心概念。"CERCLA 的主要目的,"他在 1990 年的一篇文章中解释道,"是可能通过损害赔偿责任,将这种对收益带来不良影响的实业和商业本能反应设定为底线,使危险物质的泄露和倾倒减少,以替代传统的监管。法律起草者刻意的打算是,吸引贷放人和保险公司与公司的风险管理者和董事会一起,进入这个新的半监管的队伍中来。"[133]约翰·康芒斯应当很高兴,他于世纪之初在工伤赔偿和失业保险运动中首次使用的风险管理论断,仍然具有很强的生命力。[134]

但是,事实是 CERCLA 不是一个标准的风险转移政策。事实上,风险转移的标准论点只构成这个法律损害赔偿责任条款最初提案相对小的部分。那时给出的最为普通的正当理由是,损害赔偿责任条款将有助于抵消政府清理成本,而且它们将让最终的责任者承担所属负担。尽管这些条款一直强调对未来污染行为的可能抑制效果,但是,政策制定者更加强调的不是事前风险转移的好处,而是事后成本分配的好处。当然,比起基于风险转移的抑制,连带责任的标准与纯粹的成本回收更加一致,因为它意味着在连带责任之下,不会按照实际罪责来分配损害赔偿责任。即使早在 1980 年 5 月就已经关注到该法案的抑制效果的众议员戈尔(Gore),9 月在众议院会议审议时也斩钉截铁地指出,超级基金立法主要是向后看,处理过去的问题(backward-looking)。"将来的倾倒问题,将根据今年秋天之后《资源保护和恢复法》(Resource Conservation and Recovery Act)的实施而生效的一个监管计划得到处理,"他现在断言,"我们在这个[超级基金]立法中正在处理的是发生在过去的危险废弃物倾倒。"[135]

就像许多那时的支持者宣称的那样,追溯责任有可能诱导现在的排放者志愿清理他们的废弃物场所。[136]但是,防止或者限制危险物倾倒本身的思想,完全是另外一回事。不管多少追溯的责任得到追究,很明显"阻止"已经发生的倾倒是不可能的。由于 1980 年的主要目标是清理闲置和废弃的废弃物场所,通过风险转移来抑制危险物倾倒的逻辑几乎不可能是一个首要的动机。[137]

然而,结果是,基于损害赔偿责任的抑制的美好前景在后来的年份里更加凸显出来,尤其是当人们开始关注到按照超级基金法进行的危险废弃物场所清理的步伐缓慢的时候。到了 1991 年(法律颁布后十多年),EPA 已经开始了约 400 个场所的清理,但是,那时只完成了在其全国优先清单上 1,200 多个废弃物场所中仅仅 33 个的清理行动。清理一个场所的平均成本接近 5,000 万美元,而其中约 44% 据说花费于诉讼和其他交易成本。[138]"就清理现存有毒废弃物来说,超级基金就是一个超级错误",1991 年环境顾问乔恩·艾略特(Jon Elliott)声称。按照他的观点,其唯一的闪光点,是基于损害赔偿责任的抑制效果,"这个计划开展得好的地方在于抑制——那就是恐吓公司未来不进行环境破坏"。[139]批评家自然完全不同地解读超级基金法的责任条款的影响,较之环境破坏行为的抑制效果,更加强调阻碍经济发展的"寒蝉效应"(chilling effect)。但是,赞成者、反对者所有各方看来都同意,按照超级基金法的规定,可能巨大的环境责任即损害赔偿额,严重地影响了企业行为,无论是好的影响还是坏的影响。[140]

那么,尽管有上面提及的偏离最初意图的需要注意之处,1980 年超级基金法的制定还是应当归类为阶段Ⅲ的一个风险管理政策。在根本上,它提高了全体公民应对环境风险的安全性,将其负担转嫁给企业。尽管风险转移的传统逻辑与清理废弃的污染物场所的最初立法目标不是特别相关,然而,这个法律的起草者选择了一个成本回收的机制——严格、连带责任——这与风险转移密切相关,并且因此采纳了传统的理论。将伴随的财务风险转移给那些污染责任者以防范环境风险的可能性,在法律制定时当然得到了强调,而且在接下来的十年间,它最终成为超级基金法严格责任条款的主要理由。[141]换句话说,如同基于风险转移的抑制最终与直接监管(风险减少)一起成为美国环境政策的孪生支柱之一那样,政策战略最终随着政策结构的变化而变化。

4. 结　　语

这一章和前一章都聚焦于 1960 年以后风险管理政策的一个特别新的特征——亦即对普通公民保障的日益强调,而不是像早些时期那样只是将企业家和工人作为保障的对象予以强调。无论是以产品伤害的制造商严格责任、灾害损失的联邦赔偿金、州保险担保基金的形式,还是环境污染者的成文法责任,阶段Ⅲ的风险管理政策在特定的政策目标和更大的社会优先顺序上,都标志着一个不同于以前的重大变化。

但是,对一般公民安全性的这个新的重视,事实上只是 20 世纪后半期公共风险管理政策的一个特征。同样引人注目的是,正是在此期间风险管理工具如此广泛地得到运用——经常用来推进公民的安全性,但是,绝不总是为了这个目的。如表 9.3 让我们厘清的,新的阶段Ⅰ和阶段Ⅱ的政策也在这个时候制定。比如说,在通过 1957 年的普莱斯—安德森法(Price-Anderson Act)时,国会试图通过设定民间核设施潜在责任的上限以促进核能的发展。仅仅过了十年之后,国会批准了联邦国民抵押贷款协会(the Federal National Mortgage Association,即房利美,Fannie Mae),通过转售的住房贷款的购买、担保以及证券化,促进了一个生机勃勃的次级抵押贷款市场的发展。两个计划都有助于民间方面管理投资风险,而且因此两个计划都只适合阶段Ⅰ,尽管房利美通过轻微地补贴抵押贷款利率也给房主带来好处。1974 年养老金收益担保公司(Pension Benefit Guaranty Corporation,以下简称 PBGC)的创立,明确地构成了阶段Ⅱ的政策,因为它为美国工人民间部门的固定收益养老金计划(defined-benefit pension plan)提供了担保。1970 年职业安全与健康管理局(Occupational Safety and Health Administration)的建立,标志着提高职工保障的阶段Ⅱ的另一个重大行动。[142]

表 9.3　1960 年以后的主要风险管理政策

阶段 I（企业的安全性）	阶段 II（劳动者的安全性）	阶段 III（一般公民的安全性）
核能责任上限（1957 年普莱斯—安德森法）	职业安全与健康监管（特别是 OSHA）	责任法的变化（特别是产品伤害案件中对制造商的严格责任）
二级住房抵押贷款市场担保（房利美与房地美）	养老金监管与保险（ERI-SA，PBGC）	消费者安全监管（如 1972 年消费者产品安全法）
公司紧急救助（洛克希德、克莱斯勒）		联邦灾害救助
国家紧急救助（墨西哥、韩国，等等）		州保险担保基金
		环境监管与环境责任（例如大气净化法、水质净化法、RCRA 和 CERCLA）
		强制联邦保险（例如 Medicare）
		自愿联邦保险（例如洪水保险）
		信用卡责任上限
		消费者破产法的扩大

　　关键是，从 1960 年前后开始，政策制定者不仅在处理普通公民面临的一个范围广泛的风险方面显示出前所未有的关注，而且对所有种类的风险管理政策都进行了新的熟练运用。金融担保计划——从房利美（阶段 I）到养老金收益担保公司（阶段 II），再到州保险担保基金（阶段 III）——特别博得美国法律制定者的青睐。到 20 世纪 90 年代晚期，联邦政府独自估计，它承担了超过 6 万亿美元的或有债务。[143] 这种对公共风险管理的极大热情是否开始在 20 世纪 90 年代涌现，是一个超越本书考察范围的问题。然而，现在，认识到这种热情存在着而且它充分地影响了 20 世纪后半期美国公共政策的要旨和范围就足够了。

注　释

〔 1 〕　Henry Fairlie,"Fear of Living:America's Morbid Aversion to Risk",*New Republic*, January 23,1989,p.14.

〔 2 〕　本节内容大量引自 David A.Moss,"Courting Disaster? The Transformation of Federal Disaster Policy since 1803",in Kenneth A.Froot,ed.,*The Financing of Catastrophe Risk* (Chicago:University of Chicago Press,1999),pp.307 – 355;David A.Moss and Julie Rosenbaum,"The Great Mississippi Flood of 1993",Harvard Business School Case Study no.797 – 097(February 10,1997)。

〔 3 〕　See *Congressional Record* (House),81st Cong.,2nd sess.,August 7,1950,pp.11900 – 902.

〔 4 〕　在 1803 年和 1947 年期间,联邦政府提供灾害救济的平均次数每年少于一次;在 1977 年到 1993 年间,联邦政府提供的灾害援助平均每年 34 次。参见 *Federal Disaster Assistance:Report of the Senate Task Force on Funding Disaster Relief*(Washington,D.C.:GPO,1995),table 1. 1,p.5。

〔 5 〕　See President Cleveland's veto statement,February 16,1887,Ex. Doc. No. 175,49th Cong.,2nd sess.,*House Executive Documents*,24. See also Clara Barton to Grover Cleveland, February 19, 1887, Grover Cleveland Papers, microfilm edition (Washington,D.C.:Liabrary of Congress,1958),ser.2,reel 41.

〔 6 〕　See Charles Hurd,*The Compact History of the American Red Cross* (New York: Hawthorn Books,1959),pp.111 – 112.

〔 7 〕　有关联邦灾害救济的立法历史,特别参见 Peter J.May,*Recovering from Catastrophes: Federal Disaster Relief Policy and Politics*(Westport,Conn.:Greenwood Press,1985), pp.17 – 47;Roy S.Popkin,"The History and Politics of Disaster Management in the U-nited States",in Andrew Kirkby,ed.,*Nothing to Fear:Risks and Hazards in American Society* (Tucson:University of Arizona Press,1990),pp.101 – 129;*Federal Disaster Assistance*,pp.99 – 102;Office of Emergency Preparedness,*Report to Congress:Disaster Preparedness* (Washington, D. C.: GPO, January 1972), 1: 167 – 173; Howard Kunreuther,*Recovery from Natural Disasters:Insurance of Federal Aid*(Washington,D. C.:American Enterprise Institute,1973),pp.3 – 21。

〔 8 〕　See Office of Emergency Preparedness,*Report to Congress:Disaster Preparedness*,1: 168 – 170.

〔 9 〕　Douglas Dacy and Howard Kunreuther,*The Economics of Natural Disasters:Implications for Federal Policy*(New York:Free Press,1969),p.32,table 2. 1. 在 1953 年和 1965 年联邦政府灾害总支出的计算中,小企业管理局贷款(Small Business Administration, SBA)的补助率一般假定为 33%。

〔 10 〕　"Message from the President Relative to Disaster Assistance",House Document no.91 – 323,91st Cong.,2nd sess.(1970),p.6.

〔11〕 Ibid.,p.1.

〔12〕 有关飓风 Camille 的经济与政治影响,参见"Federal Disaster Assistance",in *Congressional Quarterly Almanac*, vol.26(1970), esp.754 − 755; Committee on Public Works, United States Senate, *Disaster Assistance*, Report no.91 − 1157,91st Cong.,2nd sess., August 31,1970,esp.pp.2 − 3。

〔13〕 直到 1974 年的立法进展,参见本章注释 9 的所引文献,也可参考关键的联邦法律: P.L.81 − 875(1950),89 − 769 (1966), 91 − 79(1969), 91 − 606 (1970),以及 93 − 288 (1974)。自 20 世纪 60 年代中期以后联邦灾害救济的急剧变化,参见 Cramer, *Congressional Record*(House), 89th Cong., 2nd sess., October 17, 1966, p.27096。

〔14〕 关于联邦紧急事务管理局(Federal Emergency Management Agency, FEMA)的起源,参见 *Federal Disaster Assistance*,pp.94 − 97。

〔15〕 Senate Committee on Public Works, *Disaster Assistance*,p.2.

〔16〕 *Disaster Assistance Legislation*: *Hearings before the Subcommittee on Flood Control of the Committee on Public Works on H.R.17518 and Related Bills*, House of Representatives,91st Cong.(July 1970),p.20.

〔17〕 *The Mississippi Valley Flood Disaster of 1927*: *Official Report of the Relief Operations* (Washington, D.C.: American National Red Cross, 〔1929〕), pp.10,120 − 21,146; Pete Daniel, *Deep'n As It Come*: *The 1927 Mississippi River Flood*(New York: Oxford University Press, 1977), p.10.对 1927 年洪灾造成的死亡数字还有一些的争论。当时官员们报告的数字小于 10,但是 Daniel 曾估计这个数字在 250 到 500 人之间。参见 Robert L. Koenig, "Upper Mississippi Lacks Coordination of Flood Control", *St. Louis Post-Dispatch*, August,29,1993, p.1A。

〔18〕 *The Great Flood of 1993*: *National Disaster Survey Report*(Washington, D.C.: National Oceanic and Atmospheric Administration, February 1994), pp.1.4,1.5; *Facts on File World News Digest*, August 26,1993, p.624 E3; Steven Phillips, *The Soil Conservation Service Responds to the 1993 Midwest Floods*(Washington, D.C.: U.S. Department of Agriculture, November 1994), p.18; William Freivogel, "Flood of Money: Federal Aid Is Sometimes Uncoordinated and Arbitrary", *St. Louis Post-Dispatch*, September 26, 1993, p.1B; Ken Sheets, "After the Flood", *Kiplinger's Personal Finance Magazine*, 47, no.10(October 1993), 67; *Sharing the Challenge*: *Floodplain Management into the Twenty-first Century*: *Report of the Interagency Floodplain Management Review Committee*(Washington, D.C.: GPO, June 1994), p.16.

〔19〕 Quoted in *Mississippi Valley Flood Disaster of 1927*, p.13.

〔20〕 参见 Bruce Alan Lohof, "Hoover and the Mississippi Valley Flood: A Case Study of the Political Thought of Herbert Hoover", Ph.D. diss. (Syracuse University, 1968), esp.pp.122,169 − 170,185; *Mississippi Valley Flood Disaster of 1927*, pp.10 − 13。受灾各州追加了大约 1,000 万美元的救济拨款。

〔21〕 Quoted in *Mississippi Valley Flood Disaster of 1927*, p.145.

〔22〕 Herbert Hoover, *The Memoirs of Herbert Hoover: The Cabinet and the Presidency, 1920 – 1933* (New York: Macmillan, 1952), 2:126.

〔23〕 See esp.Moss, "Courting Disaster", pp.309 – 311.

〔24〕 Quoted in Helen Dewar, "For Senate Foes of Spending, Flood Disaster Spells Relief", *Washington Post*, August 5, 1993, p.A19.

〔25〕 引自 Bob Benenson, "Insurance Finds Few Takers", *Congressional Quarterly*, 51, no. 29 (July 17, 1993), 1861。另可参见科罗拉多州 Patricia Schroeder 众议员在 103 届众议院第 1 次会议记录中的发言 [Representative Patricia Schroeder of Colorado, *Congressional Record* (House), 103rd Cong., 1st sess., July 19, 1993, p.H4760]: "当我们一方面看到在中西部肆虐的这个巨大可怕的洪水场景……而另一方面我们又审视可怕的联邦债务时,我们将不得不作出一些非常艰难的选择。主要的选择之一将是:我们是要帮助那些承担责任、购买了洪灾保险、筑起了防洪堤而且做了他们力所能及的每件事情的人呢,还是要帮助那些没有做这些事情,将一切拿去冒险、全部损失了就盘算着联邦政府将资助他们的那些人呢?"

〔26〕 Quoted in Susan Hegger, "Carnahan, Edgar, Four Other Governors Press Clinton for Relief", *St.Louis Post-Dispatch*, July 28, 1993, p.A1.

〔27〕 Quoted in Tony Freemantle, " 'Flood Summit' Centers on Aid: Clinton Asked for Funds, Not Troops", *Houston Chronicle*, July 18, 1993, p.A1.

〔28〕 Representative Albert R.Wynn of Maryland, Quoted in Clifford Krauss, "The Midwest Flooding: House Approves Flood Relief after Fight on Deficit", *New York Times*, July 28, 1993, p.A1.

〔29〕 众议院在 7 月 27 日以 400 票对 27 票通过了紧急追加拨款法案。这个法案之后在 7 月 30 日参议院拨款委员以 29 票对 0 票一致通过。参议院全体会议 8 月 4 日以口头表决通过。8 天后,克林顿总统签署成为法令。(P.L.103 – 75)

〔30〕 关于这个转变,另可参见 Kunreuther, *Recovery from Natural Disasters*, esp.chap.1 ("The Changing Federal Role in Disaster Relief"), pp.3 – 26。

〔31〕 这些灾害中没有一次是民间保险的损失占总体预估损失的百分比很大的。民间提供保险的损失占总损失的比率在 1955 年 Diane 飓风中是 0.6%, 1964 年太平洋西北洪水中几乎为零, 1972 年 Agnes 热带风暴中 4.9%。选择这些特定的灾害,部分是因为可以让我们在跨越时间的事件中与联邦政府的补偿率比较,民间保险的覆盖率是很低的。参见 Dacy and Kunreuther, *Economics of Natural Disasters*, pp.46 and 35, tables 2.4 and 2.2; Kunreuther, *Recovery from Natural Disasters*, p.16, table 3。对 1972 年 Agnes 热带风暴灾害的估计联邦补偿率(48.3%)似乎比实际的补偿率低,因为在估计这些值时,将小企业管理局(SBA, Small Business Administration)的贷款补贴一律假定为面值的三分之一。但由于 1972—1973 年间小企业管理局贷款的利率异常低下(只有 1%),实际的补贴可能会高很多。参见 Moss, "Courting Disaster", pp.328 – 329, figure 8.2; Kunreuther, *Recovery from Natural Disasters*, pp.10 – 11, table 1。

〔32〕 例如,在 1993 年,几种针对民间受益者的重要救济(包括补助金、大量补助的贷

款、对损失的税收优惠)已经不如 1972 年后 Agnes 热带风暴时那么慷慨。作为对比,联邦政府在州和地方层面针对公共设施的修复和重建的援助更为慷慨,在公共部门的联邦政府损失补偿比率现在更大了。参见 Paul K. Freeman and Howard Kunreuther, *Managing Environmental Risk through Insurance* (Boston: Kluwer Academic Publishers,1997) , pp.7 - 8; Kunreuther, *Recovery from Natural Disasters*, pp.12 - 13,29 - 35; Moss, "Courting Disaster", pp.328 - 333。

〔33〕 关于从 1977 年到 1993 年的联邦灾害开支,参见 *Federal Disaster Assistance*, p.5, table 1. 1。关于 1993 年中西部洪水灾害的联邦拨款如何分配的详尽研究,参见 Moss, "Courting Disaster", pp.328 - 331, esp. p.330, table 8. 7。根据这个资料, 1993 年洪灾中联邦灾害总支出的四分之三流向了民间部门的受益者。另外的四分之一用于补偿公共部门的损失。在拨给民间受益者的资金中,目前为止最大的份额给了农民,因为他们由于农作物损坏、土地流失以及房屋和设备的结构性损坏,遭受了巨大损失。

〔34〕 《国会记录(众议院)》,第 89 届第 2 次会议 [*Congressional Record* (House) ,89th Cong. ,2nd sess.] ,1966 年 10 月 17 日, pp.27096 - 97。

〔35〕 Barry K. Goodwin and Vincent H. Smith, *The Economics of Crop Insurance and Disaster Aid* (Washington, D.C. : AEI Press,1995) , esp. chap.3 ("History of Federal Multi-Peril Crop Insurance") , pp.33 - 65.

〔36〕 Quoted in Alfred Manes, *Insurance: Facts and Problems* (New York: Harper & Brothers,1938) , chap.12, reprinted in Kailin Tuan, ed. , *Modern Insurance Thoery and Education* (Orange, N.J. : Varsity Press,1972) ,1 : 308.

〔37〕 William G. Hoyt and Walter B. Langbein, *Floods* (Princeton: Princeton University Press,1955) , p.104.

〔38〕 Saul Jay Singer, "Flooding the Fifth Amendment: The National Flood Insurance Program and the 'Takings' Clause", *Boston College Environmental Affairs Law Review*, 17 (Winter 1990) ,334 - 335. 关于 Truman 流产的提案,参见 W.B. Langbein, "Flood Insurance", *Land Economics*,29, no.4 (November 1953) ,328 - 329。

〔39〕 Committee on Banking and Currency, U.S. Senate, *National Flood Insurance Act of 1967*,90th Cong. ,1st sess. , Senate Report no.459 (August 29,1967) , p.4.

〔40〕 *Federal Disaster Assistance*, p.63; Singer, "Flooding the Fifth Amendment", pp.335 - 336.

〔41〕 关于保险业的视角,特别参见 National Flood Insurers Association, *A History of the National Flood Insurance Program* (n.d.)。

〔42〕 Dacy and Kunreuther, *Economics of Natural Disasters*, p.235.

〔43〕 第 93 届国会第 2 次会议记录 [*Congressional Record* (Senate) , 93rd Cong. , 2nd sess.] ,1974 年 2 月 26 日, p.4166。

〔44〕 Ibid.

〔45〕 关于 20 世纪 90 年代建立自然灾害保险公司的提案,参见 Moss, "Courting Disaster", pp.341 - 343。

〔46〕 See, e.g. , Bill Emerson and Ted Stevens, "Natural Disasters: A Budget Time Bomb",

Washington Post, October 31, 1995, p.A13.

〔 47 〕　Spencer L.Kimball, "History and Development of the Law of State Insurer Delinquency Proceedings: Another Look after Twenty Years", *Journal of Insurance Regulation*, 5 (September 1986), 8.

〔 48 〕　Spencer L.Kimball, *Insurance and Public Policy: A Study in the Legal Implementation of Social and Economic Public Policy, Based on Wisconsin Records, 1835 – 1959* (Madison: University of Wisconsin Press, 1960), esp.chap.4 ("Protecting the Integrity of the Insurance Fund against Dissipation"), pp.129 – 208; Robert H.Jerry II, *Understanding Insurance Law*, 2nd ed.(New York: Matthew Bender & Co., 1996), pp.51 – 57; Edwin Wilhite Patterson, *The Insurance Commissioner in the United States: A Study in Administrative Law and Practice* (Cambridge, Mass.: Harvard University Press, 1927), pp. 519 – 537; Alfred C.Bennett, "Liquidations of Insurance Companies", in Charles C. Center and Richard M.Henis, eds., *Insurance and Government* (New York: McGraw-Hill, 1962), p.199; Richard M.Heins, "Liquidations of Insurance Companies", in Center and Heins, *Insurance and Government*, pp.239 – 240; Kimball, "History and Development", pp.6, 12.

〔 49 〕　Jerry, *Understanding Insurance Law*, pp.52 – 53.

〔 50 〕　Ibid., pp.51 – 54.

〔 51 〕　See, e.g., Patterson, *Insurance Commissioner*, p.521.

〔 52 〕　Kimball, *Insurance and Public Policy*, p.129.

〔 53 〕　Bennett, "Liquidations of Insurance Companies", pp.213 – 214.

〔 54 〕　Douglas G.Olson, "Property and Casualty Guaranty Funds before 1970: Lessons for the 1980s", *Journal of Insurance Regulation*, 4, no.4 (1986), 134; Bennett, "Liquidations of Insurance Companies", p.211.

〔 55 〕　Bennett, "Liquidations of Insurance Companies", pp.214 – 217; Kimball, "History and Development", p.27n83.

〔 56 〕　Bennett, "Liquidations of Insurance Companies", pp.211 – 213; Olson, "Property and Casualty Guaranty Funds before 1970", p.134.

〔 57 〕　Olson, "Property and Casualty Guaranty Funds before 1970", p.133 – 134; Kimball, "History and Development", p.27.

〔 58 〕　特别参见 *Paul v. Virginia*, 75 U.S.168 (1869). 联邦最高法院在 *United States v. South-Eastern Underwriters Association*, 332 *U.S.*533 (1944) 中对这个权限的分担表示怀疑,因而促进了 McCarran 法案(McCarran Act)于次年通过。

〔 59 〕　Paul G.Roberts, "Insurance Company Insolvencies and Insurance Guaranty Funds: A Look at the Nonduplication of Recovery Clause", *Iowa Law Review*, 74 (May 1989), 932 – 933; Olson, "Property and Casualty Guaranty Funds before 1970", pp.136 – 139.

〔 60 〕　Quoted in Roberts, "Insurance Company Insolvencies", p.933.

〔 61 〕　Olson, "Property and Casualty Guaranty Funds before 1970", pp.138 – 139; statement of Andre Maisonpierre, vice president, American Mutual Insurance Alliance, *Federal*

Insurance Guaranty Corporation; *Hearings before the Committee on Commerce... on S. 2236*, U.S.Senate, 91st Cong., 1st sess., (1970). p.69.

〔62〕 在所提法案听证会的开始,Magnuson 参议员声称:"S.2236 法案的起草者绝不想通过提出的联邦保险担保公司来取代州的监管制度。我们的用意恰好相反。我们想给予监管者帮助以尽可能好地履行职责。" *Federal Insurance Guaranty Corporation*; *Hearings before the Committee on Commerce... on S.223*, p.2.关于强烈的反对意见,特别参见 pp.37,70,276。

〔63〕 "Memorandum on the NAIC State Post Assessment Insurers Guaranty Association Model Bill", December 31, 1969, reprinted in National Association of Insurace Commissioners, *Proceedings of the National Association of Insurance Commissioners*, *1970 Regular Meeting*(Raleigh, N.C.: Commercial Printing Co., 1970), 2:1099.

〔64〕 Insurance Security Fund, Wisconsin Session Laws, ch.646(1969); NAIC, *Proceedings of the National Association of Insurance Commissioners*, *1970 Regular Meeting*, 2:1088; Christopher J.Wilcox, "The U.S.Guaranty Association Concept at Twenty-Five: A Quarter Century Assessment", *Journal of Insurance Regulation*, 14, no.3 (Spring 1996), 370 – 372; Kimball, "History and Development", p.27.

〔65〕 "Synopsis of the NAIC State Post Assessment Insurance Guaranty Association Model Bill", in NAIC, *Proceedings of the National Association of Insurance Commissioners*, 2:1100 – 1101; "Post-Assessment Property and Liability Insurance Guaranty Association Model Act", reprinted in Thomas A.Harnett and Sol Schreiber, eds., *Insolvency and Solidity of Insurance Companies*(New York: Practicing Law Institute, 1987), pp.95 – 112.

〔66〕 Jon S.Hanson, *Regulation of the Life Insurance Business*(Bryn Mawr, Pa.: American College, 1996), pp.80 – 81; Richard Bromley, "A History of the Development of the Life and Health Insurance Guaranty Association Model Act", in American Bar Association, National Insititute on Insurer Insolvency, *Law and Practice of Insurance Company Insolvency*(Chicago, June 7 – 8, 1986), pp.621 – 634, 618.

〔67〕 National Association of Insurance Commissioners, *Proceedings of the National Association of Insurance Commissioners*, *1971 Regular Meeting* (Raleigh, N.C.: Commercial Printing Co., 1971), 1:158 – 159.另可参见"Possible Objections to State Post Assessment Guaranty Funds and Responses Thereto", in NAIC, *Proceedings of the National Association of Insurance Commissioners*, *1970 Regular Meeting*, 2:1101:"在模范法案之下,会员保险公司只需为破产会员保险公司的保险合同赔付预缴资金。之后,这些保险公司将通过适当提高保险客户的保费收回预缴的金额。这个负担最终落到了保险客户而不是其他保险公司身上,而且这样一来,保险公司的破产风险在享有安全的那些人之间分散了。"

〔68〕 NAIC, *Proceedings of the National Association of Insurance Commissioners*, *1971 Regular Meeting*, 1:159.

〔69〕 "Possible Objections to State Post Assessment Guaranty Funds and Responses Thereto", in NAIC, *Proceedings of the National Association of Insurance Commissioners*, 2:

1102.另可参见 statement of Maisonpierre, *Federal Insurance Guaranty Corporation*: *Hearings before the Committee on Commerce...on S.2236*, pp.72 – 73.

〔70〕　See, e.g., memorandum from NAIC executive secretary Jon S. Hanson, October 3, 1969, reprinted in *Proceedings of the National Association of Insurance Commissioners*, *1970 Regular Meeting*, 1:262:"NAIC 已经表明立场,虽然从全国范围来看,资不抵债问题的严重性还没有那么大,但是对涉及到的个人来说后果还是会很严重的。"另可参见 Insurance Security Fund, Wisconsin Session Laws, ch. 646, Preliminary Comments, p.270:"从来没有任何数量合理的资金能够足以应对灾难性破产的冲击。"国会对灾害问题表达的忧虑,参见 Sen. Moss, *Federal Insurance Guaranty Corporation*: *Hearings before the Committee on Commerce... on S. 2236*, p.297。

〔71〕　参见 *Federal Insurance Guaranty Corporation*: *Hearings before the Committee on Commerce... on S.2326*, pp.274 – 299, esp.p.288:"我们(在政府当局的人)认为,[一个成功的保证制度]在大多数州是可行的,而且我们真正需要的是在缺乏它的那些少数情况下的一个联邦支持。"

〔72〕　同上, pp.286 – 287。另可参见 p.298。

〔73〕　"Post-Assessment Property and Liability Insurance Guaranty Association Model Act", reprinted in Harnett and Schreiber, *Insolvency and Solidity of Insurance Companies*, p.111.

〔74〕　Bromley, "A History of the Development of the Life and Health Insurance Guaranty Association Model Act", pp.632, 658 – 659; Hanson, *Regulation of the Life Insurance Business*, p.83.

〔75〕　"Memorandum on the NAIC State Post Assessment Insurers Guaranty Association Model Bill", p.1098.另可参见 Insurance Security Fund, Wisconsin Session Laws, ch. 646.01(2), p.271。

〔76〕　*Federal Insurance Guaranty Corporation*: *Hearings before the Committee on Commerce... On S.2236*, p.284.

〔77〕　Ibid.

〔78〕　同上, p.285。另可特别参见 Passer 的评论, p.289。

〔79〕　Ibid., p.1.

〔80〕　Ibid., p.255.

〔81〕　Ibid., p.278.

〔82〕　Memorandum to Members of the NAIC, December 14, 1970, reprinted in *Proceedings of the National Association of Insurance Commissioners*, *1971 Regular Meeting*, 1:156, 我加了强调。

〔83〕　Kimball, "History and Development", p.27.

〔84〕　Quoted in Bromley, "A History of the Development of the Life and Health Insurance Guaranty Association Model Act", p.635.

〔85〕　"Post-Assessment Property and Liability Insurance Guaranty Association Model Act", reprinted in Harnett and Schreiber, *Insolvency and Solidity of Insurance Companies*, p.98.

〔86〕 Quoted in Wilcox, "U.S.Guaranty Association Concept at Twenty-five", p.390.

〔87〕 特别参见 同上, p.389。另可参见 Cosmo Macero, Jr., "Protection Sought for State Emergency Claims Fund", *Boston Herald*, February 24, 1998, p.36; "Massachusetts Lawmakers Weigh Changes to Guaranty Fund", *BestWire*, May 17, 1999。

〔88〕 Olson, "Property and Casualty Guaranty Funds before 1970", p.145.

〔89〕 Frederick L.Hoffman, "Fifty Years of American Life Insurance Progress", *Publications of the American Statistical Association*, 12, no.95(September 1911), 716, table 4.

〔90〕 关于 1958 年至 1969 年间保险公司破产, 参见 *Federal Insurance Guaranty Corporation: Hearings before the Committee on Commerce... on S.2236*, p.112。

〔91〕 *Rylands v.Fletcher*, L.R.3 H.L.330(1868).环境案件中严格责任的演进, 参见 Superfund Section 301(e) Study Group, *Injuries and Damages from Hazardous Wastes: Amalysis and Improvement of Legal Remedies*, Report to Congress(Washington, D.C.: GPO, 1982), pt.1, pp.95 – 109。

〔92〕 Tom Kuhnle, "The Rebirth of Common Law Actions for Addressing Hazardous Waste Contamination", *Stanford Environmental Law Journal*, 15(January 1996), 193.

〔93〕 Quoted in Louise A.Halper, "Untangling the Nuisance Knot", *Boston College Environmental Affairs Law Review*, 26(Fall 1998), 100.

〔94〕 特别参见同上, pp.109 – 114。

〔95〕 *Madison v.Ducktown Sulphur, Copper & Iron Co.*, 113 Tenn.331, 337 – 338, 340 – 345, 366 – 369(1904): "以损害赔偿的形式, 应当赋予投诉人因他们的伤害有权获得的完整救济措施吗? 或者我们应该更进一步, 按照他们的要求毁灭两个大型的矿产和制造企业, 从而让一个县一半的税收价值流失, 并且让 10,000 多人背井离乡? 我们认为, 这个问题的正确答案应当是什么不会有任何疑问。"(p.366)

〔96〕 J.Gordon Arbuckle et al., *Environmental Law Handbook*(Rockville, Md.: Government Institutes, 1991), p.17.

〔97〕 *Keppel v.Lehigh Coal & Navigation Co.*, 200 Pa.649, 651, 652(1901).

〔98〕 Morton J.Horwitz, *The Transformation of American Law, 1780 – 1860*(Cambridge, Mass.: Harvard University Press, 1977), p.74.

〔99〕 H.Marlow Green. "Common Law, Property Rights, and the Environment: A Comparative Analysis of Historical Developments in the United States and England and a Model for the Futrue", *Cornell International Law Journal*, 30(1997), 549; Horwitz, *Transformation of American Law*, p.76.See also *Radcliff's Executors v.Mayor of Brooklyn*, 4 N.Y.195 (1850).

〔100〕 *Radcliff's Executors v.Mayor of Brooklyn*, 4 N.Y.195, 203(1850).

〔101〕 Horwitz, *Transformation of American Law*, pp.76 – 78. See also Roger Meiners and Bruce Yandle, "Common Law and the Conceit of Modern Environmental Policy",

George Mason Law Review,7(Summer 1999),927 – 928.

〔102〕　参见 *McCarty v.Natural Carbonic Gas Company*,189 N.Y.40,49(1907)。另可参见
Village of Euclid v.Ambler Realty Co., 272 U.S.365,388(1926):"非法妨害行为可
能只是在一个错误的场所放置了正确的东西——就像一头猪在客厅里而不是在
谷仓小院里。"另可参见 Kuhnle,"Rebirth of Common Law Actions",pp.197 – 200。

〔103〕　Mark D.Seltzer,"Personal Injury Hazardous Waste Litigation:A Proposal for Tort Re-
form", *Boston College Environmental Affairs Law Review*, 10 (Spring 1982), 827 –
833;"Development in the Law—Toxic Waste Litigation:IX.Common Law Personal In-
jury Recovery", *Harvard Law Review*,99(May 1986),1602 – 9,1617 – 25.See also
Superfund Section 301(e)Study Group, *Injuries and Damages from Hazardous Wastes*,
pp.28 – 30.

〔104〕　Meiners and Yandle,"Common Law and the Conceit of Modern Environmental Poli-
cy",pp.927 – 928.

〔105〕　Deborah R.Hensler and Mark A.Peterson,"Understanding Mass Personal Injury Liti-
gation:A Socio-Legal Analysis", *Brooklyn Law Review*,59(Fall 1993),1006 – 7;
Francis E.McGovern,"The Defensive Use of Federal Class Actions in Mass Torts",
Arizona Law Review,39(Summer 1997),607 – 610.大规模的侵权行为,参见 Peter
Schuck,"Mass Torts:An Institutional Evolutionist Perspective", *Cornell Law Review*,
80(May 1995),941 – 989。

〔106〕　"Development in the Law—Toxic Waste Litigation",pp.1605 – 6;Michael D.Green,
"The Paradox of Statutes of Limitations in Toxic Substances Litigation", *California
Law Review*, 76(October 1988),979n65.See also Superfund Section 301(e)Study
Group, *Injuries and Damages from Hazardous Wastes*,pp.28 – 30.

〔107〕　See,e.g., John Carlucci,"Reforming the Law on Pesticides", *Virginia Environmental
Law Journal*,14(Fall 1994),192 – 193.

〔108〕　Troyen A.Brennan, "Environmental Torts", *Vanderbilt Law Review*, 46 (January
1993),2(a list of relevant cases appears at 2n1).See also Kuhnle,"Rebirth of Com-
mon Law Actions",p.191;Peter S.Menell,"The Limitations of Legal Institutions for
Addressing Environmental Risks", *Journal of Economic Perspective*, 5, no.3 (Summer
1991),esp.93 – 94,97 – 102.

〔109〕　Toxic Substances Control Act of 1976,P.L.94 – 469,sec.6(a).

〔110〕　Paul R. Portney, "Economics and the Clean Air Act", *Journal of Economic
Perspectives*,4.No.4(Autumn 1990),174.

〔111〕　U.S.Office of Management and Budget, *Report to Congress on the Costs and Benefits of
Federal Regulations*,1998(Washington,D.C.,January 1999),table 3.

〔112〕　关于环境案件中自身的过失,参见 Superfund Section 301(e)Study Group, *Injuries
and Damages from Hazardous Wastes*,pp.76 – 79。

〔113〕　Phillip T. Cummings, "Completing the Circle", *Environmental Forum*, 7, no. 6
(November-December 1990), 11 – 12; Sidney A. Wallace and Temple L. Ratcliffe,

"Water Pollution Laws: Can They Be Cleaned Up?" *Tulane Law Review*, 57 (June 1983),1342 – 51.

〔114〕 《1970 年水质及环境质量改善法》(Water and Environmental Quality Improvement Act of 1970),P.L.91 – 224;"Comprehensive Water Pollution Control Act Cleared", *Congressional Quarterly Almanac*,91ᵗʰ *Congress*,2ⁿᵈ *Session...*,*1970* 26(Washington, D.C.,1970),175 – 178;《1972 年联邦水污染控制法修正案》(Federal Water Pollution Control Act Amendments of 1972),P.L.92 – 500;"Clean Water: Congress Overrides Presidential Veto", *Congressional Quarterly Almanac*,92ⁿᵈ *Congress*,2ⁿᵈ *Session...*,*1972*,*28*(Washington, D. C.,1972),708 – 722;《1977 年水质净化法》(Clean Water Act of 1977),P.L.95 – 217.另可参见 Wallace and Ratcliffe,"Water Pollution Laws",pp. 1344 – 46;Robert L. Glicksman,"Pollution on the Federal Lands,II:Water Pollution Law", *UCLA Journal of Environmental Law and Policy*,12 (1993),104. 1899 的《河流与港口法》[the Rivers and Harbors Act of 1899,或者叫作《垃圾法》(Refuse Act)]是所有这些水污染法的重要先驱。这个法律,将没有得到战争部长的许可,"在美国所有可通航的水域,在街道和下水道流出的固体或液体物之外,任何废弃物的投弃、排除或堆积"都定为犯罪。参见 1899 年《河流与港口法》(The Rivers and Harbors Act of 1899),第 55 届国会第 3 次会议,425 章,1899 年,13 节,p.1152(33 U.S.C.S. § 407 [1999])。

〔115〕 Wallace and Ratcliffe,"Water Pollution Laws",pp.1346 – 48;《1973 年纵贯阿拉斯加州管道授权法》(Trans-Alaska Pipeline Authorization Act of 1973),P.L.93 – 153,204 节;《1974 年深水港法》(Deepwater Port Act of 1974),P.L.93 – 627,18 节;《1978 年外大陆架土地法修正法案》(Outer Continental Shelf Lands Act Amendment of 1978),P.L.95 – 372,303 – 304 节。

〔116〕 《1976 年有毒物质控制法案》(Toxic Substances Control Act of 1976), P.L.94 – 469;《1976 年资源保护和恢复法案》(Resource Conservation and Recovery Act of 1976), P.L.94 – 580;《1977 年大气净化修正案》(Clean Air Act Amendments of 1977),P.L. 95 – 95;《1977 年水质净化法》(Clean Water Act of 1977),P.L.95 – 217。

〔117〕 《1980 年综合环境反应、补偿与责任法》(Comprehensive Environmental Response, Compensation, and Liability Act of 1980),P.L.95 – 510。特别参见 104 节(响应授权,Response Authority)、107 节(责任,Liability)、111 节(资金使用,Uses of Fund),211 节(税收征纳,Imposition of Taxes)、221 节(危险物质响应信托基金的建立,Establishment of Hazardous Substance Response Trust Fund)、303 节(过期与自动废止期,Expiration,Sunset Provision)。尽管严格、共同而连带责任的基准明确出现在最初的参议院法案中,但是在最终的立法中是隐晦的。正如卡明斯(Cummings)的解释("Completing the Circle",pp.15 – 16):"委员会的职员主张,严格、共同而连带的责任……并不激进,但却是《水质净化法》(Clean Water of Act) § 311 条的责任标准。Alan Simpson(怀俄明州的共和党人,R.-Wyoming)表示怀疑。如果真是那样,他反击道,为何不直接说出来。对此委员会职员同意……委员会职员在 § 311 条的责任标准看起来是正确的;在 CERCLA 之下,责

任方事实上承担严格、共同而连带的责任。"

〔118〕　See Cummings,"Completing the Circle",p.12.

〔119〕　州际和对外贸易委员会(Committee on Interstate and Foreign Commerce),众议院,《1980 年有害垃圾污染法案》(*Hazardous Waste Containment Act of 1980*),众议院报告(House Report)96—1016 号(1980 年 5 月 16 日),第 22 页。

〔120〕　《1980 年综合环境反应、补偿和责任法》(Comprehensive Environmental Response, Compensation,and Liability Act of 1980),P.L.95 - 510,107(c)节。

〔121〕　Cummings,"Completing the Circle",pp.13 - 16.

〔122〕　Linda K.Breggin,James McElfish,and John Pendergrass,"State Superfund Programs: An Overview of the Environmental Law Institute's (ELI's) 1998 Research", *Albany Law Environmental Outlook*,4(Winter 1999),esp.2 - 4,6 - 7;Ruth Gastel,"Environmental Pollution:Insurance Issues", *III Insurance Issues Update*(May 1999).

〔123〕　《1976 年资源保护和恢复法》(Resource Conservation and Recovery Act of 1976), P.L.94 - 580,7003 节。

〔124〕　L.Neal Ellis,Jr.,and Charles D.Case, *Toxic Tort and Hazardous Substance Litigation* (Charlottesville:Michie Butterworth Law Publishers,1995),pp.323 - 324.

〔125〕　《1986 年超级基金修正和再授权法案》(Superfund Amendments and Reauthorization Act of 1986),P.L.99 - 499。

〔126〕　《1990 年石油污染法案》(Oil Pollution Act of 1990),P.L.101 - 380,特别参见 1002—4 节。另可参见 Antonio Rodriguez and Paul A.C.Jaffe,"The Oil Pollution Act of 1990", *Maritime Lawyer*,15(Fall 1990),1 - 28。

〔127〕　州际和对外贸易委员会(Committee on Interstate and Foreign Commerce),众议院,《1980 年有害垃圾污染法案》(*Hazardous Waste Containment Act of 1980*),第 70、74 页。

〔128〕　Jordan S.Stanzler and Charles A.Yuen,"Coverage for Environmental Cleanup Costs: History of the World 'Damages' in the Standard Form Comprehensive General Liability Policy", *Columbia Business Law Review*(1990),esp.489 - 490;Jim L.Julian and Charles L. Schlumberger,"Insurance Coverage for Environmental Clean-Up Costs under Comprehensive General Liability Policies", *University of Arkansas at Little Rock Law Journal*,19(Fall 1996),esp.57 - 59.

〔129〕　关于环境责任险利用的减少,参见 U.S. General Accounting Office, *Hazardous Waste:The Cost and Availability of Pollution Insurance*,GAO/PEMD - 89 - 6(Washington,D.C.,1988),pp.3 - 5;U.S.General Accounting Office, *Hazardous Waste:An Update on the Cost and Availability of Pollution Insurance*,GAO/PEMD - 94 - 16 (Washington,D.C.,1994),p.24,fig.2. 5。到 1986 年为止,总会计署(General Accounting Office)进行的调查显示,55%的有害垃圾处理公司表示"不能获得"环境责任保险。5 年后,87%的受调查公司认为获得"足够数量的污染责任保险"是"非常困难或近乎不可能的"。关于超级基金的实施和接踵而来的责任保险危机之间的关联,参见 George Clemon Freeman, Jr.,"Tort Law Reform:Superfund/RCRA Liability as a Major Cause of the Insurance Crisis", *Tort and Insurance Law Journal*, 21(Summer 1986), 517 – 542。

〔130〕 州际与对外贸易委员会(Committee on Interstate and Foreign Commerce),众议院,《1980 年有害垃圾污染法案》(*Hazardous Waste Containment Act of 1980*),第 63 页。

〔131〕《国会记录(众议院)》[*Congressional Record*(House)],第 96 届国会第 2 次会议,1980 年 9 月 19 日,第 26338 页。

〔132〕《国会记录(参议院)》[*Congressional Record*(Senate)],第 96 届国会第 2 次会议,1980 年 11 月 18 日,第 30113 页。

〔133〕 Cummings, "Completing the Circle", p.11.

〔134〕 超级基金责任条款背后的风险管理逻辑也深深地扎根于主要由法律教授发起的产品伤害诉讼中的严格责任运动。关于产品责任法律的类比,参见 Superfund Section 301(e)Study Group, *Injuries and Damages from Hazardous Wastes: Analysis and Improvement of Legal Remedies*, Report to Congress(Washington, D.C.: GPO, 1982), pt.1, pp.96 – 99。

〔135〕《国会记录(众议院)》[*Congressional Record*(House)],第 96 届国会第 2 次会议,1980 年 9 月 19 日,第 26342 页。

〔136〕 特别参见州际与对外贸易委员会(Committee on Interstate and Foreign Commerce),《1980 年有害垃圾污染法案》(*Hazardous Waste Containment Act of 1980*),第 33 页。根据众议院的报告,责任条款的"目的"是"提供一个机制,以便从污染责任者那里迅速回收[为了危险物质的净化]所花费的资金,并诱导这种潜在的责任人自愿地追求合适的环境反应行动"。

〔137〕 关于超级基金法目标的特征描述,主要(尽管不是唯一的)在于清洁现存的而且特别是已被废弃的地点,参见《众议院国会记录》[*Congressional Record*(House)],第 96 届国会第 2 次会议,1980 年 9 月 19 日,第 26338 页(Florio)、第 26339 页(Staggers)、第 26342 页(Gore);《参议院国会记录》[*Congressional Record*(Senate)],第 96 届国会第 2 次会议,1980 年 11 月 19 日,第 30113 页(Stafford)。另可参见 Frederick R. Anderson, "Natural Resource Damages, Superfund, and the Courts", *Boston College Environmental Affairs Law Journal*, 16(Spring 1989), 409n7。当然,法案在国会的批评者很快认为法律责任有追溯力的追究是十分不合常规的。"这个法案处理过去的外部经济性,"众议员 Loeffler 和 Stockman 主张, "利用者应当负担控制公害的成本的健全政策原则,不是用来处理当前或者将来的问题。一般财政应当负担矫正过去法律结构和政策的不足引起的危害带来的花费。"一个由 5 个众议员(包括 Loeffler 和 Stockman)提出的相关批评认为,提出的法案"使福利制度和侵权法律制度之间的区别变得模糊"。参见州际与对外贸易委员会(Committee on Interstate and Foreign Commerce),《1980 年有害垃圾污染法案》(*Hazardous Waste Containment Act of 1980*),第 74、68 页。

〔138〕 Frank Viviano, "Superfund Costs May Top S&L Bailout: U.S.Toxics Cleanup Mired in Lawsuits", *San Francisco Chronicle*, May 29, 1991, p.A1.有关超级基金清洁和成本

的更近期的数据,参见 David G. Wood,"Superfund:Information on the Program's Funding and Status",*GAO Reports*,October 29,1999(GAO/RCED－00－25).

〔139〕 Quoted in Viviano,"Superfund Costs May Top S&L Bailout",p.A1.See also Sam Atwood,"Superfund:Boon or Bust? Debate Rages On",*USA Today*,April 22,1991,p.9E.

〔140〕 关于超级基金的"寒蝉效应",参见 Eric Harrison,"Wichita Rescues Redevelopment by Paying for Toxic Cleanup",*Los Angeles Time*,November 6,1991,p.A5;Philip R. Sellinger and Avery Chapman,"EPA's Plan to Reassure Lenders Doesn't Go Far Enough",*American Banker*,January 22,1992,p.4;Neal R.Peirce,"Cleaning Up the Urban 'Brownfields'",*Baltimore Sun*,March 13,1995,p.7A;Amy L.Edward and David Kahn,"Cleaning Up Your Act",*Legal Times*,October 14,1996,pp.S44－S45;"Prepared Statement by Mayor James P.Person,Elkhart,Indiana,on Behalf of the U.S. Conference of Mayors before the Senate Environment and Public Works Committee",*Federal News Service*,September 4,1997.另可参见 Susan R.Poulter,"Cleanup and Restoration:Who Should Pay?" *Journal of Land,Resources,and Environmental Law*,18 (1998),89－90。

〔141〕 关于抑制效果论的上升,参见 Adam Babich,"Understanding the New Era in Environmental Law",*South Carolina Law Review*,41(1990),733－764;Mary E.S.Raivel, "CERCLA Liability as a Pollution Prevention Strategy",*Maryland Journal of Contemporary Legal Issues*,4(Winter 1992－93),131－151;Joan Glickman,"A Superfund Retrospective:Past,Present,and...",*Public Management*,76,no.2(February 1994), esp.6。

〔142〕 关于这些各种不同的计划,参见 David A.Moss,"Government,Markets,and Uncertainty:An Historical Approach to Public Risk Management in the United States",Harvard Business School Working Paper no.97－025(October 1996),esp.pp.40－53.引人注目的是,即使在这里被描述为阶段Ⅰ的 Price-Anderson 案件中,最终也可以感觉到阶段Ⅲ的压力。1975 年计划扩大时,国会似乎通过强烈暗示联邦政府在一个重大的核事故发生时会最终为超过法律上限 5.6 亿美元的损害兜底,来提供一个未知比例的隐性担保。作为 1988 年计划继续扩大的 一部分,国会将民间核电设施的保险基金面对的赔偿额上限,大幅提高到约 70 亿美元(每个事件)。这样,联邦法律制定者有效地将不合时宜的阶段Ⅰ(Phase Ⅰ)政策包裹在今天熟悉的阶段Ⅲ(Phase Ⅲ)政策的衣服里。参见 *Duke Power Co.v.Carolina Environmental Study Group*,438 U.S.59,66－67(1978);Cheryl D.Block,"Overt and Covert Bailouts:Developing a Public Bailout Policy",*Indiana Law Journal*,67(Fall 1992), 975;"Increase Voted in Insurance for Nuclear Accident",*New York Times*,March 19, 1988,sec.1,p.6;"Congress Passes Fifteen-Year Extension of Price-Anderson Act", *BNA Federal Contracts Reports*,50,no.6(August 8,1988),290。

〔143〕 *Analytical Perspectives,Budget of the United States Government,Fiscal Year 1999* (Washington,D.C.:GPO,1998),p.165.

—— 第 *10* 章 ——

美国风险管理政策的基础

如同历史记录清楚表明的,在美国风险管理从来不是一个完全的民间事务。法律制定者经常干预,力求直接减少一些种类的风险,并且重新分配许多其他风险。前面各章的主要目标之一就是强调,在过去的两百年里,从19世纪早期有限责任法的颁布到20世纪后半期州保险担保基金的创立,这种干预是多么普遍。

在概念层面,本书的主要命题是,风险管理构成政府政策制定者解决问题的基本方法之一。这种思想的起源可以追溯到很久以前。两千多年以前,西塞罗(Cicero)曾写到,国家的主要目标是通过保护私人产权减少风险。"在一个国家没有什么像民法这样得到关心,"他劝告称,"事实上,如果没有民法的私有产权规定,任何人都不可能确定什么是自己的财产,或者什么属于另一个人。"[1]在后来的年代里,杰出的政治哲学家包括17世纪的托马斯·霍布斯(Thomas Hobbes)和19世纪的约翰·斯图亚特·米勒(John Stuart Mill),又经常论及这个解释。不能充分确立的产权,米勒写道:"意味着播种者是否能够收获,生产者自己是否能够消费,而且今天储蓄的人明天是否能够享用,都是不确定的。"[2]

　　在最近的时期,越来越多的学者已经超越产权来看问题,探讨国家的监管手段已经怎样被用来减少威胁个人健康和安全的广泛风险。政策制定者通过禁止或者限制本身就危险的活动,如开车超过每小时 65 英里或者在工作中处理一个致命的毒素,可以直接减少风险。根据最高法院大法官斯蒂芬·布雷耶(Stephen Breyer)的论述,"监管者试图通过消除或者减少我们接触确定的潜在风险物质或者甚至是人(不安全的食品添加剂、危险的化学品、不合格的医生),让我们的生活更加安全"。[3]经济学家和律师,包括布雷耶法官自己,通常都将这种政策看成"风险监管"。[4]

　　但事实是,风险削减战略,无论是以监管的形式还是以可执行产权的形式,都不是政府管理风险的唯一手段。通过要么将风险从一方转移给另一方,要么将它分散给一个很大数量的人群,政策制定者经常力求重新分配风险。风险管理政策,换句话说,包括所有三个传统的风险管理工具:转移、分散和削减。引人注目的是,这个简单的——但又是全新的——洞见,让我们能够将本书所有列在目录表中的这些大量似乎迥然不同的公共政策,放到一个共同的分析框架之下讨论。[5]

　　尽管本书讨论的政策制定者甚至没有一个人将风险管理定义为政府的一个一般职能,但是,其中大多数人确实将他们自身的主动行动看成对风险的必要应对。无论是马萨诸塞的利瓦伊·林肯州长呼吁对消极投资者"倾家荡产风险(risk of utter ruin)"的保护,还是加利福尼亚州的法官罗杰·特雷纳考虑如何最好地在"伤害风险(the risk of injury)"中保护消费者,美国法律制定者很久以来已经认识到民间风险的公共重要性。[6]还有,如同论述货币的第 4 章所表明的,立法者至少从南北战争以前开始已经直觉地意识到,转移、分散和削减政策能够作为处理一个单一的风险管理问题的可替代手段来发挥作用。

　　换句话说,公共风险管理的理念本身深深植根于实际问题的提出、辩论和决策之中,这就是它为什么适宜进行历史分析的缘故。广而言之,本书尝试的基于政治经济学的历史考察的研究发现,可以归纳为三个基本观点。

　　第一,历史记录表明,风险管理是一个非常有弹性的政策工具,曾经用于处理范围广泛的社会问题,并且服务于一系列多样化的社会目标。在 19

世纪期间,法律制定者采用诸如有限责任和破产这样的风险管理政策,以促进工商业发展和经济增长(阶段Ⅰ)。但是,随着19世纪过去,20世纪的到来,通过工伤赔偿法和其他形式社会保险制度的制定,新的政策制定者日益以全国工人面临的风险为目标(阶段Ⅱ)。终于,在20世纪的后半期,法官和议员们再一次改变了关注点,制定风险管理政策——诸如严格的制造商责任和扩大的联邦灾害救济——来保护消费者,而且,实际上是全体公民(阶段Ⅲ)。这个三阶段的划分反映了自美国建国以来公共优先问题的重大变化,表明了作为一种社会问题解决方式的风险管理政策显著的可塑性以及耐久性。

第二,历史记录表明,主要的政策制定者在考虑风险以及政府在管理风险中的角色方面,对经济的熟悉程度引人瞩目。对这个情况的一个如实反映是,在整个19世纪和20世纪,许多法律制定者都深深地怀疑市场自身解决某些风险相关问题的能力。许多现代经济学家都熟知分配风险的市场远非完美。如同在引言中提到的,肯尼斯·阿罗(Kenneth Arrow)和罗伯特·林德(Robert Lind)在三十多年前论述道,"建立某种保险市场的内在困难"成为"对自由竞争市场制度最强有力的批判之一"。[7]风险管理政策的历史表明,政府官员从很早的时候起就已经完全意识到了这个问题,而且他们花了相当大的精力来处理它。历史记录也表明,他们在解释民间部门风险相关的失败方面进行了更加广泛的检讨,看上去很好地超越了逆向选择和道德风险之类的信息不对称问题。系统性风险、基于风险的外部性,以及(最意味深长的)普遍存在的认知偏见,都已经得到特别关注。

一个紧密相关的问题,是关于政府自身充当风险管理者的弱势。批评家一直主张,政府卷进民间部门风险将使事情变得更糟,严重地扭曲激励和招致个人的无责任感。比如说,他们宣称,提供一个破产法上的债务免除,将诱导债务人从事疯狂的投机。按照批评家的说法,善意的立法者制定的风险管理政策所引发的道德风险数量,确实是令人难以置信的。公共风险管理政策的支持者,强调风险监控的能力来反驳这些观点。在破产法债务免除的情况下,许多议员坚持认为,由于债权人会对借钱的那些人保持密切的监控,疯狂的投机将不可能出现。在提出关于道德风险和风险监控的这些观点时,法律制定者似乎已经直觉地抓住了现代风险管理理论的两个主要概念。尽管这种敏锐的洞察只是偶然地在各种不同的每一个辩论中露面,但是它们这种露面本身,对于政治经济学和政策历史的学者来说,应当引起了极大的兴趣。

第三,尽管这个国家以自由放任制度的一个堡垒为荣,历史记录帮助我们理解,为什么风险分配市场上的政府干预在美国如此普遍。长期以来,美国历史学家就国家对自由市场原则引以为荣的承诺与政府在经济中进行干预的记录事实上是否一致,展开了广泛的争论。在这个问题上,公共风险管理的历史提供了一个有价值的新视角,表明至少通过一个方法(风险管理政策),美国人将他们在观念上对政府的敌意(以及他们对市场的信任)与他们运用国家去处理社会问题的实际倾向调和起来了。当处理某种风险时,公然乐意将他们对自由放任的信仰束之高阁,许多政策提倡者对他们能够在熟悉的契约和市场的话语框架中制定风险再分配政策——从有限责任到社会保险——感到高兴。简单地说,公共风险管理对于反集权主义者来说,似乎已经成为一个特别招人喜爱的集权主义形式。

这一章的剩余部分将对这三个观点逐个进行详细阐述:法律制定者运用风险管理政策以实现一个广泛的社会目标,而这些目标本身因时间而变化;这些政策制定者在对风险以及作为一个风险管理者的政府的角色进行经济学的处理中,经常表现出惊人的熟稔;他们认为特定形式的公共风险管理与他们反集权主义和自由市场原则的看法非常一致。总之,本章旨在强调这样的主张,风险管理长期以来已经在充当公共问题解决者的政策制定者的角色中发挥作用,并且它确实是政府的一个关键职能。

1. 不断改进的社会目标:风险管理政策的三个阶段

也许,和许多其他事情一样,美国公共风险管理的历史还传递了一种政策制定过程的实际氛围,许多法律制定者在当时真心想要识别并最终解决紧迫的社会问题。[8]风险管理政策最为引人注目的事情之一,就是让政策制定者能够在极其不同的环境之下应对范围非常广泛的需求方面,表现得那么灵活。

处在阶段Ⅲ之中的今天,对不经意的观察者来说普遍的情况是,将政府对风险的所有干预,完全看成与将个人保障置于经济发展之上的某种自由的社会议程密切相关。大众媒体通过对巨额产品伤害赔偿金、不断膨胀的联邦灾害支出、失效的车间安全监管等等的定期报道,往往助长了这种解读方式。但是,真实的情况是,作为政府职能的风险管理政策,既不是自由的,也不是保守的,因为它可能——而且事实上已经——被用来广泛地服务于不同的政策目标。

如同我们已经看到的,在美国历史上,风险管理政策经历了三个大的阶段。在持续到1900年左右的阶段Ⅰ之下,法律制定者为了促进贸易和投资,通常致力于提高企业的安全性。风险管理政策展示出一个清晰的支持经济增长的取向。有限责任、银行监管与保险以及破产法,是阶段Ⅰ的三个最重要的政策。有限责任制度为了帮助促进股权资本(尤其是制造业的)在州一级得以制定,而为了在企业破产后帮助珍贵的创业人才(人力资本)获得再生,破产法在联邦一级得到采用。同时,银行业政策,它在州和联邦两个层次上都以不同的形式得到执行,其目的是培育一个既充足又安全的民间货币供给促进各种交易。在19世纪的其他阶段Ⅰ的政策,包括一个对企业确实有利的责任赔偿规定,它免除企业支付事故的成本;还有一个固定汇率,对于从事国际贸易和投资的人来说,它大大地减少了不确定性。

尽管这些政策许多在20世纪仍然存续下来,但是美国风险管理政策的方向从19世纪末期开始已经显示出变化的迹象。在19世纪80和90年代,州的立法者已经开始减少在工人伤害诉讼之际保护雇主的抗辩事由。而且在1910年至1920年间,他们进而制定了全国第一种社会保险,即工伤赔偿。二十年之后,作为1935年标志性的《社会保障法》的一部分,当国会创设公共养老和失业保险制度时,阶段Ⅱ达到了它的顶峰。工人保障现在已经明确地以一个主要的社会优先问题出现。正如罗斯福总统本人1934年在给国会的一封信中所说:"这三个大的目标——住房保障、生活保障和社会保险的保障——似乎对我来说,是我们能够给美国人民作出的最低限度的承诺。它们构成了每一个有劳动意愿的个人和家庭所拥有的权力。"[9]

由于法律制定者寻求为消费者和广大公民提供更大的保障,20 世纪 60 年代开始,公共风险管理的范围经历了另一个巨大的扩张。尽管阶段Ⅲ与前两个阶段的任何一个相比,对象都更加分散,并且包括范围更大的各种计划,但是政策重点的变化还是非常明显的。产品责任法的转变、消费者安全监管、环境保护,而且甚至是联邦灾害救济都指向了同样的方向。在阶段Ⅲ对巨灾损失的保障正在快速地成为公民的一项新的权力。[10]

像大多数历史时期划分的尝试一样,这个分类也远非完美。有意义的历史事件很少按一个有条理的时间顺序发生。当然,对于这里呈现的三阶段框架,存在着大量的例外。比如说,对向外国投资提供的保险,在 20 世纪中期才首次得到实施,尽管它是一个阶段Ⅰ的政策。[11]类似地,反过来,《肉类检查法》(the Meat Inspection)和《纯净食品和药品法》(the Pure Food and Drug acts)都在 1906 年通过,这是在其他阶段Ⅲ的消费者保护政策于 20 世纪 60 和 70 年代快速激增的整整半个世纪之前。如同表 10.1 所描述的,也有大量其他的例外。

这个三阶段的时代划分,显露的特征仍然比它隐藏的例外要多。大多数关键的政策创新显示在表 10.1 的阴影对角线区域。而那些例外正好是在阴影框外面的少数,所以成为例外。在许多情况下,从一个阶段向另一个阶段顺序地转变明显地显示出,它不仅是政策领域的变化,而且事实上在特定政策领域的内部也发生了变化。企业责任法的变迁为这个现象提供了最引人注目的例子。在 19 世纪的大多数时间里,在事故伤害案件中,美国责任法表现出支持企业的强有力的偏向。但是,在阶段Ⅰ如此普遍的这个偏向,在整个 20 世纪逐渐被扭转过来了。在 1910 年至 1920 年间,州的立法者通过工伤赔偿法的颁布扩大了他们对工人的特别保护(阶段Ⅱ)。而全国的法官接着通过在 20 世纪 60 和 70 年代采纳严格的制造商责任(阶段Ⅲ),也扩大了对消费者的保护。

表 10.1 美国风险管理政策的三个阶段

时期	阶段 I：为企业创造安全环境	阶段 II：为劳动者创造安全环境	阶段 III：为公民创造安全环境
1900 年以前	财产权利 内部货币 存款保险（I） 有限责任 破产法 企业责任法 固定汇率		[国防] [地方贫困救助]
1900—1960 年	存款保险（II）* 农作物保险* 境外投资保险	工作场所安全规则 工伤赔偿 老年保险 失业保险 宏观经济稳定政策* 伤残保险	产品安全法（特别是食品与药品） 联邦保险 住房抵押贷款（FHA 和 VA）
1960 年以后	公司救助 国家救助（墨西哥等）	职业安全和健康监管 养老金监管和保险	下列政策急剧扩大： 联邦灾难救助* 健康 安全和环境监管 联邦保险* 其他联邦金融担保* 基于家计调查的"福利"计划 州保险担保基金 产品责任法 环境责任法

注:方括号指作为风险管理政策的地位不确定。

* 可以适用于多个阶段。

　　企业事故责任的逐步变化为风险管理政策的三个阶段提供了一个精彩的图景，也为作为一个政策工具的风险管理的适应性和可供选择的风险管理战略的紧密替代性提供了很好的例子。在 19 世纪晚期和 20 世纪早期，改革者寻找保护全国的劳动者应对工作场所风险方法的时候，改变法律责任规定的提案逐渐演进到强制加入的事故保险计划（工伤赔偿）。事实上，在进步主义时代为了实施经验费率的社会保险，健康和安全监管的扩张战略也退缩了。[12] 如同美国劳动立法学会的约翰·安德鲁斯 1918 年记述的："渐渐地，我们认识到，在工业中保护健康的最好方式，不是设法［通过监管］禁止一系列变化着的特定行为，而是……［通过强制加入的、经验费率保险］给雇主带来承担责任的压力，以使他们个人热衷于减少疾病。"[13]

　　相似地，一些年后，法律制定者开始考虑保护消费者的新方法时，他们再一次将保险、责任和监管作为实现同一政策目标的可替代手段——各自具有不同的长处和短处。尽管这个最终出现的产品安全制度按照严格制造商责任（风险转移）和消费者安全监管（风险削减）两者的组合来实施，但是，严格责任的一些最早提倡者事实上已经将它看成应对所有类型的事故的一个通向全面社会保险（风险分散）的垫脚石。"分散的所有好处，"法律学者和改革家弗莱明·詹姆斯（Fleming James）在 1941 年写道，"可以通过全面的社会保险最好地获得。"[14]

　　如同这个扩展的例子所表明的，政策制定者在他们管理事故风险时总是拥有各种不同的工具。责任规则促进了风险转移（责任施加到大企业身上时，也促进了一些风险分散）。保险促进了最大可能范围的风险分散（当保险费是经验费率时，也促进了一个有限数量的风险转移）。并且，监管通过限制危险行为可以直接减少风险。美国政策制定者最终运用了所有这些工具，服务于一系列变化着的社会目标的实现：19 世纪对企业的保障、20 世纪早期对工人的保障，以及在 20 世纪晚期对公民—消费者的保障。这是十分清楚的。

　　让人不太明白的是，为什么社会优先事项——而且因此达成它们的风险管理政策——以这种方式演进。有许多可能的解释。尽管现在不可能断定对普通工人来说,随着 19 世纪晚期第二次工业革命的到来,工作相关风险是否确实增加了,但是那时人们广泛相信那是真的。在铁路和煤矿开采业事故率特别高,而且人们认为近代工业速度的提高和规模的扩大加重了经济周期上下波动的幅度。因此,阶段Ⅱ的核心社会保险制度,被看成对工业化社会增大的人生沉浮必不可少的应对措施。

在 20 世纪初期另一个普遍的观点是,因为面临快速的城市化,传统的家庭支持网络已经破坏,国家在保护工人方面需要扮演一个更加重要的角色。大家庭能经常在它的成员之间进行合理的分散风险工作,而规模更小的核心家庭使得它在这个方面无能为力。一个相关的观点是,随着工业企业的规模变得更大,越来越少的工人继续维持与他们雇主的个人关系,这种关系至少提供了一个面对困境的最低限度的缓冲。全国的工人已经成为"仅仅是一个巨大的非人格化的机械的零件",一个著名的进步时代改革家和普林斯顿大学经济学教授威廉·威洛比(William F. Willoughby)哀叹道。[15]关于消费者和生产者之间距离拉大的类似观点,是随后在 20 世纪 60 年代对制造商实行严格责任的斗争中采纳的,然而在这种场合导致两者距离拉大的相应的经济变化实际上在许多年以前已经开始。

然而,向阶段Ⅱ和阶段Ⅲ变化的另一个可能的解释,是向 20 世纪转换之交工会的迅速组织化和 20 世纪 60 年代生机勃勃的消费者运动的高涨。但是,这种利害关系的解释方法乍看似乎有道理,实际上说服力很弱。就阶段Ⅱ而言,包括萨缪尔·冈珀斯(Samuel Gompers)本人在内的美国劳动联盟(American Federation of Labor)的领导层,直到大萧条开始,反对除了工伤赔偿以外任何一种形式的社会保险制度,这个事实使解释大大地复杂化了。而且即使在那时,看不出工会对社会保障法的制定有决定性的影响。还有,20世纪 60 年代消费者运动的迅速出现,只是让人提出疑问,为什么长期存在的消费者风险终于在这样一个特殊时刻突然成为一个如此重要的政治问题。

也许从一个经济学的观点来看,最有说服力的解释是,随着富裕程度的提高,公众对财务和人身安全的关心增强了。经济学家的一个标准假设——他们所谓的一个定型化事实——是随着财富增加风险规避的意愿相对增强,这意味着当他们变得更加富裕时,个人可能购买更多的保险以免遭受巨大的损失。如果这是事实,那么明摆着的就会是,随着选民变得更加富裕他们会需要更多的公共保险。美国(以及所有工业化世界)全国的收入和财富的惊人增长,会帮助推动经济安全作为一个日益重要的社会和政治目标。然而,这个解释的主要问题是,它缺乏具体的针对性,无论是对各阶段确切的时间定位,还是在为什么工人在消费者之前数十年便从国家获得了特别保护的理由方面,都没有提供什么比较深入的见解。

幸运的是,根本的历史趋势足够清晰,即使必要的解释逻辑不是这样。美国风险管理政策在 20 世纪经历了巨大的变化。对个人可能的毁灭性风险的保障逐渐成为与经济增长并驾齐驱的一个国家目标,最初是关于雇佣,而最终扩大到几乎其他每一个领域。这种社会优先事项逐渐变化的意义,简直是惊人的——改变了政府在经济中的角色、每一家企业全面的成本结构,甚至是家庭部门本身的经济功能。因此,风险管理政策的三个阶段,反映了美国社会的性质和功能的巨大变化,而同时也体现出风险管理作为一个政策手段具有极强的灵活性。

2. 经济上的理论根据:公共风险 管理的概念基础

从经济的观点来看,在考察美国风险管理政策的立法历史之际,最引人注目的印象是,政策支持者往往将风险相关的市场缺陷看成一个比较明显的客观现实。人们总是相信民间市场能够将风险转移给那些最能够管理它们的那些人的思想,无足轻重。[16]尽管经常将这些民间市场的失败看成理所当然,但是政策制定者偶尔也试图确定它们来自何处——有时采用与市场失灵的正统经济学理论大体一致的方法,但是更多的时候不是这样。无论如何,他们探求其中特定原因的努力,反映了他们对经济的惊人的熟悉程度。他们也提供了美国风险管理政策真正的经济学基础的真知灼见。

对民间部门风险相关失败的解释

诚然,民间部门风险相关失败的主题可能是令人困惑的一个问题,因为风险管理既是我们自由市场制度的最大优势同时也是最大弱势。现代金融市场展示出无与伦比的效率,而且为风险富有成效的转移提供了大量机会。比如说,商品市场对石油价格的突然波动进行对冲,几乎像购买一桶油一样容易。但是,尽管这样的市场大量存在,也仍然有不计其数的其他市场要么不完善要么彻底失效。尽管我们可以对冲石油的价格,但我们不能对冲劳动力的价格或者(在没有政府帮助情况下)物价总水平。[17] 当然,在更早的年代,这种缺陷甚至比它们今天的情况更加普遍。

如同我们在第 2 章所看到的,风险相关市场失败的主要根源可以分为四类:信息问题、认知问题、承诺问题以及外部性问题。美国政策制定者很少运用这些确切的术语。但是,在贯穿美国历史的过程中,在论证政府干预的合理性之际,他们谈到了——或者至少暗示了——所有这些问题。

信息问题

在学术界内部,一个特别普遍的解释是,分配风险的市场有时候不能很好发挥作用的原因,与信息缺乏有关。在交易的各方之间,关键的信息不对称地分布,一方可以得到信息而另一方却不能获得信息。或者关键信息对要获得它的任何一个人来说昂贵得难以承受,或者干脆就是以任何价格都不能获得。无论是就单个还是就多个的组合来看,这类信息缺陷有可能传染和削弱本来健康的风险分配市场。

经济学家对信息不对称问题已经给予如此多的特别关注——事实上,以至于人们有时候将它完全看成民间部门风险管理成功的唯一障碍。尽管我们必须小心不要夸大信息不对称问题对政策制定的重要性,当然经济学界内部对这些问题的痴迷也是可以理解的。总之,它们可以适用于一个很广范围的分析语境,并且对精致的数学模型化也是适宜的。

两个最引人入胜的信息不对称问题,逆向选择和道德风险,当购买保险的人比保险公司对相应风险知道得更多的时候,可能削弱甚至摧毁保险市场。在人们购买保险之前提前知道他们可能比平均赔付额获取或多或少的赔偿金时,逆向选择就成了一个问题。高风险的人往往购买大量保险(以平均保费)而低风险的人却购买很少,因而扭曲了保险共享基金(insurance pool)。道德风险是在保险已经购买后产生的问题。由于知道他们已经参加了保险,人们往往更加不负责任地行动,这便增加了损失的可能性。

如同经济学教科书很快指出的,逆向选择和道德风险是导致市场失灵的关键要素。对于保险公司来说,有关风险本身和所冒风险的关键信息仍然不明朗的情况下,民间保险市场会失去功能甚至可能彻底消失。既然如此,让人有些奇怪的是,在实践中逆向选择和道德风险很少作为政府干预的重要理由提出。

的确,道德风险已经经常被批评家作为不实施风险管理政策的理由来引用。但是,作为赞同干预的一个理论依据运用它的场合,仍然是非常有限的。在 20 世纪早期,公共失业保险的支持者主张,民间保险公司拒绝给失业提供保险赔偿的原因之一是,被保险的工人可以很容易地伪造或者策划自己的失业以获取给付金。[18]政府官员要求受益人通过官方的职业介绍所寻找工作,可以很好地预防这种非道德行为。然而,在失业保险辩论之外,引证道德风险的情况几乎全部出自公共风险管理的反对者——而不是支持者。

同时,关于逆向选择的直接引证,尽管这个思想在许多辩论中一定扮演了一个隐性的角色,却很少被任何一方清楚地表达。在 20 世纪 30 年代讨论联邦老年保险期间,所谓《克拉克修正案》(Clark Amendment,它允许提供充裕养老金给付的企业不适用社会保障法)的反对者声称,这样一个条款会将所有风险小的人都抽走了,政府养老金计划里只留下所有风险高的人。[19]当联邦老年保险的关键提倡者由于民间保险公司提供的年金贵得吓人并因此几乎没有实际使用而不予考虑时,他们心里也应当有一个逆向选择的看法。[20]但是,这些仍然是很少的例外情况。事实是,公共风险管理运动几乎不是建立在逆向选择和道德风险的观点之上的,尽管至少自从 19 世纪中期以后这两个概念都已经得到很好的理解。

其他类型的信息问题,更加经常地得到引用。比如说,对小额存款者几乎不可能收集有关他们银行可靠的信用风险信息的忧虑,便是1933年对联邦存款保险进行争论期间产生的。[21]同样,数十年之后在产品伤害法中制造商的严格责任登场之际,它对判断产品风险信息中消费者所面临的困难的认识,也发挥了重要作用。[22]在两种情况下,人们认为都是潜在的受害者,而不是潜在的保险公司受到不充分和劣质信息的不良影响——正好与经济学文献中强调的标准的信息不对称问题相反。也有一些证据表明,奈特不确定性(Knightian uncertainty)问题(不可计量的风险),20世纪90年代联邦灾害政策讨论中已经考虑在内。[23]然而,重要的是,这类信息问题——在可能的受害者获得准确的风险信息面临着难以承受的成本,或者可靠的历史数据以任何价格简直都难以获得的情况下——通常被政策提倡者当成风险认知的类似问题来处理。

认知问题

许多年里,行为心理学家和经济学家已经总结出了对我们大多数人理解和解释风险的方式产生了不利影响的大量系统性偏差。这些系统性偏差的范围,涵盖从锚定(anchoring)和框定(framing)之类简单启发法的误用,到乐观偏见(optimistic bias)和控制错觉(illusions of control)之类更加复杂的行为模式。这些偏见中的一些甚至与奈特不确定性现象有联系。因为所有这些所谓的认知问题在第2章已经讨论过,这里没有必要在任何细节上评论它们。[24]然而,值得强调的是,一系列各种不同的认知问题——尤其是乐观偏见——在关键的风险管理政策辩论中经常被考虑在内。

首先,作为19世纪破产时债务免除合理性的依据,有才能的创业者通常高估了他们成功的概率并且因此付出的努力太少不能保护他们自己的人力资本。只有通过迫使他们对违约(以破产中债务免除的形式)购买强制性保险,在破产之后他们珍贵的人力资本才能得到社会的维持。[25]类似地,20世纪早期工伤赔偿法的一些关键支持者声称,因为从事危险职业的工人对自己逃脱事故伤害的机会过于乐观,便不去为工资的风险溢价进行交涉。如同亨利·西格所说,每一个工人"都认为自己有上天保佑"。[26]

就老年保险来说,在 20 世纪 30 年代期间,支持者坚持认为,许多工人简直太过短视以至于不能为他们的退休进行充足的积蓄,而且确实积蓄的那些人又经常大大高估他们的未来回报。一代人之后,产品伤害案件中对制造商实行严格责任的一些主要提倡者,又重新使用西格的"上天保佑"的假设,指出消费者也许不能靠自己管理产品风险,因为他们低估了他们受到伤害的可能。"这种事情总是发生在'别的家伙'身上,"奎多·卡拉布雷西(Guido Calabresi)在论述事故法的划时代著作中写道,"并且没有统计信息的数字可以说服一个人,它们可能发生在他身上。"[27]即使在联邦灾害政策领域,认知问题似乎也在起作用,因为许多人没有加入巨灾保险,这有时被归咎于一个共同的人类倾向,将一个极小的概率等同于零。[28]法律制定者也已经尝试着探讨另一个认知问题——我已经用彩票冲动这个名词来表示——在 19 世纪期间有限责任法制定中,尽管在这一点上可获得的证据远不是令人信服的。[29]

毫不奇怪,这类认知问题实际以怎样的程度存在,而且它们是否确实是为政府干预提供合理性,在学术界内部存在一些争论。[30]比如说,几位责任法的著名学者甚至已经得出结论,消费者高估(而不是低估)产品风险,因而严格责任是事与愿违的。[31]然而,我们这里主要关心的是,正确也罢,错误也罢,认知问题已经作为一个民间风险分配市场上政府干预的重要理由经常被引用。在这一点上,历史记录是清晰的。尽管这些偏见在概念的严格意义上算不上市场失灵,然而它们已经作为政府家长制行为的强有力论据被提出来。[32]

承诺问题

民间部门风险相关失败的另一个潜在根源,起源于具有两个基本类型的承诺问题。一方面,当没有民间的当事方能够有信用地承诺为 个特定的风险提供保险时——大多数情况下,因为风险是系统性的,民间风险管理会变得不稳定或者彻底失效。举一个极端的例子,没有民间保险公司曾经有信用地承诺为一个核战争引起的生命或者财产损失进行赔偿。任何一个确实签署了这样的保险项目的保险公司,十有八九除了欺骗它的顾客以外无所作为。另一方面,在一个特定的风险事件中当政府官员不能承诺不去干预时,民间风险管理也可能失效。如果强大的公众压力总是迫使联邦法律制定者在紧接洪灾之后去资助未保险农民,就没有理性的农民会购买水灾保险。[33]

两种不同的承诺问题都有助于推动许多风险管理政策的制定。如同我们已经看到的,在存在一个系统性(高度相关的)损失威胁的任何时候,民间金融机构都面临可能的承诺问题。这帮助我们解释在为银行货币,无论是 19 世纪的银行券,还是今天的活期存款(支票账户)提供后盾中政府的职责。很显然,在没有保险的情况下,没有银行能够在对它现金准备的一个大规模挤兑中幸存下来,而且,在没有国家支持的情况下,没有银行存款的民间保险公司能够在一个对所有银行的同时挤兑——个银行业恐慌中幸存下来。这就是为什么很久以来人们认为,为了确保"民间"货币供给的信用度,政府保障是不可缺少的。尽管在南北战争前对银行业政策辩论期间对传染性风险和可信承诺的认识经常仍然是隐晦的,在 1933 年实施联邦存款保险的行动期间,它们也最终以更加明确的形式表面化了。[34]

系统性风险和可信承诺(credible commitment)的双重问题,在许多其他重要的政策争论中也是突出的。20 世纪早期社会改革者经常将这个问题作为民间失业保险几近缺乏的理由。如果出现一个十分严重的经济衰退,任何一家提供这种保险的公司都会容易地发现它自身被索赔的激增所压倒。大萧条年代改革者和政策制定者发出了有关民间年金计划脆弱性的类似警告,其中许多计划都在 20 世纪 30 年代前所未有的金融灾难中失败。而且,在 20 世纪的最后三分之一世纪中,对系统性风险和可信承诺的关注在联邦灾害政策和州保险担保基金的讨论中再次显露出来。比如说,大规模自然灾害导致的十分巨大的系统性损失,可能彻底摧毁一些甚至是最大的和管理最好的保险公司,按照这样的认识,结果便增强了对政府应当发挥重要作用的需求。

自然,不能指望每当民间金融承诺被认定为并非完全平安无事时,就进行国家干预,因为这个标准实际上将要求几乎在每一个金融交易中进行政府干预。但是,当潜在的损失对大量的人可能是经济灾难(如同自然灾害和保险公司破产)或者可能摧毁经济体系本身(如同银行倒闭)时,政策制定者经常感到有义务提供政府担保。当受害者被认为对特定的风险特别脆弱的时候,这个义务以特别的强度被感受到。如同联邦养老保险的主要提倡者反复主张的,退休风险的公共保险项目是基本的,因为破产的民间养老金基金的老年受害者(与大多数其他金融崩溃的受害者不同)通常没有逃脱的手段,他们已经失去了其有生之年的挣钱能力——他们的人力资本。

具有讽刺意味的是,正是这种公共义务的认识,往往激发了其他重大的承诺问题,政府不能说不。这个不可信政府承诺问题,在评估联邦灾害政策时已经尤其明显。如同来自艾奥瓦的众议员弗雷德·格兰迪(Fred Grandy)在 1933 年论述的:"我们基本上在告诉人们,'我们要你购买保险,但是如果你没有购买,无论如何我们会资助你。'"[35]尽管也许没有以那么极端的形式,同样基本的问题也一直存在于围绕从老年保险到存款保险的大量其他风险管理政策讨论的背景中。既然知道无论如何他们都会被强迫资助金融危机的受害者,法律制定者有时得出结论,他们也应当建立永久性的保险计划,这至少同时能征收"保险费"(以指定用途税收收入形式)。

另外,一旦像社会保障法和联邦存款保险这样重要的计划得到实施,对任何一个有兴趣缩小它们的人来说,承诺问题甚至更加突出。对投资一部分社会保障基金到股票市场的最近提案的最强烈批评之一是,在一个严重的市场衰退事件中,联邦立法者会感到不得不援助参与者。[36]如果真是这样,联邦政府的承诺问题——亦即,它不能承诺在未来不去提供这样的援助——至少直到公众期望本身会得到彻底改变为止,除了维持现行的社会保障计划,政策制定者将别无选择。

外部性(和反馈)问题

给分配风险的民间市场带来麻烦的第四个问题——而且也是这里讨论的最后一个问题——属于外部性的主题。如同在第 2 章所提到的,外部性是市场失灵的一般性根源,并不是特别或者甚至主要限定于风险相关市场的问题。经典的例子是污染。在缺乏政府监督的情况下,污染者可能在不必承担后果的情况下让(亦即外部化)其他人承担成本。政府一个可能的解决方案是,向每一个污染源征税,有效地将外部性"内部化"。[37]

在风险管理政策领域内部,外部性(或者至少极类似的)已经在许多不同情景的辩论中讨论过。在 20 世纪最初的二十年里,社会改革家宣称,雇主们没有做什么来预防产业化引起的可怕风险,因为它们有效地屏蔽了财务上的不良后果。改革家相信,最好的解决方案是经验费率的社会保险,它迫使雇主将工作现场事故、职业病甚至失业的风险内部化。根据这个逻辑,设计良好的社会保险计划不仅会消除压垮受害者的财务负担,而且通过适当地调整雇主激励能够真正有助于预防风险本身。约翰·康芒斯曾经将工伤赔偿描述为"一种施加在所有雇主身上的社会压力,以便让他们像对产品的制造和销售那样,对事故的预防和从事故中的快速复苏投入一样多的精力"。[38]

即使在那个时候,环境政策的类比显而易见。康芒斯自己经常将社会保险定义为对工业风险征收的一种"税"和促进"保护国家人力资源"的一个手段。[39]然而,在一个非常重要的方面,工作场所风险不同于环境风险。环境风险的受害者通常是独立的第三方,工作场所风险的受害者是已经与雇主有合同关系的雇工。因此,严格说来,工作场所风险不存在外部性,因为作为工资谈判的一部分,工人有机会为这些风险索取一个代价。但是,进步主义时代的改革者认为,这是一个对此问题要求过于严格的解读。他们将这个虚构的雇佣合同(里边工人们被说成已经志愿为所有的工作相关风险承担责任)当成一个纯粹抽象的概念,一个"没有事实基础"的"法律幻想"而不予考虑。按照他们的看法,没有什么产业劳动者能够索取足够的危险工作的工资溢价补偿。[40]确实,这正是在这个情景下,亨利·西格强调,工人们严重地被他们自己过度的乐观——被他们相信"上天保佑"的思想绑架了。

西格的论述表明,即使在正式的合同关系内部,乐观偏见之类的认知问题也有可能促成风险外部化。由于风险的承担者(在这种情况下是工人)几乎没有察觉施加在他们身上的成本,这些成本(被他们的雇主)有效地外部化。重要的是,在 20 世纪的后半期,正是同样的思路再一次用来论证产品伤害诉讼中对制造商实行严格责任的合理性。尽管消费者在理论上对非常危险的产品可以要求较低的价格,但是,一些法律改革者宣称,既然他们倾向于低估产品伤害的风险,他们通常做不到这一点。根据这些改革者的看法,严格责任可能通过再次将未得到补偿的风险转移给最初制造风险并通过它获益的制造商,将外部化了的成本内部化。

外部化的原理偶尔甚至用在更为新奇的方向上。20 世纪 30 年代在对存款保险和失业保险的辩论中,大量的政策制定者主张,在很特殊的情况下,通过缓和一个特别恶化的外部性问题,风险分散确实能够减少总体风险。(这是一个不寻常的主张。因为,如同我们看到的,一般认为,风险分散对总体风险并不产生效果,还更有可能由于道德风险增加总体风险。比如说,据称汽车保险可能增加事故率,因为投保后的驾驶员在方向盘前往往更少一点小心谨慎了。)尽管如此,改革者主张,个人对可能的银行破产或者失业的忧虑本身将引发增加风险总体水平的行为。紧张的存款者会设法提取他们的存款,这会增加银行破产的可能性。而紧张的工人会决定减少他们的消费,这会通过压抑对商品和劳务的总体需求加剧失业。

在每一种情况下,公共保险可能减弱甚至切断这个潜伏着的反馈回路,通过减少个人的不安全而减少总体风险。如同经济学家和法律制定者保罗·道格拉斯(Paul Douglas)对失业保险所作的解释:"有尊严的失业给付金的提供将减少受雇工人对失业的不安,并因此在这种时候减少他们疯狂的个人储蓄……在支出和储蓄之间应当有一个更好的平衡,并且会产生更少的失业。"[41]尽管作为一个政治论辩非常抽象,在大萧条最严重的时候,道格拉斯对外部化风险问题和一个政府解决方案的有效性的仔细论证,终于引起关注。

政府强势和弱势的平衡:监管的关键问题

现在应当清楚的是,公共风险管理的魅力至少引起了部分对民间风险管理效力的怀疑。许多政策提倡者简直将民间风险分配市场的弱势视为理所当然,而一些人确实努力详细说明市场机制是如何和为什么出错的。如同我们看到的,他们特别注意了认知问题,也注意了承诺、外部性和信息问题。

　　尽管如此,只是认识到市场的缺陷自然是不够的。支持者一定已经相信,在民间市场失灵的地方政府能够取得成功。作为风险管理者,国家明显地拥有某种优势。这其中最为重要的是它的强制力,包括它征税和施加法律责任的权力。[42]然而同时,法律制定者很久前已认识到,风险再分配政策往往扭曲了激励,经常引诱赔偿金获得者不负责任地行动。在新的风险管理计划的批判性提案中,反对者几乎总是对道德风险的危险给予过度的关注,警告对民间风险的政府干预将极坏地诱发松懈的甚至是欺诈的行为。

　　起草重大风险管理政策的许多政策制定者,尽管没有采用那么极端的形式,实际上都有这个考虑。就是由于这个原因,他们经常试图识别那些对发现和约束道德风险会仍然保持谨慎的有效风险监控者。监控问题以一种方式或者另一种方式,最终都在关于风险管理政策的几乎每一次争论中得到考虑,而且偶尔甚至作为一个主要问题出现,就像政府存款保险的情况一样。在公共风险管理和传统保险之间进行一个对比,表 10.2 详细列出了在前面各章考察的大多数重大政策行动中的隐性风险监控者。

　　比如说,我们来讨论有限责任的情况。有限责任将一部分公司违约风险从股东转移给债权人。19 世纪早期这个国家的首部有限责任法正在辩论的时候,批评家警告,一旦股东认识到在用他们债权人的钱进行高赌注的赌博中,他们将获得每一样东西而几乎不失去什么,无所顾忌的投资将蜂拥而来。但是,对有限责任认识最为深刻的一些支持者不同意,他们认为债权人正处于很好的位置——而且也许是理想的位置——监控公司的活动。回首过去,情况表明这些支持者是很正确的。有限责任公司,一般说来,没有蜕化为不计后果的冒险者。这个领域的许多学者同意,这是因为债权人通常已经以称职的风险监控者在发挥作用,为公司从事风险活动的合适水平和密切的跟踪行动建立了指导方针。

　　一个很有争议的案例是产品责任法。制造商严格责任的早期提倡者主张,生产者不仅比消费者更适合承担(或者分散)事故的成本,而且处在更好的位置来监管潜在的风险。总之,制造商完全被置于调查它们生产过程中的设计缺陷和缺陷率的位置。然而,如同许多批评家所指出的,制造商经

表 10.2 作为隐性保险的风险管理政策:风险监控者的关键角色

	民间火灾保险(及作为对比)	有限责任法	银行券与存款保险	破产债务免除	工伤赔偿	失业保险	老年保险	对制造商的严格责任	联邦灾害政策	州保险担保基金	环境责任法(如超级基金)
保险的风险	建筑物火灾损害	企业违约	银行破产	个人违约	工作场所事故	非自愿失业	老年收入不足	产品引起的伤害	灾害相关损失	保险公司破产	健康和财产的环境风险
转移	财产所有者 → 保险公司	股东 → 债权人(自愿或非自愿)	银行债权人(银行券持有者、存款者)→ 政府基金	企业债务人 → 债权人(自愿或非自愿)	劳动者 → 雇主(通常最终到保险公司)	劳动者 → 州失业保险基金	劳动者 → 联邦政府信托基金	消费者 → 生产者(通常最终到保险公司)	公民/住房所有者 → 联邦政府	参加保险的公民 → 州保险担保基金	公民 → 产业界
保险费	标准保险费	包含在贷款利率中的隐性风险费溢价	银行支付给存款基金的公开保险费	包含在贷款利率中的隐性风险费溢价	减免的补偿性工资差别;提高的最终商品价格	政府从雇主征收的公开保险费(税);减少的工资差别	政府向雇员征收的公开保险费(税)	内含于产品价格的隐性风险收费溢价	内含于联邦税收的隐性风险费溢价	对幸存保险公司征收的事后评估保险费	内含于产品价格的隐性保险费
道德风险	被保险财产所有者更少的预防和警惕	股东高风险投资偏好的增加	投保债权人的减少监控及银行股东冒险增加	债务人高风险资产偏好的增加	工作场所粗心;工作相关事故的欺诈性报告	劳动者放弃工作意愿增加;欺诈性失业给付请求	劳动者不必要的提前退休的增加,以及减少为退休储蓄的意愿	增加消费者产品使用中的粗心;事故的欺诈性报告	增加公民在灾害多发区居住的意愿	保险公司客户降低监控;保险公司增加冒险	降低公民对潜在环境风险监控;欺诈索赔
风险监控	保险公司(火灾烟雾警报器的设置,与灭火栓距离等条件的设定)	自愿债权人(通过合同条款等)	政府(银行的监管机构)	自愿债权人(通过合同条款等)	雇主(安全设备,安全通道,等)	政府(开办就业寻找活动的义务,等等)	政府(?)	制造商(处于审明检验设计和生产中的缺陷的最佳位置,而不不适合监控消费者的误用产品)	政府(理论上,可以禁止在危险区域建造房屋)	政府(保险业监管,资本需求,等等)	产业界(所有危险物质的认真监控等等)
社会目标	鼓励投资建房,通过减少个人火灾受威胁和负担来提高所有者的安全意识	通过减少个人投资者的经济损失威胁,鼓励企业的股权投资	提高货币供给的安全性;通过减少存款挤兑来减少风险	对破产债务人,供"再生"的机会和救助资源;通过减轻企业破产后的事后负担人力资本	通过分散工作场所事故风险来提高劳动者安全	通过分散失业风险、创立预防激励以及鼓励持续购买实力来增强劳动者安全和减少贫困	通过分散退休风险、投资激励等来增强老年劳动者安全和减少贫困	提高制造商生产安全产品的激励;分散未能预防的伤害负担	通过最大可能的地方分散巨灾风险,增强公民安全	通过广泛分散保险公司破产的地方分散给公民负担安全	增强产业避免污染环境的激励;分散未能预防的环境损害造成的负担

常不能监控消费者实际上如何使用它们的产品。对产品责任法已经产生了大量公众辩论的这个紧张局势,源于像麦当劳烫咖啡争论中那样的困难案件。咖啡的"有缺陷"是因为它太烫,还是将它泼到她自己身上的妇女没有足够小心?对这个问题的回答对决定谁是最优风险监控者并且因此责任最终将落在谁的头上具有重要意义。

就政府本身来说,它作为风险监控者的实际业绩是各种各样的。如同我们已经看到的,公共存款保险的实施(首先在 1829 年的纽约州,而最终于 1933 年在联邦一级),使创立一个可以有效监控被保险银行风险的监管机构成为必要。联邦政府总体上已经为它银行监管的质量获得高分的时候,也有一些引人注目的过失。储贷危机的主要原因,看来是 20 世纪 80 年代早期法律制定者放松了对这个行业的监管,忘记了如果有效的监管(通过联邦监管者)已经被充分抑制,被保险机构将不可避免地不计后果地行动。[43]类似地,在联邦灾害政策的情况下,看来由于没有充分地监控事前的风险行为而不得不事后对损失进行赔偿,法律制定者已逐渐制造出一个严重的道德风险问题。

也许所有案例中最吸引人的是在 1935 年作为《社会保障法》的一部分制定的联邦老年保险。那时,法律制定者寻求管理与退休相关,从长寿风险到市场风险的一个大范围风险。幸运的是,对他们来说道德风险在所有方面都不是一个问题。比如说,在长寿风险的情况下,《社会保障法》每月的年金给付为试图活得更长的领取者创造了一个很强的激励。但是,不管这样做在经济上有怎样的好处,由于退休者个体能够故意地延长他们的生活长度似乎是不可想象的,这个不构成担心道德风险的原因。一个更加具有实践意义的关注点是,《社会保险法》的存在会影响工人的储蓄习惯,导致他们用自己的储蓄冒更大的风险,或者甚至直接减少整个储蓄。但是,由于一个工人年金给付的多少不与他在退休时的财富(或者需求水平)联系在一起,采取风险很高的储蓄行为事实上没有什么好处。所以,再说一次,在这个方面的道德风险是相对轻微的。

然而,工作持续期风险是另一种完全不同的情况。在一个理想世界,制定《社会保障法》的法律制定者应当愿意对他们人力资本的过早消失

(亦即,自愿提早退休)为工人提供保险。当然,问题是完全不可能分清一个宣称他不能再工作的劳动者是真的丧失了他的人力资本还是纯粹就是伪装。面对一个重大的道德风险问题,而且缺乏有效的方法去监控它,罗斯福新政的法律制定者认识到他们除了采用一个严格的退休年龄(65岁)以外几乎没有别的选择,因此,放弃了他们为工作持续期风险提供保险的愿望。[44]

从这最后一个例子所获得的教训是,即使公共风险管理最坚定的支持者,也没有将政府干预看成一个对每一个风险管理问题的完美解决方案。经济现实主义在两个方向上都起作用。如同我们所看到的,政策制定者通常令人惊讶地动辄强调民间部门的风险相关缺陷,包括信息、认知、承诺及外部性问题。这样做使他们提出了有关风险的市场分配这种社会愿望的严肃问题。而且,他们突出了公共政策应对的可能性,尤其是存在政府作为风险管理者的内在力量的情况下。然而,许多最有思想的政策制定者也认识到,识别和约束有效风险监控者以便控制风险管理政策容易产生的道德风险是多么关键!

换句话说,即使在公共风险管理的领域内,关于政府干预会如何体现出来,也存在相当的不确定性。基本的经济思考有助于揭示潜在的机会和陷阱。但是,最后是否和如何干预的问题,取决于许多因素而不是单纯的经济原理。如同我们在下一节将厘清的,关于政府角色的主流思想在塑造政策结果方面也是十分重要的。

3. 公共风险管理的非凡魅力:反中央集权主义的集权主义?

历史学家和社会科学家已经对美国政治文化应有的特征进行了长期的争论。"美国例外主义"的挑衅性理念,首先由亚历西斯·德·托克维尔(Alexis de Tocqueville)的论述激发出来,"美国人的立场是……相当例外的",而且后来又为维尔纳·松巴特(Werner Sombart)的著名问题"为什么在美国没有社会主义?"所强化。[45]虽然即使在今天这个争论也继续着,对美国独特性的这些联想在有关美国制度的学术论文和大众书籍中都仍然是普遍的,而且对美国进行的政治经济学研究更是这样。[46]西摩尔·马丁·李普塞特(Seymour Martin Lipset)写道:"美国开始是而且继续是最反集权、最有法制的以及最追求权利的国家,而且今天还继续这样。"[47]

几乎不可能有什么疑问,美国人传统上抱有很深的反集权主义感情。写于19世纪晚期,敏锐的美国观察家英国人詹姆斯·布赖斯(James Bryce),估计"美国人十个人中有九个人将告诉一个陌生人,联邦政府和州政府几乎什么都不干预,而且将这个国家的繁荣归因于这一不干预和国民的自立精神。在一个没有理论而获得成功的国家,在这个领域如果说有什么理论的话,那就是自由放任(laissez aller),它成了联邦和州两级立法领域都普遍接受的正统原理"。[48]

即使现在,大多数公开民意测验都证实这样的理念,美国人比起其他发达国家的公民来,对政府的存在相当地不自在。1996年进行的一项跨国调查发现,美国人认为政府拥有"过大权力"的倾向非常强,而认为"减少……收入差距是政府的责任"的非常少(参见表10.3)。[49]

表10.3 五个工业化国家对政府角色的态度(1996年)

问题	美国	法国	德国	日本	瑞典
政府权力过大或过小?(%)					
过大	66	44	34	21	27
正好	30	41	41	13	52
过小	4	16	11	47	21
政府有责任减少收入差距吗?(%)					
是	33	71	53	44	59
"心情矛盾"	24	13	17	23	20
否	43	16	21	26	21

资料来源:1996年国际社会调查计划(ISSP),正如 *Public Perspective*, 9, no. 2 (February/March 1998),32所引用的。

一个美国悖论

尽管相对来说没有什么历史学家试图否认反集权思想深深植根于美国的观念,许多人已经对这种情感实际上对公共政策形成的抑制程度提出疑问。布赖斯本人指出,国家表面上对自由放任的承诺在实践中没有意义。"美国的新民主对政府干预的渴望正是像英国的民主一样,"他坚持称,"并且更加轻松快捷地进行他们的实验。"[50]类似地,专业记者和政治经济学家艾伯特·肖(Albert Shaw)在 19 世纪晚期就"普通的"美国人写道,"对法律小说和类似妄想无与伦比的消遣能力。"[51]

事实上,许多政策历史学家已经为打破自由放任的神话而斗争,指出贯穿 19 世纪和 20 世纪,国家权力在美国得到了广泛运用。[52]1943 年,奥斯卡·汉德林(Oscar Handlin)写道,相信"美国政策中存在一个持续的自由放任倾向"的看法,是对"美国经济思想、美国经济的一个普遍误解"。[53]最近,历史学家威廉·诺瓦克(William Novak)已经加入争论,发起了一个迄今为止范围最大的攻击。"在表现弱势的一面,"他承认,"在美国没有国家的命题,有一点陈腐的真理。但是,在更加普遍的强势表现里,美国无国家的神话,意指政府官员[在 19 世纪]没有实质性的权力或活动,是没有根据的。"[54]

然而奇怪的是,不管他们怎样谨慎地组织他们的攻击,也不管他们怎样猛烈地进行了攻击,这些历史学家从来没有最终完成这个工作。一个美国政府最小限度的干预的"神话"已经存活下来了,尤其是就罗斯福新政以前的时期而言。部分原因可能是,这个观念如此好地满足了美国人如何看待他们自己和希望如何记住他们的过去的意图。如同艾伯特·肖论述的,对自由放任和小政府一个感情上的承诺浸透美国,因为它看上去"与美国公民的自立、独立的性格保持一致,公民的个人自由和自主行动是他最为由衷夸耀的东西"。[55]然而,也许这个神话存活下来也因为至少它有一些真实的东西。在美国,如同历史学家莫顿·凯勒(Morton Keller)已经指出的:"美国的传统价值观——对积极的、中央集权的敌意,对社会个人主义和经济竞争的根深蒂固的承诺——对 20 世纪的监管政策具有持续的影响。"[56]无论情况是什么,不会有什么疑问,一方面反集权主义的感情和另一方面持续的国家行动的现实之间的对立,仍然是美国政治经济领域的一个主要悖论。

公共管理政策的历史对这个悖论提供了一个有价值的新视角。诚然,由于证明了在新政之前很久开始就惊人活跃地运用美国政府的权力,它充实了像汉德林和诺瓦克那样的历史修正主义者的研究结论。在 19 世纪早期,政策制定者活跃地管理着一个大范围的民间部门风险——银行业、保险、制造业以及其他行业。即使在事故法里,全国的法官经常作为一个进取心很强的风险管理者行动,有意识地改变法律平衡以服务于他们信奉的符合公共利益的目标。比如说,在对让受伤害的工人从他们的雇主那里获得赔偿金如此困难的自担风险原则进行定义时,1942 年莱缪尔·肖法官承认,这个原则的由来"既是基于司法的考虑,也是基于政策的考虑"。[57]

然而更引人注目的是,公共风险管理的历史指出了美国人似乎将他们的自由放任和反集权主义的感情与他们运用国家权力解决社会问题的务实倾向协调起来的几种方式。其中的一种情况是,在面临重大的风险相关问题时,好像那种风险就是在自由放任哲学的范围之外,很久以来美国人表现出有一种强烈的愿望暂时将他们的自由市场原则置之脑后。在这个国家最早被监管的两个行业保险业和银行业,从根本上说都是处理风险的,这确实不是偶然的。美国联邦最高法院确认了这些行业的半公共性质,在一个 1951 年的判决中宣称,在保险和银行业两者之中,"国家权力已经大到足够接管整个业务,没有给民间企业留下空间"。[58]很难想象这样一个表述适用于许多其他与风险无关的行业,也许只有公共事业以及教育和道路建设之类少数著名的公共产品是这样,它们之外都不是。

在最近的 2000 年夏天,费尔斯通(Firestone)公司生产的某种轮胎被发现远比以前想到的危险性高——可能成为数十人甚至数百人死亡事故的原因——引发了对新的监管和新的损害赔偿责任的巨大要求,用于将来限制这种风险。最引人注目的是,这些要求不仅来自于国会中最自由的成员,而且来自它许多以捍卫更小的政府和遵从市场而闻名的最保守的成员。共和党参议员阿伦·斯佩克特(Arlen Specter)提出了一个法案,用来给"超越了没有缺陷的这种或者同类产品所引起的那种合理的可接受风险,对人类的生命和身体带来危险的产品"[59]的制造和销售定罪。在这类情况下,传统的反集权主义感情似乎派不上用场。

同样重要的是,历史记录表明,风险再分配政策(尽管不是风险削减政策)也许在美国特别受欢迎,因为他们觉得干预式的官僚制度几乎没有必要,并且这个政策能够容易地融合在契约的话语体系中。比如说,有限责任和破产法之类的风险转移政策,使法院本身以外的官僚体制完全没有必要。产品责任法,也可以说是这样的。即使占美国 GDP 的 10%的社会保险计划,最初也是作为顺应市场原则和深深植根于契约原理的民间保险的类似产品销售给公众的。

如同我们已经看到的,新政者们——像他们在进步时代的前辈一样——在推进《社会保障法》中花很长的篇幅强调其与民间保险的相似性,按照这样的假定来行事,它将让这个计划"对一个社会来说是可以接受的。这个社会由商业伦理主导并且强调个人经济责任"。[60]确实,该计划的行政官员在每一个场合都强调与保险的相似性,主动地淡化再分配的观念。社会保障委员会发布的一个 1940 年的手册再次对工人们保证:"你们的社会保障卡……表明你们在美国政府联邦养老和遗嘱保险计划里有一个保险账户。"社会保障是一个"国家保险计划",手册解释道,而且"税收就像任何其他种类保险上的保险费一样"。[61]早在三年前,另一本手册已经强调,失业补偿"像其他种类的保险一样",它"不是慈善或者救济而是一个提出救济需要的预防手段"。[62]

社会保险的契约性质——或者至少是契约的假象——明显是极其重要的。而且,尽管社会保险比有限责任这样的风险转移政策需要更多的官僚基础设施,从一个行政运行的角度看,它还是非常节约的。根据《社会保障法》,1950 年行政管理成本对总支出的比率仅仅为 6%,而且,到 1999 年它已经下降到一个很小的 0.5%。[63]

这甚至是可以理解的,为什么强制健康保险在美国从来没有被采用的主要的原因之一,是这样的预期:与其他形式的社会保险不同,在提供保健服务过程中公共健康保险将要求很深的政府干预。[64]在 1910 年至 1920 年间,许多医生担心,随着强制健康保险的采用,医生将"不再是个人的专门职业,而会只是一个巨大的医疗机构的轮齿"。[65]在后来的运动中,尤其在 20 世纪 40 年代和 90 年代,普遍健康保险的反对者通常指责,它将导致整个医疗卫生行业的一个"政府接管"。[66]尽管这明显仍然是一个悬而未决的问题,也有大量的证据表明美国人对政府将医疗卫生国有化或者控制它的思想抱有独特的厌恶。在 1996 年的舆论调查中,当问医院"是否应该主要由民间组织或者公司,或者政府运营"时,回答是"政府"的美国人只有26%,与法国的 71%、德国的 63%、日本的 35% 和瑞典的 94% 形成对比。[67]

一个独特的美国方法?

美国的"例外主义"是否最终产生了公共风险管理一个独特的"美国方法",不幸的是,在这个时点上还不可能很有信心地作出回答。当然,世界上的每一个政府都运用了大范围的风险管理政策,而且大多数工业化国家已经见证了大体类似于美国三个阶段的政策转换。然而,美国确实在许多方面似乎显得至少有一点不同。在世界上其他地方,允许更多干预的更多激进主义的国家经常选择将风险管理工具融入更加广泛和更加激进的政策操作中,包括特定产业重点扶持计划和影响深远的收入再分配,而这种操作在美国相对来说已经很少了。

19 世纪早期,美国州一级和联邦一级的政策制定者都尝试了大范围的产业政策干预,从保护性关税到偏好的投资项目政府直接融资。虽然整个19 世纪联邦关税和土地政策仍然显著地推进,但是,州的立法者越来越依靠有限责任公司——而不是公共资金——为高风险的产业投资融资。我们举例来说明这个变化,纽约州的法律制定者在 1846 年起草了一个新的州宪法,同时授权制定了一般有限责任公司法,迅速限制了所有形式的公共借款,并且特别禁止政府对民间企业提供新的公共信用。如同历史学家罗纳德·塞沃(Ronald Seavoy)写道:"州继续实质性的援助,但是它的形式改变了。逐渐地,援助是受欢迎的[一般公司]法规,它将各个人和不同地理区域的机会均等化,在一个由大量的小资本家组成的社会,动员资本和信用。"[68]

具有有限责任保护的一般公司法最终在每一个工业化国家都得到采用,但是,它很少像在美国那样成为一个关键的资本动员政策工具。也许,与美国方法不同的一个最典型的例子,是"二战"后日本的产业政策,它也很强地依赖公共风险管理政策,但那是非常不同的一种。日本官员通过数量相对小的大银行,将民间资金引入扶持对象部门。尽管这些银行大多数是民间所有,它们还是乐意接受来自上面的指示,以换取政府对产业贷款的隐性担保。这样,日本的经济官僚,将政府的风险吸收能力作为实现更为宽泛的产业倾斜和融资政策的手段来利用。[69]

在欧洲,工业化时期资本动员的方法绝不相同。但是,可以看出大陆国家比起英国抑或美国,具有更加强烈的依赖中央集权的金融当局的倾向。在统一后的德国,几家全能银行占据了处于国家金融体系顶端的统治地位,并且在引导重工业化过程中扮演了决定性的角色。国家对这些全能银行的影响已经常常被夸大了。然而,德国政治领导人似乎已经将大银行看成半公共机构,它们尤其处于很好的位置以帮助实现国内经济政策和对外政策目标。贯穿 19 世纪晚期和 20 世纪多数时期,德国官员与国家的顶级全能银行维持着非常紧密的关系,并且甚至已经扩大到了不同种类的隐性担保。[70]

在法国,在动员资本和引导投资方面,国家甚至扮演了一个更大的角色——尤其在 19 世纪中期、"一战"期间及其之后,以及"二战"之后。就像经济史学家查尔斯·金德尔伯格提到的,政府"提取法国的储蓄",为"公共工程、担保铁路债券、协助城市建设和农业改良,并且在面临英国竞争的情况下协助工业重新装备"提供资金。在两次世界大战之后支持重建方面——通过一个大规模的公共资金调拨,以及 1945 年之后,政府的指令性经济计划和大范围的国有化——它也是十分关键的。[71]在法国,资本动员过程中政府的风险吸收也是显著的。而在美国,再说一次,它经常与一个不存在特定的产业扶持和监督的更加广泛的政策联系在一起。

事实上,美国的金融权力作为一种政策已经分散化,这是对银行分支机构和州际银行业务的普遍禁止以及最终在新政期间立法上将商业银行和投资银行业分离的一个结果。尽管联邦存款保险到 1933 年才产生,纽约的约书亚·福尔曼(Joshua Forman)早在 1929 年已经指出,小规模的单一银行和公共风险资金池的组合,形成了美国独特的货币风险问题解决方案。按照他的观点,这样一个方法将确保一个安全的货币供给,而同时避免一个分支机构和州际银行业务制度必然带来的金融决策制定的集中化。[72]重要的是,无论 19 世纪还是 20 世纪,在美国,政府对银行风险的吸收几乎从来没有与积极的产业政策联系在一起。

即使在更为一般的层次上,在社会政策领域的公共风险管理也存在着一个独自的美国方法的证据。与欧洲大多数国家相比,美国不仅实施社会保险制度相当晚,而且它的计划,一旦实施,往往补助金的给付水平也很低,从一般财政预算收入来填补的几乎没有,而且(在许多但不是所有情况)再分配的功能很弱。[73]美国也是从来没有为它的劳动人口提供强制性健康保险的唯一的主要工业国家。

4. 结　　语

很清楚,美国有独特性的看法反映了一些实际情况,而且按照这个方式来考虑风险管理政策的发展是有用的。但是,我们也必须注意不能将这种分析推进得太远。人们说在美国不存在风险管理政策,只不过是因为它有时不需要官僚制度的形式。即使几个全国流行的公共保险计划也与大量的监管联系在一起,用来控制道德风险问题。比如说,联邦存款保险公司(即FDIC)以一个强有力的监管机构而自豪,密切地监控和监督它提供保险的所有银行。

还有更加惊人的是,州和联邦法律制定者已经塑造了一个用来直接减少风险的健康、安全和环境监管的密集网络。而且这种做法得到了大众的广泛支持。[74]尽管这种监管(直接削减风险)在本书考察的视野之外,无疑它也构成了公共风险管理政策的一种重要形式。[75]毫无疑问,这些监管中有许多已经要求建立重大的政府官僚机构,并且已经对民间部门的活动进行了相当程度的干预和控制。

　　然而重要的是,我们绝大多数的健康、安全和环境监管,是最近的产物,大多数是在 20 世纪 60 年代以后建立的。这些监管存在于美国的这个事实本身,表明公众在控制风险方面——并且为了这个目的在利用政府方面——的意图是很强有力的,明显地强大得胜过对"大政府"危险性相当严重的忧虑。也许,大众对这种扩大的风险削减监管的支持,只有在 19 世纪和 20 世纪早期采用那种没有什么干预的公共风险管理获得有益经验之后,才能得到发展。与其他发达的工业化国家比较,即使是现在,美国在产品和环境责任领域比起保护性监管也更加依赖市场原理和顺应市场的手段。[76]换句话说,美国存在独特性这点仍然是中肯的,尽管比起更早的年代也许没那么突出。

　　最后,确实无可否认,风险管理政策以它各种不同的形式,已经在美国人的生活中,扮演了一个非常重要的角色。法律制定者利用他们的权力重新分配甚至去减少风险以服务于一个更大范围的社会目标,这些目标随着时间的流逝不断变化。与其他国家的同行相比,他们对于市场表现出极大的敬意,经常选择要么增强要么直接模仿标准的契约关系的风险管理政策。然而,较之他们捍卫自由放任原则的荣誉来,他们既经常又容易地干预了民间市场交易,确信风险分配的民间机制远非完美。

　　维尔纳·松巴特问为什么在美国没有社会主义。但是,在这里更有意义的问题是,在没有社会主义的情况下,美国人是怎样利用国家权力来处理社会问题的。公共风险管埋政策是答案的一个重要部分。不是像社会主义者那样重新分配收入或资本,美国法律制定者积极地重新分配风险,在美国的资本主义框架内形成了这个国家独自的经济职能。

注　释

〔 1 〕　"The Oration of M.T.Cicero in Behalf of Aulus Caecina",[*Pro Caecina*],chap.25,in

The Orations of Marcus Tullius Cicero, vol. 2, trans. C. D. Yonge（London：George Bell and Sons, 1891）, p. 63. See also ibid., chap. 26; Neal Wood, *Cicero's Social and Political Thought*（Berkeley：University of California Press, 1988）, esp. chaps. 6（"Private Property and Its Accumulation"）, pp. 105 – 119, and 7（"The Idea of the State"）, pp. 120 – 142.

〔 2 〕 John Stuart Mill, *Principles of Political Economy*（London：Longmans, Green, Reader, and Dyer, 1871）, bk. 5, chap. 8, p. 531. See also Thomas Hobbes, *Leviathan*（New York：Collier, 1962〔1651〕）, esp. chap. 24, para. 5, pp. 185 – 186.

〔 3 〕 Stephen Breyer, *Breaking the Vicious Circle：Toward Effective Risk Regulation*（Cambridge, Mass.：Harvard University Press, 1993）, p. 3.

〔 4 〕 关于风险监管, 特别参见 all by W. Kip Viscusi, *Risk by Choice：Regulation Health and Safety in the Workplace*（Cambridge, Mass.：Harvard University Press, 1983）; *Fatal Tradeoffs：Public and Private Responsibilities for Risk*（New York：Oxford University Press, 1992）; "The Value of Risks to Life and Health", *Journal of Economic Literature*, 31, no. 4（December 1993）, 1912 – 46; "Economic Foundations of the Current Regulatory Reform Efforts", *Journal of Economic Perspective*, 10, no. 3（Summer 1996）, 119 – 134; 以及 "Are Risk Regulators Rational? Evidence from Hazardous Waste Cleanup Decisions", *American Economic Review*, 89, no. 4（September 1999）, 1010 – 27; 另有 Robert A. Pollak, "Regulating Risks", *Journal of Economic Literature*, 33. No. 1（March 1995）, 179 – 191; Walter Y. Oi, "Safety at What Price?" *American Economic Review*, 85, no. 2（May 1995）, 67 – 71; Cass R. Sunstein, *After the Rights Revolution：Reconceiving the Regulatory State*（Cambridge, Mass.：Harvard University Press, 1990）; Peter Huber, "The Old-New Division in Risk Regulation", *Virginia Law Review*, 69（September 1983）, 1025 – 1106。

〔 5 〕 虽然这种观念令人惊奇地没有受到公共政策领域学者的关注, 并且从来没有这样确切地论述过。但是它并没有完全被忽视。特别参见 Steven Shavell, "Liability for Harm Versus Regulation of Safety", *Journal of Legal Studies*, 13（1984）, 357 – 374。这本书在产品安全的情景下将风险削减和风险转移战略进行比较。

〔 6 〕 "Governor's Speech", June 2, 1825, in *Resolves of the General Court of the Commonwealth of Massachusetts*, May 25 – June 18, 1825, pp. 193 – 194; *Escola v. Coca Cola Bottling Company*, 24 Cal. 2d 453, 461 – 462（1944）.

〔 7 〕 Kenneth J. Arrow and Robert C. Lind, "Uncertainty and the Evaluation of Public Investment Decisions", *American Economic Review*, 60, no. 3（June 1970）, 374.

〔 8 〕 诚然, 变化无常的政治利益和联盟在前述章节强调的所有立法运动中都发挥了重要作用。比如说, 公众对所谓奥尔巴尼摄政敌意的不断上升, 给南北战争前纽约银行政策的发展造成了影响, 而美国南方与北方之间根深蒂固的紧张关系从来没有在破产法的国会辩论中远离谈判桌。另外, 工会和雇主团体的一个不同寻常的联盟, 对 1910 年至 1920 年间许多州强制健康和失业保险法案未能通过,在很大程度上负有责任。但是,要识别出一直影响涵盖公共风险管理各种试验的政策制定过程的任何单一政治力量或联盟,是不太可能的。人们可以在 20 世纪早期工伤赔偿法制定过程中发现俘获的证据,因为雇主有时候在最终的法律形成中发挥了重要作用。但是在现代产品责任法或者联邦灾难救济政策制定过程中,人们却很难找到俘获的重要证据。在大多数场合,政策制定者的特别之处在于他们对实际问题解决的关注,而不是以(政治寻租)租金或其他某些不良动机为转移。关于规制俘获理论(capture theory),它指出政府管制通常是根据被管制人的利益塑造而成,被管制者的政治力量让他们能够"俘获"政策制定和监管的过程。关于这一理论,特别参见 George J.Stigler, "The Theory of Economic Regulation", *Bell Journal of Economics and Management Science*, 2, no.1 (Spring 1971),3 - 21;Sam Pelzman, "Toward a More General Theory of Regulation", *Journal of Law and Economics*,19,no.2(August 1976),211 - 248。

〔9〕 "Message to Congress Reviewing the Board Objectives and Accomplishments of the Administration",June 8,1934,in *The Public Papers and Addresses of Franklin D.Roosevelt*,vol.3,*The Advance of Recovery and Reform* (New York:Random House,1938), pp.287 - 293.

〔10〕 关于国家经济战略中生产者导向和消费者导向孰优孰劣更大范围的(比较的)讨论,参见 Bruce R.Scott, "Economic Strategy and Economic Performance", Harvard Business School Case Study no.792 - 086(November 24,1992),esp.pp.51 - 55。

〔11〕 第二次世界大战后不久,美国国会建立了投资保证计划(Investment Guaranty Program)。在饱受战争破坏的欧洲,它为美国投资者提供应对非商业风险的保险。20 世纪 50 年代后期,这个计划扩大到覆盖在欠发达国家的投资。1969 年,国会将政治性的风险保险移交给新批准设立的海外民间投资公司(Overseas Private Investment Corporation,OPIC),持续运作到今天。参见 Patrica McKinsey Robin, "The Bit Won't Bite:The American Bilateral Investment Program", *American University Law Review*,33(Summer 1984),936 - 937。有趣的是,境外投资保险可以有理由看成国际环境下可执行财产权利的一个替代物。正如西塞罗早在公元前 1 世纪就发现的,国内产权的执行可以直接减少财产所有者面临的盗窃和掠夺的风险。然而,在海外直接投资情况下的问题是,美国政府本身不能在其他主权国家执行私人产权,除了动用军事力量。境外投资保险提供了一种所有权保护的合理的替代选择,分散海外财产侵权的风险,而不是直接减少它。

〔12〕 在概念层次,责任制度转移风险,保险分散风险,监管减少风险。但是在实践中,一个向大型机构(例如大企业)转移风险的责任制度往往也分散风险,因为大企业能够将其风险分成更小的部分并将它们转嫁给股东和消费者。另外,经验费率法下的保险成功地将大部分风险分散给投保人,而且将部分风险转移给那些损失记录最差(损失率高)的投保人。最后,在这个意义上,责任制度或者保险计划将风险转移给企业或个人,这都将通过创立有利于预防风险的激励间接地促进风险减少。正如 John Andrew 曾经在美国劳动立法协会(American Association for Labor Legislation)告诉同事的:"我知道 Commons 教授和我在我们

一起完成的所有工作中,在处理这个国家的每一种社会保险中,首先考虑的是预防(也就是转移),其次是救助(也就是分散)。"参见 John Andrews to Olga Halsey,January 27,1915,AALL Papers,reel 13。

〔13〕 John Andrew to J.Hopkins,September 5,1918,AALL Papers,reel 18.

〔14〕 Fleming James, Jr., "Contribution among Joint Tortfeasors: A Pragmatic Criticism", *Harvard Law Review*,54(1941),1157.

〔15〕 William F.Willoughby, "The Problem of Social Insurance: An Analysis", *American Labor Legislation Review*,3,no.2(June 1913),157.

〔16〕 当然,在最优市场条件下,风险应该总是寻找能最好地管理它的人。无论是显性的还是隐性的,差的风险管理者应当向更好的风险管理者付费以承担他们的风险。某种程度上在实践中这确实会发生。我们大多数人会给保险公司付费,以吸收从火灾和盗窃到事故和疾病的范围广泛的风险。我们很多人也在市场上买卖股票。虽然股票没有保险那么透明,但是它也起码是风险管理领域中重要的工具,因为每一股份都代表着对风险性收益现金流的一个索取权。从这个视角来看,组织有效的股票市场构成了一个精巧的风险交易市场。远期合同、期货合同、看涨期权、看跌期权,以及其他任何一种可交易的期权都是基本的风险管理工具。但无论使用了何种工具,一个有效的市场应当总是将风险分配给处于最好位置来减少、分散或者就是自己承担风险的那些人。

〔17〕 See,e.g., Robert J.Shiller, *Macro Markets: Creating Institutions for Managing Society's Largest Economic Risks*(New York: Oxford University Press,1993),esp.pp.1 – 16.

〔18〕 See esp.I. M. Rubinow, "Labor Insurance", *Journal of Political Economy*,12, no.3 (June 1904),374 – 375; I. M. Rubinow, "Subsidized Unemployment Insurance", *Journal of Political Economy*,21,no.5(May 1913),413; and Paul.H.Douglas, *Standards of Unemployment Insurance*(Chicago: University of Chicago Press,1932),p.164.

〔19〕 See, e.g., Doughton, *Congressional Record*(House),74th Cong., 1st sess., July 17, 1935,p.11342; Wagner, *Congressional Record*(Senate),74th Cong., 1st sess.,June 18, 1935,p.9525; Harrison, *Congressional Record*(Senate),June 18,1935,pp.9521 – 22, 9522 – 23.

〔20〕 在更近的年份里,逆向选择频繁被引为不断萎缩的民间年金市场可能的罪魁祸首,并因此成为政府强制介入的潜在论据。参见 Benjamin M.Friedman and Mark J. Warshawsky, "The Cost of Annuities: Implications for Saving Behavior and Bequests", *Quarterly Journal of Economics*,105,no.1(February 1990),136,140。

〔21〕 See,e.g., Bulkley, *Congressional Record*(Senate),73rd Cong., 1st sess., May 8,1933, p.3006.

〔22〕 See esp.*Escola v.Coca Cola Bottling Company*, 24 Cal.2d 453,467(1944).另可参见 Gary T. Schwartz, "Foreword: Understanding Products Liability", *California Law Review*,67,no.3(May 1979),452 – 454。

〔23〕 关于奈特(Knightian)不确定性和灾害政策,参见 David A. Moss, "Courting Disaster? The Transformation of Federal Disaster Policy since 1803", in Kenneth A.

Froot, ed., *The Financing of Catastrophe Risk* (Chicago: University of Chicago Press, 1999), pp.307 - 355; Howard Kunreuther, "Ambiguity and Government Risk-Bearing for Low-Probability Events", in Mark S. Sniderman, ed., *Government Risk-Bearing* (Boston: Kluwer Academic Publishers, 1993), esp.pp.24 - 30,35 - 37。奈特不确定性也可能已经在许多其他政府涉足的风险管理中发挥了作用,包括几种不同的战争风险保险和境外投资保险。但是由于对这个课题缺乏进一步的研究,在现在时点没有得出确定的结论。关于战争风险和境外投资保险,特别参见 Virginia Haufler, *Dangerous Commerce: Insurance and the Management of International Risk* (Ithaca, N.Y.: Cornell University Press, 1997)。根据奈特的说法,保险公司和其他官僚组织——适于管理可以数量化的风险——不适于管理不确定性(亦即不能数量化的风险)。特别参见 Frank H. Knight, *Risk, Uncertainty, and Profit* (Chicago: Univeirsity of Chicago Press, 1971 [1921]), pp.233,247。

〔24〕 许多这些偏见的出色(而且可读性强)总结,特别参见 Daniel Kahneman and Mark W. Riepe, "Aspects of Investor Psychology: Beliefs, Preferences, and Biases Investment Advisors Should Know About", *Journal of Portfolio Management*, 24, no.4 (Summer 1998), 52 - 65。

〔25〕 令人注目的是,19 世纪将企业主当成过度乐观主义者的看法在最近关于企业家精神的研究中得到了印证。特别参见 Lowell W. Busenitz, "Entrepreneurial Risk and Strategic Decision Making", *Journal of Applied Behavioral Science*, 35, no.3 (September 1999), 325 - 340。

〔26〕 Henry R. Seager, "Outline of a Program of Social Reform", (1907), in *Labor and Other Economic Essays by Henry R. Seager*, ed. Charles A. Gulick, Jr. (New York: Harper and Brothers, 1931), pp.82 - 83.

〔27〕 Guido Calabresi, *The Costs of Accidents: A Legal and Economic Analysis* (New Haven: Yale University Press, 1970), esp. pp. 56 - 57. 到 1991 年, 美国法律研究院 (American Law Institute)的一份报告认为, "在支持法律责任作用的文献中的主要假设是,消费者低估了产品缺陷风险,而且,结果对企业生产安全产品施加的市场压力不足"。参见 *Reporters' Study on Enterprise Responsibility for Personal Injury* (Philadelphia: American Law Institute, 1991), 1:230。

〔28〕 Howard Kunreuther et al., *Disaster Insurance Protection: Public Policy Lessons* (New York: John Wiley & Sons, 1978), pp.236 - 237,240 - 241.

〔29〕 彩票与有限责任制度的证据,尽管只是暗示了它的可能性,但是在第三章仍有论述。如果美国南北战争前的法律制定者在制定有限责任法时脑海中确实有彩票冲动,那么这就代表了风险管理政策中一个不同寻常的变数,因为通常的目标是为了纠正认知问题而不是利用它们。

〔30〕 关于该文献的评论,参见 John D. Hanson and Douglas A. Kysar, "Taking Behavioralism Seriously: The Problem of Market Manipulation", *New York University Law Review*, 74, no.3 (June 1999), esp.643 - 721。

〔31〕 See, e.g., W. Kip Viscusi, "Individual Rationality, Hazard Warnings, and the Foundations of Tort Law", *Rutgers Law Review*, 48(Spring 1996), esp.639 – 650.

〔32〕 参见 Hanson and Kysar, "Taking Behavioralism Seriously", p.745。此处,作者指出系统性的非理性应被理解为一种市场失灵。

〔33〕 关于后一个类型的承诺问题,特别参见 Dani Rodrik and Richard Zeckhauser, "The Dilemma of Government Responsiveness", *Journal of Policy Analysis and Management*, 7, no.4(1988), 601 – 620。

〔34〕 See, e.g., Bulkley, *Congressional Record*(Senate), May 8, 1933, p.3006.

〔35〕 Quoted in Bob Benenson, "Insurance Finds Few Takers", *Congressional Qurarely*, 51, no.29(July 17, 1993), 1861.

〔36〕 See, e.g., Richard W.Stevenson, "Benefits and Drawbacks to Bush and Gore Proposals for Overhauling Social Security", *New York Times*, May 19, 2000, p. A23; Paul Krugman, "Unhappy Returns?" *New York Times*, May 17, 2000, p. A23; James Dao and Alison Mitchell, "Gore Denounces Bush Social Security Plan as Too Risky", *New York Times*, May 17, 2000, p.A20.

〔37〕 关于对"税收应当与所造成的损害相等,其数额因而应因伤害导致的数额变化"这种传统(庇古)观点的批判,参见 R.H.Coase, "The Problem of Social Cost", *Journal of Law and Economics*, 3(October 1960), esp.41。关于对科斯批判的早期批判,参见 William J.Baumol, "On Taxation and the Control of Externalities", *American Economic Review*, 62, no.3(June 1972), 307 – 322。

〔38〕 John R.Commons, "Sociall Insurance and the Medical Profession", *Wisconsin Medical Journal*, 13(January 1915), 303.

〔39〕 David A.Moss, *Socializing Security: Progressive-Era Economists and the Origins of American Social Policy* (Cambridge, Mass: Harvard University Press, 1996), pp.64 – 65, 73, 201n18; John R. Commons, *Industrial Goodwill* (New York: McGraw-Hill, 1919), p.129.

〔40〕 See, e.g., Adna F.Weber, "Employers' Liability and Accident Insurance", *Political Science Quarterly*, 17, no.2(June 1902), 258 – 259.

〔41〕 Paul H.Douglas, "Discussion", *American Economic Review*, 32, no.1(March 1933), Papers and Proceedings, 53.类似的观点以不那么明显的方式也用于支持联邦破产法,因为人们期望破产程序消除银行挤兑心理,这种心理有时候会导致紧张的债权人摧毁本来健全的债务人。但是正如论述破产的第五章已经弄清楚的,在19世纪对破产法的辩论中,像这些债权人条款几乎总是让位于更优先的债务免除问题。

〔42〕 在概念层次,政府作为风险管理者的最大强势来源于三个基本特征:政府强制某些主体参与风险管理计划的能力,甚至在风险已经发生之后;以征税权和货币发行权为基础的近乎完美的信用评级;以及基于其警察、监管和法院的传唤权形成的无与伦比的监控能力。没有任何民间机构可以在任何一个方面与政府相媲美,更不用说在所有三个方面了。

〔43〕 See, e.g., Robert C.Merton and Zvi Bodie, "On the Management of Financial Guarantees",*Financial Management*,21,no.4(Winter 1992),106.

〔44〕 反映了他们对工作持续期风险的强烈关注,社会保险法(Social Security Act)的起草者们确实限制了对 65 岁后仍继续工作的人的给付金,因为他们明显仍未耗尽其人力资本。在接下来的数年中,国会通过了联邦伤残保险(federal disability insurance)并且最终批准在 62 岁时提前退休(以折扣的年金为替换)。虽然这些措施解决了部分问题,但是工作持续期风险大部分在今天仍然是不可保险的。

〔45〕 Alexis de Tocqueville,*Democracy in America*(New York:Knopf,1948),2:36 – 37;Werner Sombart,*Why Is There No Socialism in the United States*? Trans.P.M.Hocking and C.T.Husbands(London:Macmillan,1976〔1906〕).

〔46〕 关于这个观念在比较历史学家中盛行的情况,特别参见 Michael Kammen,"The Problem of American Exceptionalism:A Reconsideration",*American Quarterly*,45,no.1(March 1993),22:"我越来越多地发现,学者们进行比较的时候,他们总是以这样那样的形式被这个国家(美国)相对的分权化或者非干涉主义的性质所感染。"

〔47〕 Seymour Martin Lipset,*American Exceptionalism:A Double-Edged Sword*(New York:W.W.Norton,1996),p.20.

〔48〕 James Bryce,*The American Commonwealth*,3rd ed.(New York:Macmillan,1895),2:540 – 541.

〔49〕 1996 International Social Survey Project(ISSP),as cited in *Public Perspective*,9,no.2(February-March 1998),32.

〔50〕 Bryce,*American Commonwealth*,2:541.

〔51〕 Albert Shaw,"The American State and the American Man",*Contemporary Review*,51(1887),695 – 696.

〔52〕 See esp.J.Allen Smith,*The Spirit of American Government:A Study of the Constitution,Its Orgin,Influence,and Relation to Democracy*(New York:Macmillan,1907);Charles Beard,*Public and the General Welfare*(New York:Farrar and Rinehart,1941);Oscar and Mary Flug Handlin,*Commonwealth:A Study of the Role of Government in the American Economy,Massachusetts,1774 – 1861*(New York:New York University Press,1947);Louis Hartz,*Economic Policy and Democratic Thought:Pennsylvania,1776 – 1860*(Cambridge,Mass.:Harvard University Press,1948);George Rogers Taylor,*The Transportation Revolution,1815 – 1860*(New York:Rinehart,1951);Milton Health,*Constructive Liberalism:The Role of the State in Economic Development in Georgia to 1860*(Cambridge,Mass.:Harvard University Press,1954);Carter Goodrich,*Government Promotion of American Canals and Railroads,1800 – 1890*(New York:Columbia University Press,1960);Harry N.Scheiber,*Ohio Canal Era:A Case Study of Government and the Economy,1820 – 1861*(Athens;Ohio University Press,1969);Frank Bourgin,*The Great Challenge:The Myth of Laissez-Faire in the Early Republic*(New York:George Braziller,1989);L.Ray Gunn,*Decline of Authority:Public Economic Policy and Political Development in New York State,1800 – 1860*(Ithaca,N.Y.:Cornell University Press,

1988）；William J. Novak, *The People's Welfare: Law and Regulation in Nineteenth-Century America*（Chapel Hill: University of North Carolina Press, 1996）.

〔53〕 Oscar Handlin, "Laissez-Faire Thought in Massachusetts, 1790 – 1880", *Journal of Economic History*, 3（December 1943）, 55.

〔54〕 Novak, *People's Welfare*, p.3.

〔55〕 Shaw, "American State and the American Man", pp.695 – 696.

〔56〕 Morton Keller, "The Pluralist State: American Economic Regulation in Comparative Perspective, 1900 – 1930", in Thomas K. McCraw, ed., *Regulation in Perspective: Historical Essays*（Cambridge, Mass.: Harvard University Press, 1981）, p.65. See also, e.g., Stephen Skowronek, *Building a New American State: The Expansion of National Administrative Capacities, 1877 – 1920*（Cambridge: Cambridge University Press, 1982）; Charles Bright, "The State in the Nineteenth Century", in Charles Bright and Susan Harding, eds., *Statemaking and Social Movements: Essays in History and Theory*（Ann Arbor: University of Michigan Press, 1984）, esp. pp. 121, 139; Gaston Rimlinger, *Welfare Policy and Industrialization in Europe, America, and Russia*（New York: John Wiley and Sons, 1971）; Herbert Hovenkamp, *Enterprise and American Law, 1836 – 1937*（Cambridge, Mass.: Harvard University Press, 1991）.

〔57〕 *Farwell v. Boston and Worcester Railroad Corporation*, 45 Mass.49, 57（1842）.

〔58〕 *California State Automobile Association v. Maloney*, 341 U.S.105, 110（1951）.

〔59〕 Quoted in Dick Thornburgh, "Sue, but Don't Prosecute", *New York Times*, September 20, 2000, p.A27. See also Paul Magnusson and Lorraine Woellert, "Ford/Firestone: An Election-Year Double Whammy", *Business Week*, September 25, 2000, p. 59; Cindy Skrzycki, "Forward Momentum: Tire Recalls Propel Stalled Safety Legislation", *Washington Post*, September 19, 2000, p.E1.

〔60〕 Eveline M. Burns, "Social Insurance in Evolution", *American Economic Review*, 34, no. 1（March 1944）, 199. See also Herbert McClosky and John Zaller, *The American Ethos: Public Attitudes toward Capitalism and Democracy*（Cambridge, Mass.: Harvard University Press, 1984）, pp.275 – 277; Robert Y. Shapiro and John T. Young, "Public Opinion and the Welfare State: The United States in Comparative Perspective", *Political Science Quarterly*, 104, 1（Spring 1989）, 71.

〔61〕 Quoted in Jerry R. Cates, *Insuring Inequality: Administrative Leadership in Social Security, 1935 – 54*（Ann Arbor: University of Michigan Press, 1983）, p.33.

〔62〕 *Why Social Security?*（Washington, D.C.: Social Security Board, 1937）.最近有关社会保障计划的研究都指出，它只涉及温和的收入再分配。参见 Julia Lynn Coronado, Don Fullerton, and Thomas Glass, "Distributional Impacts of Proposed Changes to the Social Security System", National Bureau of Economic Research（NBER）Working Paper no.6989, March 1999; Alan L. Gustman and Thomas L. Steinmeier, "How Effective Is Redistribution under the Social Security Benefit Formula?" NBER Working Paper no.7597, March 2000。

〔63〕 *Social Security Bulletin: Annual Statistic Supplement*, 2000, table 4.A1 (Old Age and Survivors' Insurance, 1937 – 1999).

〔64〕 对这种恐惧的一个可能解释与道德风险和监控有关。人们经常说,健康保险招致了数量非常大的道德风险。如果是这样,那么对健康保险的监控要求也将非常巨大。这可以帮助解释为何人们会期望一个提供健康保险的政府需要对医疗保健条款进行相当的控制,也就是说,作为一种监控和控制难以对付的道德风险问题的手段。

〔65〕 纽约州参议员司法委员会有关 Mills 健康保险法案的听证记录(Transcript of the New York State Senate Judiciary Committee Hearing on the Mills Health Insurance Bill, Senate Print no.365), 1917 年 3 月 7 日,第 22—23 页。

〔66〕 参见 Karen Tumulty and Edwin Chen, "Congress Reaches Its D-Day, as in Debate, on Health Bill", *Los Angeles Times*, August 9, 1994, p.A4: " '我愿意利用身为美国参议员的任何权力去阻止美国政府接管医疗保健吗?' 作为对民主党提供的可选方案的最顽固反对者(参议员)格兰姆(Gramm)问到, '回答是肯定的,而且我将自豪地去做' "(我加了强调)。关于 20 世纪 40 年代对强制健康保险的斗争,特别参见 Paul Starr, *The Social Transformation of American Medicine* (New York: Basic Books, 1982), pp.280 – 289。尽管令人注目地,Starr 得出结论, "反对者并没有获胜,因为比起那些支持者,他们的观点更加深深根植于美国文化。"(第 287 页)

〔67〕 1996 ISSP, p.32. See also Shapiro and Young, "Public Opinion and the Welfare State", pp.78 – 80; Hazel Erskine, "The Polls: Health Insurance", *Public Opinion Quarterly*, 39. No.1 (Spring 1975), esp.134 – 143; Stanley L.Payne, "Some Opinion Research Principles Developed through Studies of Social Medicine", *Public Opinion Quarterly*, 10, no.1 (Spring 1946), 93 – 98.

〔68〕 Ronald E.Seavoy, *The Origins of the American Business Corporation*, 1784 – 1855 (Westport, Conn.: Greenwood Press, 1982), pp.266 – 267.正如 L.Ray Gunn 解释的,1846 会议的代表最初考虑对纽约的公司实施比例责任制。但对保险公司和公共事业公司的豁免规定提出后,代表们最终在这个问题上保持沉默,这意味着 "有限责任……仍然有效"。Gunn, *Decline of Authority*, pp.231 – 232.

〔69〕 See esp.Chalmers Johnson, *MITI and the Japanese Miracle: The Growth of Industrial Policy*, 1925 – 1975 (Stanford: Stanford University Press, 1982), pp.200 – 207.

〔70〕 Richard Tilly, "Germany", in Richard Sylla and Gianni Toniolo, eds., *Patterns of European Industrialization: The Nineteenth Century* (New York: Routledge, 1991), esp. pp.181 – 184, 190 – 191; Wilfried Feldenkirchen, "Banking and Economic Growth: Banks and Industry in Germany in the Nineteenth Century and Their Changing Relationship during Industrialization", in W.R.Lee, ed., *German Industry and German Industrialization: Essays in German Economic and Business History in the Nineteenth and Twentieth Centuries* (New York: Routledge, 1991), pp.116 – 147.

〔71〕 Charles P.Kindleberger, *Economic Growth in France and Britain*, 1851 – 1950 (Cambridge, Mass.: Harvard University Press, 1964), pp.41 – 44, 185 – 190.另可参见

David A.Landes, *The Unbound Prometheus: Technological Change and Industrial Development in Western Europe from 1750 to the Present* (Cambridge: Cambridge University Press,1969), esp. p.400; John H.McArthur and Bruce R.Scott, *Industrial Planning in France* (Boston: Division of Research, Graduate School of Business Administration, Harvard University, 1969)。

〔72〕 See esp. *Journal of the Senate of the State of New York*, 52nd sess. (Albany: E. Croswell,1829), p.178.

〔73〕 正如社会保障法的主要起草者之一维特(Edwin E.Witte)后来说的:"〔老年保险计划〕在很小的程度上确实修正了财富分配,而且它一点也没有改变我们资本主义的和个人主义的经济基础。它也没有免除依靠自身来维持自己和家属生计的主要责任。"引自 Cates, *Insuring Inequality*, p.24。Witter 在 1955 年这样描述了一个重要理由,社会保障法在"没有政府的出资的情况下,建立了一个完全的自我融资性质的社会保险计划;这是今天我国社会保险的一个独特特征"。Edwin E.Witte, "Reflections on the Beginnings of Social Security", remarks delivered at observance of the twentieth anniversary of the Social Security Act by the Department of Health, Education and Welfare, Washington, D.C., August 15,1955.关于福利国家体制,参见 Gφsta Esping-Anderson, *The Three Worlds of Welfare Capitalism* (Princeton: Princeton University Press,1990); Robert E.Goodin, Bruce Heady, Ruud Muffels, and Henk-Jan Dirven, *The Real Worlds of Welfare Capitalism* (Cambridge: Cambridge University Press,1999); Gaston V.Rimlinger, *Welfare Policy and Industrialization in Europe, America, and Russia* (New York: Wiley, 1971)。

〔74〕 20 世纪 60 年代和 70 年代(当时很多这种监管首次实施)公众对消费者保护监管的支持,参见 Robert Y.Shapiro and John M.Gilroy, "The Polls: Regulation, Part II", *Public Opinion Quarterly*,48, no.3(Autumn 1984), esp.669 – 671。

〔75〕 关于风险再分配与直接风险削减战略的相对优势和劣势,参见 Steven Shavell, "Liability for Harm versus Regulation Safety", *Journal of Legal Studies*, 13 (June 1984),357 – 74。

〔76〕 美国更大地依赖赔偿责任制度作为风险管理工具的一个证据,是美国责任保险的保险费占 GDP 的比重比其他任何一个发达国家都要高。1994 年,美国责任保险的保险费占 GDP 比重是 2. 2%,英国是 0. 8%,法国是 0. 8%,德国 1. 3%,日本 0. 5%。参见 Tillinghast-Towers Perrin, *Tort Cost Trends: An International Perspective* (Philadelphia, 1995)。

—— 后 记 ——

风险、知识与无知的面纱

在 21 世纪开端的今天,公共风险管理问题在经济和政治两个方面都仍然是一个重大问题。"新经济"已经产生了大量需要管理的新风险。同时,关于政府角色和各个公民个人责任的新思潮,已经催生出对从破产法到《社会保障法》的现行风险管理政策进行改革的强烈要求。

在大多数情况下,关键的经济问题与过去没有变化:一方面是市场不完善,另一方面是监控的制度安排。但是,这不是全部正确的。至少在一个领域——医疗保健的资金筹集中,公共风险管理的传统逻辑似乎不适用。健康风险公共管理的一个日益有力的理论根据,不是民间市场正在很弱地发挥功能,不如说它们发挥的作用可能太好了,结果,在可能让我们生病的遗传基因信息大量涌来的情况下,对我们的风险进行了更小的细分。

因此,这个后记的下面内容,便分为两个部分。第一部分简要分析作为风险管理老问题的新变体能够得以有效地理解的许多当前的政策挑战。第二部分,作为对比,对医疗保健领域迫在眉睫的政策挑战进行考察,这些挑战以前并不为我们所熟知,但在这个似乎可以获得无限信息的时代,它对公共风险管理的未来提出了引起争议的新问题。

1. 万变不离其宗

诚然,出现在新经济中的许多风险与许多年来我们遇到的风险具有惊人的相似性。有时候这种关联性是如此强烈,以至于现行的风险管理政策已经完全足够应对它们。比如说,我们来讨论一下,在个人电脑出现之前制定的一个不太为人所知的风险管理政策,已经促进了互联网零售的暴发式增长。

回到 1970 年,国会通过了一个保护消费者免遭信用卡欺诈的法律,将他们无授权使用的责任上限设定在仅仅 50 美元。制定时的主要目的是防止公民由于拦截通过邮件寄出未经申请的信用卡被盗用而遭受损失。[1]没有人会想到,这个政策会在某一天在释放称为互联网的东西的商业潜能方面扮演关键的角色。但是,那种事情确实是在约二十年多一点之后发生了。这个简单的风险管理措施——信用卡责任上限——在 20 世纪 90 年代成功地建立了在线购物者的信心,如果不是由于别的原因,那就是因为美国媒体完全没有报道被盗信用卡号码和毁灭性损失的悲惨故事。通过将遭受损失的风险转移给维萨卡(Visa)和万事达(Mastercard)之类的信用卡发行者,它们处于最佳的监控信用卡使用的位置,这个不受注意的联邦政策帮助充满欺诈的互联网创造了一个理想的支付手段。[2]

然而,现行风险管理政策总是不足以处理新的问题。20 世纪晚期最惊人的经济发展之一(也起源于通讯和信息技术革命)是货币风险的国际化,它给发展中世界的许多地方,从墨西哥到马来西亚,造成巨大破坏。正如 19 世纪和 20 世纪早期的法律制定者不得不担心传染性的恐慌摧毁它们的银行,现代法律制定者——尤其在发展中国家——不得不担心传染性的恐慌破坏它们的货币。事实上,货币危机的潜在逻辑与一个银行挤兑的逻辑几乎是相同的。然而,美国法律制定者最终决定用以处理国内银行挤兑问题的解决方法——公共存款保险,不容易转移到一个国际背景中。这是因为主权政府不能按照国内银行同样的方式受到监控和监管,国际存款保险不可控制不可避免地形成道德风险。

换句话说,全球化在旧有的风险管理问题上又添加了一个令人烦恼的新变数,而且这个新变数在根本上围绕着一个监控上的缺陷。尽管美国和国际货币基金组织在 20 世纪 90 年代期间承诺了几千亿美元的援助基金以阻止一系列的货币危机,但是,在发展一个在将来处理这类风险的永久性框架方面,相对来说没有取得什么进展。[3] 在 21 世纪新的全球经济中,货币风险的国际化就这样似乎注定成为公共风险管理的一个关键实验场。

回到国内,我们发现日益增加的压力不仅针对公共风险管理的新制度组织的创立,而且还针对现行制度组织的改革。特别引人关注的是,社会保障的部分民营化提案,它要求联邦政府承担的风险负担前所未有地紧缩,而不是扩张。考虑到婴儿潮一代迫在眉睫的退休,连同日益可以利用的复杂的金融工具,部分民营化的支持者主张,让各个工人对他们自己的退休计划承担更大责任的时机已经成熟。更加具体地,他们提议让公民将一部分社会保障税转给民间的、个人的投资账户。

民间账户的实施较之社会保障本身是否会产生更高的回报率,如同许多民营化的支持者所主张的,仍然是一个引发热烈争论的主题。[4] 但是,如同历史记录已经让我们清楚的,一个同等重要的问题是个体工人是否会有能力靠他们自己管理追加的风险——这是《社会保障法》最初的起草者们十分怀疑的事情。确实民间投资选择(包括共同基金和年金)在近年里确实已经猛烈地扩大了,而通常为退休采用的投资战略继续将个人暴露在相当严重的风险之下。[5] 事实上,最初争论中指出的两个忧虑仍然明显地保留到了当前的今天。

首先,许多法律制定者在 1935 年得出结论,已经为退休储蓄的不计其数的公民采取了一个次优的或者过度的风险投资策略。如同来自内布拉斯加州的参议员乔治·诺里斯(George Norris)所论述的:"可以说,作为一个反对[《社会保障法》]的理由,'如果你会让我管理这钱,我就会让它产生更多的收益'。有时候这是真的,但是我们都知道,从我们自身的经验来看,一般说来,它不是这样的。"[6] 类似地,来自纽约的参议员罗伯特·瓦格纳(Robert Wagner)反对称,普通工人"不是一个精算师,他不是一个数学家,他只是一个普通的工人"。[7]

其次,在20世纪30年代中期,国会议员已经充分地意识到,一个金融灾难——就像他们最近经历的这个金融灾难一样——全面威胁到每一个人,包括在他们的投资战略中显得相当谨慎的那些人。[8]这些国会议员也认识到,在紧接着这样一个金融灾难之后,公民将不可避免地转向政府以求援助。确实,这就是为什么新政法律制定者反对允许一些企业不受《社会保障法》约束的提案的原因,他们担心在破产事件中联邦政府将不可避免地必须资助这些企业的民间养老金计划。[9]

毫不奇怪,社会保障民营化当前的批评家提出了几乎正好同样的异议。他们主张,大量的投资者将不能实现他们的预期回报,或许是因为不良的管理或许是因为糟糕的运气,而且一旦有严重的市场衰退,联邦法律制定者将可能被迫资助受损失的人。如同总统候选人阿尔·戈尔(Al Gore)在2000年竞选期间所说:"如果我们将社会保障制度转化为一个赢者和输者的制度,我们将破坏太多美国人的退休保障,而且,我们所有人最后都将不得不为填补这个缺口掏腰包。"[10]

所有这些并不是说社会保障的部分民营化必然就是一个坏主意。问题的要害正是风险的坦率讨论——而且谁来承担它——在政策形成过程的官方辩论中必须毫无疑问地予以考虑。诚实地回顾历史记录表明,联邦养老保险最初在很大程度上是构想为一个风险管理的手段,用来使风险最小化而不是使退休储蓄的期望回报最大化。在论证政府干预的合理性方面,认知和承诺问题两者都凸显出来。那么,社会保障民营化的当前提案,应当在考虑这一点的基础上进行评估。总之,只有在计划的最初风险管理逻辑一开始就有瑕疵,或者在后来的年份里变得有些过时的情况下,民营化才可能有意义。

对在现在时点风险管理政策正在如何改进的一个完整考察,远远超出了本书的范围。这种讨论会需要单独的一卷,或者也许是几卷。新的经济条件和正在变化的社会优先课题,以一种方式或者另一种方式又将公共风险管理的几乎每一个方面纳入政治议程。在写作这本书的时候,美国法律制定者正在积极地考虑,在已经讨论的提案之外,将进行收紧消费者债务人的债务免除条款、对受伤害原告的产品责任赔偿额设定上限、将医疗保健的补偿对象扩大到处方药,以及支持民间保险公司能够赔偿大规模自然灾害损失等一系列各种不同的改革。

在大多数情况下,公共风险管理的传统逻辑仍然是切中要害的。当今的政策制定者,就像他们的前辈们一样,感到他们自己为民间市场上风险相关的缺陷绞尽脑汁,并且在他们确实选择重新分配风险的任何时候,寻找有效的风险监控者。然而,至少在一个重大的政策领域内,一个相当新的问题已经出现——那就是,很奇怪的,在什么危险将来会降临到我们头上存在过多信息的情况下的一个风险管理问题。

2. 对无知的面纱变戏法

具有讽刺意味的是,处于所谓信息时代,我们已经开始重温一个古老的真理:隐藏信息的披露经常表明是一件利弊并存的事情。遗传学的研究就是这样。今天,在各个方面处于超常科学进步的时代,许多观察家都已经将正在持续进行的"解开"人类遗传基因密码的努力描述为最不寻常的发展。按照莱斯特·梭罗(Lester Thurow)非常值得引用的话就是:"人类基因组工程就像是牛顿和爱因斯坦一起工作一样。"[11]确实,尤其是对于医学实践来说,遗传科学的迅速进步具有巨大的前景。但是,由于信息披露可能使大范围的风险分散不可能维持,它们也可能使国家的医疗保险制度分崩离析。由于医疗保健现在几乎消费美国 GDP 的 14%,并且影响到每一个美国人的生活,对我们医疗保健资助体系的任何可能的冲击,很明显,都是一个具有重大经济和社会意义的问题。

在最近一些年里,许多专家已经预测了在遗传学和遗传学应用方面的一场革命。国家人类基因组研究所所长弗朗西斯·柯林斯(Francis Collins)宣称,遗传基因"的解密可能导致医疗的真正变化"。[12]当然,未来的发展也完全有可能并不像预期那样乐观。在原子时代初期,分析家普遍预测将拥有完全无成本的能源,他们想象着一个世界,在那里廉价的核能发电机为从汽车到宇宙飞船的任何东西提供动力。由于处于"基因时代"的黎明阶段,当前的预测可能是同样地荒诞不经。[13]然而在这个时点上,怀疑的人明显属于少数。[14]

既然像柯林斯那样的乐观主义者已经提供了一个相当精确的未来图景,那么,遗传学上的进展一定不仅给医疗保健的运行方式带来革命,而且也给医疗保健的筹资带来革命。这是因为基因检测在个体风险分层方面能够实现前所未有的精确,有效地揭开基于风险广泛的分散使保险成为可能的"无知的面纱(veil of ignorance)"。[15]在一个不受约束的民间市场上,保险公司总是将具有相同风险水平的人分到同一组,寻求将我们细分到规模更小的保险池。结果,最健康的人会在一个组,最不健康的人在另一组,等等。尽管这种市场细分在经济上具有重要意义(在决定保险费率方面保险商会利用可得到的所有信息),但它在社会上将严重地削弱民间医疗保险的魅力。它可以对最需要保险的人——亦即,在遗传基因上最容易得疾病的我们的朋友和邻居——提供充足的保险项目,但是保险费远远超过了他们的财力。如同柯林斯博士自己承认的,"基因信息可能被用来作为潜在歧视的根据"。[16]

迄今为止,处理这个问题的唯一既有的立法策略,就是禁止保险公司利用基因信息。就 2000 年 9 月而言,37 个州已经实施一系列的限制和禁令,限制保险公司在设定费率或者取消保险项目方面利用基因信息。24 个州已经采取行动,在工作场所禁止由于遗传信息引发的歧视。在联邦层级,1996 年《健康保险隐私及责任法案》(Health Insurance Portability and Accountability Act,即 HIPAA)禁止团体保险计划和保险公司(尽管不是个人保险计划)在设定保费或者取消保险项目方面利用遗传基因信息。更有甚者,克林顿总统在 2000 年早些时候发布了总统令,禁止任何政府机构从事基于遗传基因的歧视活动。[17]

从经济的观点来看,这个信息抑制战略十分迷失方向。总之,禁止保险商利用基因测试结果的一个公共政策,通过加强买者和卖者之间的信息不对称确实制造了一个市场失灵。它归结为政府强制的逆向选择。(通过医学检测)发现他们在基因上容易得严重疾病的个人,将要购买大量的人寿和医疗保险,尤其是如果他们的保险公司在法律上被禁止对他们进行歧视时。这将不可避免地使保险共享基金扭曲,将最坏的风险引进来,而将最好的那些排挤出去。慕尼黑大学的一个经济学家,阿希姆·瓦姆巴赫(Achim Wambach)已经提出警告,"不公开基因测试结果可能宣告人寿保险市场的终结"。[18]事实上,不公开原则最终也会严重破坏医疗健康保险市场。

还有,人们不得不想知道,这种珍贵信息是否真的仍然将长期被压制。一段时间以来,保险公司在扩大保险险种和设定保险费率时,被禁止将种族考虑进去。但是,考虑到遗传科学最近进展的步伐和方向,压制基因信息的结果可能具有十分重大的经济意义。至少,保险公司将面临寻找规避法律的途径的紧迫竞争压力。

但是,不论当前信息压制的战略最终是成功还是失败,正是它的存在凸显出维持平等外观的强有力的社会感染力。克林顿总统在签署总统令时宣称,"我们必须永远不允许这些发现去改变作为我们的政府、我们的社会、我们的伦理体系基础的基本信仰,我们所有的人生而平等,也有权在法律面前人人平等。"[19]类似地,在2000年7月,柯林斯博士谈道:"建立公共政策的必要性反映了我们美国人的核心价值观,防止基因信息被不公正、不平等和歧视性地利用。"[20]

这种开明的社会盲目性(social blindness)的魅力——如果我可以那样称呼它的话——建立在一个牢固的思想基础之上。哲学家约翰·罗尔斯(John Rawls)将一个公正制度定义为将由一个社区的成员决定的制度,这些成员作为个体不了解他们自己特有的优势和弱势。"公正原则隐藏在无知的面纱之下得到选择,"他写道,"因为所有人都处于相似的状况,而且谁也不能设计有利于自身情况的原则,公正的原则是平等协议和交涉的结果……初衷是,可以这么说,处于初始合适的状态,而由此在那种状态中达成的基本协议是公平的。"[21]

基于大范围分散的保险的精妙之处,是它在根本上是在无知的面纱下形成的一个关于资源再分配的集体决定。我们购买保险,正是因为我们不知道将来自己会发生什么。只要我们所有人在一个既定的风险下对我们个人自身成为受害者的可能性仍然处于无知状态,我们所有人都有兴趣以一个平均保险费购买保险。这种大范围的风险分散,志愿地组织起来,从一个社会的观点来看具有超常的吸引力,因为它意味着我们所有人已经同意将资源提供给最终最需要它的人。

　　然而,新的知识,有可能破坏这种资源再分配的自愿方法。而且,我们大多数人直觉地反对它的取消。尽管当保险公司由于在我们自身能够控制范围之内的风险因素惩罚我们(诸如严重的吸烟和饮酒)时,我们很少反对,但当他们由于天生的风险因素(诸如种族、性别或者其他遗传特征)进行歧视时,我们本能地反对。后一种形式的歧视以严重的不平等刺痛我们。而且,这正是为什么在美国努力禁止保险公司利用遗传基因信息设定费率或者限制保险内容已经成为正式的政策。引用圣经的暗喻,这种担心是,我们的幸福社会将被撕裂——我们将会从我们的伊甸园中被驱逐出来——要是我们敢于从知识之树上偷吃禁果的话。[22]

　　公共风险管理的部分吸引力肯定是,它可能促进一个理想的公正而和谐的社会,在那里,在无知的面纱下,资源得到分配。理想地,这样一种分配可以通过民间保险来实现——基于共同意愿和广泛分散的风险池。但是,当民间市场不能凭借它自身实现这个目标时,政策制定者有能力模仿,民间市场本来应当做的是,将同样处于风险中的所有公民一起放到一个风险池中。尽管那时主要的政策提倡者没有明确地表达,这应当是隐形的——也许甚至是无意识的——对强制工伤赔偿、失业保险、老年保险、产品伤害诉讼中的严格责任、扩大的联邦灾害救济,等等的理由。通过制定效仿这种风险广泛分散的风险池的复苏政策,美国政策制定者利用作为一个分配机制的民间保险的正当性,能够以一个社会可接受的方式重新分配资源。[23]

　　当前处理基因信息的战略——也就是说,禁止保险公司使用它——旨在实现与强制保险同样的基本目标,只是干预色彩较弱。理想地,这样一个战略将确保大范围分散的风险池,因为民间保险公司将被禁止按照基因标准来细分保险池。然而,如同我们看到的,这个战略在经济上的长期有效性受到严重怀疑。

　　如果信息抑制战略在将来某个时候失败,政策制定者那时将面临很大的压力以某种其他形式去模仿无知的面纱。最明显的解决方法——尽管对许多美国人来说绝不是最受欢迎的一个——将是使医疗健康保险成为强制性的,并且将保费设定在某个平均的精算比率上(通过社区评级)。如果我们大家都对将来谁将健康谁将得病全然不知的话,这种方法就将让人们得到近于民间市场那里期望得到的结果。强制社区评级保险,很久以来在大多数其他发展中经济体中已经成为原则,它将预防的不仅是按照基因分级的市场分裂而且是逆向选择引起的市场崩溃(因为没有一个人被允许选择退出)。安德鲁·沙利文(Andrew Sullivan)将这个看法引入他的结论,在《纽约时报》上主张,持续的遗传学进展下,使“医疗社会化——是不可避免的”。[24]

当然,强制保险的实施将不会真正解决根本问题。一旦新的知识给无知的面纱带来损害,便无可挽回。但是,在政府合作的帮助下,一个社会可以努力像面纱还保持完好一样行动——强制健康保险正是将用来实现这个目的。不可否认,美国人长期以来反对这样一个政策,在整个 20 世纪已经否决重要的强制健康保险提案约 6 次。然而,这个分析要指出的是,遗传科学上的巨大进步将在某一天削弱大范围分散的风险池在经济上的可行性,并因此日益增加政府进一步参与监管,以及或许甚至是负担健康保险供给的压力。[25]

很清楚,公共风险管理仍然是一个不断改进的工程,不仅受经济状况和社会价值观,而且受比以前任何时候的发展都要更迅速的科学知识的状况的影响。诚然,“新经济”已经带来了需要管理的新风险,从互联网上信用卡欺诈到国际经济中传染性的货币危机。但是,比这些新的风险可能甚至更加重要的,是新形式的知识,尽管它们有巨大的好处,但是也可能削弱我们今天极为珍视的许多风险管理制度。

由于我们所有个体对风险的厌恶,风险的存在(具有讽刺意味地)通过给我们戴上一个无知的面纱,帮助我们公正地行动。随着新的知识以解剖刀般的准确剪掉这个面纱,美国法律制定者似乎一定要对一个无知的面纱变戏法——或者通过一个信息抑制政策,或者,也许某一天,通过强制保险的政策。没有人能够知晓未来。但是,随着我们对未来会出现的情况知道得更多,考虑到社会为了努力维持公正地行动,即使在它破烂的面纱下,政府作为风险管理者角色的重要性亦将极大增强。

注　释

〔1〕　See, e.g., William Proxmire, *Hearings before the Subcommittee on Financial Institutions of the Committee on Banking and Currency*, United States Senate, December 1969, p.1.

〔2〕　相反,在法国由于没有实施类似的持卡人保护措施,可怕的事情大量发生,消费者对在网上给出自己信用卡号码感到强烈不安。欧盟官方意识到在法国和其他成员国的这个问题,于 1997 年发布了一个指引,敦促所有成员国在持卡人责任方面实施严格限制。他们预测,这样的行动将"特别是通过提升消费者的信心和商家对[电子支付]工具的接纳程度,为信息社会和电子商务的到来作出贡献"。Directive 97/7/EC of the European Parliament and of the Council of May 20, 1997, on the Protection of Consumers in Respect of Distance Contracts; Commission Recommendation 97/489/EC of July 30, 1997, Concerning Transactions by Electronic Payment Instruments and in Particular the Relationship between Issuer and Holder.

〔3〕　See David E.Sanger, "Big Powers Plan a World Economic Bailout Fund", *New York Times*, June 8, 1995, p.D1.

〔4〕　比较收益的部分困难在于,由于对现有和将来的退休人员包括婴儿潮期间的人们本身所负责任的沉重负担,社会保障交费的有效收益在当前时期显得很低。由于无论社会保障是否会民营化,这些义务都可能必须支付,因此股票组合的标准回报(特别是在年化 7% 左右的区间)不能说是代表了一个能准确估算"民营化"社会保障体系回报的基准。特别参见 John Geanakoplos, Olivia S.Mitchell, and Stephen P.Zeldes, "Would a Privatized Social Security System Really Pay a Higher Rate of Return?" in R.Douglas Arnold, Michael J.Graetz, and Alicia H.Munnell, eds., *Framing the Social Security Debate: Values, Politics, and Economics* (Washington, D.C.: National Academy of Social Insurance, 1998), pp.137 – 157。

〔5〕　对股票在长期持有时风险不是特别大的观点的强烈批评,参见 Zvi Bodie, "On the Risk of Stocks in the Long Run", *Financial Analysts Journal*, 51, no.3 (May-June 1995), 18 – 22.

〔6〕　《国会记录(参议院)》[*Congressional Record* (Senate)],第 74 届国会第 1 次会议,1935 年 6 月 14 日,第 9292 页。

〔7〕　《国会记录(参议院)》[*Congressional Record* (Senate)],第 74 届国会第 1 次会议,1935 年 6 月 18 日,第 9525 页。

〔8〕　1935 年纽约州的 Royal Copeland 参议员为"千千万万,甚至我认为上百万的家庭,原以为为坏情况的时候做好了准备,但是因为经济衰退及其相关的状况的原

因，要面对与生来就一直生活在贫困中的人们一样糟糕的境况"而感到惋惜。参见《国会记录（参议院）》[*Congressional Record* (Senate)]，第 74 届国会第 1 次会议，1935 年 6 月 18 日，第 9520 页。

〔 9 〕　See, e. g., Harrison, *Congressional Record* (Senate)，June 18, 1935, p.9521；Shipstead, *Congressional Record* (Senate)，June 18, 1935, p. 9523；Hill, *Congressional Record* (Senate)，July 17, 1935, pp.1136 - 37；Wagner, *Congressional Record* (Senate)，June 18, 1935, p.9525.

〔 10 〕　引自 Alison Mitchell, "Bush Presents Social Security as Crucial Test", *New York Times*, May 16, 2000, p.A1。虽然有关投资风险的担心在最近民营化提案的批评中往往表现得较为突出，然而这些批评也强调了许多其他的问题。例如像社会保障法最初的起草者一样，许多当下民营化的批评家质疑公民究竟可以多有效地自己管理长寿风险——因为他们怀疑公民能否在他们退休时恰好配置好资产；如果可以，是否由于逆向选择民间（自愿的）年金比预期的成本更为高昂。一个相关的担忧是，与通货膨胀挂钩的年金是否能在一个民间市场获得，并且如果能够获得，公民是否愿意在退休时自愿选择购买它们。批评者还表达了对与公共保险计划相关的（特别是伤残保险）老年保险的部分民营化潜在影响，以及与个人退休账户有很大关联的巨大交易成本的担忧。参见 Alicia H.Munnell, "Reforming Social Security：The Case Against Individual Accounts", *National Tax Journal*, 52, no.4(December 1999)，803 - 817；Peter A.Diamond, "The Economics of Social Security Reform", in Arnold, Graetz, and Munnell, *Framing the Social Security Debate*, pp.38 - 64；and Jonathan Chait, "Bold Over：Bush versus Social Security", *New Republic*, May 29, 2000, pp.20 - 23。

〔 11 〕　Don Bauder, "Cheney Scored on IPO Windfall；Thurow's Age of Intellectualism", *San Diego Union-Tribune*, October 27, 2000, p.C1.

〔 12 〕　Prepared testimony of Francis S. Collins, M. D., Ph. D., director, National Human Genome Research Institute, National Institute of Health, before the Senate Committee on Health, Education, Labor and Pensions, *Federal News Service*, July 20, 2000.

〔 13 〕　See, e. g., Neil A.Holtzman and Theresa M.Marteau, "Will Genetics Revolutionize Medicine?" *New England Journal of Medicine*, 343, no.2(July 13, 2000)，141 - 144.

〔 14 〕　See, e. g., Richard Saltus, "Doctor Warns of 'Hype' in Genome Decoding in N.E. Journal, Questions Raised on Real Medical Value", *Boston Globe*, July 13, 2000, p.A9.

〔 15 〕　有关"无知面纱"和罗尔斯（Rawlsian）公正原则，特别参见 John Rawls, *A Theory of Justice*(Cambridge, Mass.：Harvard University Press, 1971)，esp. pp.12, 136 - 142；Ronald Dworkin, "What Is Equality? Part 2：Equality of Resources", *Philosophy and Public Affairs*, 10, no.4(1981)，283 - 345。

〔 16 〕　Prepared testimony of Francis S.Collins, July 20, 2000.See also Francis Collins, *Health Insurance in the Age of Genetics*(Washington, D.C.：Department of Health and Human Services, July 1997)；Kathy L.Hudson et al., "Genetic Discrimination and Health In-surance：An Urgent Need for Reform", *Science*, 270, no.5235(October 20, 1995)，391 -

393；Elizabeth Cooper，"Testing for Genetic Traits：The Need for a New Legal Doctrine of Informed Consent"，*Maryland Law Review*，58(1999)，esp.349－350；"Insurance in the Genetic Age"，*Economist*，October 21，2000，p.23.

〔17〕 "Health Insurance Discrimination"，National Human Genome Research Institute，*Issue Update*（September 2000），pp.1－4；"Employment Discrimination"，National Human Genome Research Institute，*Issue Update*（September 2000），p.3；Ann Scott Tyson，"Lawmakers Play Catch-up to Genetic Science"，*Christian Science Monitor*，August 10，2000，p.3.虽然国会还是制定了一部专门针对基因信息和保险的法律，发生（法律所不允许的）的情况还是在逐渐增加。最为人所知的这类法案便是《健康保险反基因歧视法案》（Genetic Information Nondiscrimination in Health Insurance Act），也就是《屠宰斯诺法案》（Slaughter-Snowe Act）。

〔18〕 Quoted in"Testing Times"，*Economist*，October 21，2000，p.93.See also David J.Christianson，"Genetic Testing：Risk Classification and Adverse Selection"，*Journal of Insurance Regulation*，15，no.1（Fall 1996），75－79.

〔19〕 President William Jefferson Clinton，"Remarks on Signing an Executive Order to Prohibit Discrimination in Federal Employment Based on Genetic Information"，February 8，2000，Pres.Doc.241，in *Weekly Compilation of Presidential Documents*，vol.36，no.6，pp.233－289.

〔20〕 Prepared testimony of Francis S.Collins，July 20，2000.

〔21〕 Rawls，*Theory of Justice*，p.12.

〔22〕 正如圣经故事让我们明白的，发现和利用新信息的诱惑是难以忍受地强烈。于是"你的眼睛将要睁开"，《创世纪》3：5（Genesis 3：5）中毒蛇告诉夏娃，"你将会成为像上帝一样知道好和坏的人"。当然，新信息不会总是好的。当夏娃和亚当吃了禁果后，"他们的眼睛都睁开了，然后知道他们是裸体的"（3：7）。上帝将他们"送出了伊甸园"（3：23）并且诅咒他们脚底的土地，"他们一生中的每一天都会要吃尽苦头"（"in sorrow shalt thou eat of it all the days of thy life"）（3：17）。

〔23〕 事实上，对为什么美国法律制定者很少引用民间市场上的逆向选择作为风险管理政策的合理性论证，这个逻辑也可以提供一个补充的理由。承认逆向选择问题表明默认所有风险不是均匀分布的，而且一个强制性的解决方案必须包括对财富而不仅仅是风险进行某种再分配。

〔24〕 Andrew Sullivan，"Promotion of the Fittest"，*New York Times*，July 23，2000，sec.6，p.16.

〔25〕 See Pierre Rosanvallon，*The New Social Question：Rethinking the Welfare State*，trans. Barbara Harshav（Princeton：Princeton University Press，2000），esp.chap.1（"The Decline of the Insuring Society"），pp.11－26.

致　　谢

在写作本书的过程中，我得到了许多方面的协助。彼得·莱特（Peter Leight）、布鲁斯·斯科特（Bruce Scott）、卢·韦尔斯（Lou Wells）以及吉姆·伍滕（Jim Wooten）阅读和校正了每一章，有时候是针对从头至尾的多次草稿。对于他们每一位，对于他们精辟的评论、谈论困难问题（几乎白天夜晚的任何时候）的热情、坚定的支持和友谊，我现在并仍将一直深深地表示感激。

其他许多人阅读和评论了个别章节，以各种方式或大或小地影响了本书。我知道这种致谢永远是言不尽意的，然而，我还是要表达对下列人士的建议、洞见和指导的感激。他们是，拉维·阿普杜拉（Rawi Abdelal）、山姆·阿布拉姆斯（Sam Abrams）、丽莎·亚当斯（Lisa Adams）、迈克尔·阿伦森（Michael Aronson）、汤姆·贝克（Tom Baker）、艾德·巴雷森（Ed Balleisen）、斯文·贝克特（Sven beckert）、兹维·博迪（Zvi Bodie）、亚历克斯·戴克（Alex Dyck）、威利斯·埃蒙斯（Willis Emmons）、本·埃斯蒂（Ben Esty）、沃尔特·弗里德曼（Walter Friedman）、肯·弗鲁特（Ken Froot）、麦琪利·格思（Marjorie Girth）、杰里·格林（Jerry Green）、莫顿·霍维茨（Morton IIorwitz）、梅格·雅各布斯（Meg Jacobs）、卡尔·凯斯特（Carl Kester）、雷尼尔·克拉克曼（Reinier Kraakman）、霍华德·昆路瑟（Howard Kunreuther）、乔治·洛奇（George Lodge）、布鲁斯·曼恩（Bruce Mann）、约翰·梅利西诺斯（John Melissinos）、伊万·米歇尔-克恩（Erwann Michel-Kerjan）、丹尼尔·

纳尔逊(Daniel Nelson)、肯·奥耶(Ken Oye)、休·皮尔(Huw Pill)、福里斯特·莱因哈特(Forest Reinhardt)、摩西·雷森(Moses Rischin)、戴夫·罗伯逊(Dave Robertson)、胡里奥·罗特伯格(Julio Rotemberg)、哈维·萨波斯基(Harvey Sapolsky)、斯蒂夫·萨斯(Steve Sass)、罗斯玛丽·史蒂文斯(Rosemary Stevens)、斯蒂夫·凡·埃夫拉(Steve Van Evera)、迪克·维托(Dick Vietor)、基普·维斯库斯(Kip Viscusi)、伊丽莎白·沃伦(Elizabeth Warren)、尤金·韦多夫(Eugene Wedoff),以及伯特·韦斯特布鲁克(Bert Westbrook)。

我也得益于哈佛商学院研究部慷慨支持的助研工作。贾韦德·阿梅德(Javed Ahmed)、莎拉·布伦南(Sarah Brennan)、迈伊·多(My Do)、迈克尔·费恩(Michael Fein)、冈德尔(J.P.Gownder)、吉布斯·约翰逊(Gibbs Johnson)、玛丽安·李(Marian Lee)、艾米丽·瑞奇曼(Emily Richman)、朱莉·罗森鲍姆(Julie Rosenbaum)以及温迪·史密斯(Wendy Smith),每一位在搜索文章和筛选大量的原始档案方面都工作杰出。对于具体章节中的扩展工作,莎拉(Sarah)、迈克尔(Michael)和朱莉(Julie)值得特别致谢。如果没有他们中任何一位尽心竭力地参加这个项目的话,本书无疑要(在文字上和图表上都是)单薄得多。

尽管我已经明确表达了在写作本书方面我的许多感激,但是,最应当感激的是我的家人:我的妻子艾比(Abby),我的女儿朱莉娅(Julia)和艾米丽(Emily),我的父母和岳父母,以及我的兄弟姐妹。如果没有他们的爱心与他们的持久耐心和支持,我不可能完成这个项目——1995年在匹茨堡的一个家庭聚会上我第一次想到这个项目,并非巧合。我的家庭总是给我的工作提供灵感。我只是希望他们知道对他们表现出来的友情和帮助,我的感激和钦佩真的有多么深厚。

最后,我必须向几家出版社表达我的感激之情,他们允许我在各章中使用有版权的资料。第4章大量引用我和莎拉·布伦南(Sarah Brennan)的论文"Managing Money Risk in Antebellum New York:From Chartered Banking to Free Banking and Beyond", *Studies in American Political development*,15,no.2(Fall 2001)。各种摘录——还有表4.1、4.3和4.5(引用文章中的表1),表

4.2、表 4.4 以及图 4.1,得到剑桥大学出版社的准许重印。第 9 章的部分,
包括图 9.1,首次出现在我和朱莉·罗森鲍姆(Julie Rosenbaum)的案例研
究文献 *The Great Mississippi Flood of 1993*,case no.9 – 797 – 097(Boston:Har-
vard Business School,1997),并经哈佛商学院出版社准许重印。第 9 章也部
分引自我撰写的案例研究"Courting Disaster? The Transformation of Federal
Disaster Policy since 1803",in Kenneth A.Froot,ed.,*The Financing of Catastro-
phe Risk*(Chicago:University of Chicago Press,1999),各种摘录以及表 10.1
的修正版经芝加哥大学出版社同意重印。

责任编辑:郭彦辰　方国根
封面设计:汪　莹
版式设计:周方亚

图书在版编目(CIP)数据

别无他法:作为终极风险管理者的政府/(美)戴维·莫斯 著;何平 译.
　-北京:人民出版社,2014.8
ISBN 978-7-01-013659-2

Ⅰ.①别…　Ⅱ.①莫…②何…　Ⅲ.①风险管理-研究-美国
　Ⅳ.①F171.23

中国版本图书馆 CIP 数据核字(2014)第 130253 号

别 无 他 法

BIE WU TA FA

——作为终极风险管理者的政府

[美]戴维·莫斯　著　何平　译

人 民 出 版 社 出版发行
(100706　北京市东城区隆福寺街 99 号)

北京中科印刷有限公司印刷　新华书店经销

2014 年 8 月第 1 版　2014 年 8 月北京第 1 次印刷
开本:710 毫米×1000 毫米 1/16　印张:27.25
字数:405 千字

ISBN 978-7-01-013659-2　定价:59.00 元

邮购地址 100706　北京市东城区隆福寺街 99 号
人民东方图书销售中心　电话 (010)65250042　65289539

作 者 名：David A. Moss

原 版 书 名：When All Else Fails：Government as the Ultimate Risk Manager

原出版单位：Harvard University Press

版权登记号：01-2014-3480